사회과
교육과정과 수업의 탐구

Inquiry of Social Studies Curriculum and Teaching & Learning

사회과
교육과정과 수업의 탐구

박은종 지음

Inquiry of Social Studies
Curriculum and
Teaching & Learning

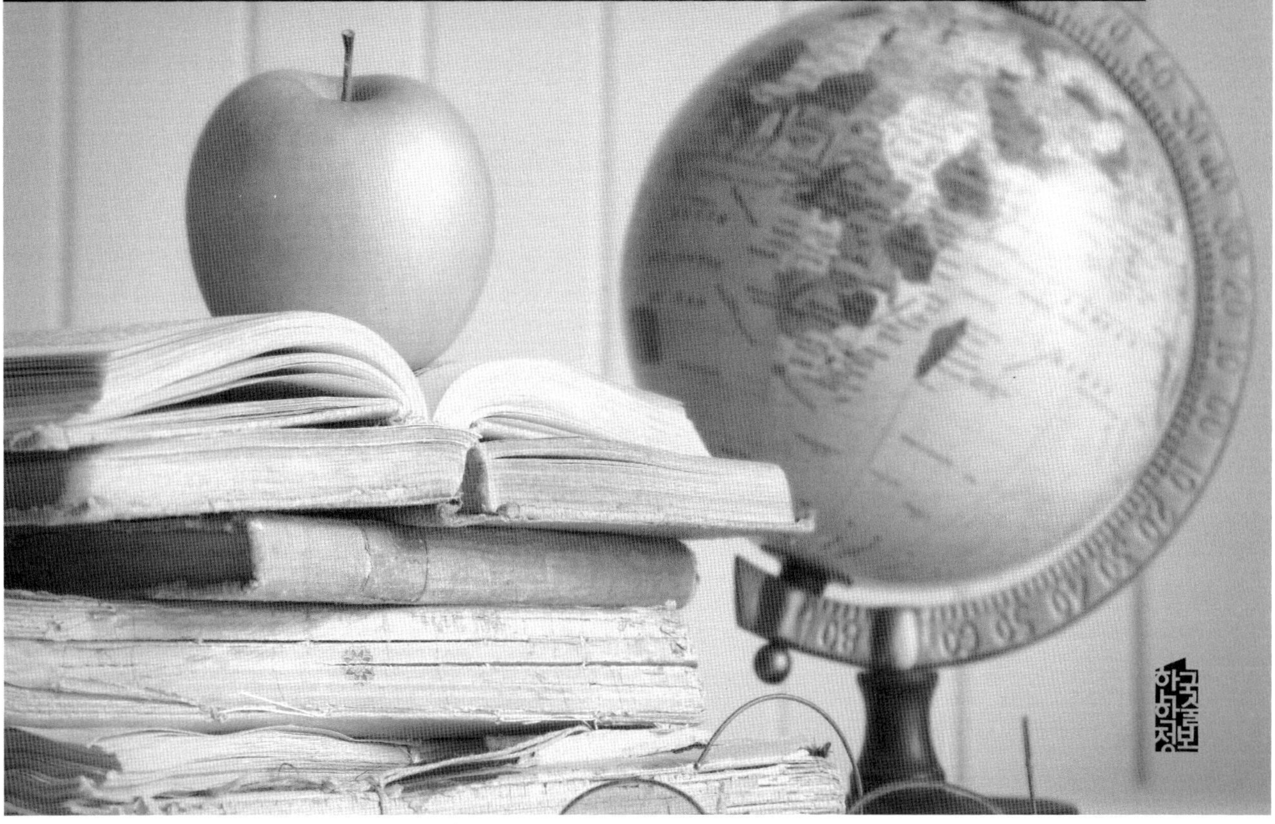

한국학술정보

머리말(*Preface*)

사회과 교육과정과 사회과 수업에 관한 교육전문성 신장과 심층적 탐구

다사다난했던 계사년 한 해를 보내고 또다시 새해인 갑오년을 맞았다. 계사년 연말과 갑오년 연초 우리나라 교육계를 강타한 것은 교학사의 한국사 교과서 선정과 채택에 관련된 갈등과 세월호 사고로 인한 학생 안전교육 문제였다. 미래의 주역인 학생들에게 사실 그대로의 역사를 가르치고 배울 수 있는 교육 체제와 학교 분위기가 바로 서고, 안전한 학교와 학생의 보금자리로서의 학교인 배움터 자리매김이 재조명되고 있다.

일반적으로 우리가 지구촌 가족으로 함께 살아가는 현대 사회를 글로벌 시대, 지구촌 사회, 세계화 사회 등으로 일컫는다. 아울러 창의성·다양성·자율성 등을 바탕으로 하는 지식정보화 사회라고도 한다. 급격한 사회변동 속에서 오늘날 우리가 함께 사는 현대 사회는 과거 정태적·획일적이었던 사회 체제(Social system)에서 획기적으로 변모한 살아 움직이는 사회와 시대인 것이다. 현대 세계화 사회는 이른바 지식기반 사회, 지식정보화 사회, 세계화·정보화 사회 내지 시대로 지식과 정보가 가히 폭발적으로 증가하며, 제반 사회사상(社會事象)의 모습이 역동적으로 변화하는 사회와 시대를 의미하는 것이다.

국가 백년지대계인 교육은 사회 변화와 국가 발전을 앞장서서 이끄는 견인차이다. 사실 동서고금을 통하여 중시하는 교육의 본질을 인간의 바람직한 변화와 성장을 유도하는 계획적이고도 의도적인 활동이라고 정의할 때, 진정한 교육은 그야말로 시대를 비추는 거울이며, 사회를 담는 그릇의 역할을 한다고 할 수 있다.

본서는 저자가 그동안 사회과교육학, 사회과교육론에 관한 저술·강의·기고 등을 통한 내용 중에서 사회과 교육과정과 사회과 수업(교수·학습) 등에 관한 내용을 종합·정리한 것이다. 그러므로 본서는 사회과교육학과 사회과교육론을 중심으로 사회과 교육과정의 사회과 교수·학습(교수법과 수업 등)의 기초와 본질, 핵심적 내용, 실천적 방법, 발전적 대안 등에 초점을 맞추어 집필하였다. 이에 본서 각 장과 절에 따라 중첩되고 중복되는 내용이 더러 있음을 미리 밝힌다.

지금으로부터 약 한 세기 전, 1916년 미국에서 태동한 사회과는 역사·지리 및 공민(일반사회) 영역을 통합 교육하는 것이 그 핵심 초점이었다. 이와 같은 전통적 사회과가 해방과 함께 우리나라에 도입되어 자리를 잡아 오늘날에 이르게 된 것이다. 미국에서 도입된 한국의 사회과 교육과정은 '교수요목기'에서부터 '2009 개정 교육과정기'에 이르기까지 그동안 열 차례의 제정·개정이 있었다. 이제 칠순(七旬)에 가까운 역사를 갖는 한국 사회과가 정체성을 갖고 바로 서기 위해서는 우리 현실에 적합한 사회과 교육과정이 설계되고 주춧돌로 떠받쳐야 한다는 점은 재론(再論)의 여지가 없는 것이다.

사회과교육론, 사회과교육학에서 중추적 역할을 하는 것이 사회과 교육과정과 사회과 수업(사회과 교수·학습)이다. 사회과교육을 통하여 사회과 교육과정의 이해, 사회과 교수·학습 탐구를 도모하는 것이 사회과 탐구의 기본이다. 교과로서의 사회과에 대한 학문적 본질과 특성을 규명하고, 이를 바탕으로 사회과교육의 나침반이자 이정표인 사회과 교육과정 및 사회과 수업(사회과 교수·학습)에 대한 이론과 실제의 접근과 적용을 추구하는 것이 중요하다. 특히, 사회과 교사의 교육 전문성 중에서 가장 중요한 것이 교육과정 전문성, 수업 전문성이라는 점도 유념하여야 한다.

사실 교육과정(Curriculum)은 목표, 내용, 지도방법, 평가 등의 순환적·지속적 환류(feedback) 과정이다. 따라서 사회과 교육과정은 사회과의 교육목표, 교육내용, 지도방법 및 매체, 자료, 그리고 교육평가 등의 순환적·지속적 환류 과정이다. 사회과교육은 이러한 사회과 교육과정의 학교 현장 적용 이론과 실제에 대한 접근이다. 사회과교육이 이론에 국한되지 말고 이해, 실제, 탐구 등으로 광범위한 탐구를 지향해야 하는 이유도 여기에 있는 것이다.

본질 교과로서의 사회과(社會科)의 궁극적 목적은 민주시민의 자질 육성이다. 아울러 사회사상(社會事象)의 참모습인 사회현상을 올바르게 인식하고, 사회적 지식 습득과 함께 건전하고도 원만한 사회생활 영위에 필요한 기능을 익히며, 민주사회 구성원들에게 요청되는 바람직한 가치와 태도를 지님으로써 민주 시민적 자질, 세계 시민적 소양을 함양시키는 데 교과교육의 초점을 두고 있다.

사회과 교육과정을 기반으로 하는 사회과교육은 학교 현장에서 바람직하고도 적절하게 전개·적용될 수 있도록 계획된 사회과의 총체적 프로그램이라고 할 수 있다. 그런 의미에서 본다면 사회과교육론은 사회과교육의 성패를 가름하는 중차대한 요소인 것이다. 특히, 사회과가 역동적이고도 동태적인 사회사상을 대상으로 한다는 점을 전제하면 사회과 교육과정과 사회과 수업의 중요성은 아무리 강조해도 지나치지 않은 것이다.

자고로 사회과의 본질과 목적은 변함없이 '민주시민성 함양', '민주시민의 자질 육성'이다. 즉 사회과는 공통교육과정 10개 교과 중의 한 교과이지만, 여타 교과와는 다른 독특한 특성을 갖고 있다. 사회과는 한편으로는 매우 어렵고 난해한 탐구 교과이면서도, 다른 한편으로는 아주 매력적인 교과이다. 그럼에도 불구하고 우리 생활이나 삶과 가장 밀접하게 관련되어 있는 교과가 곧 사회과이고, 사회과를 교수·학습하는 것이 사회과교육인 것이다. 사회과교육은 사회과와 사회과교육의 이론과 실제에 대한 학문적 연구와 실제적 접근이다.

본서는 총 4부로 구성되어 있다. 제1부는 사회과교육의 기저와 개관, 제2부는 사회과교육의 발달과 사회과 교육과정의 변천, 제3부는 사회과 교육과정과 사회과 교수·학습의 이해, 제4부는 사회과 수업방법 및 학습모형의 탐구 등으로 구성되어 있다. 각 부별 내용은 사회과교육과 사회과 교육과정, 그리고 사회과 수업(교수·학습)에 관한 이해와 탐구를 중심으로 구성하였다. 예비교사와 현직 교사, 교육전문직, 교육정책 전문가, 교육행정직 등 사회과 교육자, 사회과교육학자, 사회과교육 연구자들이 일선 현장에서 두루 활용할 수 있도록 이론과 실제를 연계하고자 노력하였다.

본서가 사회과의 예비교사인 교육대학교, 사범대학 사회과교육(학)과(학부) 학생, 교직과정 이수 학생들과 현직 교사인 초·중·고교 사회과 교사(교원), 사회과 전공 교육전문직, 사회과교육학자들이 두루 활용하며, 교수·학습 지도, 장학 행정, 연구 활동 등에 참고가 되었으면 하는 작은 소망을 갖고 있다. 아울러 앞으로 사회과 교육과정에 대한 다양한 연구를 위한 안내서·이정표가 되기를 기대하는 바이다. 특히, 사회과 교사 임용시험을 준비 중인 교육대학교, 사범대학, 교육대학원 사회(과)교육과 학(원)생, 일반대학 사회과 교직이수 학생들에게 사회과 탐구의 길라잡이가 되기를 기대한다.

사회과교육학은 사회과교육에 대한 학문적·이론적·실제적인 정체성 확립의 접근이다. 즉, 사회과교육학은 사회과교육에 대한 학문적·이론적 집대성이며, 나아가 현장의 사회과교육의 실천적 적용과 밀접하게 관련되어 있다. 사회과 교육과정의 개선 없이 사회과교육의 혁신은 공염불에 불과하다는 점을 전제하면, 사회과 수업(교수・학습)은 사회현실을 바탕으로 하고, 지역화・재구성을 통하여 계속적으로 일신우일신(日新又日新)해야 할 것이다. 그와 같은 사회과교육의 혁신과 사회과 교수・학습 개선의 선구자적 역할을 일선 초・중・고교의 사회과 교사들이 앞장서서 담당해야 할 것이다. 모든 교과가 마찬가지지만, 일선 학교 교과교육 현장의 개선을 간과한 교육 개선, 교과 혁신이란 탁상공론(卓上空論)에 불과하듯이, 교사와 학생들의 역동적인 상호작용을 강조하는 사회과교육의 바람직한 변화와 발전은 일선 초・중・고등학교의 사회과 교수・학습 개선에서부터 비롯되어야 하는 것이다. 따라서 사회과교육의 혁신은 일선 초・중・고교 교사들의 사회과 교육과정, 사회과 수업의 천착(穿鑿)에서 비롯되는 것이다.

저자가 그동안 강의하고 연구한 내용 등을 종합하여 『사회과 교육과정과 수업의 탐구』를 세상에 내놓으면서 많은 분들에게 감사를 드리는 바이다. 저자를 처음 사회과교육학자로 이끌어주신 진주교육대학교의 조용진 전 학장님, 진주교육대학교 사회과교육과의 이종문 교수님, 충남대학교 인문대학 강상철 교수님께 감사드린다. 그리고 저자에게 항상 학문적 탐구를 지원해주시는 공주대학교 사범대학 김병무 전 학장님, 공주대학교 사범대학 일반사회교육과의 정종호 교수님, 김덕수 교수님, 임경수 교수님께 감사드린다. 아울러 공주교육대학교 초등사회과교육과의 서재천 교수님, 한국교원대학교 제1대학 교육과학계열의 권낙원 교수님, 충남대학교 사범대학 교육학과의 김정겸 교수님 등께도 깊은 감사를 드린다. 그분들의 배려와 성원이 저자의 학문적・인격적 성장에 큰 자양분이 되고 있어 늘 고맙고 송구스럽다.

저자와 함께 교학상장(敎學相長)하는 사랑스러운 제자인 공주대학교 사범대학 일반사회교육과, 역사교육과, 지리교육과 학생들, 공주교육대학교 초등사회과교육과 학생들에게도 감사를 드린다. 특히, 꼼꼼히 교정을 보아준 성신여자대학교 사범대학 사회교육학과 박나래 학생, 공주대학교 사범대학 일반사회교육과 김지현 학생, 공주교육대학교 초등사회과교육과 임지연 학생 등에게 깊은 사의를 드리는 바이다. 또한 영원한 교육의 동반자이자 건설적 비판자인 박명배 선생님(서울 자양초), 신현영 선생님(경기 포천초), 오정학 선생님(충남 천안 병천고), 김수환 선생님(제주 북제주초), 신현복 선생님(충남 당진정보고), 차성우 선생님(충남 보령 주산산업고), 노문영 선생님(광주 비아중), 김완선 선생님(충남 아산 금곡초), 이종숙 선생님(경북 영주중앙초) 등 여러 선생님들께도 감사의 말씀을 드린다. 아울러 늘 인고의 기다림으로 필자를 성원해주시는 사랑하는 가족들에게도 충심으로 감사를 드린다. 많은 분들의 배려와 성원에 항상 감사하는 마음으로 살아가고자 한다.

끝으로, 최근 출판 시장의 여러 가지 어려움을 무릅쓰고 본서를 출판하여 세상에 빛을 보게 해주시고, 늘 저자에게 연구 의욕을 북돋워 주시는 한국학술정보(주)의 채종준 대표이사님께 감사드리며, 출판사업부 여러 실무자분들을 비롯한 관계자 여러분께도 심심한 사의를 표하는 바이다. 모든 분에게 앞으로 더욱 열심히 노력할 것을 약속드리며, 거듭 감사의 말씀을 드리는 바이다. 항상 그래왔듯이 앞으로도 옷깃을 여미고 교육과 학문 탐구를 위해 부단히 천착하는 자세로 더욱 정진할 것을 다시금 다짐하는 바이다.

2014년 갑오년 신춘(甲午年 新春)에

천년 고도 웅진골 계룡산 자락과 공주보(公州洑) 인근

비단가람 줄기가 바라보이는 강변 연구실에서

박은종

목차(*Contents*)

제3부 사회과 교육과정과 사회과 교수 · 학습의 이해

제4부 사회과 수업방법 및 학습모형의 탐구

제 1 부

사회과교육의 기저와 개관

제1부의 학습목표

- 사회과교육의 특징과 성격 및 개념과 본질 등을 이해한다.
- 사회과교육의 유형과 모형 등을 두루 이해한다.
- ‘사회과’, ‘사회과교육’, ‘사회과교육의 유사 용어’ 등의 의미를 알고 설명한다.
- 한국의 사회과교육 이론 모형을 알고 설명한다.
- 21세기 세계화 시대 사회과교육의 동향(Trend)과 미래 전망 등에 대해서 알고 설명한다.

제1장 사회과교육의 개념과 본질

Ⅰ. 사회과교육의 개념

일반적으로 공간적 환경으로서의 사회는 인간의 삶의 터전이다. 사회과(Social Studies)는 인간의 사회생활과 사회현상을 대상으로 하며 이를 탐구하는 교과이다. 이와 같은 사회과를 학교에서 가르치고 배우는 교육이 곧 사회과교육(Social Studies education)이다. 인간의 생활(life), 즉 삶의 전 과정이 곧 사회과의 내용이자 연구대상인 것이다. 그러므로 사회사상(社會事象)을 탐구하는 사회과는 여러 교과 중에서 가장 중요한 본질적인 교과이다. 인간의 삶과 생활에 밀접하게 관련된 교과가 사회과이고 그에 관한 교육이 사회과교육(社會科敎育)이기 때문이다. 사회과교육은 인간의 삶에 관한 탐구를 지향한다.

사회과는 인간의 삶과 사회사상, 그리고 사회현상 탐구에 바탕을 둔 교과이다. 이는 사회과와 사회과교육이 살아 있는 탐구와 접근이 요구되는 이유이기도 하다. 즉, 바람직한 사회 인식을 통한 민주시민의 자질 함양을 목적으로 하는 사회과는 그 내용이 매우 다양하고 복잡다단하다. 전통적으로 사회과는 국민에게 시민으로서의 자질을 교육하기 위한 학교의 교과목이다. 그리고 이러한 교과목인 사회과를 학생들에게 교수·학습하는 것이 사회과교육이다. 따라서 때로는 사회과와 사회과교육은 공통적인 의미로 사용되기도 한다. 사회과 자체가 사회과교육이라는 교육활동을 의미하기 때문이다. 물론 사회과는 사회 탐구와 가치 탐구를 기본적인 사회현상 탐구의 이대(二大) 축(軸)으로 삼는다. 이 사회 탐구와 가치 탐구를 통하여 바람직한 의사결정을 도모하는 교과가 곧 사회과 내지 사회과교육인 것이다.

사회과는 현행 2009 개정 교육과정의 공통교육과정 10개 교과 중의 하나이다. 일반적으로 사회과는 "광의의 사회과학, 즉 정치학, 경제학, 법학, 사회학, 문화인류학, 윤리학, 역사학, 지리학 등을 어떠한 교육목적을 가지고 학교에서 가르치는 교과"라고 할 수 있다. 사회과학은 사회과학자들이 관심을 갖고 수행하는 인간관계에 대한 고차적인 연구이다. 사회과학자들은 인간과 인간관계에 관한 지식, 인간과 환경에 관한 지식을 설명, 발견, 탐구하려고 한다. 그러므로 사회과는 학교교육과정의 한 교과로서 사회과학의 내용과 연구 결과, 연구 방법 등 교육목표에 맞추어 단순화하고 재조직한 것이다. 따라서 사회과는 인간의 생활양식, 기본적 요구 등을 충족시켜가는 활동, 인간이 개발한 제도에 대해 이해시키는 교과, 나아가 인간과 인간, 인간과 사회의 사회적 · 물리적 관계에 주된 관심을 갖는 교과이다(강환국, 2005: 11).

사회과는 사회적 사실과 사회현상에 관한 지식을 발견하고 적용하는 데 필요한 사고력과 판단력을 강조하는 교과이다(이종일 외, 2008: 366). 따라서 사회과는 논리적 사고력을 비롯하여 비판적 사고력, 창조적 사고력, 가치판단력, 의사결정력 등을 신장시킬 수 있는 교수 · 학습을 지향하고 구현하여야 한다. 이른바 고급 사고력(high level thinking)을 신장하고자 하는 교과인 것이다.

물론 교과교육으로서의 사회과(사회과교육)와 유사한 개념으로 사회교육, 역사교육, 지리교육, 사회과학 등의 여러 가지 개념이 있는데, 이들은 사회과 내지 사회과교육과 동일한 의미는 아니다. 사회과는 어디까지나 학교의 교육적인 교과목이므로 사회과학적인 지식이나 법칙을 독창적으로 발견하려는 것보다는 사회현상에 관한 지식을 생활과 관련해서 학생들이 이해할 수 있도록 하는 교육적인 측면이 중요한 것이다. 이는 사회과 내지 사회과교육이 암기식, 주입식 교육보다는 학생들의 탐구, 활동 중심으로 진행되어야 하는 이유이기도 하다.

한국의 사회과교육은 다분히 미국의 사회과교육을 도입하고 답습하였기 때문에 미국의 사회과교육과 매우 유사하다. 이는 한국 사회과교육의 정체성 확립이 어려운 근본적인 원인이기도 하다. 미국에서 사회과교육을 전공한 차경수 교수는 사회과교육을 "사회생활에 관한 인간관계를 중심으로 여러 가지 사회문제를 학생들의 요구에 의하여 학습하고 이를 통하여 사회생활에 필요한 지식, 기능, 가치 · 태도 등을 형성하여 국민으로서 필요한 자질을 교육하는 교과목이다"라고 규정하고 있다(차경수, 1997: 18). 한편, 한면희 교수는 사회과교육을 "학생들에게 민주시민의 자질을 길러주기 위하여 문화유산과 사회과학을 비롯한 인문 및 자연 분야로부터 선정한 지식, 기능, 가치・태도 등의 내용을 학생들의 사회문화적 경험을 통합하여 학습하게 하는 교과이다"라고 정의하고 있다(한면희, 2002: 42). 전숙자 교수는 사회과를 "인간과 사회에 관한 총체적인 현상을 다루는 교과로 사회과학과 인문과학의 기본 원리나 지식・법칙을 발견하는 것보다 시민적 자질 함양과 실생활 연관 및 사회 참여의 교육적 측면을 강조하는 교과이다"라고 개념 정의를 하고 있다(전숙자, 2008: 14). 박상준 교수는 사회과를 "사회과학과 인문학에서 선택・추출된 지식의 구조, 보편적인 가치와 태도를 종합하여 민주적 시민성을 육성하는 교과교육이다"라고 정의하고 있다(박상준, 2008: 20). 박은종 교수는 사회과를 "사회현상을 올바르게 인식하고 사회적 지식과 함께 건전하고도 원만한 사회생활 영위에 필요한 기능을 익히며, 민주사회 구성원들에게 요청되는 바람직한 가치와 태도를 지님으로써 민주시민적 자질, 세계 시민적 소양을 육성하는 교과이다"라고 정의하였다(박은종, 2008: 5).

한편, 현행 2009 개정 사회과 교육과정에서는 사회과를 "사회현상을 올바르게 인식하고 사회지식 습득과 사회생활에 필요한 기능을 익히며 민주사회 구성원들에게 요청되는 가치와 태도를 지님으로써 민주시민으로서의 자질을 육성하는 교과이다"라고 규정하고, 세부적으로 사회과에서 기르고자 하는 민주시민을 "사회생활을 영위하는 데 필요한 지식을 가지고, 인권 존중, 관용과 타협의 정신, 사회정의의 실현, 공동체 의식, 참여와 책임의식 등의 민주적 가치를 해결하는 능력을 기름으로써 개인의 발전은 물론 국가, 사회, 인류의 발전에 기여할 수 있는 자질을 갖춘 사람이다"라고 제시하고 있다(교육과학기술부, 2008: 306-308).

아울러 '2009 개정 사회과 교육과정'에서는 사회과를 "지리, 역사 및 제 사회과학의 개념과 원리, 사회 제도와 기능, 사회문제와 가치, 그리고 연구 방법과 절차에 관한 요소를 통합적으로 선정, 조직하여 사회현상을 종합적으로 이해한다. 나아가 우리 삶의 터전인 국토의 이해를 바탕으로 우리 민족의 역사와 활동에 대한 종합적인 파악과 현실에 대한 역사적인 시각에서의 이해 및 한국인으로서의 정체성과 세계 시민으로서의 가치, 태도 등에 관한 요소를 중시한다"고 규정하고 있다(교육과학기술부, 2008: 2-4).

사회과의 궁극적인 목표인 시민성 양성의 내용과 교육방법에 대해서는 보는 관점과 시각에 따라 다양하지만, 사회과교육은 시민성(citizenship) 육성을 본질적인 목표로 한다는 점에서는 이론의 여지가 없을 것이다. 방법은 다양하지만, 지향점은 간결하고 분명한 것이다.

사회과 교육과정은 이와 같은 시민성 육성을 위한 사회과학과 인문과학에서 추출된 '지식의 구조'를 중심으로 구성해야 한다는 점에서 사회과의 본질은 "시민성 육성"이라는 점에 초점을 맞추어야 한다. 다만, 이와 같은 시민성은 매우 추상적이라는 점이 쟁점이며, 실제 시민성의 내용과 교육방법은 매우 다양하다는 점에 유념할 필요가 있다. 훌륭한 시민(good citizen)의 자질 함양은 동서고금을 통틀어 변하지 않는 사회과교육의 본질이자 목적인 것이다.

현행 초・중・고교에 적용 중인 2009 개정 교육과정은 공통교육과정과 선택교육과정으로 구분된다. 공통교육과정은 제9학년제로 초등학교 제1학년에서 중학교 제3학년까지 이수하는 교육과정으로, 그 교과는 국어, 도덕, 사회, 수학, 과학, 실과(기술가정), 체육, 음악, 미술, 외국어(영어) 등 10개 교과목이다. 즉, 사회과는 공통기본교과 중의 하나로 다양한 사회과학을 교과의 내용으로 하는데 그 개념은 다양하게 정의할 수 있다(한면희 외, 1988: 13-18). 선택교육과정은 제10학년에서 제12학년인 고등학교 제1학년에서 제3학년까지 3년간 이수하는 교육과정이다.

한편, '교육학 대사전'에 따르면, "사회과교육이란, 사회과학적 내용을 통하여 사회의 유능한 시민을 양성하기 위하여 탄생한 교과이다"라고 개념 정의를 하고 있다. 이 정의는 사회과를 바람직한 시민 양성이라고 보는 견해와 사회과학과 동일한 의미로 보는 견해, 그리고 이 양자(兩者)를 고려하여 사회과학을 통한 시민 육성이라는 관점으로 구분하여 논의를 전개할 수 있음을 시사하고 있다(한면희 외, 1988: 13-18).

20세기 초 1916년 미국에서 탄생된 사회과는 시민 보통교육과 더불어 발달한 진보주의 교육의 시민정신 함양을 주로 담당하였다. 진보주의 교육의 시민정신 함양, 시민교육을 담당한 사회과교육은 실용성에 중점을 두고 교육받은 민주적 생활인(民主的 生活人) 양성에 주력하였다. 이때의 사회과는 전통적인 교과교육 방식을 취함으로써 지리, 역사, 공민 등에 대한 체계적인 지식을 생활 준비의 수단으로 전수시켰던 교육으로부터의 전환이라고 할 수 있다. 즉, 사회과가 체계적인 지식 전수 위주에서 시민정신 교육으로 전환된 것이다. 오늘날의 사회과교육의 의미는 이러한 사회지식과 민주시민 교육, 반성적 탐구, 고급 사고력 신장, 의사결정력 신장, 사회비판적 접근 등 통합적인 방향에서 접근하여야 한다.

일찍이 미국 사회과교육의 개척자인 웨슬리(Wesley)는 사회과를 인간의 생활(삶) 탐구에 중점을 두고 다음과 같이 정의하였다.

"사회과학자들은 인간관계 및 인간과 환경 사회에 관한 지식을 설명, 연구, 발견하려고 한다. 사회과는 학교교육과정의 한 분야로써 사회과학의 내용과 연구 결과, 연구 방법을 교육목표에 적합하게 단순화하고 재조직한 것이다. 따라서 사회과는 인간의 생활양식, 기본적 욕구의 충족, 그 욕구를 충족시켜가는 활동 또는 인간이 개발한 제도에 대한 이해를 제공하는 교과이다."

한편, 1960년대 학문 중심 교육과정과 1970년대 신사회과 운동의 활성화는 사회과에 많은 변화와 전환을 초래하였다. 이 시기의 사회과는 곧 지식의 구조에 입각하여 사회과학의 내용을 가르쳐야 한다는 주장과 더불어 사회과학을 통하여 책임 있는 시민 양성에 주력하여야 한다는 주장이 병존하였다. 학문으로서의 사회과학과 사회과의 목적이자 지향점으로서의 민주시민 교육이 갈등과 혼란을 겪은 시기이기도 하다. 사회과학이 사회과의 핵심 내용과 주제로 자리 잡은 시기이기도 하다. 한국에서 사회과가 현재와 같이 흥미 없고 암기 중심 교과로 자리매김하게 된 계기가 곧 이 시대 학문 중심 교육과정 강화와 신사회과 전환이었다.

당시 사회과교육학자인 베레슨(B. Bereson), 펜턴(E. Fenton), 마시알라스(B. G. Massialas) 등이 사회과에서 사회과학 중심의 교육을 강조하면서, 사회과를 다음과 같이 정의하였다. 즉, 베레슨(B. Bereson)은 "사회과는 책임 있는 시민을 양성하기 위한 수단으로써, 사회과학적 지식을 가장 유용하게 습득시키는 교과이다"라고 정의하였고, 펜턴(E. Fenton)은 "사회과는 정치학, 경제학, 사회학, 문화인류학, 심리학, 지리학, 역사학 등 제 사회과학의 복합적 학과로서 학생들이 학교를 졸업한 이후에도 독립적으로 학습할 수 있도록 사회과학의 탐구 양식을 학습하는 것을 중요한 목적으로 하는 교과이다"라고 정의하였으며, 탐구학습의 대가인 마시알라스(B. G. Massialas)는 "사회과는 선량한 시민 양성을 위한 수단으로 사고력 신장을 강조하는 교과이다"라고 정의한 바 있다. 즉, 이들 학자들의 사회과교육에 대한 개념 정의의 최대공약수적 공통점은 사회과를 사회과학의 탐구와 민주시민 교육의 지향을 동시에 추구하였다는 점이다. 실제 이와 같은 사회과학 탐구와 민주시민 교육의 통합과 연계에 대한 오랜 갈등과 방황은 교과 역사 1세기가 지난 현대에 와서도 진행형으로 계속되고 있다고 보아야 할 것이다.

이와 같은 사회과학의 구조를 강조하는 입장에 있는 학자들의 정의를 종합하면, 그 핵심은 사회과학의 학습을 강조하면서도 선량하고도 책임감 있는 시민을 양성하는 데 중점을 두고 있다는 점이다.

한편, 스킬(D. J. Skeel), 엘리스(A. K. Ellis) 등은 학생들로 하여금 인간관계에 대한 연구를 통하여 개인적, 사회적 자아실현을 이룰 수 있게 하는 데 초점을 맞추고 사회과를 다음과 같이 정의하였다.

> "사회과교육은 아동들의 올바른 자아 개념을 발달시키고, 지구촌과 사회의 다문화적 요소를 인식하고 평가할 수 있도록 하며, 사회화 과정, 의사결정과 사회 참여 능력의 신장 등을 촉진시키는 것을 주된 임무로 하는 교과이다."
> "사회과는 사람들이 타인 및 환경과 다양하게 상호작용하면서 살아가는 방법을 배우는 교과이다."

한편, 앵글(S. H. Engle)은 사회과학 지식의 이해보다 의사결정능력을 길러주는 것이 사회과 교수의 초점이 되어야 한다고 주장하였다. 뱅크스(J. A. Banks)도 사회과의 목적은 학생들이 합리적인 사회행동을 통하여 개인적, 사회적 문제를 해결할 수 있도록 돕는 데 있다고 주장하면서, 앵글의 주장을 수용하여 사회과교육의 역할을 다음과 같이 제시하였다.

> "사회과는 학생들이 타인과 지역공동체 및 국가 통치와의 관계에 영향을 미치는 중요한 의사결정을 할 수 있도록 도와주는 데 큰 책임을 맡아야 한다."

그러므로 결국 사회과교육은 "사회과학과 인문학에서 선택·추출된 지식의 구조, 보편적인 가치와 태도 등을 종합하여 민주적 시민성을 육성하는 교과교육"이라고 정의할 수 있다(박상준, 2008: 18-20). 민주적 시민성은 현대 시민에게 요구되는 자질로 시민이 민주적인 사회생활을 영위하는 데 필요한 지식, 기능, 가치·태도, 사회적 참여 행위 등을 종합적으로 포함한다. 사회과는 지리, 역사 및 제 사회과학의 개념과 원리, 사회제도와 기능, 사회문제와 가치, 그리고 연구 방법과 요소를 통합적으로 선정, 조직하여 사회현상을 종합적으로 이해하고 탐구한다. 사회과에서는 우리의 삶의 터전인 국토의 이해를 바탕으로 우리 민족의 역사와 활동에 대한 종합적인 파악과 현실에 대한 역사적인 시각에서의 이해 및 한국인으로서의 정체성과 세계 시민으로서의 가치, 태도 등에 관한 요소를 중시한다(교육인적자원부, 2007: 138).

결국 사회과는 보는 방향과 관점과 시각에 따라 아주 다양하게 개념 정의가 되지만, 각각의 개념과 정의의 최대공약수는 '시민성 함양과 민주시민 교육을 통한 훌륭한 시민

(good citizen) 양성 교과'라는 점이다. 사회과가 탄생한 이유가 곧 민주시민성 함양을 통한 훌륭한 시민 양성에 있기 때문이다.

Ⅱ. 사회과교육의 본질

1. 사회 인식과 시민성 함양: 사회 탐구, 민주시민 교육

사회과는 인간의 삶의 궤적과 과정 및 활동을 탐구하는 교과로서 학생들이 합리적인 사회 인식을 수행할 수 있도록 규명하는 점에 초점을 맞추어야 한다. 사회과는 인류 문명 전체에 대한 성찰을 시도하는 교과이다. 인류 문명은 시간적, 공간적으로 맥락화(脈絡化)된 상태이며, 지구라는 행성에서의 인류 문명이다. 인류는 자신을 에워싸고 있는 환경과의 관계 속에서 합리성을 실현하면서 독자적인 문명 체계를 형성하였다.

사회과는 교과의 일종으로 다양한 지적 안목을 형성시켜주기 위해서 학교에서 가르치고 있다. 사회과는 학습자가 사회현상에 대한 이해 방식, 사고방식 등을 발달시키는 데 기여하기에 적당한 사회 인식 교과로서의 고유성을 가지고 있다.

사회과는 학습자가 합리적인 사회 인식을 수행할 수 있도록 교육적 의도를 가지고 있다면, 이러한 사회 인식의 효과를 밝혀 나가는 교과이다. 아울러 사회과는 인류의 문명 전체에 대한 세심한 성찰을 시도하는 교과이기도 하다.

그런데 오늘날 이와 같은 문명의 이기(利器)와 체계가 순기능적으로 진화하기만 하는 것은 아니다. 인류가 문명의 주인임에도 불구하고, 역(逆)으로 이 문명 때문에 인류가 공멸할 우려가 있음에 주목하여야 한다. 인류 문명의 획기적 발명이라는 총(銃)이 역설적으로 수많은 인명을 살상하였으며, 세계 평화를 지향하여 발명된 핵무기가 인류의 평안과 복지를 지향하기보다는 인류의 멸망을 위협하고 있음이 이를 반증한다. 산업화와 물질문명의 발달로 인한 환경오염으로 생태계가 파괴되어 인류가 위기에 봉착한 점도 이와 궤(軌)를 같이하는 것이다.

결국 인류는 자신들이 만들어온 문명이라는 운명을 합리적으로 다루어야 할 처지이며, 사회과는 이러한 점을 해결하기 위하여 지성 함양을 도모하고 있는 것이다(남호엽, 2008: 10-12). 오늘날 사회과교육이 환경보전과 지속가능한 발전을 어떻게 조화롭게 추구하느냐의 딜레마에 빠져 있는데, 이를 슬기롭게 극복하는 데에 초점을 두어야 하는 과제를 안고 있다.

다음으로 합리적인 사회 인식은 새로운 문화의 탄생 가능성을 내재하고 있다. 합리적인 사회 인식이 지적 탐구 과정의 산물이라고 할 때, 이러한 탐구는 개방적 사고의 가능성에 기초한다. 사회 인식의 고양은 이미 이루어진 것을 일방적으로 단순 재생산하는 것이 아니라, 비판적 검토와 대안의 모색이라는 창조성의 경지를 고려한다. 즉, 사회 인식의 과정은 지성적 사고와 태도에 기초하여 의미를 부여하는 과정이며, 이 과정은 생성과 변이의 가능성을 포함하고 있다. 사고의 결과를 맹목적으로 추종하는 것은 합리적 사회 인식과는 괴리(乖離, gap)가 존재하며, 사고 과정을 존중하는 상태에서 기존 입장의 변형 가능성을 허용하고 있다. 사고 방법, 인식 방법은 상대적 자율성을 확보하고 새로운 인식 환경에서 기존 입장으로 환원할 수 없는 의미의 탄생이 가능하다.

이와 같은 입장을 전제하면, 사회과교육의 목적에서의 시민성 함양이 본질이 된다. 시민성은 민주시민으로서의 바람직한 소양을 의미하며, 이는 곧 '민주적인 마음 상태(democratic mind)'를 의미한다. 합리적인 마음의 함양을 위하여 교과가 존재한다면, 사회과는 그러한 여러 가지 마음 중에서 '민주적인 마음'의 발달에 관여하고 있다.

이와 같은 점을 바탕으로 미국사회과교육협회(NCSS: National Council for Social Studies)는 사회과의 본질을 다음과 같이 들고 있다(공주교육대학교 초등교육연구소, 2003: 110-114).

첫째, 사회과는 시민으로서의 유능함을 길러주는 교과이다. '일반적으로 민주시민으로서의 유능함'이란 사회구성원으로서 바람직한 자질과 능력을 겸비한 상태를 의미하는 것이다. 즉, 현실 사회생활을 원만하게 영위할 수 있는 자질과 능력과 가치태도 등을 두루 겸비한 사람을 의미한다.

둘째, 사회과는 통합 교과이다. 이는 한 학문 내에서만 통합하는 것이 아니라 다양한 학문 간의 통합, 지식・기능・가치・태도 등의 영역 간 통합 등을 두루 포함하고 있다. 통합을 강조하는 것은 사회과에서 기르고자 하는 민주시민적 유능함, 즉 문제해결력, 합리적 의사결정력 등을 기르는 데 필수적이라고 보기 때문이다. 그렇기 때문에 사회과는 통섭적(統攝的), 융・복합적으로 접근해야 한다.

셋째, 사회과는 학생들이 각 학문에서 확립된 지식과 태도를 구성해 나가도록 도와주는 교과이다. 사회과를 이루는 사회과학에는 특유의 개념과 방법이 있다. 학문상의 개념과 당해 학문의 고유한 시각을 학생들이 습득해 나가도록 돕는 것이 사회과의 주요한 본질 중의 하나로 보고 있다. 사회과에서의 지식은 개념 하나하나를 이해시키는 데 중점이 있는 것이 아니라 사회를 이해하는 데에 얼마나 도움을 주는가에 초점을 맞추어야 한다고 보고 있다.

모름지기 민주시민은 사회 속에서 살아가면서 사회현상에 대한 법칙적 이해를 수행하고, 개인의 자유와 책임, 의사결정 등과 관련하여 발생하는 가치 판단의 문제를 해결할 수 있다. 사회과는 '사회현상에 대한 법칙적 이해와 가치 판단의 문제 해결'이라는 교육적 과제 해결을 위하여 학교교육에서의 고유한 위상을 확보하고 있다(남호엽, 2008: 10-12).

민주시민으로서 합리적인 의사결정을 하기 위해서는 많은 지식과 능력, 기능 등이 필요하며, 타인을 존중하고 이해하며, 배려하는 마음이 필요하다. 시민적 자질을 구성하는 요소는 매우 다양하다. 바(Barr)등은 시민적 자질의 핵심인 의사결정능력의 구성 요소로 지식의 습득, 정보처리 능력, 가치 분석, 지적 능력, 가치명료화 능력 등을 제시하고 있다. 그리고 미국사회과교육협의회(NCSS, 1994)와 한국의 2009 개정 사회과 교육과정에서는 지적인 면(지식, 이해), 기능적인 면(기능・능력), 정의적인 면(가치・태도) 등을 구분하여 제시하고 있다. 이와 같은 사회과 목표로서의 시민적 자질에 관한 개념 정의는 다양하지만, 구체적 내용에 관한 견해들은 시민 행동, 사회 참여를 기능이나 가치・태도 영역에 포함시키느냐 분리하느냐의 차이일 뿐 기본적으로 지식(이해), 기능(능력), 가치・태도(정의적 요소)라는 세 가지 목표 요소는 대체적으로 대동소이하다고 할 수 있다(최용규 외, 2008: 50-53).

<표 1-1> 사회과 시민적 자질 구성 요소

학자(학회・기관)	시민적 자질 주요 구성요소
Massialas & Cox.(1966)	인지적 능력, 참여적 능력, 정의적 능력 등
Barr et al.(1977)	지식의 습득, 정보처리 능력, 가치분석, 참여 등
Kaltsounis.(1979)	지식, 사회적 가치, 지적 능력, 가치명료화 능력, 사회적 능력 등
NCSS(1994)	지식, 기능, 가치・태도(인지적・심동적・정의적 측면) 등
한국교육부(2014)	지식, 기능, 가치・태도(인지적・심동적・정의적 측면) 등

2. 성립기 사회과(전통적 사회과)와 신사회과: 통합 사회과교육과 사회과학 내용 중시

사회과의 본질과 관련하여 1916년 성립기의 사회과와 1960~1970년대 신사회과(new

social studies)는 중요한 시사점을 준다. 2000년대 이후 세계화 시대의 사회과도 다문화교육, 통섭교육(統攝教育) 등을 포함한 독특한 특성을 갖고 있다.

1916년 미국교육협회(NEA)의 보고서에 "중등학교에서의 사회과(The Social Studies in Secondary Education)"라는 제목으로 사회과의 아이디어를 제시하였다. 이 아이디어는 기존의 역사 교육 형식에서 벗어나, 교과의 접근 방식에서 새로운 접근 논리를 선보였다. 사회과 주창자들은 사회 개선과 사회복지의 차원에서 학교 교과가 기여할 수 있는 바를 모색하였고, 이 교과는 교육내용과 교육방법 측면에서 기존 교과와는 다른 차원이었다.

사회과는 시민성 함양을 위해서 학습자의 경험 세계에 자리한 공적인 쟁점 혹은 사회문제 등을 교육내용으로 선정하고, 이 내용에 대한 간학문적 접근을 시도하였다. 교육방법 측면에서는 학습자의 반성적 사고 과정을 존중하도록 하였다. 반성적 사고 과정은 성찰(省察)과 같은 의미로 전통적으로 사회과교육 방법의 기본적인 경로로 설정되었다. 사회과는 그 출발에서부터 학습자들의 관심과 흥미를 존중하면서, 학습자들의 참여 활동을 매우 중시하는 교과인 것이다. 즉, 사회과는 그 탄생에서부터 독특한 교육과정 철학을 반영하면서 교과로서의 정체성을 가지고 있는데, 그 당시 그릇된 교과교육 풍토를 혁신하자는 교육개혁의 논리를 표방하고 있다. 지나치게 교과 중심적인 교육과정에서 탈피하여, 실질적으로 학습자의 정신세계에 지적 안목을 형성시켜줄 수 있는 방안을 모색하였고, 이 점이 새로운 사회과를 탄생시킨 것이다.

사회과는 진보주의 교육 사조 속에서 탄생한 교과로 사회과학보다 사회생활을 강조하는 입장이었다. 교육은 교과(학문)를 가르치는 것이 아니라 학생(생활)을 가르치는 것이라는 진보주의 교육철학의 산물이 곧 사회과이다.

그러나 진보주의 교육철학의 결점을 비판하면서 본질주의 내지 실재주의 교육철학이 대두되자 사회과에 변화가 일기 시작하였으며, 실재하는 지식인 사회과학의 지식 체계를 강조하게 된 것이다. 실제로 1950년대 말부터 일어난 학문 중심 교육과정 개혁 운동은 사회과의 본질적 성격을 사회생활과보다는 사회과학과로 옮겨가게 한 계기가 되었으나, 1970년 초부터 대두된 인간 중심 교육과정의 영향으로 사회과는 다시 사회과학보다는 사회생활에 초점을 맞추게 되었다(강환국, 2005: 12-13).

물론 사회과가 탄생하고 널리 확산되면서 출범 당시의 의도가 온전히 준수된 것은 아니다. 1916년 성립기 당시의 사회과가 표방한 학습자 중심 교육관은 왜곡된 학생 중심 교육으로 변질되어 교육적 적절성을 상실한 경우가 존재하였다. 이러한 왜곡된 현실의 핵심은 학습자의 관심, 흥미를 존중하다 보니 교과 수업에서 무엇을 가르치고 배워야 하는지에 논란을 야기하였다. 즉, 사회과를 통하여 학생들이 배워야 할 것을 제대로 배웠는지 교육적 수월성에 대한 의구심이 발생한 것이다.

1960년대 이후의 사회과학에 관한 지식의 구조를 강조하는 신사회과 운동(New Social Studies Movement)은 이와 같은 의구심에 바탕을 둔 교육 혁신의 움직임이었다. 신사회과는 사회과 개혁 운동으로써 교육내용은 역사학과 사회과학의 구조이며, 교육방법은 학자들의 탐구 방식을 학습자가 동일하게 수행하는 과정이다. 시민성 함양이라는 사회과의 근본적 목적을 학습자들이 사회과학적 탐구를 통해서 사회현상을 인식할 때 비로소 실현될 수 있다는 입장인 것이다. 학습자들이 사회현상을 과학적으로 인식하는 과정을 통해서 그들의 정신세계는 지적(知的)인 안목을 가질 수 있고 당면한 과제를 잘 해결할 수 있다는 것이다. 따라서 신사회과는 경험 중심 사회과의 전통을 왜곡시킨 사회과의 풍토를 바로잡으려는 의도를 반영하고 있으며, 학문 중심 교육과정 사조의 아이디어를 적극 수용하고 있다(남호엽, 2008: 18-19).

Ⅲ. 사회과교육의 정의: 종합적 관점

일반적으로 하나의 학문을 대상으로 하는 다른 교과와는 달리 사회과는 다양한 사회과학을 교과의 바탕인 기저(基底), 즉 교과내용학으로 하기 때문에 매우 복잡하고 종합적인 의미를 갖고 있다. 특히, 통합적이고도 다학문적으로 구성된 통합 교과이다. 그러므로 사회과 내지 사회과교육에 대한 정의는 매우 다양하다. 즉, 사회과교육에 관한 정의는 학자의 수만큼이나 많이 있다. 이는 사회과와 사회과교육에 대한 개념 정의가 매우 다양하다는 의미와 함께 그 개념이 어렴풋하여 분명하지 않다는 의미를 동시에 담고 있는 것이다. 다양성과 추상성이 사회과의 개념 정의의 특징인 것이다.

그러나 그중에서 가장 중요한 것은 사회과교육은 인간과 사회의 바람직한 관계를 연구하면서 사회문제를 학습하고 사회생활에 필요한 국민의 자질을 형성하는 교육이라는 것이다. 그것은 학습의 한 영역이며, 여러 가지 사회과학의 연합체이며, 또 교육과정의 한 영역에 속한다. 교과교육의 하나로서 사회과교육은 다음과 같이 정의될 수 있다.

"사회과교육은 사회생활에 관한 인간관계를 중심으로 하여 여러 가지 사회문제를 학생의 요구에 의하여 학습하고, 그러한 학습을 통해서 사회생활에 필요한 지식, 기능, 태도 등을 형성하여 국민으로서 필요한 자질을 교육하려는 학교의 교과목이다."

이러한 측면에서 보면 사회과교육은 바로 학교에서 학생들을 상대로 실시하는 민주시민을 양성하기 위한 시민교육(civic education) 내지 시민성교육(citizenship education)과 밀접한 관련을 맺고 있다고 할 수 있다. 물론 일반적으로 시민교육 내지 시민성교육은 학교에서 실시하는 사회과교육만을 의미하는 것은 아니며, 그 이외에 도덕교육이나 기타의 학교 교과목, 학교 밖에서 실시하는 시민생활에 관한 교육도 포함하기 때문에 사회과교육보다는 넓은 의미를 지니고 있다.

일반적인 교육 영역의 세 축인 가정교육, 학교교육, 평생교육을 통틀어 최종적이고 궁극적인 목적은 시민교육이고 이는 바람직한 인간 육성, 사람다운 사람 양성에 있다. 학교교육의 한 교과교육인 사회과교육은 소정의 학교 교과목이기 때문에 교육과정의 이론이나 학교의 여러 가지 규정에 따라야 하는 특징이 있는 데 비하여 시민교육은 이러한 제한을 직접적으로는 받지 않는다. 그러나 전술한 바와 같이 학교의 사회과교육이 학교에서의 어떤 교과목보다도, 또 학교 밖에서의 어떤 활동보다도 근본적으로는 아동이나 청소년들을 위한 가장 중요한 시민교육의 한 형태라는 것을 우리는 명심해야 한다.

한편, 사회과교육의 시민교육적 성격에 대해서는 최근의 중요한 사회과교육의 학자들이 대부분 의견을 같이하고 있다. 뱅크스는 "사회과는 지역사회, 국가, 세계의 시민생활에 참여하는 데 필요한 지식, 기능, 태도, 가치관을 교수하는 초·중등학교의 교육과정"이라고 했으며(Banks, 1990: 3), 울에버와 스콧은 "사회과교육은 과학적 방법으로 얻어진 지식과 체계적으로 형성된 개인적 가치관을 기초로 하여 합리적으로 결정하고 행동하는 것을 목적으로 하는 모든 경험의 총체"라고 했다(Woolever & Scott, 1988: 18-19). 마토렐라는 "시민성 교육을 위하여 응용된 사회과학적 정보와 탐구방식 및 개인, 집단, 사회의 이해를 위하여 관련된 정보와 탐구방식"이라고 정의하고 있으며(Martorella, 1991: 37), 마후드와 그 동료들 역시 1977년에 바 등이 "시민성 교육을 목적으로 하는 인간관계에 관한 지식과 경험의 통합(Barr et al., 1977: 69)"이라고 정의한 것에 동의하면서 사회과교육을 시민성 교육, 인간관계의 지식과 경험의 통합에 초점을 맞추고 있다(Mahood et al., 1991: 9-11).

이와 같은 학자들의 견해를 종합해보면 1950년에 웨슬리가 주장한 "사회과는 사회과학이 교육적 목적으로 간략화된 것(Wesley, 1950: 34)"이라는 정의 이후, 1977년에 바

등이 사회과에서의 시민성 교육을 강조하였는데, 오늘날의 학자들은 모두 이들 시민교육을 사회과의 가장 중요한 목적이요, 본질이라고 보고 있다는 것을 알 수 있다. 우리나라의 학자들 역시 민주시민 교육을 사회과의 중요한 본질적 목적으로 인식하고 있다.

결국, 사회과교육은 미래의 주역이 될 학생들에게 다양한 인간관계 및 인간과 환경과의 상호작용에 관한 연구를 통하여 개인적, 사회적 자아실현을 할 수 있는 능력을 길러줌과 동시에 책임감 있고 사려 깊은 시민적 자질을 길러주는 교과라고 할 수 있다(한면희 외, 1988: 18).

사회과교육은 학생들이 주어진 사회적, 문화적 환경 속에서 과거, 현재, 미래와 관련된 다양한 인간관계 및 인간과 환경의 상호작용에 관한 연구를 통하여 사회생활에 필요한 지식, 기능, 가치・태도 등을 함양하여 개인적, 사회적 자아실현을 이룩하도록 하는 교과이다. 그리하여 성공적인 사회생활을 함과 동시에 책임감과 사려 깊은 민주시민 양성을 목적으로 하는 교과이다. 또한 사회과는 학생들로 하여금 당면한 여러 사회문제를 합리적으로 해결하고 변화하는 사회에 적응해갈 수 있도록 다양한 능력을 길러주는 데 강조점을 두는 교과이다. 사회과는 인간의 삶과 생활에 대해 탐구하는 교과이다.

<표 1-2> 사회과교육의 정의와 핵심 개념 변화

시대	사회적 상황	시민성 개념	사회과의 정의
① 20세기 초반	○ 이민사회의 갈등 ○ 도시생활에의 적응	○ 문화유산(지식)의 준수 ○ 애국심	○ 전통적인 문화유산의 전수
② 20세기 중반	○ 스푸트니크 충격 ○ 교육과정개혁운동 ○ 신사회과 운동	○ 사회과학적 탐구능력 ○ 사회과학적 사고력	○ 사회과학적 탐구 방법의 교육
③ 20세기 후반	○ 사회문제의 심화 ○ 세계화, 정보화	○ 합리적 의사결정력 ○ 문제해결력	○ 합리적 의사결정과 사회적 행위의 실천교육
④ 21세기 초반 이후	○ 세계화의 급진전 ○ 다문화 사회 진입	○ 지구촌 사회(global society) 구성원 역할과 자질 함양 ○ 다문화 사회 주도	○ 의사결정력 강화 ○ 세계 시민 교육 자질 함양 ○ 사회사상에 대한 통섭적 접근

Ⅳ. 사회과교육의 의미

일반적으로 교과(敎科)의 역사는 그리스의 칠자유과(七自由科)인 문법, 수사학, 변증법(논리학), 산술, 음악, 기하, 천문학 등에까지 거슬러 올라간다. 이렇듯이 교과는 "학교교육의 달성을 위하여 인류의 문화유산을 교육적 관점에 따라 체계적으로 나누어 편성한 교육내용의 단위"라고 할 수 있다. 사회과는 역사, 지리, 일반사회 등 내용 영역을 중심으로 하면서, 나아가 이들 내용 영역을 나누는 기본 단위이다. 그런 의미에서 본다면 전통적인 교과의 의미는 과목과 별다른 차이가 없다. 사회과는 여타 교과들과는 다른 특이한 성격을 갖고 있다. 교과를 내용 구분 단위로 보았을 때, 사회과는 오히려 역사, 지리, 정치, 경제, 사회, 문화인류, 윤리, 심리 등 여러 영역(학문 · 과목)을 연합해 놓은 형태로 볼 수 있다.

사회과는 이와 같이 교육내용 중심으로 분류한 교과의 개념보다는 내용을 학습자의 성장과 발달에 도움이 되도록 재구성한 교과라고 볼 수 있다. 근대 교육의 교과 개념에 바탕을 둔 교과가 곧 사회과인 것이다. 근대 교육의 최고의 목적이 민주시민성 함양이라고 볼 때, 사회과의 교과 의미는 더욱 분명해진다. 즉, 민주시민성을 함양하기 위하여 전통적인 교육내용 구분의 교과 분류에서 벗어나 실제 시민성 교육에 적합하도록 재구성한 것이 곧 사회과인 것이다.

2009 개정 교육과정의 꼭지는 교과, 창의적 체험활동 등 두 개이다. 재량활동, 특별활동이 통합되어 창의적 체험활동으로 편성되어 있다. 그중 교과로서의 사회과 내지 사회과교육을 단선적, 획일적으로 의미 규정을 하기는 어렵다. 사회과교육은 인간이 하나의 문화 구성체를 형성하여 일상의 살아가는 현상을 교육내용으로 담은 교과이다. 사회과는 구체적인 생활 모습이 아닌 종합적인 생활 모습을 대상으로 한다. 구체적인 생활을 대상으로 할 경우에는 다른 교과 영역이 된다.

사회과의 터전인 '사회(society)'는 또다시 접근법에 따라 공간적 사회('지리'적 영역), 시간적 사회('역사'적 영역), 그 밖의 다양한 시각으로 인간생활모습('일반사회'적 영역)을 그려볼 수 있다. 이와 같은 접근법에 따라 다양한 하위 영역으로 세분화할 수 있다. 따라서 인간생활의 모든 모습이 사회과 속에 포함된다고 할 수 있다. 과학이 자연의 과학적 현상을 가르치는 교과라면, 사회과는 과학을 바탕으로 형성하는 사회화 현상까지도 교육내용에 포함하게 된다. 오늘날 정보사회를 이끄는 컴퓨터를 운용하는 지식은 컴퓨터학에 해당한다. 그리고 컴퓨터에 의해 많은 지식이 축적되고 그에 따라 사회는 일정한 방향으로 발전하게 된다. 이와 같이 컴퓨터에 의해 나타나는 사회화 현상은 사회과에서 다루어질 수 있다. 결국 특수한 전문성의 학문, 예술 등도 모두 사회와 연결되면서 사회과학이라는 소화 통로를 통과한 후에는 교육학적으로 사회과에 모두 흡수될 수 있다. 컴퓨터를 통하여 주어진 정보를 터득하여 이를 바탕으로 새로운 지식과 정보를 창출하도록 하는 데에 사회과교육의 기능적 목표가 있다는 점을 간과해서는 안 된다.

사회과교육은 사회화 현상에 대한 지식이나 그를 토대로 한 사회적 능력을 배양하는 영역이다. 과거에는 인간이 살아갈 수 있는 어떤 생활 수단만을 터득하면 인간의 중요한 목표를 달성하였다고 인식하였다. 즉, 기능주의 교육을 중시한 것이다. 그러나 현대는 생활 수단만이 아니라, '어떠한 인간이 되어야 하는가'라는 매우 포괄적이고 고차원적인 명제를 교육목표로 생각하게 되었다. 그것은 사람의 능력 가운데 이른바 암묵지라는 것이 있음을 인식하게 되었기 때문이다. 분명하게 드러나는 지식이나 기술도 중요하지만, 그 형체나 실체가 분명하게 드러나지 않는 잠재되어 있는 능력도 그에 못지않게 중요한 것으로 인식하게 되었다. 그리하여 인간은 종합적이고 구조적으로 사회의 변화상을 인식하고, 그에 효과적으로 적응하며 활용하는 능력을 오히려 더 높은 차원의 능력으로 평가하게 되었다.

사회에 효과적으로 적응하기 위해서는 인간의 사회 활동과 관련되는 다양하고 많은 지식을 가질 필요가 있다. 사회의 구성 원리, 사회 구조의 내용, 사회의 작인 등 사회화에 필요한 것은 인간이 창안한 모든 지식이 필요하다. 그래서 사회과에서는 가능한 많은 구조적 지식을 포함할 필요가 있다.

사회과교육은 미래의 주인공인 오늘의 학생들이 장차 그들이 접할 사회에서 성공적인 사회인이 되기를 기대하고 사회과학 내용을 가르치는 교과이다. 각 교과는 각기 특유의 교과 목표가 있는데, 이 가운데 사회과는 인간의 사회적 능력을 배양하는 데 주력하는 교과이다.

사회구성원으로서의 개인이 사회생활을 원만히 하기 위해서는 여러 가지 갖추어야 할 조건들이 있다. 참여하는 사회의 성격을 잘 파악하고 있어야 하며, 주변 사회구성원들과의 원만한 인간관계, 그리고 사회에 지적으로 적응할 수 있는 다양한 소양을 갖추어야 한다. 그밖에 도덕성, 규범성, 판단력, 참여 태도 등이 필요하다.

사회과학은 인간과 인간 사이의 관계 문제를 주제로 삼고 있다. 인간 사이의 관계 문제는 다른 어떤 관계 문제보다 훨씬 많은 변인이 작용하여 매우 복잡하다. 따라서 이에 효과적으로 적응하기란 매우 어렵다. 그러나 인간은 사회를 떠나서는 자아를 존립시킬 수 없고 성취할 수도 없는 사회의 한 구성원이다. 사람은 더불어 살아가는 것이며, 자신을 성취한다고 하는 것은 사회 속에서 자신의 인생 목표를 성취한다는 뜻이다.

아무리 훌륭한 활동이나 작품도 사회 속에서 용인되는 것이어야 한다. 결국 훌륭한 활동과 작품이 되기 위해서는 사회 속에서 인정되어야 한다. 지도자나 성인들이 주장하는 많은 가르침도 사회구성원들에게 받아들여졌을 때 비로소 의미와 가치가 있는 것이다. 작가와 독자, 지도자나 성인과 일반시민의 만남이 이루어지는 것이 곧 사회화(社會化)이며, 만나서 이루어진 관계 현상이 사회이다. 결국 사회 참여는 나의 존립과 나의 성취를 위해서 반드시 필요한 것이며, 얼마만큼 사회 참여가 적극적인가에 따라 자신의 성취 정도가 적극적인가에 따라 자신의 성취 정도가 다르게 나타난다.

사회과교육은 사회과 내용을 통해서 사회에 대한 인식과 이해를 바르게 하여 사회현상과 사회화 특징을 파악하고 사회적 능력을 신장시키는 교과교육 활동이라고 할 수 있다.

교과로서의 사회과(사회과교육)는 학습자의 요구, 학문의 발달, 시대의 요구의 변천 등에 따라 탄력적으로 정의될 수 있다. 따라서 교과로서의 사회과는 20세기 사회 변화와 사회 발전의 산물이라고 할 수 있는데, 21세기 세계화 시대 이후인 미래 사회에서는 어떤 모습, 어떤 형태로 변모될지를 단정하기는 어려운 입장이다. 다만 분명한 사실은 매우 다양하고도 광범위하게 그 내용의 폭이 넓어지고, 깊이가 깊어질 것이라는 점에는 모두가 동의하고 있는 것이다.

Ⅴ. 사회과교육의 성격과 특징

1. 사회과교육의 성격

사회과는 사회과학의 제 영역이 지니고 있는 지식과 탐구 방법 체계를 학교의 교육목적과 학생들의 발달 수준에 따라 통합하여 편성한 교과이다. 사회과는 국가와 사회가 필요로 하는 바람직한 시민을 기르는 것을 목적으로 하고, 사회적 사실과 현상을 탐구 대상으로 하는 교과이다. 사회과는 학생들에게 직간접적으로 대면하는 사회의 실상과 현상들을 파악하게 하여 그 사회에서 바람직하게 살아갈 수 있는 시민을 육성하는 교과이다(진영은 · 조인진, 2008: 217-220).

사회적 사실과 현상을 파악하는 것을 사회 인식이라고 하며, 이러한 점에서 사회과를 사회 인식 교과라고 한다. 사회 인식은 사회적 사실과 현상의 본질을 객관적으로 파악하는 것이지만, 동시에 자아실현은 사회 속에서의 자기 인식을 동반하는 것이다.

사회과는 보는 관점과 시각에 따라 사회과학을 가르치는 교과로 보고 사회과학적 지식의 구조를 강조하는 입장, 민주시민의 자질을 양성하는 교과로 보아 사회생활을 강조하는 입장, 그리고 이 양자(兩者)를 통합하여 사회과학을 가르침으로써 민주시민을 육성하는 교과 등으로 성격 규정을 할 수 있다.

사회과는 사회생활에 필요한 지식과 기능을 익혀서 이를 토대로 사회현상을 올바르게 인식하고 민주사회 구성원들에게 요구되는 가치와 태도를 지님으로써 민주시민으로서의 자질을 갖추도록 하는 교과이다. 사회과에서 육성하고자 하는 민주시민은 사회생활을 영위하는 데 필요한 지식을 바탕으로 인권 존중, 관용과 타협의 정신, 사회정의의 실현, 공동체 의식, 참여와 책임 의식 등의 민주적 가치와 태도를 함양하고 나아가 개인적, 사회적 문제를 합리적으로 해결하는 능력을 길러서 개인의 발전은 물론 사회, 국가, 인류의 발전에 기여할 수 있는 자질을 갖춘 사람이다(교육인적자원부, 2007: 2-3).

사회과는 학문명과 교과명이 일치하지 않는 교과이다. 다른 교과는 주로 단일 학문을 배경으로 하지만 사회과는 다양한 사회과학을 배경으로 하는 통합교과이다. 특히, 사회과는 인간의 사회생활을 원만하게 영위하는 데 관련되는 다양한 사회사상을 주된 내용으로 하면서 민주시민의 자질 육성을 목적으로 한다. 이와 같은 사회과의 일반적 성격을 요약하면 다음과 같다(한면희 외, 1988: 18-21).

첫째, 사회과는 올바른 민주시민적 자질을 길러주는 교과이다. 사회과의 가장 전통적이고 고유하며 최종적인 목적이 민주사회를 원만하게 살아갈 수 있는 바람직한 민주시민 양성에 있다는 점은 사회과교육의 본질과도 밀접하게 관련되는 것이다. 우리가 바라는 바람직한 시민이란 현대 사회의 주권자로서 자신의 권리와 책무를 다하는 현명하고도 건전한 민주시민을 의미하는 것이다.

둘째, 사회과는 사회생활에서 접하는 다양한 사회사상(社會事象)을 학습의 대상으로 하여, 다양한 인간관계를 이해시키는 교과이다. 그러기 위해서는 개인과 개인, 개인과 집단, 집단과 집단, 인간과 자연, 인간과 사회의 관계를 올바르게 인식하도록 하는 데 중점을 두어야 한다. 즉, 학생들로 하여금 사회사상을 바르게 볼 수 있는 안목을 갖게 도와주는 것이 중요하다. 그러므로 학생들이 사회현상에 대한 보편적인 개념이나 원리의 이해는 물론, 특수 상황에 대한 자기 나름대로의 인식이 제고되도록 지도하여야 한다.

셋째, 사회과는 학생들의 개인적, 사회적 자아실현을 원만하게 이루어갈 수 있도록 돕는 교과이다. 사회과는 학생들로 하여금 자신이 속한 사회의 구성원임을 자각하게 하고, 자신과 타인과의 관계를 이해하며, 자아실현과 자기평가를 통해서 가치를 내면화하도록 하여야 한다. 즉, 자신과 타인의 상호작용 속에서 스스로 사회화되어 가고 있으며 가정, 고장, 지역, 사회, 국가, 지구촌 세계 등의 여러 사회집단 속에서 자기의 역할이 무엇인가를 인식하여 올바른 사회생활을 영위해 갈 수 있도록 도와주어야 한다.

넷째, 사회과는 학생들의 반성적 사고력, 사회적 비판 능력, 집단생활에의 참여 능력 등을 신장시키는 데 중점을 두는 교과이다. 사회과는 사회적 사실과 현상에 대한 지식을 발견, 적용하는 데 필요한 사고력의 신장을 강조한다. 사회과는 학생들에게 사회적으로 의미 있고 관심 있는 문제와 쟁점을 다룸으로써 장차 그들이 이러한 문제를 해결할 수 있는 사고력과 의사결정력, 상호 협동력 등을 신장시키려는 교과이다. 특히, 지식기반 사회, 정보화·세계화 시대를 맞아 세계 시민적 자질과 소양의 함양도 중요한 사회과의 목표가 되었다.

다섯째, 사회과는 사회과학을 비롯한 광범위한 분야의 자원으로부터 학습 요소를 선정하고 활용한다. 사회과는 인간과 환경에 대한 학습이 주류를 이루고 있다. 정치학, 경제학, 사회학, 문화인류학, 법학, 윤리학, 심리학, 역사학, 지리학 등 제 사회과학은 사회과교육에 필요한 지식과 방법적 요소를 제공해주는 주요 자원이다. 그 외에 광범위한 사회 분야와 기타의 학문으로부터 현대 사회의 복잡한 여러 가지 문제와 쟁점에 관한 학습의 소재와 해결 방법을 찾아서 활용하지 않으면 안 된다. 특히, 오늘날과 같이 사회가 복잡다단하고 복잡다기화(複雜多岐化)된 현대 사회에서는 시대적 변화와 요구를 적극 반영하여야 한다.

여섯째, 사회과는 사회현상에 관한 지식과 관련된 제반 가치·태도의 변화를 추구하는 교과이다. 인간이 다양한 사회문제를 해결하기 위해서는 중요한 것이 사회현상에 관한 지식이다. 이러한 문제 해결에는 자신의 가치·태도를 분명히 하는 것이 전제되어야 한다.

일곱째, 사회과는 종합적이며 통합적인 교과이다. 사회과는 다른 어느 교과보다도 여러 영역에 걸친 내용을 다룬다는 의미에서 종합성을 띠고 있으므로 사회현상에 대한 분석적 관점과 종합적 접근이 동시에 고려되어야 한다.

사회과는 지리, 역사 및 제 사회과학의 개념과 원리, 사회제도와 기능, 사회문제와 가치, 그리고 연구 방법과 절차에 관한 요소를 통합적으로 선정, 조직하여 사회현상을 종합적으로 이해하고 탐구한다. 또 사회과에서는 우리의 삶의 터전인 국토의 이해를 바탕으로 우리 민족의 역사와 활동에 대한 종합적인 파악과 현실에 대한 역사적인 시각에서의 이해 및 한국인으로서의 정체성과 세계 시민으로서의 가치, 태도 등에 관한 요소를 중시한다.

사회과는 다양한 정보를 활용하여 사회현상에 관한 지식을 발견하고 문제를 해결하는 데 필요한 비판적 사고력, 창의력, 판단력, 의사결정력 등의 신장을 강조한다. 이를 위해서 다양한 탐구 방법을 활용하여 학습자 스스로 학습하는 기회를 제공하고, 흥미와 관심을 고려하여 개개인의 수준에 적합한 경험을 제공하는 효율적인 교수·학습 전략을 지향한다. 그리고 학교 특성에 따라서 지역성과 시사성을 고려하여 지도한다(교육인적자원부, 2007: 2-3).

사회과는 학습자의 성장 발달 정도와 사회·문화적 경험을 고려하여 학교급별로 주안점을 달리한다. 따라서 사회과교육은 초등학교, 중학교, 고등학교 수준에서 학생 발달 단계별 수준의 맞춤형 교수·학습이 필요하다.

초등학교에서는 학생들이 주변의 사회적 사실과 현상에 대하여 관심과 흥미를 가지며, 생활과 관련된 기본적 지식과 능력을 습득하고, 창의적인 자세로 일상생활을 할 수 있도록 한다. 이를 위하여 학생들은 사회적 사실과 현상을 이해하는 데 필요한 기본적인 사실과 개념을 배우고, 이를 자신의 주변 환경이나 문제에 적용할 수 있는 사고력을 지녀야 한다. 또 이러한 지식과 사고를 사회적 행동으로 실천할 수 있는 적극적인 태도를 길러야 한다. 초등학교 사회과에서는 학생들이 주변의 사회적 사실과 현상에 대하여 관심을 가지고, 흥미를 느끼며, 생활과 관련된 기본적 지식과 능력을 습득하고, 창의적인 자세로 일상생활을 할 수 있도록 하는 데 초점을 맞추고 있다. 특히, 초등학교 사회과에서는 사회적 사실과 현상을 이해하는 데 필요한 기본적인 사실과 개념을 배우고, 이를 자신의 주변 환경이나 문제에 적용할 수 있는 사고력을 지니도록 하며, 이러한 지식과 사고를 사회적 행동으로 실천할 수 있도록 올바른 가치와 적극적인 태도를 기르는 데 주안점을 두고 있다(교육과학기술부, 2008: 308).

중학교에서는 초등학교에서의 학습을 바탕으로 각 영역에서 중요시하는 지식의 과학적 절차에 의하여 발견, 적용하고 개인적, 사회적 문제를 해결하는 능력을 길러서 공동생활에 자발적으로 참여하는 시민 정신을 발휘하게 한다.

고등학교에서는 초등학교와 중학교에서 습득한 지식과 능력을 바탕으로 사회현상을 종합적으로 이해하며 비판적 사고와 합리적인 의사결정능력을 함양하여 사회에서 발생한 공동의 문제를 해결하는 데에 적극적으로 참여하는 시민의식을 기른다.

2. 사회과교육의 특징

가. 일반적 특징

일반적으로 역사 영역(인간과 시간 영역), 지리 영역(인간과 공간 영역), 일반사회 영역(인간과 사회 영역) 등에 관한 현상을 통합적으로 탐구하고 교육하는 사회과교육은 그 성격상 다음과 같은 핵심적인 특징을 갖는다.

첫째, 사회과교육은 사회활동의 주역인 인간이 당면한 사회적 문제를 대상으로 한다. 인간이 모여서 삶을 영위하는 공간이 곧 사회이다. 이러한 사회에서는 여러 가지 사회문제가 발생하기 마련이다. 인간과 사회가 당면하고 있는 가장 중요한 문제는 사회과교육의 가장 중요한 내용을 이룬다. 사회과교육의 정의가 무엇이든 사회과의 가장 큰 특징은 그것이 시대적인 사회문제 및 사회적 특징과 밀접하게 관계되어 있다는 점이다. 이러한 문제는 시대와 장소에 따라서 다른 것이므로 사회과의 교육내용도 달라진다. 대략 과거 산업화 시대의 산업화와 개발, 민주주의와 인권 신장, 제2차 세계대전 후의 근대화와 개발도상국의 사회문제, 그리고 오늘날 세계적으로 인류가 공통적으로 당면하고 있는 문제들은 전쟁에서 오는 인류의 전면적인 파괴, 환경오염에서 오는 생존 위협, 인구 증가와 식량 부족의 문제, 가치관의 전도, 가치 갈등에 따른 아노미 현상 등 인류의 생존 그 자체에 대한 위협과 비인간화의 문제로 집약할 수 있을 것이다.

또 대부분의 국가에서는 근대화, 현대화의 과정에서 오는 급격한 사회 변동 때문에 전통적인 문화와 근대적인 문화의 양극 사이에서 심각한 가치관의 갈등과 대립을 경험하고 있다. 일부에서는 어떠한 규범을 따라야 할지가 분명하지 않아 방황하는 현상이 나타나고 사회 해체 현상마저 일어나고 있다. 이러한 문제들은 사회과교육의 중요한 관심이 되어야 할 것이다.

2000년대 이후 세계화 시대인 오늘날에는 세계 각국의 사회과교육의 흐름(trend)이 글로벌(global) 다문화 사회, 다문화 교육에 대한 탐구, 지속가능발전 교육(ESD), 스팀(STEAM) 교육 등이 사회과교육의 주된 역할과 사명(mission)으로 대두되고 있다.

둘째, 사회과교육은 국가적 및 사회적 여건과 환경의 지대한 영향을 받는다. 사회과교육은 정치적 성향을 띠고 있다. 그러므로 사회 및 국가의 상황, 시책 등으로부터 민감하게 영향을 받는다. 국가 및 사회가 처해 있는 상황에서 중요하다고 생각하는 내용이나 가치들을 학교에서 가르치도록 요구받게 되는 경우가 많이 있다. 때로는 정치적 사회화의 중요한 수단이 되는 것이다. 사회과교육은 국가적, 사회적 환경에 따라 중요한 가치를 학교에서 가르치도록 요구받는 경우가 많으며 이는 특히 사회과에서 강조되고 있다. 사회과교육은 구체적인 사실의 암기와 같은 단편적인 지식의 습득보다는 문제를 근본적으로 이해할 수 있고 주어진 환경에서 문제를 합리적으로 해결할 수 있는 능력과 고급 사고력 신장 등을 강조한다.

우리나라에서 해방 후~1950년대의 반공, 방첩, 1960~1970년대의 시월 유신과 한국적 민주주의, 1980년대 제5공화국의 사회 정의, 문민정부, 국민의 정부, 참여정부 출범 이후 정보화 사회에 대한 교육, 세계화, 민주시민 교육, 세계 시민 교육, 사회 혁신, 그리고 2008년 출범한 이명박 정부의 학교 및 교육 자율화와 각종 실용주의 정책, 2013년 출범한 박근혜 정부의 창조경제와 국민행복교육 등이 한국의 사회과에서 강조되고 있는 것 역시 같은 이유에서다.

사회과교육에서 구체적인 정보의 암기나 단편적인 지식의 습득보다도 문제를 근본적으로 이해할 수 있고 주어진 상황에서 가장 바람직하게 해결할 수 있는 능력과 사고력이 강조되는 것은 이 때문일 것이다. '제7차 사회과 교육과정'에서 세계화 교육, 세계 시민 교육 등이 강조되고, '2007년 개정 사회과 교육과정'에서 역사(국사) 교육, 한국 정체성 교육 등이 특히 강조되고 있는 것과도 밀접하게 관련되는 부분이다. 나아가 '2009 개정 사회과 교육과정'과 '2011 개정 사회과 교육과정'에서는 다문화 교육과 세계 시민 교육, 배려와 나눔 교육 등이 특히 강조되고 있다는 점도 간과해서는 안 된다.

셋째, 사회과교육은 학문적인 배경과 교과목의 이름이 동일하지 않은 교과이다. 국어과 교육, 수학과 교육 등은 교과명에 담고 있는 학문명을 표시하고 있으나 사회과 교육은 그렇지 않다. 사회과 교육은 사회과학과 행동과학을 학문적으로 교수하는 것이 목적이 아니라, 이들 사회과학의 학문을 기초로 하여 시민생활에 필요하다고 생각되는 내용을 교과로서 학습할 수 있도록 재조직한 것이다. 따라서 사회과학적인 방법을 이용하여 구체적인 사실로부터 일반적인 원칙을 발견할 수 있는 능력의 향상에 중점을 두어야 하며 이러한 일반 원칙으로부터 구체적인 사회생활을 설명하여야 하는 것이다. 다양한 사회과학이 각각 하나의 학문으로서 원리, 법칙 등의 탐구를 규명하는 데 비하여, 사회과

교육은 교과의 하나인 사회과를 통하여 민주시민 교육, 바람직한 사람 육성, 인간다운 인간 양성 등에 초점을 맞추고 있다.

실제 인간과 사회에 관한 연구는 정치학, 경제학, 사회학, 문화인류학, 법학, 윤리학 등 여러 가지 사회과학이 있지만, 사회과는 이러한 사회과학이나 행동과학을 학문적으로 교수하지 않고, 이들의 기초 위에서 시민생활에 필요하다고 생각되는 내용을 학교에서 학습할 수 있도록 재조직한 것이다. 특히, 최근에는 사회학이나 인류학이 인간과 사회의 문제를 이해하는 데 커다란 업적을 이룩하고 있으므로 정치학이나 경제학 이외에 사회학, 인류학, 심리학 등이 사회과의 중요한 내용을 차지하고 있다. 이들의 사회과학적 또는 행동과학적 연구방법론도 사회과의 학습방법에 중요한 영향을 미치고 있다. 이러한 사회과의 종합 학문적인 성격은 사회과 교사들에게 사회과학이나 행동과학의 다양한 학문적인 배경과 함께 교육학적인 심층적 연구를 요구하고 있다.

이것은 사회과의 주요한 영역을 차지하고 있는 역사의 경우에도 마찬가지라고 사료(思料)된다. 역사는 사실을 구체적으로 서술하는 것을 학생들에게 가르칠 뿐만 아니라 사회과학적인 방법을 이용하여 구체적인 자료로부터 일반적인 원칙을 발견할 수 있는 능력의 향상에 강조점을 주어야 할 것이다. 또 지리 영역의 내용에서는 인간이 자연환경을 어떻게 이용하고 있는지에 대한 일반적인 서술, 즉 인간과 환경과의 관계에 대한 일반화를 시도하고, 그러한 일반적인 원칙으로부터 구체적인 우리의 생활을 설명할 수 있도록 해야 할 것이다. 여러 가지 사회과학들이 시민교육이라는 관점에서 조직되어야 하며, 이것은 앞으로의 사회과교육의 중요한 과제로 등장하고 있다.

나. 교과(학문)적 특징

1) 본질 교과로서의 사회과: 인간의 삶에 대한 탐구

사회과는 사회적 효율성 운동이라는 맥락(脈絡)에서 개발된 것으로 전통적인 역사・지리를 중심으로 한 사실적인 지식의 전수가 아닌 과거 산업사회, 그리고 현대 세계화 사회를 올바르게 살아갈 인간 형성, 시민 형성을 직접적인 목적으로 하는 본질 교과라는 기본적인 성격을 갖는다.

21세기 현대 정보사회의 입장에서 사회과는 바람직한 민주시민 양성이라는 아주 기본적이고도 본질적인 역할에 충실하여야 한다. 일반적으로 사회과는 교육의 일반 목표와 구별하기 어려운 교과 목표를 가질 수밖에 없으며 내용 구성상의 난점(難點)은 있지만, 여타 도구 교과와는 달리 교육의 본질적인 목표를 추구하는 가장 본질적인 '인간 교육 교과'의 기능을 수행하는 교과라는 점을 간과해서는 안 될 것이다(진영은·조인진, 2008: 217-220).

다만 아쉬운 점은 2009 개정 교육과정에서 형식상으로는 사회과에 일반사회, 역사, 지리가 통합되어 있으나, 실제적으로는 역사 과목이 독립의 형태를 취하고 있어서 일반사회 영역, 지리 영역만 함께 통합되어 있는 기형(奇形)을 보이고 있으며, 향후 지리 과목(영역)도 분리를 주장할 개연성을 내포하고 있다는 점이다. 따라서 이제 우리나라의 사회과도 60년 이상의 학문적 역사를 갖고 있는 이상 사회과의 통합, 즉 일반사회, 역사, 지리 과목의 바람직한 위상을 통합 교과의 관점에서 재고(再考)할 필요가 있다고 사료된다.

2) 시민 교육 교과로서의 사회과: 민주시민성 함양에 충실

일반적으로 사회과는 민주시민적 자질을 육성하는 교과라는 데 동서고금(東西古今)의 모든 사람이 합의를 하고 있다. 물론 민주시민적 자질의 개념을 어떻게 정의할 것인가와 시민적 자질 육성이라는 과정을 어떻게 설정할 것인가에 대해서는 완전한 합의를 이루지 못하고 있다.

사회과에서 추구하는 민주시민적 자질은 포괄적인 사회구성원으로서의 자질로 확대 해석하기보다는 정치적 공동체의 구성원으로서 적극적인 참여하에 합리적인 판단과 행동을 실행하는 인간이라고 할 수 있다. 이러한 인간의 육성은 직접적으로 특정 가치나 덕목을 주입해서 이루어지는 것이 아니라 과학적인 사회 인식을 토대로 한 시민 교과라는 점에서 조명하여야 한다.

한국의 시민 교육은 독특한 특징을 가지고 있음을 간과해서는 안 된다. 과거의 한국 시민 교육은 정권에 의하여 전제적 획일 교육, 집단적 국민 교육, 신민 교육(臣民 教育), 이데올로기 교육 등의 양상으로 왜곡되어 왔다. 심지어 반공 교육이 시민 교육으로 여겨지기까지 했다. 이러한 시민 교육은 현대 시민사회에 적합하지도 않을뿐더러 오히려 반시민사회적, 반시민교육적이었다. 그렇기 때문에 이처럼 굴절되고 왜곡된 시민 교육은 한국 시민사회의 활성화에 기여했다기보다는 권위적인 국가 독재의 정당성 부여의 도구로 전락하고 말았다(강대현, 2008: 56-57).

특히, 최근 세계화의 흐름 속에서 신자유주의적, 신시장주의적 논리가 득세하면서 모

든 것을 개인의 경쟁력에 초점을 맞추면서 또 다른 시민 교육의 양상이 나타나고 있다. 분명한 점은 이러한 시민 교육의 왜곡은 교육의 논리를 경제 논리로 대체하는 문제점을 내포하고 있으며, 교육이라는 숭고한 공공 영역의 상업화를 초래한다는 점을 간과해서는 안 될 것이다.

3) 종합적 · 통합적 교과로서의 사회과: 통섭(統攝) 교육의 중심 교과

사회과는 특정 학문을 그 계통에 따라 교수할 목적으로 개발된 교과가 아니다. 사회과는 과학의 논리보다 교육의 논리를 우선하는 점이 명확한 특징이다. 따라서 사회과는 학문적 계통성보다는 경험을 중시하고 실제 사회생활과 사회문제를 종합적, 통합적 시각과 관점에서 조직하여야 한다. 이는 신사회과 운동 이후 개별 사회과학의 구조와 체계를 강조하면서도 종합적, 통합적 교과로서의 사회과의 기본적 성격과 구조에는 변화 없이 일관성을 유지하고 있다.

사회과교육은 다른 교과나 학문과는 달리 아주 다양하고도 종합적, 통합적 내용을 담고 있다. 그리고 다양한 방법과 접근을 필요로 한다. 정치학, 경제학, 사회학, 문화인류학, 법학, 역사학, 지리학, 심리학, 윤리학 등 전통적인 사회과학에다 최근에는 환경학, 북한학, 여성학, 국제학 등을 사회과교육에서 다루고 있다. 아울러 이러한 교과내용학으로서의 사회과학의 내용을 중심으로 지식, 기능, 가치 · 태도 등의 다양한 영역을 취급하여야 하며, 방법 면에서도 아주 다양한 기법과 매체를 활용하여 학생 중심의 교수 · 학습 활동을 전개하여야 한다. 사회과교육이 학생 중심의 탐구학습, 문제해결학습을 지향하여야 하는 이유이기도 하다.

4) 교수 · 학습 방법 중시 교과로서의 사회과: 탐구 방법 중시, 학생 중심의 다양한 활동 강조

사회과는 다양한 유형으로 분류할 수 있으며, 그 분류 기준 자체도 매우 다양하다. 내용과 방법 중 어디에 중점을 두느냐에 따라 사회과를 분류할 경우 사회과의 성격을 이해하는 데 중요한 시사점을 발견할 수 있다. 즉, 초창기 경험주의 교육 이론에 치우쳤던 사회과나 학문중심주의에 치우쳤던 신사회과, 그 이후의 사회과가 공통적으로 교수 · 학습의 방법 면을 중시하였다는 점에서 사회과는 기본적으로 방법 중시 교과라는 특징을 갖는다고 볼 수 있다. 특히, 사회과에서는 방법적 지식보다는 방법적 지식에 큰 관심을 갖는다.

기본적으로 본질 교과인 사회과는 사회과학, 사회적 사실, 사회현상 등에 관한 내용의 인식과 이해(내용적 측면)도 중요하지만, 사회 탐구와 가치 탐구를 위한 다양한 교수·학습 방법의 창안과 적용(방법적 측면)이 더욱 중요한 교과인 것이다.

다. 교육과정상의 특징

2009 개정 사회과 교육과정에서는 사회과의 성격을 통합적으로 규정하고 있다. 즉, 사회과는 사회현상을 올바르게 인식하고 사회 지식 습득과 사회생활에 필요한 기능을 익히며, 민주사회 구성원들에게 요구되는 가치와 태도를 지님으로써 민주시민으로서의 자질을 육성하는 교과이다. 사회과에서 기르고자 하는 민주시민이란 사회생활을 영위하는 데 필요한 지식을 가지고 인권 존중, 관용과 타협의 정신, 사회정의의 실현, 공동체 의식, 참여와 책임 의식 등의 민주적 가치와 태도를 함양하고, 나아가 개인적, 사회적 문제를 합리적으로 해결하는 능력을 기름으로써 개인의 발전은 물론 국가, 사회, 인류의 발전에 기여할 수 있는 사람이다.

사회과는 지리, 역사 및 제 사회과학의 개념과 원리, 사회제도와 기능, 사회문제와 가치, 그리고 연구 방법과 절차에 관한 요소를 통합적으로 선정, 조직하여 사회현상을 종합적으로 이해하고 탐구한다. 특히, 사회과에서는 우리의 삶의 터전인 국토에 대한 이해를 바탕으로 우리 민족의 역사와 활동에 대한 종합적인 파악과 우리 현실에 대한 역사적인 시각에서의 이해 및 한국인으로서의 민족적 정체성과 세계 시민으로서의 가치·태도 등에 관한 요소를 중시한다.

사회과는 다양한 정보를 활용하여 사회현상에 관한 지식을 발견하고, 문제를 해결하는 데 필요한 비판적 사고력, 창의력, 판단력, 의사결정력 등의 신장을 강조한다. 이를 위하여 다양한 탐구 방법을 활용하여 학습자 스스로 학습하는 기회를 제공하고 흥미와 관심을 고려하여 개개인의 수준에 적합한 경험을 제공하는 효율적인 교수·학습 전략을 지향한다. 그리고 학교의 특성에 따라 지역성과 시사성을 적극 고려하여 지도하여야 한다. 사회과는 역동적이고 살아 있는 삶에 관한 교과교육이어야 한다.

초등학교에서는 학생들이 주변의 사회적 사실과 현상에 대하여 관심과 흥미를 가지며, 생활과 관련된 기본적 지식과 능력을 습득하고, 창의적인 자세로 일상생활을 할 수 있도록 한다. 이를 위하여 학생들은 사회적 사실과 현상을 이해하는 데 필요한 기본적인 사실과 개념을 이해하고, 이를 자신의 주변 환경이나 문제에 적용할 수 있는 사고력을 지녀야 한다. 또 이러한 지식과 사고를 사회적 행동으로 실천할 수 있는 적극적인 태도를 길러야 한다.

중학교에서는 초등학교에서의 학습을 바탕으로 각 영역에서 중요시하는 지식을 과학적 절차에 의하여 발견, 적용하고, 개인적, 사회적 문제를 해결하는 능력을 길러 공동생활에 자발적으로 참여하는 시민 정신을 발휘하게 한다.

고등학교에서는 초등학교와 중학교에서 습득한 지식과 능력을 바탕으로 사회현상을 종합적으로 이해하며, 비판적 사고와 합리적 의사결정능력을 함양하여 사회에서 발생한 공동의 문제를 해결하는 데 적극적으로 참여하는 시민의식을 기른다.

Ⅵ. 사회과 교육과정상의 사회과 특색

1. 사회과의 개념 및 목적 측면

현행 '2009 개정 사회과 교육과정'에서는 사회과를 '사회생활에 필요한 지식과 기능을 익혀서 이를 토대로 사회현상을 올바르게 인식하고, 민주사회 구성원들에게 요청되는 가치와 태도를 지님으로써 민주시민으로서의 자질을 갖추도록 하는 교과'라고 성격 정의를 하고 있다. 이는 사회과가 민주시민으로서의 자질을 길러주는 데 주도적 역할을 하는 교과라는 점과 사회생활에 필요한 지식, 기능, 가치·태도 등을 고르게 습득함으로써 다양한 사회현상을 이해하고 우리 사회를 바람직한 방향으로 견인하는 능력을 함양하는 교과라는 점을 강조한 것이다. 사회과는 지적 목표, 기능적 목표, 정의적 목표 등을 통합적으로 달성하고자 한다.

사회과의 목적은 민주시민으로서 사회생활을 할 수 있는 올바른 자질을 길러주는 데 있다. 바람직한 민주시민이란, '사회생활을 영위하는 데 필요한 지식을 바탕으로 인권 존중, 관용과 타협의 정신, 사회정의의 실현, 공동체 의식, 참여와 책임 의식 등의 민주적 가치와 태도를 함양하고, 나아가 개인적, 사회적 문제를 합리적으로 해결하는 능력을 길러 개인의 발전은 물론 사회, 국가, 인류의 발전에 이바지할 수 있는 자질을 갖춘 사람'이라고 정의하고 있다. 이는 바람직한 민주시민이 인간과 사회에 대한 기본적인 지식과 민주사회 구성원들에게 요구되는 민주적인 가치와 태도, 나아가 개인·사회문제를 합리적으로 해결할 수 있는 능력을 갖춘 사람이라는 점과 개인이 사회적으로 원만한 사회생활을 영위하고 자아실현과 더불어 사회와 국가의 발전과 번영에 이바지하며 궁극적으로는 세계 시민으로서 인류 평화와 발전에 이바지할 수 있는 사람이라는 점을 밝힌 것이다.

2. 사회과의 내용 선정 및 조직 측면

현행 '2009 개정 사회과 교육과정'에서는 사회과의 내용 선정과 조직의 원칙을 "지리, 역사 및 제 사회과학의 개념과 원리, 사회제도와 기능, 사회문제와 가치 그리고 연구 방법과 절차에 관한 요소를 통합적으로 조직한다"고 규정하고 있다. 즉, 사회과의 내용 선정 및 조직 대상인 학습 요소는 사회과학을 비롯하여 인문과학 및 자연과학 등 광범위한 분야의 원천으로부터 나오는 지식과 연구 방법 및 절차, 사회문제 및 쟁점과 관련 가치・태도 등이다. 이들 학습 요소를 지식, 연구 방법과 절차, 가치태도 등으로 구분하여 고찰하면 다음과 같다.

첫째, 지식과 관련된 학습 요소로는 역사, 지리 및 제 사회과학의 개념과 원리, 사회구성원으로서 이해해야 할 사회의 기능적 요소, 현대 사회의 문제와 쟁점에 대한 지식, 미래 사회에 대한 지식 등이다.

둘째, 연구 방법 및 절차와 관련된 학습 요소로는 설문조사, 현장답사, 참여관찰, 사료학습, 사례학습 등 역사, 지리, 제 사회과학의 연구 방법에 기초한 탐구 방법에 관한 요소를 비롯하여 사고 과정, 문제 해결 절차, 정보의 활용 능력, 의사소통 능력 등을 들 수 있다.

셋째, 가치・태도에 관한 요소에는 인권 존중, 자유, 평등, 사회정의, 참여, 책임감, 의무, 협동심 등 사회생활 각 분야의 당위의 가치와 가치 갈등을 해결하는 데 필요한 관용, 타협, 연대 등의 태도가 포함된다.

또한, 사회과에서는 우리의 삶의 터전인 국토의 이해를 바탕으로 우리 민족의 역사와 활동에 대한 종합적인 통찰과 체계적인 역사의식을 가지는 것과 한국인으로서의 민족적 정체성과 세계 시민으로서의 가치・태도를 갖추는 것을 중요한 학습 요소로 고려한다. 이러한 학습 요소들은 교육과정상의 주제를 중심으로 조직되어 사회과 교육 내용의 체계를 구성하고 있다.

3. 사회과 교수·학습 전략 측면

사회과는 고급 사고력과 의사결정력의 신장을 강조하고, 이를 위해 학습자는 다양한 탐구 방법을 활용하여 스스로 탐구해가는 학습 전략을 지향하고 있다. 사회과는 사회적 사실과 현상에 관한 지식을 발견하고 적용하는 데 필요한 사고와 판단을 강조하는 교과이다(교육과학기술부, 2008: 306-307). 따라서 사회과는 논리적 사고를 비롯하여 반성적 사고, 비판적 사고, 창조적 사고, 가치 판단, 의사결정 등의 능력을 신장시키기 위해서 다양한 교수·학습 방법을 적용하여야 한다. 이에 따라 발견학습, 탐구학습, 문제해결학습, 가치명료화 및 가치분석학습, 의사결정학습 등 각 영역의 내용을 학습하는 데 적합한 학습방법을 모색하여 적용하여야 할 것이다.

그리고 사회현상에 대한 올바른 인식과 다양한 사고력 신장을 위하여 학습자 스스로 관심 있는 분야를 선택하여 학습할 수 있는 자기주도적 학습 기회를 많이 제공하고, 질적·양적 관점, 주관적·객관적 관점이 고려된 다양한 탐구 방법을 적용하여 학습할 수 있도록 안내하여야 할 것이다.

모름지기 사회현상은 시간적, 공간적 영향을 많이 받으므로 사회과교육은 시대의 변화에 부응하여 시사 자료를 적절하게 활용하고, 학교와 지역사회 실정에 적합한 교재를 개발하여 다루어야 한다. 교재의 지역화와 재구성은 사회과 교육과정의 목표와 내용을 근간으로 하여 지역사회 특성에 적합하도록 개발하여 그 근본 취지를 충분히 살려야 할 것이다.

Ⅶ. 사회과교육에 대한 비판적 접근

1. 사회과교육의 개념과 목표에 대한 비판: 민주시민성의 추상성과 난해성

사회과학을 내용으로 하여 사회사상(社會事象)을 탐구의 대상으로 하는 사회과의 정체성에 대해서 비판적으로 접근하는 것은 사회과학도로서는 매우 중요한 인식과 태도이다. 실제 사회과에 대한 개념, 정의, 의미, 성격, 특징 등을 두루 고찰할 때 매우 광범위하고 다양하다는 것이 최대공약수일 것이다. 사실, 사회과 내지 사회과교육을 '민주시민의 자질을 육성하는 교과', '올바른 사회 인식을 조장하는 교과', '사회과학적 지식을 함양하는 교과', '반성적 탐구를 통한 고급 사고력을 신장하는 교과', '바람직한 인간 육성, 사람다운 사람 양성을 목표로 하는 교과' 등으로 규정하고 있다.

그러나 이러한 사회과교육에 대한 정의와 개념, 그리고 성격 및 특성 규정이 사회과교육의 정체성을 충분히 담보하는 것은 아니다. 그만큼 사회과교육은 단선적으로 정의할 수 없을 만큼 다양한 교과 속성을 갖고 있는 것이다. 사회과의 성격과 개념에 대한 정의는 학자의 수만큼 다양하다고 할 수 있다. 사회과는 근본적으로 종합적이고도 통합적인 교과이기 때문이다. 특히, 사회과의 성격 규정에서는 다음과 같은 쟁점을 충분히 고려하여야 할 것이다(최용규 외, 2007: 12-13).

첫째, 민주시민의 자질 육성 교과가 유독 사회과만의 권리이자 책무인가에 대한 비판이 있다. 사실, 교육의 목적과 목표가 바람직한 인간 육성, 인간다운 인간 육성에 있다. 이러한 교육의 일반 목적은 교육철학에서 시작하여 교육심리를 거쳐서 교육과정, 그리고 각 과 교육에 이르기까지 계승되는 것이다. 그러므로 교육의 일반 목적과 목표, 사회과 외의 다른 교과의 목표도 결국은 미래 사회의 주역이 될 학생들을 대상으로 바람직한 인간으로서의 성장을 도모하는 데 있다는 점에는 이론(異論)의 여지가 없다. 학교교육의 핵심적 목적이 바람직한 시민적 자질에 있다는 점에서 사회과의 목적은 학교교육의 목적과 일맥상통한다고 볼 수 있는 것이다. 그러한 점을 전제하면, 다른 교과와 구별하여 사회과만의 고유한 시민적 자질 육성의 영역은 그리 넓지 않다는 지적인 것이다. 더 비판적으로 접근하면 사회과를 제외하더라도 여타 교과만 가지고도 민주시민의 자질을 육성하는 데에는 아무런 장애가 없다는 혹독한 지적을 면하기 어려운 것이 사실이다.

실제, 동서고금(東西古今)을 막론하고 모든 교육은 민주시민 교육, 바람직한 사람 육성, 사람다운 사람 육성, 인간다운 인간 양성 등을 지향하고 있는데, 유독 사회과만이 독특하게 이러한 교육에 중점을 두고 있다는 주장에는 일정한 한계를 가질 수밖에 없는 것이다.

둘째, 민주시민적 자질에 대한 개념의 추상적인 애매모호성(曖昧模糊性)이 문제가 된다. 아주 기초적이고 근본적인 시민성 내지 민주시민성의 추상성에 대한 비판적 고뇌이다. 사회과의 근본적 목적인 민주시민의 자질 육성에서 '민주시민'이라는 핵심 개념이 지나치게 추상적이라는 비판인 것이다. 모든 사람이 시민성, 민주시민성이라는 말을 많이 사용하지만, 이는 구체적이지 않을뿐더러 막연한 감이 없지 않다. 민주시민적 자질이 법과 질서와 공중도덕을 잘 준수하는 것인지, 사회봉사 활동에 관심을 갖고 실천하는 것인지, 사회적 문제에 대한 비판 의식을 갖고 접근하는 것인지에 대한 실체가 명확하지 않은 것이다. 사회과교육의 핵심 목적·목표인 '민주시민'의 개념이 실제적으로 파고들어가면 '뜬구름 잡는 식'으로 아주 추상적이고 남는 것이 없다는 점은 사회과의 또 다른 비판인 것이다.

셋째, 사회과 교수·학습이 민주시민적 자질 함양에 기여하는 방법의 구체성 결여이다. 도구 교과인 국어과, 수학과 등은 교수·학습 효과와 성과가 매우 명시적이고 계량적이다. 국어과의 경우 언어구사력, 수학과의 연산 및 문제해결력 등은 양적 측정과 비교가 가능하다. 하지만 본질 교과인 사회과에서는 사회 인식, 민주시민의 자질 함양 등을 계량적으로 나타내기가 매우 곤란한 난점이 있는 것이다. 이는 사회과가 단일 학문을 대상으로 하지 않는 유일한 교과이고, 나아가 개별 사회과학의 내용보다는 이를 바탕으로 한 사회 인식과 사회 탐구, 사회사상(社會事象)을 대상으로 하고 있다는 점과 깊은 관련이 있다.

넷째, 사회과교육의 양대 목표인 '올바른 사회 인식'과 '민주시민적 자질 함양'의 인과관계가 분명하지 못하다는 지적이 있다. 사실, 사회적 지식을 습득하고, 사회 인식을 올바르게 한다고 해서 민주시민적 자질이 함양되는가에 대한 회의(懷疑)가 없지 않다. 민주시민적 자질은 사회적 지식뿐만 아니라, 사회적 기능, 민주적 가치·태도 등이 종합적으로 구비되어야 하는 것이다. 실제적으로 학교 현장의 사회과교육에서 사회 인식과 민주시민의 자질을 상호 연계하여 교수·학습하기가 쉽지 않다. 다양한 주제를 통합하여 재구성, 지역화하는 교재 연구가 필수적인데, 현재 초·중·고교 사회과 교사가 처한 현실과 여건이 이를 수용할 만큼 한가하거나 녹록하지 못하기 때문이다.

다섯째, 사회과의 배경 학문이 각 사회과학의 개성, 특성이 매우 강하다는 점이다. 국어과는 국어학과 국문학, 수학과는 수학 등 단일 학문을 배경으로 하기 때문에 교과내용학의 내용과 경계가 명확하다. 하지만 다양한 사회과학을 교과내용학으로 하는 사회과는 이를 단순하게 범주화하기가 곤란하다. 사회과의 배경 사회과학으로서 전통적인 역사학, 지리학과 19세기 이후에 등장한 정치학, 경제학, 사회학, 문화인류학, 심리학, 윤리학, 법학 등의 성격이 다르고, 최근 사회과의 내용학으로 진입한 환경학, 여성학, 통일학 등도 독특한 특성을 갖고 있다. 따라서 사회과의 교과내용학인 이들 사회과학을 포괄하여 사회과의 개념, 성격 등을 규정한다는 것은 아주 복잡하고도 일정한 한계를 가질 수밖에 없는 것이다.

여섯째, 교과로서의 사회과를 이루는 과목인 일반사회, 역사, 지리 등의 사회 인식과 민주시민성 함양에 대한 개별적 방법론에 대한 문제이다. 일반사회 과목을 통한 사회 인식과 민주시민적 자질 함양과 역사 과목을 통한 사회 인식과 민주시민적 자질 함양이 같을 수 있느냐는 문제이다. 역시와 지리 과목의 예도 마찬가지이다.

특히, 사회과의 오랜 쟁점인 일반사회, 역사, 지리 간의 통합과 분과의 문제도 사회과의 성격과 목표에 견주어 나란히 갈 수 있느냐의 지적도 있다. 아울러 통합을 강조하면서도 중등학교의 경우 교과서를 별도로 편찬하는 문제, 사범계 대학에서 일반사회교육과, 역사교육과, 지리교육과를 별도로 설과하면서도 실제 일선 학교에서는 통합적으로 지도하기를 기대하는 교과 체제와 제도적, 행정적 문제도 짚어볼 문제이다.

2. 사회과교육의 특성에 대한 비판: 일반 교과 대비 사회과의 독특성 결여

사회과교육은 사회 인식을 토대로 하여 민주시민의 자질을 함양하기 위해서 교수・학습하는 교과교육의 하나이다. 이러한 사회과 내지 사회과교육의 특성은 올바른 사회 인식, 민주시민의 자질 함양, 세계 시민적 소양 제고(提高), 고급 사고력 신장, 학생 중심적 활동, 탐구학습의 실행, 의사결정력 신장 등을 들 수 있다.

이와 같은 사회과교육은 다른 교과교육과는 달리 목표, 내용, 교수・학습 방법, 평가, 피드백 등 전 과정에 걸쳐서 독특한 특성을 갖고 있다. 특히, 사회과교육은 목적과 목표 면에서 교육의 일반 목적, 목표와 대동소이(大同小異)한 특성이 있다. 바람직한 인간 육성, 민주시민의 자질 함양 등은 교육의 일반 목표, 사회과교육의 공통된 목표라고 할 수 있다. 환언하면, 구태여 사회과가 아니면 민주시민의 자질을 함양할 수 없느냐에 대한 답변의 궁핍성이다. 또한 사회과가 아니면 사람다운 사람, 인간다운 인간을 육성하기 어려운가에 대한 깊은 고민인 것이다.

사회과교육의 특성과 관련하여 비판적 접근은 여러 가지 면에서 고찰할 수 있지만, 가장 근본적인 것은 사회과를 왜, 무엇을, 어떻게 가르치고, 평가하느냐에 귀결된다. 즉, 목표, 내용, 지도 방법, 평가 및 피드백(feedback)에 관련된 사회과 내지 사회과교육만이 가진 특성을 분석적으로 고찰해보면 다음과 같이 요약할 수 있다.

첫째, 사회과 교육의 목적 및 목표에 대한 문제이다. 민주사회의 구성원인 학생들에게 사회현상을 올바르게 이해하고 판단할 수 있는 민주시민적 자질을 길러줌으로써, 그 사회에 적극적인 참여자로서 행복한 삶을 살 수 있도록 배려하는 교육이라고 할 수 있다.

민주시민을 양성하고자 하는 교육은 제도적인 학교교육뿐만 아니라, 가정과 사회 등 비제도적인 교육기관을 통해서도 상당히 많은 영향을 받게 된다. 민주사회의 지속적인 변화와 성장이 학교 현장에서 학생들을 대상으로 행해지는 민주시민 교육에 크게 의존하여 왔음을 부인할 수 없다. 학교에서 이루어지는 여러 교과교육 중에서 민주시민 교육의 가장 핵심적인 교과가 바로 사회과인 것이다.

민주시민이란 민주주의에 대한 기본적 가치를 인정하고 사회현상을 올바르게 이해할 수 있는 기본 지식과 타인과 상호작용할 수 있는 기능과 공익을 위해서 적극적으로 참여할 수 있는 태도, 합리적인 판단 능력을 가진 사람이다. 이는 사회과교육에서 기르고자 하는 민주시민과 일맥상통한다.

최근에는 세계화·정보화 시대를 맞아 사회과교육의 목적이 민주시민의 자질 함양에서 세계 시민적 소양 제고, 세계 시민적 자질 함양으로 폭과 깊이가 심화되고 있다. 세계 시민적 자질이란 빠르게 변화하는 세계화 사회에서 글로벌 지구촌 사회의 구성원으로서 개방적인 자세를 갖고 문제를 탐구적으로 이해하고 고급 사고력을 통하여 문제를 해결하고, 다양한 정보를 합리적으로 습득하고 적용할 수 있는 태도와 세계 사회문제에 대해 적극적이고 능동적인 해결 자세와 태도를 의미한다.

사회과교육은 미래의 주역인 학생들에게 민주시민의 자질을 길러주면서 사회현상을 올바르게 이해하고, 합리적인 판단 능력을 통하여 사회현상 탐구에 적극적인 참여자로서의 역할을 감당할 수 있도록 교육하는 데 초점을 맞추어야 한다.

둘째, 사회과교육의 내용 선정과 조직에 관한 문제이다. 사회과교육의 본질적인 목적인 민주시민의 자질을 함양하기 위하여 "어떤 내용으로 사회과를 구성하는 것이 바람직한가?"에 대한 질문에 대한 답은 여러 측면에서 접근할 수 있다. 사회과교육의 내용 선정과 조직의 문제는 "사회가 어떤 방향으로 변화, 발전되어 가고 있는가"와 밀접하게 연관되어 있다. 사회과교육의 내용을 구성하고자 할 때에는 철학적·학문적 관점, 사회적·문화적 관점, 심리적·발달적 관점 등이 종합적으로 감안되어야 한다. 아울러 구체적으로 내용을 선정하여 배열할 때에는 범위(scope)와 계열성(sequence) 등을 적극 고려하여야 한다.

사회과에서의 범위와 계열성의 문제는 1916년 미국에서 사회과가 성립될 당시의 역사, 지리 중심의 사회과(전통적 사회과)에서 사회과학의 발달, 사회의 변화와 발전 등으로 다양한 사회과학의 내용(현대적 사회과)이 새로 추가되어 그 범위가 엄청나게 확대되었다.

계열성은 선정된 내용을 순서에 맞게 조직하고 배열하는 것이다. 사회과교육의 계열성의 기본은 동심원적 확대법, 나선형식 교육과정 등이다. 즉, 사회과교육의 내용의 배열은 단순한 것에서 복잡한 것으로, 연대기 순 또는 역(逆)연대기 순으로, 가까운 곳에서 먼 곳으로, 구체적인 것에서부터 추상적인 것으로, 일반적인 것에서 특수적인 것으로 배열하는 것이다.

현행, '2009 개정 교육과정'의 기본 이념과 정신에 따라 공통교육과정으로서 제1학년에서 제9학년(초등학교 제1학년~중학교 제3학년)까지 사회과 내용을 배열할 때, 학생들의 연령, 발달 정도, 관심도 등에 따라 알맞게 배열하되, 동심원적 확대법, 환경확대법, 나선형식 교육과정의 원리를 준용하여야 할 것이다. 제10~12학년 단계인 고등학교 제1~3학년 교육과정은 선택교육과정으로 분리되었다. 특히, 2009 개정 교육과정에서 사회과는 도덕과와 연계되어 사회·도덕과 교과군(教科群)으로 편제되어 있다.

셋째, 사회과교육의 교수·학습 방법 및 자료에 관한 문제이다. 사회과에서 추구하는 목적을 실현하기 위하여 어떠한 방법으로 가르쳐야 할 것인가에 대한 많은 연구가 진행되었다. 사회과 교수·학습 방법은 목표와 내용에서 어떤 면을 강조하느냐에 따라 여러 가지 방법을 강구해볼 수 있다.

사회과 교수·학습의 질을 제고하기 위하여 사회과 교사는 학습자의 특성, 학습 환경, 가르치고자 하는 내용에 따라 교수 전략을 다르게 수립하여야 한다. 가령, 교사가 사실, 개념, 일반화 등의 지식 위주로 가르쳐야 할 내용은 강의식, 탐구식 수업방법을 적용할 것이며, 가치·태도 등을 가르치는 수업은 정의적 수업모형을 적용할 것이다. 아울러 의사결정능력, 문제해결능력 등을 신장하고자 하는 수업은 의사결정 수업모형, 논쟁문제 수업모형 등을 적용해야 할 것이다.

현행 '2009 개정 사회과 교육과정'에서는 탐구 및 문제 해결에 적합한 교수 기법으로 질문, 조사, 토의, 관찰, 면담, 현장견학, 자원인사 초빙, 역할놀이와 시뮬레이션 게임, 인물학습, 사료학습 등을 강조하고 있으며, 정보사회에 적극 대응하기 위하여 정보처리 기능과 창의적 사고력 신장을 위한 신문활용교육(NIE), 컴퓨터 보조 프로그램(CAI), 인터넷 활용 학습(IIE) 등을 권장하고 있다.

아울러 사회과교육의 효과를 제고하기 위하여 지도 방법을 새롭게 적용하여야 하고, 각종 교수·학습 자료를 개발하여 적용하여야 한다. 사회과교육에 적합한 자료에는 각종 시청각 자료, 인터넷 자료, 시사 자료 등을 활용하되, 학교의 여건과 학생의 수준에 맞게 재구성 및 지역화가 선행되어야 할 것이다.

넷째, 사회과교육의 평가에 관한 문제이다. 교육 혁신은 평가의 혁신에서 비롯되어야 한다. 일반적으로 평가는 학습의 결과 학생들의 행동이 얼마나 긍정적인 방향으로 변화했는지를 측정해보는 것으로, 교육내용의 특성 및 목적에 따라 다양한 평가 방법을 적용하여야 한다.

21세기 세계화·정보화 사회에서는 기존의 진부하고도 상투적인 교육평가에서 벗어나 새롭고도 창의적인 평가를 요구하고 있다. 물론, 지도방법 면에서 자기주도적 학습, 문제해결학습, 협동학습 등이 주류를 이루어야 할 것이다. 평가 역시 지식 자체를 얼마나 암기하고 있느냐에서 탈피하여 창의력, 탐구력, 문제해결력, 의사결정력, 메타 인지 등 고급 사고력 측정에 초점을 맞추어야 할 것이다. 최근 지필평가 외에 사회과교육의 평가 방법으로 주로 사용되고 있는 기법은 참평가, 수행평가, 직접평가, 포트폴리오(portfolio) 평가 등이다. 아울러 자기평가, 동료평가, 보고서평가, 면접법, 관찰법 등이 아주 다양하게 적용되어야 할 것이다. 사회과의 개선은 사회과 교육과정의 전반적인 혁신에 바탕을 두어야 한다.

Ⅷ. 사회과교육의 한계: 목표의 추상성, 내용의 독특성 결여

민주시민 교육을 고유한 목적·목표로 하는 사회과교육은 교육의 일반 목적·목표와 가장 밀접하게 연관된 교과교육이다. 모든 교육의 최종 목적·목표와 지향점이 사회과교육의 목표인 '바람직한 인간 육성', '사람다운 사람 양성'에 있기 때문이다. 그럼에도 불구하고 사회과교육의 한계와 제한점에 대하여 국내 사회과교육학자들은 다음과 같이 지적하고 있다.

송현정 교수(2001)는 "시민사회의 개념 변화와 현대 시민 교육의 방향 모색"이라는 연구에서 현재 학교교육에서의 시민 교육의 실태를 분석하고 문제점을 지적하면서 다음과 같은 대안을 제시하고 있다(송현정, 2001: 221).

"국가 주도 교육의 문제점을 제시하고 시민사회 영역이 자율성을 확보할 수 있는 정도의 긴장을 유지하는 시민 교육이 요구된다고 생각한다. 또한 아직 시민사회 주도 시민 교육의 실체가 명확하지 않지만, 국가가 주도하는 획일화된 학교 제도와 교육과정에 대항하여 학생과 교사, 학부모, 지역사회 인사 등이 두루 연합한 시민사회의 투쟁이 요구된다."

장원순 교수(2003)는 "한국 사회과교육에서 시민의 실천 문제와 과제"라는 연구에서 사회과교육의 문제점을 다음과 같이 지적하면서 대안을 제시하고 있다(장원순, 2003: 197-198).

"첫째, 사회과교육에서 시민 실천성을 증진시키기 위해서는 사회과교육의 외적인 문제인 시민 교육의 제도적 미비와 도구화, 시민 교육에 대한 인식의 결여와 무관심에 대한 해결뿐만 아니라, 사회과교육 자체의 성격에 대한 이론적 분석과 비판, 재구성이 요구된다고 하겠다.
둘째, 사회과교육에서 시민의 실천성을 증진시키기 위해서는 학습자의 시민으로서의 행위와 참여를 강조해야 할 뿐만 아니라, 이들이 구조화・체계화되도록 해야 한다는 것이다. 시민의 실천성을 증진시키기 위하여 사회과교육은 형식적이고 탈맥락적인 지식과 사고의 교육에서 시민으로서의 행위와 참여 중심의 교육으로, 그리고 더 나아가 구조화되고 체계화된 시민으로서의 행위와 참여 중심의 교육으로 그 초점이 변화되어야 할 것이다."

추정훈 교수(2004)는 "민주시민성 교육과정 속에서의 민주주의 교육"이라는 연구에서 현재 우리나라의 사회과교육에서의 시민 교육의 문제점을 다음과 같이 지적하고 있다(추정훈, 2004: 399-400).

"끊임없이 제기되는 의문이지만, 사회과교육을 통해서 현대 민주사회를 성공적으로 살아갈 수 있는 민주시민적 자질을 양성할 수 있을까에 대한 반문을 하게 된다. 사회과교육의 연구자로서 매우 당연하게 생각해야 하는 것들을 때로는 의심하게 된다. (중략) 사회과에서 의도하는 인간상(교육과정에 제시된)이 정치, 경제, 사회, 문화 등 각 분야에서 어떤 의미를 가지는가에 대하여 반성하지 않을 수 없다고 본다."

모경환・이정우 교수(2004)는 수도권 초・중・고교생들을 대상으로 실시한 "좋은 시민에 대한 학생들의 인식 조사 연구"에서 다음과 같이 제안하고 있다(모경환・이정우, 2004: 79).

"학생들은 '좋은 시민'의 자질로 '타인에 대한 배려', '일차 집단에의 헌신' 등을 가장 중요하게 생각하고 있으며, 반면, '권위에의 복종'을 가장 덜 중요하게 생각하고 있었다. 이를 몇 가지 차원으로 분석하여 고찰하여 보면, 학생들은 비정치적 차원, 소규모 공동체, 개인적 윤리와 관련된 시민성을 정치적 차원, 국가적 측면, 자발적 참여와 관련된 시민성보다 중시하고 있었다."

결국 국내 사회과교육학자들도 외국의 사회과교육학자들과 마찬가지로 사회과의 본질적 목적이자 지향점인 '민주시민의 자질 함양'에 대하여 그 중요성을 강조하고 있다. 하지만 이와 같이 중요한 소위 '민주시민' 내지 '민주시민성 육성'이 매우 추상적이고, 또 진정 현대 정보화 사회의 사회과교육에서 충분히 달성될 수 있는지에 대하여 의문의 여지를 갖고서 그 형태의 추상성과 함께 달성의 회의성(懷疑性)을 지적하고 있는 것이다. 이는 사회과의 목적・목표인 소위 '민주시민성 육성'이 아주 중요하지만, 허공의 뜬구름처럼 구체성을 결여하고 있으며, 모든 교과와 교육의 지향점인 이 '민주시민성 육성'이 사회과만의 고유 목적・목표로서 특성화되기에는 일정한 한계를 갖고 있다는 전통적인 비판과 그 궤(軌)를 같이한다고 볼 수 있다.

제2장 사회과교육의 모형과 유형

일찍이 사회과교육학자인 바, 바스, 셔미스(R, Barr, J. L. Barth, S. S. Shermis) 등은 사회과 교실 수업을 조사, 연구하여 사회과의 전통을 크게 시민성 전달로서의 사회과(social studies as citizenship transmission), 사회과학의 사회과(social studies ac social science), 반성적 탐구로서의 사회과(social studies as reflective inquiry) 등 세 가지로 제시하였다.

이들은 현실적인 사회과를 경험적으로 일반화하여 시민성 전수 모형(Citizenship Transmission Model), 사회과학 모형(Social Science Model), 반성적 탐구 모형(Reflective Inquiry Model) 등 세 가지 모형을 제시하였다. 물론 이 세 가지 모형은 모두 최종적으로 민주시민성 함양이라는 사회과의 본질적이고도 궁극적인 목적을 지향하고 있다.

그 후 1980년에 넬슨과 미카엘리스(J. L. Nelson & J. U. Michaelis)가 사회과의 3가지 전통에 두 가지 전통, 즉 "사회비판과 사회적 행위로서의 사회과(social criticism and social action), 학생의 개인적, 사회적 발달로서의 사회과(personal-social development of student)"를 추가하여 제시했다. 특히, 넬슨과 미카엘리스는 바, 바스, 셔미스의 분류 중시민성 전달로서의 사회과를 문화유산 전달로서의 사회과로 보았다.

이처럼 사회과의 개념과 목표가 무엇이고 어떤 지식과 기능을 가르쳐야 하며 어떤 방법과 자료를 사용해야 하는가라는 "당위적 문제"에 대한 이론적 관점(접근)은 다양하다. 사회과교육학자들은 이 문제에 대해 다양한 의견을 제시하고 있다.

그렇지만 사회과의 본질과 목적을 기준으로 서로 유사한 의견과 입장을 묶어서 종합적으로 6가지 관점으로 분류할 수 있다. 사회과의 목적에 대한 6가지 이론적 관점은 크게 ① 시민성 전달 및 문화유산 전달로서의 사회과, ② 사회과학으로서의 사회과, ③ 반성적 탐구로서의 사회과, ④ 개인발달로서의 사회과, ⑤ 합리적 의사결정으로서의 사회과, ⑥ 사회비판으로서의 사회과 등으로 분류할 수 있다. 사회과의 목적을 중심으로 6가지 사회과 모형의 이론적 관점을 종합하면 다음과 같다.

Ⅰ. 시민성 전수 모형: 문화유산(文化遺産)의 전수

시민성 전수로서의 사회과는 비교적 초기의 사회과 모형의 핵심으로서 교육내용에 대한 교과 중심적 접근의 전통을 이어받은 것이다(전숙자, 2008: 27). 시민성 전수 모형은 사회 안정과 적응을 중시하고 애국심을 강조하며 이데올로기(理念)를 주입하여 정치적 교화(敎化)를 도모하려는 보수주의적 입장이다.

사회과교육은 사회에서 전래되어 오는 문화적 유산을 학생들에게 전수하여 학생들이 미래 사회의 훌륭한 시민이 되게 하는 것이 목적이라는 전통적 사회과교육의 모형이 곧 시민성 전수 모형이다. 민주시민성은 정체성, 덕목, 법률적 측면, 정치적 측면, 사회적 측면 등의 요소 구조, 지식, 기능, 가치·태도 등의 교육 요소, 그리고 세계, 대륙, 국가, 지방 등의 지리적 수준 요소 등 3차원적 구조로 구성된다. 이와 같은 입체적 구조를 통해서 학생들은 원만한 사회생활을 영위할 수 있는 민주시민성을 함양하게 되는 것이다.

시민성 전수 모형은 사회과와 사회과교육의 가장 근본이 되고 바탕이 되는 모형이다. 시민성 전수 모형은 전통적으로 지식, 진리로 표현되는 문화유산을 후대에 전수하는데 초점을 맞추는 모형으로 미래 사회의 구성원으로서 바람직한 삶을 영위할 수 있는 핵심역량 함양을 강조한다.

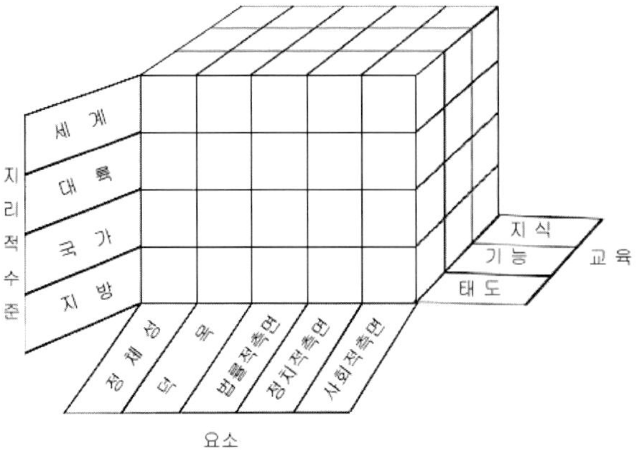

[그림 1-1] 민주시민성의 3차원 구조: 요소, 교육, 지리적 수준

이와 같은 사회과의 시민성 전수(Citizenship Transmission)의 관점은 교육은 기성세대가 후대에게 문화유산을 전달(전수)해준다는 전통적인 교육관에서 비롯되었다. 미국의 건국 초기 다민족으로 구성된 미국 국민들이 미국의 역사와 지리 그리고 전통적 문화유산에 대해 올바르게 이해하고 있어야 한다는 관점에서 출발하였다. 시민성 전수 모형에서의 훌륭한 시민이란 애국심이 강한 시민(국민)으로서의 각종 책무를 다하는 성실한 사람을 의미한다. 사회과교육에서 시민성 전수 모형은 아주 본질적이고도 전통적인 모형이다. 이 관점은 사회과교육의 통합교육의 출발점이 되기도 하였다.

시민성 전수 모형의 주된 교육방법은 설명식이며, 탐구수업과 사고력 신장을 지향한다더라도 궁극적으로 의도하는 가치와 덕목을 전달하는 데 있다. 따라서 이데올로기의 주입이라는 비판을 받으며, 다양한 가치들과 새로운 혁신에 대해서 소극적이며, 그렇기 때문에 역동적·입체적 교육에 관심이 많은 학생들에게 흥미를 끌기 어렵다는 비판이 있다(정문성 외, 2008: 11-12). 세계 각국의 공통적 현상인 전통적 교육과정에서의 '국민'이 집단적 자질 함양에 초점을 맞춘 데 비하여, 현대적 교육과정에서의 '시민'은 개인적 자질 함양에 초점을 맞추는 데 특징이 있다.

사회과의 시민성 전수 모형(Citizenship Transmission Model)은 학습자에게 시민성 함양을 위하여 바람직한 가치 수용을 하여야 하며, 교사는 이러한 가치 전수를 독려해야 한다는 입장이다. 가치의 정오(正誤) 여부는 기성세대에 의해 전통적으로 판단이 내려진 상태이기 때문에 학습자는 수용하기만 하면 된다는 입장이다. 그렇기 때문에 사회과 교수·학습은 교과서 암송, 교사의 주입 등이 주류를 이루며, 학습자는 수업의 주체라기보다는 객체로서 수업의 과정에서 주로 수동적 위치에 서게 된다(남호엽, 2008: 24-25).

시민성 전달 내지 문화유산 전달로서의 사회과는 사회구성원인 민주시민으로서 갖추어야 할 자질이란 이미 사회적 합의를 얻고 있는 것으로 보고, 그것을 다음 세대에 전달, 전수하여 사회적 안정과 발전을 기대하려고 한다. 이와 같은 사회과교육이 갖는 특징은 교육내용으로서 중요한 것은 사회적 합의에 도달한 가치이고, 그것의 전수 방법으로는 기본적 전달, 자유로운 교화(敎化)라는 데서 찾을 수 있다. 전달자로서의 교사는 훌륭한 시민을 어떤 가치와 태도를 견지하고 안정된 공공 활동에 참여하는 사람으로 규정하고, 이러한 사람을 육성하려는 데 목적을 두고 있다. 여기서의 전달은 단순한 물리적 인계인수의 의미라기보다는 유의미한 교수와 학습의 의미이다. 현대 사회과교육에서는 지구촌 사회, 세계화 사회를 맞아 이와 같은 민주시민성 함양, 세계 시민성 배양은 더욱 강조되고 있다.

시민성 전수 모형의 관점에서는 사회과의 핵심 목표를 젊은 학생들을 '훌륭한 미국 시민'으로 훈련시키는 것으로 간주한다. 이 관점에서 훌륭한 미국 시민이란 미국의 역사, 지리, 정부, 경제 체제에 대해 잘 알고 있고, 인간의 존엄성, 인권, 자유, 평화, 평등, 정의, 민주주의 등 미국적 가치를 공유하는 시민이다.

이 관점에 기초하여 사회과교육이 이루어지면, 교육의 최종적인 결과는 기존의 사회질서와 현 상태가 그대로 유지된다는 것이다. 즉, 학생들이 사회과교육을 통해 사회구성원으로서의 책임을 받아들이고 민주적인 생활방식에 따르게 됨으로써, 결국 현 세대의 문화유산이 다음 세대로 전달되고 보존된다는 것이다.

문화유산의 선택적 전달자로서의 사회과는 영원한 진실과 가치를 창조한다는 점에서 교육 철학의 항존주의와 유사하며 학생들이 인생을 준비하기 위해 필요하다고 생각되는 지식, 기능, 가치 및 태도 등을 추구한다는 점에서 본질주의와도 연계된다. 물론 문화유산 전수에서 전승하고자 하는 내용은 각 사회과학과 사회 탐구의 기초가 되는 것을 중심으로 하여 교사가 결정해야 한다(노정식 외, 2007: 38-39).

사회과교육은 전통적으로 사회에서 전해 내려오는 문화적 유산을 학생들에게 전달하여 학생들이 미래의 훌륭한 시민이 되게 하는 것이 목적이라는 견해인 것이다. 사회의 안정을 위하여 의미가 있지만, 보수적이라는 비판을 받는다. 전통적인 사회과교육의 모형이 여기에 속한다. 문화유산은 전통적인 사회과에 관련된 불변의 '지식과 진리' 등이 주류를 이루는 것이다.

<표 1-3> 민주시민성의 목록: 시민성의 책임과 권리 관계

시민성의 책임		시민성의 권리	
부패한 형태	참된 형태	참된 형태	부패한 형태
○ 법과 질서 ○ 강제된 동질성, 복종 ○ 권위주의, 전체주의 ○ 다수결주의 ○ 가장된 위선 ○ 국수주의, 외국인 혐오증	○ 정의 ○ 평등 ○ 권위 ○ 참여 ○ 진실 ○ 애국심	○ 자유 ○ 다양성 ○ 사생활 ○ 정당한 절차 ○ 소유권 ○ 국제적 인권	○ 무정부 상태 ○ 불안한 다원주의 ○ 자유의 절대화·사유화 ○ 범죄 취약성 ○ 인권보다 소유권 중시 ○ 문화적·민족적 제국주의
	민주적 시민성		

출처: 박상준(2008), 『사회과교육의 이론과 실제』, 교육과학사, P.51.

Ⅱ. 사회과학 모형: 사회과학 지식의 구조, 학문 내용 중시

사회과학 모형(Social Science Model)은 학문 중심주의로 지식의 구조를 중시하며 시민성 함양을 사회과학적 안목에서 찾는다. 사회과학 모형은 사회과의 핵심 목표를 학생들이 사회과학자와 같이 사고하도록 가르치는 것이다. 즉, 이 관점의 핵심은 미래 사회의 주인공인 학생이 사회과학적 지식의 구조, 사회과학적 지식과 탐구 방법 등을 배우고, 사회과학자가 경험적 문제를 해결하는 방법에 따라 학생이 과학적 문제의 해답을 찾는 활동에 능동적으로 참여하는 수업방법이 사용되어야 한다고 믿는다. 이 모형은 사회과교육의 목적을 '꼬마(어린) 사회과학자' 양성에 두는 입장이다. 이 입장은 현재의 학생(꼬마) 사회과학자가 미래의 성인(어른) 사회과학자가 될 것이라는 접근 인식을 바탕에 깔고 있다.

사회과학(Social Science)적 관점은 구(舊) 소련의 스푸트니크 인공위성 발사 이후 일어난 학문 중심 교육과정의 영향을 받아 '꼬마 사회과학자'의 양성으로 대표되는 전통이다. 사회과를 구성하는 학문의 지식 구조와 탐구 과정을 배우는 것이 가장 중요하게 강조되었다. 그러므로 매우 중립적이고 학생 스스로의 과학적 탐구 방법을 강조하여 개념과 일반화의 이해를 강조한다. 하지만 보편적인 가치와 현실 문제를 경시하며, 추상적이고 지적으로 우수한 학생에게 편향적이라는 비판을 받고 있다. 사회과학적 탐구력을 함양하는 것은 좋으나, 시민교육적인 차원이 소홀히 된다는 비판을 받고 있다.

사회과학으로서의 사회과의 입장은 인간사의 법칙과 형식, 질서 확립 등을 추구한다는 점에서 사실주의와 상통하며, 인간관계를 연구하는 객관적이고 경험적인 방법을 강조한다는 점에서 과학적 실증주의와 상통한다. 사회과학으로서의 사회과의 주된 목적은 학생들을 사회과학의 기존 지식과 연구 방법에로 인도하는 것이다. 사회과학적 탐구 방법, 가설, 개념, 일반화, 원리, 이론 등이 내용으로 제시되며, 객관성의 추구, 증거의 추구 등이 강조된다(노정식 외, 2007: 38-39).

사회과학 모형은 학생들에게 각종 사회과학을 가르치는 것을 사회과교육의 본질로 보는 입장이며, 사회과학의 지식, 개념, 일반화, 이론 등을 체계적으로 교육하고 가치중립적인 사회과학적 탐구력을 함양하는 것이 목적이다. 이 모형은 사회과학의 지식은 강조하나 사회과의 본질인 시민 교육적 측면을 소홀히 한다는 비판을 받고 있다.

사회과학 모형은 1960년대 사회과학의 발달과 함께 등장한 학문 중심주의 접근의 전통을 이어받은 모형으로 교과의 구조, 지식의 구조 등을 중심으로 가르쳐야 한다는 것이다. 이는 다양한 학문 분야로부터 도출된 사실과 개념 및 일반화 등의 개념적 요소와 사회과학자들이 연구할 때 사용하는 탐구 방법적 요소 등을 중시한다(전숙자, 『사회과 교육의 새로운 이해』, 2008: 28).

사회과학 모형은 학생들은 사회과학자의 사고 과정을 통하여 지적 안목이 형성되며, 이와 같은 안목이 학습자로 하여금 선량하고도 훌륭한 시민으로 선도한다는 입장이다. 사회과학 모형에서의 교육내용은 사회과학의 구조, 개념, 연구 방법 등 핵심 아이디어이다(남호엽, 2008: 25).

사회과학으로서의 사회과는 사회과학의 연구 방법과 성과를 가르치는 것이다. 사회과학의 개념, 이론, 방법을 지나치게 강조함으로써, 학생들을 사회과학의 소비자로 만든다는 비판이 있지만, 사회과학의 구조와 탐구 방법을 학습함으로써 과학적 사고, 합리적 사고를 할 수 있고 그것이 바람직한 시민적 자질 향상의 기초가 될 수 있다는 견해가 핵심 주장이다. 또한 현실적으로 사회과학의 개념과 이론을 중심으로 다루는 사회과교육이 강조되고 있다.

사회과학 모형의 교육방법은 사회과학자들의 연구 방법 및 문제 해결 방법이며 이와 같은 교육방법이 수업의 구조를 결정하는데, 사회과학자들의 탐구 전략과 연구 기법들이 교수·학습 방법의 원천이 된다. 이러한 사회과학의 각 학문 영역의 연구 방법에 기초한 것으로 사회과에서 적용하고 있는 학습 형태에는 참여관찰학습, 사례조사학습, 표본조사학습, 문헌조사학습, 현장학습, 사료학습, 자원인사 초빙학습, 상황분석학습 등을 들 수 있다.

이러한 탐구의 결과로 학생들은 과학적 탐구 방법을 사용하여 지식이 어떻게 획득되는지를 평가할 수 있고, 과학적 지식과 태도를 소요하게 될 것이라고 가정된다. 그 결과 학생들은 인간관계와 물리적 환경에 대해 과학적으로 이해하고 대중 매체에서 제공되는 지식과 정보를 취사선택하여 유능하게 사용하는 소비자가 될 것이라고 간주된다.

사회과의 교과내용학인 각종 사회과학을 가르치는 것이 사회과교육의 본질로 보는 입장이다. 사회과학의 지식, 개념, 일반화, 이론 등을 체계적으로 교육하고 가치중립적인 사회과학적 탐구력을 함양하는 것이 사회과에서 중요하다. 상당수에 달하는 우리나라의 사회과 교사들도 생활과 관련된 문제해결력보다 사회과학적 지식을 가르치는 것을 사회과에서 가장 중요한 것으로 보고 있다.

1957년 스푸트니크(sputnik) 사건, 1970년대 신사회과(new social studies) 운동은 사회과에서의 짓기의 구조와 사회과학의 재강조가 핵심이었다. 사회과에서의 사회과학 강조는 사회과 내용학인 사회과학의 학문적 구조에 의한 지식의 강조가 핵심적 요소이다.

사회과학 모형은 사회과학자들의 사유 방법과 탐구 기법, 기능, 아이디어 등을 학생들의 발달 수준에 적합하도록 재조직하여 가르침으로써 과학적 절차와 객관적 증거에 의하여 사회현상에 관한 법칙 발견을 도모하려고 한다. 물론 궁극적으로는 사회과학 탐구를 통해서 시민성 함양을 지향하고 있는 것이다.

Ⅲ. 반성적 탐구 모형: 성찰(省察)과 숙고(熟考) 중시, 고급 사고력의 신장

반성적 탐구(Reflective Inquiry)는 듀이(Dewey)의 이론에 바탕을 두고 있다. 듀이는 일상생활 속에서 학생들의 욕구와 흥미를 중심으로 학생 스스로 학습내용을 결정하기를 강조하였다. 체계적이고 과학적인 학습 과정을 통한 의사결정을 하여 시민성 신장을 연습하는 교육을 강조한 것이다. 끊임없이 폭증하는 지식, 변화하는 사회, 사회적 쟁점의 등장 및 다원화 등에 대응하기 위해서는 애국심에 호소하거나 검증된 과학적 지식의 습득만으로는 충분하지 못하다. 학생들로 하여금 자신과 사회와 관련된 문제가 무엇인지 확인하고, 그 문제와 관련된 사실과 가치에 대한 과학적이고 경험적인 검토와 토론, 그리고 상황에 부합되는 합리적 의사결정으로 이어지는 과정이 탐구이며, 이것이 곧 시민성 함양이라는 입장이다(정문성 외, 2008: 11-12).

사회과의 반성적 탐구 모형(Reflective Inquiry Model)에서는 시민성 함양이 전적으로 합리적인 의사결정능력에 달려 있다고 본다. 의사결정의 대상은 사회적 쟁점과 문제들이며, 이는 학습자들의 경험 세계에 바탕을 둔 흥미, 관심 등이 초점이다. 따라서 반성적 탐구 모형에서는 학습자들의 자기주도적 학습에 주목하면서, 학습자가 교수・학습 과정에서 능동적으로 참여할 수 있도록 교육내용을 구체화해야 한다. 아울러 반성적 탐구 모형에서의 교육방법은 사회문제 해결을 위한 지적 탐구 과정으로서 지식은 그 자체로 목적화되기보다는 문제 해결을 위한 도구이자 수단이 된다(남호엽, 2008: 25). 반성적 탐구 모형은 인지적 발달 모형이라고도 하며 체계적으로 사고하는 능력과 관련된 기능, 반성적 사고(reflective thinking) 등 인지적 기능 발달을 사회과교육의 중요한 목적의 하나로 간주한다(박은종, 2013: 43).

반성적 탐구 모형은 학생들의 반성적 사고능력을 개발하도록 도와주는 것을 사회과교육의 핵심목표로 제시한다. 여기서 "반성적 탐구" 또는 "반성적 사고"는 다양한 사고의 과정, 즉 비판적 사고, 문제 해결, 과학적 탐구, 귀납적 사고, 윤리적・법적 추론, 가치탐구, 합리적 의사결정 등을 포함한다. 이런 사고의 과정들의 공통점은 문제의 해답을 찾고 평가하기 위한 고도의 정신 과정의 사용을 포함한다는 것이다.

반성적 탐구, 반성적 사고로서의 사회과의 입장은 실용주의와 관련되어 있다. 반성적 탐구로서의 사회과의 주된 목적은 사회문제와 사회적 쟁점에 대해서 반성적 탐구와 반성적 사고를 통해서 학생들의 사고력과 의사결정력을 발전시키는 데 있다. 반성적 탐구로서의 사회과의 학습내용은 학생들에게 중요하고 관심 있는 쟁점이나 문제를 다룰 수 있는 것이면 무엇이나 가능하다. 이 모형에서는 문제의 정의, 가설의 설정과 검증, 대안의 설정, 대안 결과의 분석, 결론 도출, 판단과 결정 등과 같은 과정으로 진행된다(노정식 외, 2007: 38-39).

반성적 탐구로서의 사회과는 교수・학습의 결과보다는 과정을 중시하며, 합리적인 의사결정, 문제 해결에 필요한 지식과 가치를 탐구하는 과정에서 시민적 자질이 육성된다고 보고 있다. 반성적 탐구 모형의 지지자는 지식 획득과 가치명료화 과정이야말로 교사가 진정으로 가르쳐야 할 것으로 보고 있다. 합리적 의사결정자는 이 과정을 통해서 양성될 수 있다고 보기 때문이다. 사회과가 암기식, 강의식 수업・교육이 되어서는 안 되며, 나아가 학생 중심의 탐구학습에 초점을 맞추어야 한다고 주장하는 학자들에게 적극적인 지지를 받는 모형이다.

이 관점은 학생들이 단순한 암기나 주입이 아니라 사고하는 법을 배워야 한다고 가정한다. 이러한 사회과교육을 받은 학생들은 지식(사실)문제와 가치문제에 대한 해결책을 찾기 위해 충분한 지적 능력을 사용할 수 있게 된다. 사고의 과정을 배우는 것에 더하여 학생들이 반성적으로 사고하는 법을 배우고 사고를 위한 사고의 즐거움을 경험할 수 있게 된다. 이러한 사회과교육의 결과로 학생들은 개방적이고 책임감 있는 사회구성원이 될 것이고, 사회는 더 높은 단계로 발전할 것이라고 가정된다.

반성적 탐구 모형은 사회생활에서 직면하는 문제를 해결하기 위하여 반성적 사고력을 기르는 것을 사회과교육에서 가장 중요시하는 모형이다. 현대 사회의 상황으로 보아 가장 적절한 모형으로 평가되고 있으나, 내용의 실체보다 방법론에 너무 치우친다는 지적이 있다. 또 사회과학적 지식 체계가 소홀히 될 우려가 있다는 비판도 있다. 이에 대한 반발로 기본적인 지식으로 돌아가야 한다는 '기초복귀운동(Back to basics movement)'이 일어나기도 했다. 21세기 이후 세계적으로 기초 본으로 돌아가자는 열풍이 불고 있다.

반성적 탐구 모형은 사회 이슈(issue)와 쟁점, 문제 해결 과정을 통하여 학생들의 사고능력을 향상시키는 것을 중시한다. 반성적 탐구 모형은 반성적 사고를 강조하면서 사회과 교육과정을 통해서 사회 변화를 이끌어가고자 했던 보다 진보적인 관점을 취하는 것으로 정보사회에서 문제해결능력을 갖춘 시민 양성이 사회과의 중요한 목표가 되어야 한다는 주장과 궤(軌)를 같이하고 있다.

하지만 반성적 탐구 모형은 탐구 과정이 일선 학교 현장에서 매우 어려우며, 교사에게 많은 부담을 가중시켜서 상대주의에 빠질 우려가 있다는 단점을 내포하고 있다.

Ⅳ. 개인 발달 모형: 자아실현의 지향

사회과의 개인 발달 모형은 학생 중심, 아동 중심 사회과교육의 전통과 일맥상통한다. 개인 발달 모형은 사회과의 특성상 사회구성원인 개인의 발달과 성장이 사회, 국가, 인류의 발달에 대한 초석이 된다는 관점에 바탕을 두고 있다. 개인과 사회의 조화로운 연계에 바탕을 두고 있는 모형이다.

개인 발달 모형은 학생들의 정체성 형성 및 자아실현을 도와 조화로운 인간의 성장 발달을 촉진하는 것을 사회과의 목적으로 보고 있다. 학생들의 개인적, 사회적 발달로서의 사회과 모형은 학생 중심의 진보주의와 관련이 있으며, 일면 실존주의와도 연관이 있다. 개인 발달 모형의 주된 목적은 자기이해, 자아실현, 타인과 자신의 관계를 이해하는 것으로 과학적이기보다는 인간적인 면을 강조하는 점이다. 따라서 자아인식과 자기평가 등을 중시한다. 아울러 개인 발달 모형은 아동 중심, 학생 중심의 사회과교육 전통을 이어받아 아동(학생)들의 흥미와 욕구, 잠재 가능성의 실현, 자아인식, 자아실현, 인간성 회복 등을 중시한다.

학생들의 개인적 발달로서의 사회과의 입장은 학생 중심의 진보주의 사조와 밀접하게 관련되어 있으며, 실존주의와도 부분적 관련을 맺고 있다. 개인적 발달 모형의 주된 목적은 자기이해, 자아실현, 타인과 자신과의 관계를 이해하는 것으로 과학적이기보다는 인간적인 측면을 강조한다. 따라서 자아실현과 자아조절, 자아인식, 자기평가 등을 강조한다(노정식 외, 2007: 38-39). 개인의 자아실현과 발전이 곧 사회와 국가 및 인류의 발전과 성장의 기반이라는 입장이다.

적극적인 자아개념과 자아의 발달 및 성취, 개인적 효율성, 개인을 위한 취업 준비, 행복한 생활 능력 등의 함양을 중요한 내용으로 하는 모형이다. 모든 사람은 개인적인 생활을 가지고 있는 것이므로 이 모형도 중요한 부분을 시사하고 있으며, 이 부분을 너무 강조하다 보면 사회과교육의 중요한 부분인 사회성이 소홀히 되는 단점을 가지고 있다. 또 개인적 발달 모형은 적극적인 자아 개념과 발달 및 성취, 개인적 효율성, 개인의 발달을 위한 취업 준비, 행복한 생활 능력의 함양 등을 사회과교육에서 강조하나 사회과교육의 중요 부분인 사회성 교육이 소홀히 되는 단점을 안고 있다(김현석 · 한관종, 2008: 4-5).

이 관점에 따르면 사회과의 핵심 목표는 학생 개인이 자신의 "잠재능력"을 최대한 발달시키도록 도와주는 것이다. 자아가 충분히 발달된 사람은 높은 자아 존중감과 자긍심을 갖고, 다른 사람들과 조화롭게 잘 지내고, 실제적인 목표를 달성하고자 노력하며, 일상적인 문제를 효과적으로 잘 처리하고, 독서산 등 기본적 능력과 직업기술을 개발하는 사람이다.

한마디로 사회과교육의 목표는 바람직한 사회구성원을 기르는 것이다. 개인적 발달의 목표를 달성하기 위해서 사회과 교사는 교사 중심, 교과 중심 교육보다는 학생 중심 교육을 실시해야 한다. 아울러 개인 발달 모형에서는 사회생활에서 자신과 타인의 관계를 이해하고 다양한 삶의 의미를 추구하고 잠재 가능성을 발휘하여 개인적, 사회적으로 조화로운 성장 발달을 도모하고 있다고 전제한다.

Ⅴ. 합리적 의사결정 모형: 사회적 행위의 실천

합리적 의사결정 모형은 사회과의 핵심 목표를 학생들에게 "합리적인 의사결정"과 그 결정에 따른 행동을 가르치는 것으로 간주한다(Engle, 1960, 1988; Banks, 1977, 1990; Woolever & Scott, 1988). 합리적으로 의사를 결정한다는 것은 개인적, 사회적 문제들을 해결하기 위해 최고의 지적능력을 사용하는 것이다.

문제 해결을 위한 사고의 과정(방법)을 가르친다는 측면에서 이 과정은 반성적 탐구로서의 사회과와 많은 부분이 중복된다. 두 관점의 차이는 사고능력을 가르치는 "목적"과 사고능력이 실천되는 "맥락(context)"에 있다.

합리적인 의사결정으로서의 사회과의 목적은 개인 또는 집단이 개인적, 사회적 문제들에 대해 결정할 때 사고능력을 사용하도록 하는 것이다. 반면에 반성적 탐구로서의 사회과의 목적은 학생들에게 다양한 이유에서 사고방법을 가르치는 것이다. "후자는 무엇을 해야 하는가(가치판단과 실천)"에 대한 의사결정을 필연적으로 요구하지 않는다. 이 관점에 따르면, 학생들은 두발 또는 교복의 자유화를 허용할 것인가에 관한 찬반 주장에 대해 객관적으로 생각하고 검토하겠지만, 두발과 교복을 자유화해야 하는가에 대한 구체적인 가치판단과 실천에 대해서는 의사결정을 하지 않아도 된다.

그러나 전자는 의사결정에 기초한 "사회적 행위의 실천"을 사회과의 목표로 포함한다. 학생들이 합리적인 의사결정을 했다면, 어떤 방식으로든 그 결정에 따라 행동할 것이라고 가정된다. 하의상달식 협치(協治)를 강조하는 바람직한 의사결정을 내포하고 있는 것이다.

이 모형은 합리적인 의사결정 방법을 배움으로써 학생들이 개인적, 사회적 문제에 직면했을 때 반성적이고 책임감 있는 인간으로 행동할 수 있다고 가정한다. 학생들은 합리적 의사결정이 문제 해결의 가장 좋은 방법이라고 확신하고, 자신의 삶과 사회를 발전시키기 위해 그 결정 과정에 따라 실천하는 데 헌신할 것이라고 가정된다.

Ⅵ. 사회 비판 모형: 사회적 · 정치적 참여 강조

사회 비판 모형은 과거의 이론과 실제, 제도, 문제 해결과 사고방식 등 전반적인 사회 체제인 시스템(system)을 새롭게 재검토하고 비판하며 새로운 대안을 추출, 제시하는 것이 사회과교육에서 핵심적이고도 중요하다고 보는 모형이다. 사회 비판 모형은 사회적 문제에 대한 비판 능력을 사회과교육에서 강조하고 있는데, 이러한 비판 능력도 민주적 시민 교육의 중요한 부분임에는 틀림없지만, 이 부분을 너무 강조하면 문화유산의 전수와 사회과학 교육이 소홀이 된다는 단점을 내포하고 있다(김현석 · 한관종, 2008: 4-5).

사회과교육의 사회 비판 모형은 사회정치적 참여 중심 모형이라고도 한다. 사회 비판 모형은 사회과교육의 목적이 사회의 정의, 언론 · 집회 · 결사의 자유, 세계평화, 세계화 등과 같은 이슈와 목적을 위해 학생들에게 참여의 기회를 제공하고, 사회 비판이나 정치적 참여를 증진하는 것을 강조한다. 사회적 비판과 사회 참여로서의 사회과에서는 학교는 현재보다는 미래를 위해 보다 더 다양한 개선, 개량에 초점을 두는 기관이라는 재건주의 입장과 관련된다. 사회 비판 모형의 주된 목적은 학생이 사회 상황과 사회문제를 비판적으로 분석하고, 사회 변화를 가져오는 방법을 제안할 수 있는 능력을 발달시켜야 한다는 입장이다. 따라서 사회적 비판의 기법이 강조되며, 정의와 기회에 대한 평등, 인간의 존엄성, 진보에 대한 신념, 문제 해결을 위한 지성 등과 같은 가치가 중요시되고 있다.

사회적 비판과 사회 참여로서의 사회과의 입장은 학교는 사회를 개선 · 혁신시키는 기관이 되어야 한다는 재건주의와 관련된다. 이 입장의 주된 목적은 학생들이 사회 상황과 사회 문제를 비판적으로 분석하고, 사회 변화를 가져오는 방법을 제안할 수 있는 능력을 발달시키는 것이다. 비판의 기법이 강조되며, 정의와 기회에 대한 평등, 인간의 존엄성, 진보에 대한 신념, 문제 해결을 위한 지성 등과 같은 가치를 중요시한다(노정식 외, 2007: 38-39).

과거의 전통, 현재의 이론과 실천, 제도, 문제 해결과 사고방식 등을 새롭게 재검토하고 비판하며, 새로운 대안을 제시하는 것이 사회과교육에서 가장 중요하다고 보는 모형이다. 1960년대에서 1980년대에 이르러 전 세계적으로 일어났던 반권위적인 지향 운동의 영향으로 비판적인 능력을 사회과에서 중시하는 것이다. 사회 비판 모형은 학교 내 · 외에서 실제적으로 정치 과정에 참여하고 리더십을 발휘하는 참여 능력 신장을 강조한다. 이 모형은 비판적인 능력도 민주적인 시민교육의 중요한 한 부분으로 보고 있지만, 이 부분을 지나치게 강조하면 문화유산(지식)의 전달이나 사회과학 교육이 소홀히 되는 단점을 가지고 있다.

<표 1-4> 사회과(교육) 3대 주요 모형의 특성 비교

구분		시민성 전달(전수) 모형	사회과학 모형	반성적 탐구 모형
출현 배경 (등장 환경)		○ 미국 초기의 토착민과 이주민 사이의 갈등, 대립 완화, 인종과 민족의 통합과 협동심 함양	○ 사회과학의 독립화, 스푸트니크 사건, 브루너의 '교육의 과정', 신사회과 운동 등	○ 20세기 이후 급격한 사회 변동 ○ 사회문제의 합리적 해결 요구
주요 특징		○ 대중이 널리 지지함 ○ 전달할 가치와 지식의 목록 분명	○ 스푸트니크 충격 이후 급부상 ○ 학문의 구조 강조	○ 상대주의적 가치관 ○ 가치 갈등의 현상
교육 목표	목표관	○ 사회과의 과제는 바람직한 가치 전달 ○ 보편적 절대적인 가치를 가르쳐야 함	○ 사회과의 과제는 사회과학의 안목 형성 ○ 사회현상에 관한 합리적인 분석 능력, 사고 능력	○ 사회과의 과제는 사회문제 및 쟁점 대처 능력 ○ 학습자의 현재 삶이 곧 시민의 삶
	본질 목표	○ 훌륭한(애국적) 민주시민 양성 ○ 사회 가치, 규범의 내면화와 준수 ○ 시민성은 올바른 가치 내면화로 육성	○ 학식을 갖춘 시민 양성 ○ 사회과학적 지식의 습득 ○ 사회과학적 탐구 방법 습득 ○ 사회과학자의 탐구 방법 (꼬마 사회과학자 양성) ○ 사회과학의 개념 과정으로 시민성 육성	○ 사회문제의 객관적 분석 ○ 합리적 의사결정 모색(의사결정력, 문제해결력) ○ 지식 활용, 문제 해결, 의사결정 등으로 시민성 육성 ○ 사회적 문제 탐구
핵심 교육내용		○ 전통적 문화유산의 전수, 가치・규범 등의 내면화 ○ 권위에 의해 선정, 교사에 의해 해석, 가치・태도, 신념, 예시 등 ○ 사회, 시민 관련 기존 가치, 규범, 신념 등 지향	○ 사회과학의 구조, 개념, 문제, 과정 등 ○ 제1차적 자료와 탐구문제 ○ 사고와 탐구의 내용 ○ 과학자의 관심 문제 ○ 과학적 문제(사실) ○ 사회과학적 지식, 연구 방법 ○ 인간과 사회의 상호작용 연구	○ 사회문제 관련 자료 ○ 일상적 사회문제의 사실과 가치 혼합 과제, 자료 ○ 문제, 학생의 흥미와 관심 등 ○ 일상적 사회문제 ○ 학생 관심 문제(사실, 가치) ○ 학생 참여의 민주적 문제
교사관 (교원관)		○ 하나의 신념 수용 ○ 학생과 일심동체(사제동행) ○ 내용의 전수자 ○ 대체로 보수적	○ 방법의 전달자 ○ 결론의 불간섭	○ 조력자 ○ 주제 선정, 내용과 방법에 불간섭
문제 성격		○ 전통적으로 강조된 문제 ○ 기득권이 중시하는 문제	○ 과학적 문제(과학적 사실) ○ 과학자가 관심을 갖는 문제	○ 일상적 사회문제(사실+가치) ○ 학생들이 관심을 갖는 문제
탐구 주체		○ 교사	○ 교사	○ 학생
학습 과정		○ 학생들은 교사의 전달 내용을 단지 수용	○ 제시된 자료를 활용하여 질문의 해답 찾기	○ 자료의 활용, 해석의 자율적 결정
교육 방법	교수 기법	○ 전달, 주입, 교화가 핵심 직접적 전수, 간접적 전수 (주입, 행동 수정 기술) ○ 전수: 암송, 강의, 문답, 구조화된 기법 등으로 개념, 가치 준수	○ 탐구 방법의 탐구(탐구수업) ○ 사회 제 현상의 탐구 ○ 발견: 사회과학의 방법 발견 및 적용	○ 반성적 탐구와 토론 수업 ○ 가설 설정 후 검증 ○ 토론을 중심으로 전개 ○ 탐구: 문제 확인 통찰, 갈등 해결
	수업 방법	○ 교화, 주입, 교사 중심 ○ 통제된 문제 해결 활동 ○ 주입식(기술+설득), 행동 수정 기술, 강의식, 문답식 방법	○ 사회과학 탐구, 교사 중심 ○ 개별 사회과학에서 사용하는 방법들 ○ 탐구식 수업	○ 반성적 탐구, 의사결정 수업, 학습자 중심 ○ 선정된 주제들에 적용되는 탐구 및 의사결정 과정의 실제 수행 ○ 반성적 탐구와 토론 수업
	교과서 접근법	○ 기술적 접근법	○ 개념적 접근법	○ 역동적 접근법

비판과 평가 (문제점)	○ 사회 현실과 사회과학 내용, 학생의 요구 등 무시 ○ 사실 왜곡, 규범의 맹종 우려 ○ 특정 가치에 대한 지나친 확신	○ 실제적 사회적 현상과 유리(遊離) ○ 사회과학의 구체적 사회 상황 제시 곤란 ○ 의사결정의 해결책 제시 곤란 ○ 가치중립 불가능 ○ 소수 엘리트에게 유리	○ 실제적 사회 현실과 시민 육성에 한계 ○ 합리적 의사결정의 판단 곤란(가치 상대주의자) ○ 교사와 학생의 능력 결여 시 진행 곤란 ○ 교사에 너무 많은 것 요구 ○ 전통 파괴의 우려

한편, 사회과 수업을 중심으로 한 유형 분류는 올리버(Oliver)의 분류가 대표적이다. 올리버는 그의 논문 “사회과학의 범주(Categories of Social Science Instruction)”에서 사회과의 유형을 지혜로운 인간 형성을 위한 접근법, 사회과학 접근법, 조화로운 인간 형성을 위한 접근법, 위대한 국가상 정립을 위한 접근법, 법리적 접근법, 시민 행동 접근법 등 여섯 가지를 제시하고 있다. 각 접근법의 핵심은 다음과 같다.

첫째, 지혜로운 인간 형성을 위한 접근법(the wisdom approach)은 지식이란 학생들이 사물을 이해하고 지혜롭도록 하며, 그러하기에 유의미하다고 보는 입장이다. 이때 지식은 극도로 추상화된 기성의 지식이며 사실적 지식을 다룬다. 대체로 이 접근법은 사회과학의 내용이 유래하는 연구 방법에 대한 논의는 결여되어 있다. 학생들이 사회과학적 지식을 탐구하는데 이 지식이 학생들을 지혜롭게 만든다고 보았다. 다만 설명식 수업이 주(主)가 되며, 학생들이 그러한 지식을 암기한다고 해서 진정으로 지혜롭게 되는가에 대해서는 비판적인 면에 직면하는 한계가 있다.

둘째, 사회과학 접근법(the social science approach)은 사회 인식의 결과 면에 못지않게 인식의 방법 면을 중시한다. 사회과학의 아카데미즘을 강조하는데, 학문의 연구 성과에 대한 맹목적인 교수는 아니다. 수업의 절차는 관찰, 사건의 기록, 사건 해석을 위한 이론적 도구의 사용에 기초한다. 전반적으로 사회사상(社會事象)을 중심으로 한 사회과학적 탐구를 강조한다.

셋째, 조화로운 인간 형성을 위한 접근법(the harmonist approach)은 역사와 사회과학의 내용보다는 상대적으로 학습자에 관심을 기울인다. 사회의 문화 통합을 목적으로 협력적 인간관계, 공동 작업, 교실 민주주의 등을 강조한다. 경쟁보다는 조화로운 인간관계 성취를 지향한다. 이 접근법은 특히 사회생활의 인간관계를 강조한다.

넷째, 위대한 국가상 정립을 위한 접근법(the image of greatness approach)은 학생들로 하여금 역사적 실체에 대한 감각을 형성하도록 하는데, 이는 민족(동포)들과의 유대감을 가지게 한다. 문화 통합을 목적으로 하면서, 동일한 국가 이미지를 학생들에게 제공하기 위하여 극적인 이야기체 역사를 제공한다. 국민 통합주의와 문화 상대주의 등도 이 접근법의 한 부류로 볼 수 있다.

다섯째, 법리적 접근법(the jurisprudential approach)은 이성에 기초하여 논쟁문제를 해결하려는 것이 기본 정신이며, 갈등적인 논쟁점이나 정치적 주장, 결정에 앞서서 증거에 기초하면서 지적 절차의 수행, 정치적 문제를 다루기 위한 교육받은 이성과 설득을 위한 논증의 사용 등 세 가지 구성 요소가 있다. 특히, 법리적 접근법은 사회 체제의 공공적 문제에 초점을 맞추고 있다.

여섯째, 시민 행동 접근법(civic action approach)은 전통적인 학습 공간인 교실을 떠나 배운 내용의 적극적 적용을 중시한다. 즉, 지식과 행위가 통합되어야 민주시민으로서 바람직한 생활이 가능하다고 보고 있다(남호엽, 2008: 21-23). 시민 행동적 접근법은 사회 구성원으로서의 시민들의 참여와 활동을 적극 장려하고 있다.

<표 1-5> 올리버(Oliver)의 사회과(사회과교육) 유형

유형	교육목적	교육내용	교육방법
① 지혜로운 인간 형성	지식의 전수는 지혜로운 삶을 유도	사회과학의 사실적 지식	전달, 암기, 사고의 결과 강조
② 사회과학	사회과학의 안목 형성	사회과학의 구조	과학적 탐구, 사고의 과정 중시
③ 조화로운 인간 형성	문화 통합을 위한 상생의 자세 확립	조화로운 인간관계 성취를 위한 교리와 방법	협동, 집단 작업, 교실 민주주의
④ 위대한 국가상 정립	문화 통합을 위한 국가 이미지 내면화	국가 구성원이 공유하는 역사적인 문제 상황	교화(教化), 주입(注入)
⑤ 법리적 접근법	합리적인 가치판단력 신장	사회 논쟁점, 정치 문제	합리적 근거와 절차에 기초한 논증
⑥ 시민적 행동	참여 민주주의 실현	학교와 지역사회의 문제, 국가 및 국제적인 관심사	지적 탐구와 사회적 행동

한편, 울에버와 스캇(Woolever & Scott)은 기존의 여러 학자의 분류를 분석하여 그 중요성에 따라 합리적 의사결정과 사회적 행동, 사회과학 교육, 반성적 탐구 교육, 개인 발달 교육, 시민성 전달 교육 등으로 열거하였다. 합리적 의사결정과 사회적 행동이 가장 중요한 것은 우리 사회가 민주주의의 이상을 실현하고 유지하는 데 가장 필요한 기능과 태도이기 때문이라는 점이다. 기존에는 우리 사회가 민주주의 이상을 완전히 실현 내지 유지하지 못했으므로, 이를 달성하고 유지하기 위해서는 시민들의 지적이고 합리적인

실천적 행동이 필요하다는 주장이다(정문성 외, 2008: 13-17).

첫째, 시민성 전달 관점이다. 미국 독립 이후 국민 통합과 민주주의 국가 건설을 위하여 모든 국민이 민주시민으로서의 기본적 자질을 갖추어야 한다고 판단하였다. 이와 같이 국민 통합과 민주주의 국가 건설을 위하여 '사회과'가 탄생하였고, 이 사회과에서 추구하는 민주시민의 자질을 '시민성'으로 보았고, 당시 시민성의 보편적 가치들은 인간의 존엄성, 자유, 평등, 정직, 정의 등 오늘날까지 전승되는 민주주의의 이념들이었다.

둘째, 개인 발달 관점이다. 시민성 전달이 이데올로기 주입이라는 비판과 함께 개인의 인권과 개성이 존중되는 사회 분위기에 따라 교육에서도 개별화 교육과 개인의 잠재력 발굴이 본질이라는 주장이 출현하였다. 민주시민 교육은 개인의 자아실현을 도와서 생산적인 시민을 양성하는 것이며, 자아실현이 곧 사회의 자아실현으로 이어지며, 훌륭한 민주시민은 시민성의 기초 위에 자신이 가진 잠재력을 최대한 발휘하는 사람으로 정의되었다.

셋째, 반성적 탐구 과정이다. 시민성 발달을 비판하고 등장한 개인 발달 관점이 학생들을 편협한 개인주의자로 만들 뿐만 아니라 개인의 자아실현이 곧 사회의 자아실현으로 이어지지는 않는다는 비판을 바탕에 깔고 등장한 관점이다. 듀이(Dewey)가 '아는 것이 힘이 아니라 아는 방법이 힘'이라고 사고력을 강조하면서 기존의 시민 교육의 패러다임(paradigm)이 변화하였다. 즉, 훌륭한 시민은 시민성의 기초 위에 자아실현을 도모하되, 사고력 개발을 위하여 높은 수준의 지적 능력을 갖춘 사람이라는 것이다. 시민 교육은 듀이가 말한 '반성적 탐구'를 통해서 사고 방법을 익히고 발견의 기쁨을 누리는 교육이 되어야 한다고 강조하였다.

넷째, 사회과학 교육 관점이다. 기존의 반성적 탐구 관점이 사고력만 강조하고 실천의 문제를 경시했다는 비판을 받는 가운데 1957년 스푸트니크 충격으로 미국 교육계가 큰 충격에 빠진 배경에서 출범하였다. 미국이 구소련과의 우주 경쟁에서 패배한 진정한 이유는 교육, 특히 아동(학생) 중심의 진보주의 사도가 핵심적인 지적 훈련을 시키지 못했다는 반성과 함께 사고력을 강조하고 있음에도 불구하고 지식 주입식 교육 일변도의 교육에 치중했다는 비판에서 브루너로 대표되는 학문 중심 교육과정이 태동하였다. 즉 초·중등학교는 대학의 준비 기관으로 대학에서 배울 사회과학의 내용과 지식의 구조를 미리 배우는 곳으로 간주되었다. 훌륭한 민주시민은 사회과학적 지식과 방법을 잘 아는 사람을 의미하게 된 것이다.

다섯째, 합리적인 의사결정과 사회적 행동의 관점이다. 사회과학 교육이 초·중등학교의 보통 교육의 기능과 정의적 측면을 도외시했다는 비판에서 출범하였다. 특히, 산업사회를 거치면서 사회에 다양한 여러 가지 사회문제가 팽배하여 교육에 대한 역할, 기능이 제고되었다. 즉, 교육은 학생과 사회가 직면한 문제해결능력을 가르치는 것이어야 한다는 자각을 하게 되었다. 진정한 민주시민 교육은 각 개인이 개인적 또는 사회적 문제에 직면했을 때 이를 해결할 수 있도록 도와주는 것이며, 그 문제 해결은 합리적 의사결정과 실천을 통해서만 가능하다는 입장이다. 합리적 의사결정은 문제에 대한 사회과학적 지식과 시민성이나 잠재력 등을 고려한 통합적인 최선의 의사결정을 의미한다. 아울러 훌륭한 민주시민은 합리적 의사결정능력을 보유한 사람이며, 나아가 이를 실천하는 사람으로 인식되었다.

<표 1-6> 울에버와 스콧(Woolever & Scott)의 사회과교육 핵심 관점

관점	출현 배경	핵심 내용	비고
① 시민성 전달(전수)	미국 국민 통합, 민주시민 교육	보편적 가치(인간의 존엄성, 자유, 평등, 정직, 정의 등) 수용, 민주시민 교육은 문화유산 전달로 성취	전통적
② 개인 발달	개별화 교육과 잠재력 발굴 추구	자아실현을 통한 민주시민 교육, 개인적 자아실현이 사회적 자아실현	
③ 반성적 탐구 과정	시민성은 사고력 개발 통행 성취, 사회과학적 사고방식 강조	과학적 사고방식을 통한 '발견', 탐구식 수업을 통한 민주시민 교육	전통적
④ 사회과학 교육	스푸트니크 충격, 학문 중심 교육과정과 지식의 구조	사회과학의 기초 개념과 내용 중시, 원리 등 핵심적 아이디어와 지식의 구조 강조	전통적
⑤ 합리적 의사결정	보통 교육의 기능 외면과 정의적 영역 외면 비판, 학생의 직면한 문제해결 지향	합리적 의사결정과 실천을 통한 문제 해결, 지식과 시민성 및 잠재력 통합을 통한 의사결정	

제3장 사회과교육 관련 유사 용어

사회과는 정치학, 경제학, 사회학, 문화인류학, 법학, 윤리학, 심리학, 역사학, 지리학 등 제 사회과학을 내용학으로 하는 교과이다. 그러므로 이와 같은 여러 사회과학은 유기적으로 각각 통합되어 사회과라는 교과목을 형성하고 있는 것이다. 사회과는 종합 교과로서 현행 교육과정상 초·중·고교의 공통 교과 중의 한 교과인데, 이와 유사한 용어가 많아 개념 혼동을 일으키는 경우가 많다. 따라서 사회과 교육학도로서 사회과 관련 유사 용어에 대한 개념 정의를 분명히 하는 것이 바람직하다.

첫째, 사회과교육은 보통 사회과와 같은 의미로 사용된다. 즉, 정치학, 경제학, 사회학, 문화인류학, 법학, 윤리학, 심리학, 역사학, 지리학 등 제 사회과학을 내용학으로 하는 교과인 사회과를 가르치고 배우는 교육활동이다. 일반적으로 한국에서는 사회과와 사회과교육을 구별하지 않고 있다. 대체로 동일한 의미로 사용하고 있는 것이다.

사회과와 사회과교육의 개념 정의에서 유념할 점은 사회과가 일반사회 과목, 역사 과목, 지리 과목을 모두 포함한 교과라는 점이다. 환언하면, 사회과는 교과이고, 일반사회, 역사, 지리 등은 과목인 것이다. 현재 일부 사범계 대학에서 사회교육과를 개설하고 역사, 지리 영역의 내용을 배제하고 일반사회 과목만을 교수(이수)하고 있는 것은 일반사회교육과와 비교하여 제고해야 할 대목이다.

둘째, 사회과학은 사회과를 이루는 교과내용학인 정치학, 경제학, 사회학, 문화인류학, 법학, 윤리학, 심리학, 역사학, 지리학 등 개개 사회과학의 학문 자체를 의미한다. 사회과학이 법칙, 원리를 발견하려는 데 초점을 맞추는 학문인 데 비하여, 사회과는 인간과 인간, 자연, 사회제도 등에 관한 사회과학적인 지식을 학생들에게 교육하기 위해서 재조직한 교수용 교과(instructional school subject)인 것이다. 사회과학의 목적은 진리의 발견과 같은 학문적인 면을 중시하며 법칙의 탐구를 지향하는 학문의 무리(군·群)이다. 사회과(교육)는 인간, 자연, 제도 등에 관한 사회과학적인 지식을 학생들에게 교육하기 위하여 재조직한 교수용 교과목이다. 그러므로 사회과(교육)는 교육현장에서 사회과학적 내용을 현실 생활에 알맞게 재조직하고 교수될 수 있도록 하는 교과인 것이다. 아울러 사회과의 목적이 교과로서 바람직한 인간 육성인 데 비하여, 사회과학은 각 학문의 법칙, 원리 탐구와 규명인 점이 상이한 점이다.

셋째, 사회생활과는 사회과의 예전 교과명이다. 사회생활은 사회과 도입 초기 'Social Studies'를 한국식으로 번역한 것이다. 사회생활과는 사회과교육이 인간의 사회생활을 중요한 내용으로 하고 있다는 데에서 유래한다고 본다. 오늘날의 사회과를 해방 후에는 오랫동안 사회생활과라고 부르기도 했다. 실제 교수요목기의 초·중·고교 사회과와 교과과정기인 제1차 교육과정기의 초등학교와 중학교의 사회과명이 바로 '사회생활과'였다. 사회생활 내지 사회생활과라고 하는 용어는 오늘날도 많이 사용하고 있는데 이것은 사회과교육이 인간의 사회생활을 그 중요한 내용으로 한다는 데에서 유래된 것으로 보인다. 현행 유치원 교육과정에서의 '사회생활'은 건강생활, 표현생활, 언어생활, 탐구생활 등과 함께 중심적 활동 영역으로 편제되어 있다. 아울러 현재도 우리나라 사범대학 중에서 학과명으로 사회생활과를 개설・편제하고, 세부 전공으로 일반사회 전공, 역사 전공, 지리 전공을 둔 학교도 있다.

넷째, 일반사회과는 일반사회교육과를 약칭(略稱)한 것인데, 과거 교육과정에서의 공민과(公民科)의 의미와 사범대학의 학과명 등 두 가지 의미가 있다. 즉, 일반사회과 내지 일반사회교육과는 사회과 중에서 역사교육, 지리교육 관련 내용을 제외한 정치, 경제, 법, 사회, 문화 등에 관련된 과거의 이른바 공민과(公民科)를 의미한다. 일반사회과 내지 일반사회교육과라는 용어는 사회과에서 역사교육과 지리교육의 내용을 제외한 정치, 경제, 사회, 문화, 법 등을 가르치고 배우는 교과, 즉 예전의 공민과(公民科)를 의미하는 용어로 사용되어 왔다. 현재 우리나라 교육과정에서 '일반사회'라 하면 사회과에서 역사 영역, 지리 영역을 제외한 영역인 정치, 경제, 사회, 문화 인류, 법, 윤리, 심리 등을 종합한 영역을 의미한다.

일반사회는 용어상으로 '일반'이 넓은 의미의 사회과로 역사 영역, 지리 영역을 포함하여야 하나, 현행 우리나라 교육과정에서는 오히려 역사 영역, 지리 영역을 제외한 나머지 사회과학을 의미하고 있다. 따라서 사범대학의 일반사회교육과는 역사교육과, 지리교육과의 전공인 역사 영역, 지리 영역을 제외한 나머지 사회과학의 제 학문을 전공하는 학과로 자리매김하였다.

다만, 현재는 사회과의 과목 중에서 일반사회 과목은 여타 세부 소과목(특히 교과서)으로 분리되어 존재하고 있으며, 사범대학의 학과의 하나로서 일반사회교육과가 존재하고 있다. 사범대학에서 일반사회교육과, 사회교육학과의 일반사회 전공, 사회교육학부의 일반사회 전공을 두고 있는데, 이는 중등학교 교사 자격증 교과목명이 '일반사회'로 발급되는 것과 밀접하게 관련되어 있다고 본다. 우리나라 2009 개정 사회과 교육과정에서는 역사(교육)가 영역 독립을 하여 사회과는 일반사회 영역, 지리 영역이 통합한 기이한 통합 형태를 이루고 있다.

다섯째, 사회교육은 사회과교육을 줄여서 칭하는 의미와 학교 밖의 제도권 외의 교육인 평생교육의 의미를 가지고 있다. 특히, 초・중학교 교과서인 '사회'를 가르치는 교과가 사회교육이라고 할 때는 사회교육이 사회교육과 같은 의미인 것이다. 또 역사교육이나 지리교육에 대하여 사회문화교육을 사회교육이라고 하기도 하고, 때로는 사회교육을 일반사회교육과 같은 의미로 쓰는 등 용어가 정교하게 구분되어 있지 않고, 혼동이 오는 경우가 많다.

사회교육의 의미에 대하여는 유념해야 할 점이 있다. 사회교육은 학교 안에서 실시되는 학교교육과는 달리 학교 밖에서 실시되는 조직적이고 체계적인 교육을 사회교육이라고 부르고 있는 것이다. 정규 학제가 아닌 평생교육 차원의 교육 일반을 의미하는 것이다. 최근에는 평생교육, 성인교육, 비형식교육, 계속교육 등의 용어와 밀접한 관련을 가지고 사용되고 있다. 이 때문에 우리나라에서 사회교육이라 할 때에는 초·중·고등학교에서 학교의 교과목으로 교수되는 사회과의 교육 또는 사회과교육을 의미하기도 하고, 또 학교 밖에서 학교에 다니지 않는 일반인들을 대상으로 하여 실시되는 교육을 함께 의미한다. 문화원의 꽃꽂이 교육, 평생교육원의 각종 프로그램, 방송통신대학교와 사이버대학교, 디지털대학교 등도 사회교육(평생교육) 프로그램, 교육기관이라고 할 수 있다.

여섯째, 민주시민 교육은 학교뿐만 아니라 학교 밖으로까지 확대되는 교육 프로그램으로서 개인·집단의 구성원으로서 갖추어야 할 지식, 기능, 가치, 행동 등을 발달시킬 수 있도록 도와주는 교육을 의미하기도 하며, 한편으로는 사회과교육의 목표로서의 민주시민 교육을 말하기도 한다. 이는 1916년 태동한 사회과의 근본적 목적·목표가 민주시민성 양성이라는 점과 궤를 같이하는 것이다.

끝으로, 사회과 내지 사회교육과 유사한 용어로 사회봉사, 사회주의, 사회복지, 사회문제, 사회개혁, 사회혁신 등을 들 수 있다. 하지만 사회과교육은 이들 용어들과는 완전히 다른 개념이다. 사회라는 글자가 붙어 있기는 하지만, 그 근본적 의미는 각각 다르다. 사회봉사는 사회를 위해서 일을 한다는 의미이며, 사회주의는 분배를 지향하며 사회의 생산 수단을 공유해야 된다는 이념, 사상이며, 사회복지는 모든 사회구성원이 행복하고 인간다운 삶을 누릴 수 있도록 국가, 사회가 제도적으로 보장하는 정책이다. 또 사회문제는 범죄, 탈선, 낙태, 도덕적 해이(moral hazard), 환경오염 등 사회생활에서 발생하는 다양한 바람직하지 못한 문제를 의미하며, 사회개혁은 사회의 제도가 부적당하기 때문에 변화시키려고 하는 것이다. 사회혁신은 사회개혁과 궤를 같이하되 기존의 사회체제를 일시에 획기적으로 바꾸어 새로운 사회 변화를 지향하는 것이다. 다만 이러한 사회과의 유사 용어들의 전반적인 내용을 사회과에서 포함하여 교수·학습한다는 점을 유념할 필요가 있다(박은종, 2013: 54).

최근 들어 사회과교육에서 다문화교육, 여성교육, 통일교육, 환경교육, 통섭교육, 융복합(STEAM) 교육 등이 강조되고 있는 점도 유념해야 할 것이다.

<표 1-7> '사회과(교육)'와 '사회과(교육)의 유사 용어' 상호 비교

용어	주요 개념(의미)	비고
사회과 (사회과교육)	사회사상(社會事象)의 탐구와 사회과학의 내용을 중심으로 바람직한 인간 육성을 위한 교과목[일반사회 교육+역사 교육+지리 교육=사회과(교육)]	사회과교육과 동일한 의미
사회과학	인간관계 및 사회 현실을 과학적으로 연구하는 학문의 총체, 사회과학의 목적은 진리의 발견과 같은 학문적인 것을 중요시하며 법칙의 발견에서 신뢰도를 중시	자연과학에 대(對)한 학문의 무리
사회생활(과)	사회과교육이 인간의 사회생활을 중시하는 데서 기인한 교과 명칭, 교수요목기와 제1차 교육과정기의 초·중학교 사회과 및 교수요목기의 고등학교 사회과의 교과목 명칭	일부 대학교 사범대학의 사회과계 학과 명칭
일반사회(과) 일반사회교육과	사회과에서 역사, 지리 과목을 제외한 과목 명칭, 과거 교육과정의 공민(公民) 영역의 변경된 명칭, 사범대학 일반사회교육과의 약칭(略稱)	역사, 지리 영역을 제외한 사회과 영역
사회교육	학교 밖에서 학교를 다니지 않는 일반인(성인)을 대상으로 하는 교육(평생교육)	평생교육 제도권 외 교육
사회주의	자본주의의 대척점에 있는 사회의 생산 수단을 공유하는 사상, 이념의 형태	
사회봉사	사회와 사회구성원들의 복지와 후생을 위해 일하는 활동	
사회문제	사회의 바람직하지 못한 여러 문제로 범죄, 탈선, 환경오염, 일탈 행위 등	
사회복지	사회의 모든 구성원이 인간다운 생활을 할 수 있도록 국가가 제도적으로 보장하려는 노력	
시민교육	민주시민의 자질 육성, 바람직한 인간 육성을 위한 교육, 세계 시민사회의 교육	일부 외국의 사회과 교육 명칭
정치교육	민주시민으로서의 자질을 기르는 소양의 바탕인 정치 참여를 강조하는 교육	
다문화 교육	세계화 시대를 맞아 다양한 사회적·문화적 배경을 가진 사람들이 평등한 대우를 받을 수 있도록 사회적 편견, 고정 관념 등을 배제하고 나누고 배려하는 교육	재외외국인, 외국인 자녀교육 포함
세계화 교육	국제화 교육의 확장된 개념으로 세계화 시대의 유대 관계, 소통, 교역 등의 새로운 관계 정립을 중점적으로 강조하는 글로벌(global) 교육의 통칭	

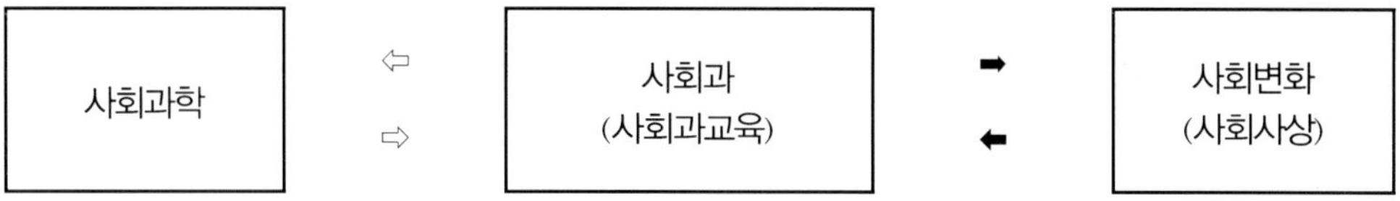

[그림 1-2] 사회과(사회과교육)와 사회과학 및 사회변화(사회사상)의 관계

제4장 사회과교육의 이론 모형

Ⅰ. 제1기 정초기(定礎期): 교수요목기-제2차 교육과정기

해방 후 한국의 사회과교육은 타율성에 의하여 형성된 시기로 미국의 고전적인 사회과 이론 모형이 직수입된 시기이다. 따라서 정초기인 제1기 우리나라 사회과 이론 모형

은 미국식의 전통적 교과 중심 모형과 활동 중심 모형의 통합적 형태가 주류를 이루고 있었다. 한국 사회과교육의 정초기는 사회과교육이 걸음마를 시작한 시기로 한국 사회과의 특성이 전무한 상태로 미국식의 사회과 모형을 맹목적으로 우리 사회과교육 현장에 적용하던 시기라고 할 수 있다(안천, 2008: 22-23).

Ⅱ. 제2기 자생기(自生期): 제3차 교육과정기-제4차 교육과정기

1962년 한국사회과교육연구회가 창립된 이후부터 제4차 사회과 교육과정이 공표되기 직전까지의 20여 년간을 한국 사회과교육의 자생기라고 구분할 수 있다.

한국 사회과교육의 자생기는 한국사회과교육연구회를 중심으로 꾸준히 발전하였으며, 제2차 교육과정과 제3차 교육과정이 이 시기에 적용되었고, 이때부터 현장 사회과 교사는 사회과 수업을 탐구수업으로 인식하였다.

한국 사회과교육의 자생기에 강조된 사회과교육은 시민 교육 모형의 일종인 국가 교육 모형이다. 국가 교육 모형은 5・16 군사쿠데타 이후 반공 교육이 강조되고, 제3공화국과 제4공화국에서 국가주의적이고 민족 주체성을 강조하는 교육이 강조되었기 때문이다. 이는 남북 분단이라는 현실 속에서 통일이라는 민족적 과제를 실현하기 위하여 당연하다고 할 수 있다.

한편, 이 시기에 강조된 모형으로는 사회 개발 모형이 있다. 1962년부터 추진된 소위 제5차 경제개발5개년계획을 뒷받침하는 사회과교육으로서 당시 우리나라 사회과교육은 사회개발적 성향이 강조되었다고 볼 수 있는 것이다.

Ⅲ. 제3기 중흥기(中興期): 제5차 교육과정기-제6차 교육과정기

제4차 교육과정기부터 제6차 교육과정기까지의 사회과를 중흥기라고 부를 수 있다. 이 시기의 사회과는 한국교육개발원(KEDI)에 사회과교육연구실이 설치되어 교과교육으로서의 사회과의 발전에 크게 이바지하였으며, 제4차 사회과 교육과정과 제5차 사회과 교육과정이 탄생하는 계기가 되었다. 이 시기의 사회과 모형은 산업화에 의한 환경문제를 강조하는 환경 개선 모형이 나타났으며, 21세기를 앞두고 한국도 산업사회가 최고로 첨예화되면서 환경에의 본질적 접근이 강조되었다.

Ⅳ. 제4기 발전기(發展期): 제7차 교육과정기-2007년 개정 교육과정기

제4기인 발전기는 1997년 고시된 제7차 사회과 교육과정과 2007년 공표된 소위 '2007년 개정 사회과 교육과정기'를 의미한다. 사회과교육이 중흥기를 넘어서 실질적으로 발전을 추구하는 시기이다.

이 시기의 사회과 교육과정은 국민공통기본교육과정 도입으로 학습자 중심 학습, 수준별 교육과정 적용, 재량활동의 신설 등을 도입하였다.

특히, 학습자 중심 사회과교육과 학습을 정착하기 위해서 기존의 일반사회, 역사, 지리 영역이 기계적 통합을 이루었던 것을 세 영역의 특성을 고려한 유기적 통합을 적극적으로 도모하였다. 아울러 과거 전통적으로 계승되어 오던 환경확대법을 탄력적으로 적용토록 하여 교육과정 내용상에서 지역과 공간 및 시간을 유동적·복합적 성격을 가진 존재로 파악토록 하였다. 또한 기존 사회과 교육과정 내용과 활동이 중복되고 과다하다는 비판을 수용하여 사회과 학습목표 및 내용을 정선, 조직하고 양과 수준의 적정화를 도모하였다. 따라서 제4기인 발전기의 한국 사회과교육 이론 모형은 학습자 중심 모형으로 분류할 수 있을 것이다. 특히, 기존의 사회과 교육과정의 진술 측면이 지나치게 상세화되어 있는 문제점을 해결하고자 내용과 주제 제시의 상세화와 대강화를 적절히 고려하였다.

Ⅴ. 제5기 성장기(成長期): 2009 개정 교육과정기 이후

제5기인 성장기는 2009 개정 사회과 교육과정과 2011 개정 사회과 교육과정 이후로 학습자 주도 사회과 학습이 더욱 강조되고, 사회과의 통섭(융합)교육이 심화되는 세계화 시대 사회과교육의 실행기라고 할 수 있다. 사회과교육에서 세계화 시대를 맞아 세계 시민 교육이 더욱 강조되고 글로벌 다문화 사회의 도래로 다문화 교육이 획기적으로 강화되고 있다.

<표 1-8> 한국 사회과교육 이론 모형의 변천

<table>
<tr><th>시기 구분</th><th>제1기(정초기)</th><th>제2기(자생기)</th><th>제3기(중흥기)</th><th>제4기(발전기)</th><th>제5기(성장기)</th></tr>
<tr><td>교육과정기</td><td>교수요목~제2차 교육과정</td><td>제3차~제4차 교육과정</td><td>제5차~제6차 교육과정</td><td>제7차~2007년 개정 교육과정</td><td>2009 개정 교육과정 이후</td></tr>
<tr><td rowspan="3">이론 모형</td><td>교과 중심 모형</td><td>사회 과학 모형</td><td>시민 교육 모형</td><td>학습자 중심 모형</td><td>학습자 주도 모형</td></tr>
<tr><td rowspan="2">활동 중심 모형</td><td>국가 교육 모형</td><td rowspan="2">환경 개선 모형</td><td rowspan="2">통합 모형</td><td rowspan="2">통섭(융합) 모형</td></tr>
<tr><td>사회 개발 모형</td></tr>
</table>

출처: 김현석 · 한관종(2008), 『사회과 통합 교과교육론』, 서울: 형설출판사, P.12.

제5장 사회과교육의 최근 동향

Ⅰ. 사회과교육의 트렌드(Trend)

최근 2009 개정 사회과 교육과정의 적용과 때를 맞추어 새롭고 혁신적인 사회과교육의 모습을 구현하려는 시도가 폭넓게 이루어지고 있다. 그간의 흐름에 대해 아쉬움이 없는 것은 아니나, 현재 세계 각국에서는 교과교육으로서의 사회과교육에 지대한 관심을 갖고 연구하고 있으며, 사회과교육학자, 사회과교육 관련 저술, 사회과교육 관련 학회 활동 등이 매우 활발하게 이루어지고 있다.

한국에서도 최근 많은 사회과교육학자들이 교과교육으로서의 사회과를 연구하고 있으며 다양한 사회과 관련 전문 도서 출판, 각종 사회과교육 관련 학회 활동을 통한 논문 발표, 세미나, 워크숍 등이 왕성하게 진행되고 있어서 고무적이다.

오늘날 수업 개선, 수업 혁신이라는 당위적 수업 혁신 담론 속에서 사회과 고유의 방향성이나 정체성을 확인하기가 쉽지 않고, 공학적이며 절차적인 측면에 편중된 양상을 드러내기 때문이다. 교과의 이념이나 교과에서 지향하는 인간 발달 논리 혹은 교육 논리에 보다 정치된 고민이 잘 나타나지 않는다는 것이다.

그렇지만 시각을 달리해 좀 더 세부적으로 음미하다 보면, 그간의 흐름 속에서 나름의 가치 있는 변화 방향을 발견해 낼 수도 있다. 그 방향은 사회과교육을 통해 달성하고자 하는 바에 관한 숙고와 성찰의 결과들과 연결된다.

1. 본질교과와 일반교육의 성격의 조화: 민주시민성 함양, 바람직한 인간 육성

사회과의 근본적 목적은 민주시민성 함양이다. 전통적으로 사회과는 그 교육목적을 이상적인 인간의 능력과 특성을 기르는 데에서 직접 찾았다. 교육의 도구적 성격보다는 그 자체의 내재적 목적을 강조해 온 것이다. 경우에 따라서는 학교교육의 일반목표와 그 초점이 중첩됨으로써 애매함을 낳아 온 것도 사실이지만, 다른 각도에서 보면 학교교육 전반에서 차지하는 사회과의 높은 위상을 암시해 준다. 반면, 이러한 위상은 사회과에서 다루어지는 내용이나 학습경험이 인간형성 논리나 삶의 개선에 어떻게 직접 연관되는지를 지속적으로 검토해야 한다는 과제를 부여한다. 사회과교육의 변화를 추구하려는 그간의 여러 노력 속에는 본질교과로서의 성격을 구현하려는 의도를 어느 정도 반영하고 있다.

사회과가 일반교육을 지향한다는 말은 소수를 위한 교육이 아니라, 모든 인간 또는 보통 인간의 성장과 발달에 목적을 둔다는 것을 의미한다. '학문 자체를 위한 학문의 교육'이나 기성 학문의 세계로 들어가기 위한 '준비교육'으로서 사회과를 보려는 시각에 회의를 던지면서, 삶의 논리나 학습자 발달의 논리가 부각되는 까닭이 이 점과 연관이 있다.

사회과가 본질교과 혹은 일반교육으로서의 본질적 성격을 지향한다는 것은, 사회과(social studies)와 역사 및 지리를 포함하는 사회과학(social sciences)이 구분되어야 한다는 말과도 상통한다. 이와 함께 다양한 인간 형성 논리를 개발하고 사회적 삶의 차원을 의미 있게 반영할 수 있는 인식 틀을 구안함으로써, 대안적 사회과의 논리를 창출해야 할 과제를 안겨주는 것이다. 특히 한국에서 사회과는 국민공통기본교과 중의 하나이다.

2. 시민성 교육의 본질과 목적 강화: 민주시민의 자질 함양, 인간의 삶에 관한 교육

본질교과와 일반교육의 성격을 갖는 사회과가 인간형성을 직접 추구한다고 할 때, 곧 바로 제기되는 질문은 과연 어떠한 인간의 형성을 지향할 것인가라는 물음이다. 이와 관련해 비교적 폭넓은 합의가 이루어져 있다. 그것은 바로 시민성의 형성이다.

대체적으로 시민의 의미는 서구의 시민 개념에 근간을 두면서, "자유와 권한을 갖는 공동체의 주인으로서 적극적이고 주체적으로 공공의 의사결정과 문제 해결 과정에 참여하고, 동시에 자신에게 부여된 책무를 다하는 사람"으로 인식되고 있다. 더불어 시민성 혹은 시민적 자질이란 "시민으로서의 주체적 인식 속에서 인간 존엄에 대한 신념을 가지고 합리적으로 판단하고 참여할 수 있는 능력과 특성"에 초점이 두어진다.

시민 혹은 시민성 개념을 중심으로 사회과의 지향점을 설정하려는 노선에 대해 저항이 없는 것은 아니다. 외래 개념으로서의 시민 혹은 시민성 개념은 자칫 민족이나 국민 형성을 훼손할 수 있다는 우려 때문이다. 그렇지만 오늘의 삶의 조건과 그 속을 살아가는 인간을 고려하면서, 보다 의미 있고 타당한 사회과 목표에 접근한 결과라는 점을 고려한다면 큰 문제는 없다고 판단된다. 즉, 학문우선주의나 전통적인 국가주의에서 벗어나 인간 형성이나 사회 구성의 논리에 기초해 사회과의 목적을 조망해 본다면, 시민성 교육의 의미는 그 타당성과 가치를 인정받을 수 있을 것이다.

3. 통섭적 · 융복합적 성격 지향: 통합 교과, 통섭적(統攝的) 접근, 네트워크적 지식

여러 논란 속에서도 최근의 사회과 교육과정이나 교육경험의 구조는 기본적으로 통합적 모습을 지향해 왔다. 그 주된 정당화 논거를 보면, 첫째, 사회과를 통해 육성하려는 시민적 자질 자체가 종합적이고 다면적인 특성을 지닌 것이고, 둘째, 사회과의 관심 대상인 사회 현상이나 사회 문제 역시 통합적 시각을 요구하며, 셋째, 시민성의 모태를 이루는 종합적 사회인식 능력의 개발은 그에 상응하는 교육경험을 통해서 최적의 성취가 가능하다는 것이다.

그렇다고 해서 개별 학문의 가치나 업적을 무시해야 한다는 주장은 아니다. 다만, 학문 전수 자체를 위한 접근을 재고하면서 시민으로서의 인간형성 논리에 근거한 새로운 사회과의 내용과 구조가 구안되어야 한다는 점이 중시되고 있는 것이다. 아직까지는 기존의 높은 학문중심주의 벽이 극복되지 못한 채, 서로 다른 논리들이 조합적 또는 절충적 모습으로 공존하고 있다. 사회과의 통합적 성격을 보다 진전된 모습으로 구현하기 위해서는, 사회과가 추구하는 시민으로서의 인간형성 논리와 교육의 논리에 신념을 함께 하는 공동체가 구성되는 일이 다른 무엇보다도 시급하다. 이와 함께 보다 타당하고 설득력 있는 통합의 원리와 방식을 창출해 내는 일도 중대한 과제로 남아 있다.

4. 사고 과정과 탐구 방법의 중시: 고급 사고력, 창의력 신장 강조

사회과를 따라다니는 대표적인 오명 중 하나가 소위 '암기교과'라는 것이다. 학습자들의 지식 성장이나 재구성 과정, 또는 가치화 과정들은 별반 주목을 받지 못하거나, 기껏해야 보조적 혹은 여분의 대상으로 치부되어 왔다. 합리적 의사결정이니, 문제 해결이니, 반성적 탐구니 하는 화두들도 선언적 치장 수준에 머물렀다. 다행스럽게도 최근에 이르면서 학습자의 사고 과정과 사고 방법을 중시하고 이를 고양하기 위한 연구와 실천 노력이 증가하고 있다.

사회과를 통해 추구하는 바가 시민으로서의 인간 성장에 있다면 판단하는 힘, 선택하는 힘, 결정하는 힘, 분석하는 힘, 해결하는 힘, 남과 상호작용 하는 힘 등을 기르는 데 비중을 두어야 마땅할 것이다. 사회적 삶의 본질이 그러한 힘을 요구하고 있고, 우리의 삶의 과정 자체가 그러한 힘이 발휘되는 과정이기 때문이다.

사회과의 이러한 성격이 구현되기 위해서는 다른 무엇보다도 과정과 방법을 교육내용의 중요한 차원으로 심각하게 인식하면서 적극적으로 포섭해 나갈 때에만 가능해질 것이다. 무기력하고 사장된 형태로 우리의 기억 속에 저장된 지식은 별반 가치가 없으며, 사고의 기초나 도구로서 이용될 때, 또 사고의 과정을 통해 습득되고 구성될 때 의미 있는 지식이 될 수 있다는 점도 상기할 필요가 있을 것이다.

Ⅱ. 사회과 교수・학습의 개선과 혁신

사회과 교실수업을 개선하기 위한 여러 노력들이 결집되고 상호 공유되는 가운데, 그간 수많은 최신 교육이론과 실천 아이디어들이 제안되고 실험되어 왔다.

기본적으로 사회과는 어떤 특정 이론이나 관점에 치중하기보다는 국내외의 다양한 교육과 사회과교육의 사회과 교실 수업의 일반 원리와 방향을 적용하고 있다.

1. 의미 있는 수업의 모색: 사회과 교과 특성, 사회과 교사의 브랜드(Brand) 제고

의미 있는 사회과 수업이란 말이 단선적으로 이해될 수 있는 것은 아니다. 탐구 분야나 사람에 따라 '의미 있다'라는 말을 서로 다르게 규정하고 있기 때문이다. 비록 합의된 규정은 어렵다고 하더라도 한 시간 한 시간의 사회과 수업이 교사나 학습자 모두에게 모종의 의미를 가져다준다는 것은 우리의 큰 바람이다. 주입식 '암기교과'라는 사회과의 오명도 따지고 보면 학습의 무의미성에 직결되어 있는 사안이고, 이러한 인식을 극복하는 것은 사회과 교육자 모두의 희망일 것이다.

문제는 어떻게 수업의 의미성을 제고하느냐 하는 문제이다. 쉽지 않은 과제이나 그간 여러 가지 권고들이 제시되어 왔다. 그중 하나는 사회과 교실에서 다루어지는 수많은 지식들과 관련해 학습자들이 왜 그것들을 배워야 하는지를 인식하고 깨닫도록 지속적으로 도모해야 한다는 것이다. 그리고 이러한 깨달음은 수업을 통해 얻은 지식들이 실세계나 현상들에 실제 적용되는 경험을 통해 크게 촉진될 수 있다고 한다. 교통과 정보통신 기술의 발달에 힘입어 오늘의 학습자들은 여러 가지 제약으로 인해 과거에는 직접 대면하기 어려웠던 사회적 상황들과 조우하고 있다. 자신들이 배운 지식과 원리가 적용되는 상황을 관찰하고 직접 적용해 볼 수 있는 넓은 기회를 부여받고 있다. 이러한 잠재력을 어떻게 활용하느냐 하는 것이 사회과 교육자들의 숙제이다.

2. 통합적인 수업의 지향: 타 교과 및 사회과의 과목(역사, 지리, 일반사회) 통섭적 접근

사회과 교육과정이 사회 현상에 관한 종합적 인식능력을 키우고 시민으로서의 성장을 조력하기 위해 통합적 성격을 지녀야 한다는 주장은 과거부터 계속하여 제기되어 왔다. 그 맥락이나 국면은 다소 다를 수 있어도 원론적 지향은 수업의 상황에서도 마찬가지로 적용될 수 있다. 그간 사회과 수업과 관련해 등장한 주요 비판 중 하나가 학습내용의 분절성과 파편화 문제이기 때문이다.

최근 사회과 교육자들 사이에서 관심을 받고 있는 쟁점 중심 사회과 수업이나 주제 혹은 문제 중심 접근도 그 기저에는 통합적 수업의 창출을 위한 바람을 담고 있다. '시민', '사회적 쟁점', '합리적 의사결정' 개념을 축으로 시도되었던 제6차 교육과정 때의 고등학교 '공통사회' 교과서도 통합적 사회과 수업을 돕기 위한 실험적 시도로 보인다. 통합적 수업의 창출을 위해서는 여러 학문 분야 간의 개념과 사실이 접목되고, 사실과 가치가 연결되며, 교과서적 지식과 실생활 장면의 만남을 구성해 내려는 노력을 요구한다. 보다 본질적으로는 '무엇이 보다 가치 있는 지식인가?'라는 물음을 놓고 끝임 없이 고민하는 열정을 필요로 한다.

학년군, 교과군(도덕・사회관군)을 도입한 현행 2009 개정 사회과 교육과정 역시 학생 중심 활동을 근간으로 하는 통합 교육과 통합 수업을 강조하고 있다.

3. 가치 지향적 수업의 도모: 사회과 교과는 가치 지향적, 사회과 교사는 가치 중립적

한 때 사회과교육에서 가치배제적인 접근이 강조되던 시기가 있었다. 사회과학의 과학성 내지 가치중립적 성격에 치중하는 것이 타당하다는 이유 때문이었다. 하지만 오늘날 이러한 입장은 강한 지지를 받지 못한다.

사회과교육에서 가치문제에 관심을 갖는 이유는 여러 가지이다. 그 대표적인 이유로 사회현상이나 사회문제의 본질 자체에 내재하는 가치 지향성을 꼽을 수 있다. 실제 사회적 쟁점이 발생하는 원인을 살펴보면 그 중심에는 개인과 개인, 집단과 집단 간의 가치 불일치 문제가 자리 잡고 있다. 더 중요한 것은 개인이나 집단의 가치 판단 혹은 선택과 관련한 신념이 어떤 현상을 파악하고 의미화하며 해석하는 데 결정적인 영향을 끼친다는 점이다. 사회현상을 직접 다루는 사회과 수업에서 가치 관여적 접근이 차지하는 중요성을 시사(示唆)하는 부분이다.

가치문제는 학습이론이나 동기론의 관점에서도 그 의미와 비중이 강조된다. 학습자 인식 세계 내의 가치 갈등이나 가치 불일치가 학습 동기 및 유의미한 학습을 도모하는 데 매우 중요하다는 사실이 많은 연구들에 의해 밝혀졌다. 나아가 이에 기초한 다양한 수업 논리나 방법들이 제안되고 있다. 합리적 의사결정, 문제 해결, 비판적 사고, 반성적 사고, 법리적 사고 등의 개념에 중심을 이루는 국면도 가치문제라는 점에 주목할 필요가 있다.

가치문제는 그 자체가 갖는 모호성과 불확정성, 결론의 비결정성 등으로 인해 교사나 학생 모두에게 큰 부담을 주는 것도 사실이다. 그렇지만 이러한 특징으로 인해 회피나 소극적 대응의 영역으로 남겨두는 것은 정당화되기 어렵다는 점도 유념할 필요가 있다.

4. 학습자의 적극 참여와 상호작용 강조: 역동적 참여와 현장 소통 강조

사회과 교수・학습에서 일방적인 수업은 금물이다. 적극 학습의 의미 속에는 학생들이 수동적인 지식의 수용자에서 새로운 지식의 발견을 향한 능동적 항해자로 전환된다는 뜻이 담겨져 있다. 설정된 문제를 해결하기 위해 다양한 정보의 자원처를 탐색하고, 자료를 비판적으로 정리・분석하며, 보다 자기주도적인 사고과정에 몰입하는 모습도 담겨져 있다. 정보나 사실의 더미에 둘러싸여 그 자체를 단선적으로 흡수하고 기계적으로 재생하는 학습 과정이 아니라, 지식의 유효성을 검토하고 그 의미를 구성하며 주체적 사고자로서의 성장을 안내하는 것은 사회과 수업의 주요 과제로 지적되고 있다.

한편, 굳이 현재 우리 교육계에서 많이 회자되는 사회구성주의까지를 거론하지 않는다고 해도 학습자의 인지발달이나 의미 있는 인지 체계의 형성에 있어 학습자 간의 활발한 상호작용이 갖는 중요성은 익히 알려져 있다. 오늘날 자주 논의되고 현장에서 사용되고 있는 협동학습 역시 상호작용의 가치와 효과에 관한 믿음에 근거한다. 문제는 어떻게 우리가 보다 의미 있는 학습자 간의 상호작용 구조를 창출하느냐 하는 것이다. 이러한 교수·학습은 단순히 흥미나 학습동기를 유발할 수 있다는 차원에서가 아니라, 학습자들로 하여금 경험의 폭을 확대하고, 다양한 관점과 견해를 접하며, 나아가 보다 숙고된 사고를 전개할 수 있는 힘을 발달시킬 수 있게 해 준다는 점에서 향후의 모습이 기대된다.

Ⅲ. 사회과교육의 교과 연구 방향

우리는 교육이라는 가치 창출 활동에 종사하면서 각종의 도전 과제나 궁금증과 끊임없이 직면한다. 이러한 과제나 궁금증은 일종의 탐구문제 혹은 연구문제라고 할 수 있다. 사회과 교사들의 경우 교수·학습의 개선과 관련된 물음들이 주종을 이룰 것이다. 사회과 교수·학습의 맥락은 사회과 교사의 전문성이 발현되고 정체성이 확인되는 장이기 때문이다.

한편, 연구문제에 대한 답을 구하기 위해서는 모종의 연구방법이 필수 불가결한데, 연구방법에 관한 논의는 그간 주로 이론가 집단 사이에서 이루어져 왔다. 사회과교육 이론가들이 사용해 온 연구방법은 매우 다양하다. 연구방법 자체를 정확하게 유형화하거나 분류하는 일은 용이하지 않으나, 대체로 양적 연구법, 질적 연구법, 비판 연구법 등의 전통이 가시적인 줄기를 형성해 왔다. 대다수의 교과교육 연구 분야가 그러하듯이 사회과교육 연구 역시 아직은 학문적 독자성이 수립되어 있지 못하다. 때문에 이러한 연구방법은 사회과교육학의 고유 방법은 아니며, 다른 인접 분야의 접근 논리를 응용하고 종합하는 맥락에서 등장한 것들이다. 주목해 볼 것은 그 본질을 떠나 대다수의 연구방법들이 주로 이론가 중심의 관점에서 실천되고 논의되어 왔다는 사실이다. 실제로 연구라고 하면 흔히 대학이나 연구소에 속한 이들, 즉 소위 이론가 집단의 전유물로 인식하는 경향이 짙다.

최근에 이르면서 이러한 인식에 커다란 변화가 발생하고 있다. 실천 연구가로서의 교사의 역할에 관한 관심이 고양되고 실효성 높은 실제 결과들이 속속 등장하고 있다. 실행연구(action research) 개념은 이러한 동향과 향후 잠재력을 아울러 주는 의미 있는 기반으로 작동하고 있다. 실행연구는 교육자들이 자신이 관여하는 실제를 반성하고, 실제에 관한 자료를 수집하며, 실제를 개선시킬 수 있는 대안적 방안을 창출하는 과정에 초점을 둔다. 즉, '연구자로서의 교사'라는 인식 틀 속에서 교사가 교실이나 학교의 일상 속에서 자신이 행하는 것이나 해야 하는 것을 바라보고 반성적으로 성찰해 가면서 개선을 위한 창조적 방법을 추구하는 데 가치를 부여하고 있다.

사회과교육의 발전을 위해서는 이론적 연구와 실천적 지혜의 축적 및 공유가 매우 필요하다. 중요한 것은 이론 연구와 실천 지혜 간에 상호 밀접한 관련성이 존재한다는 것이다. 한 쪽은 다른 한 쪽을 기능적으로 요청하고 있다는 점도 깊이 인식해야 한다. 이렇게 보면 전통적 의미의 이론가 집단에게는 '현장의 검증을 거치는 사회과교육이론의 개발'이 큰 과제이며, 실천가 집단에게는 '현장 지혜와 성찰 결과의 이론화 과정'이 요구된다고 할 수 있다. 바로 이와 같은 맥락에서 실행연구법에 대해 보다 적극적으로 주목해 볼 필요가 있다.

제6장 사회과교육의 미래 전망

21세기 이후의 사회과교육은 획기적 변화와 발전이 있을 것으로 예견되고 있다. 전 세계적으로 사회과교육은 다문화교육, 통섭교육 등 다양한 영역이 사회과의 내용으로 확대되고 있는 경향이다. 아울러 최근 한국에서 교육과정 개발의 핵심 이슈인 문·이과 통합 교육과정개발처럼 사회과 교육과정 역시 타 학문·교과·영역 등과 느슨한 경계로 목표, 내용, 지도 방법, 평가 등을 환류하고 연대하게 될 것이다. 특히 미래 사회에서의 사회과교육은 전통적 사회과교육에서 강조되었던 지식 위주의 교육에서 인간의 삶에 대한 교육, 세계화를 주도하는 교육, 인간성 회복의 교육 등으로 전환될 것이다.

연구문제

1. 공통교육과정의 본질 교과인 사회과와 사회과교육의 개념과 의미에 대해서 간단히 설명해 보시오.

2. 사회과와 사회과교육이 다른 교과에 비해서 특별하게 갖고 있는 특징과 성격 등에 대해서 기술해 보시오.

3. 사회과교육의 본질로서의 '민주시민성 함양', '사회과학 중시', '반성적 탐구' 등에 대해서 비교하여 논리적으로 논하시오.

4. 각 사회과교육학자(학회)들이 제시하고 있는 사회과의 시민적 자질 구성 요소를 열거하고, 공통점과 차이점을 중심으로 분류, 분석하고 설명해 보시오.

5. 사회과와 사회과교육의 의미에 대해서 논하시오.

6. '사회과'와 '사회과교육의 유사 용어'에 대해서 그 특징을 중심으로 비교·설명하시오.

7. 사회과(교육)의 일반적 특징과 교과(학문)적 특징을 비교·설명하시오.

8. 사회과교육의 비판적 접근에 대해서 논리적으로 설명하시오.

9. 사회과의 기본 모형인 시민성 전수 모형, 사회과학 모형, 반성적 탐구 모형 등에 대해서 비교하여 논하시오.

10. 21세기 세계화 시대의 사회과와 사회과교육의 최근 동향과 트렌드(Trend)에 대해서 설명해 보시오.

제2부

사회과교육의 발달과 사회과 교육과정의 변천

제2부의 학습목표

○ 20세기 초 미국에서 탄생한 사회과(사회과교육) 성립 과정을 알고 설명한다.
○ 사회과의 발달 과정인 성립기의 사회과(1916년), 신사회과(1960~1970년대), 21세기 세계화 시대(2000년대 이후)의 사회과의 특징을 알고 설명한다.
○ 해방 후 한국에 사회과가 도입된 과정을 알고, 당시의 시대상 및 사회상과 견주어 설명한다.
○ 한국의 사회과 교육과정의 제정 및 개정 과정과 발전 과정 등에 대해서 이해하고 설명한다.
○ 2009 개정 사회과 교육과정과 사회과 교과서의 특징을 이해한다.

제1장 사회과교육의 탄생

Ⅰ. 사회과의 성립: 전통적 사회과

사회과 내지 사회과교육은 20세기 초인 1916년 미국에서 탄생하였다. 당시 미국에서 사회과가 탄생한 것은 미국의 특별한 사회적 환경과 여건에 기인한 것이다. 사회과의 발상지인 미국에서는 통합적 사회과가 탄생하기 전까지는 정치, 경제, 사회, 법, 문화, 역사, 지리 등 제 사회과학 영역이 독립적으로 교수되었다. 다민족 사회인 미국에서 이들을 통합하는 교과, 즉 사회과를 탄생시킨 계기는 그 당시 미국의 사회적, 교육철학적 배경이 자리 잡고 있었다. 미국 사회의 특수한 여건이 오늘날의 사회과 탄생의 단초가 되었던 것이다. 사회통합이 사회과 탄생의 핵심적 동기였던 것이다.

사회과의 탄생 초기인 1916년 미국의 사회적 배경을 고찰하려면 우선 당시 미국의 사회상을 심층적으로 살펴볼 필요가 있다. 미국은 1776년 독립 이후 민주주의 이념으로 시민 정신을 크게 강조하여 왔다. 그런데 19세기 중엽에 접어들면서 미국 사회에서도 서서히 자본주의의 구조적 모순들이 나타나기 시작하여, 당시 사회적 문제인 극심한 빈부격차, 기업 집중, 독점 기업 출현 등으로 심각한 노사 간 대립과 갈등이 초래되었다. 뿐만 아니라 농민과 상공업자 간에도 이해의 대립과 정경유착(政經癒着)으로 인한 각종 부패와 부정, 그리고 부조리가 국민들로 하여금 정치적·경제적인 개혁을 요구하도록 하였다.

1848년을 전후하여 미국 서부 캘리포니아(California)에서 개발된 금광(金鑛)의 영향으로 동부에 밀집되어 있던 인구의 서부 대이동이 전개되었다. 1869년 미국 대륙횡단철도가 미국 서해안까지 도달하면서 서부의 개척은 가속화되었고, 광활한 서부는 세계적인 불경기(공황)에도 불구하고 수많은 미국인들에게 안정과 부(富)를 보장해 주는 희망과 기회의 땅이었다. 따라서 국제적 이주민뿐만 아니라, 해외, 즉 유럽으로부터 이주해 온 사람들이 20세기 초에 이르기까지 백만 명을 넘었으며, 전체적으로 수백만의 인구가 이주·이민해 오게 되었다. 이러한 사회적 상황은 미국 교육에서 큰 문제점으로 등장하였으며, 강력하고 통일된 미국을 지향하는 미국의 정책 담당자들에게 해결하여야 할 중요 과제를 던져주게 되었다. 이와 같은 현실적인 문제 해결을 위한 사회적인 요청으로 민주시민 양성이라는 교육에 대한 검토와 반성의 교육개혁운동은 사회과의 탄생을 촉구하였다. 통일된 미국 국민으로서 국가의 발전에 이바지할 충성된 국민을 육성할 목적으로 통합된 사회과의 출현을 도모하였던 것이다.

한편, 사회과 출현의 교육·철학적 배경은 20세기에 접어들기까지 미국 내 초등학교의 수가 비약적으로 증가하였으며, 또한 의무교육 기간 연장으로 교육의 내용과 방법이 전환되지 않으면 안 될 상황에 놓이게 되었다. 종전에는 소수의 엘리트 계층만을 위한 지식 중심의 교육과정에서, 이제는 다수를 대상으로 하는 대중 교육으로 생활 중심 교육과정, 아동 중심 교육과정, 경험 중심 교육과정 등으로 전환되게 되었다.

이와 같은 현실적 변화를 더욱 촉진시킨 것은 20세기 초 듀이(J. Dewey)의 교육 철학을 기초로 한 실용주의(진보주의) 교육 사상이었다. 이러한 실용주의적 교육 사조는 인간의 행동과 사고 그리고 경험의 바탕을 연구하여 주입식의 전통적인 교육에 반대하면서 학습자의 흥미, 필요, 목적의식, 문제의식 등에 의한 생활에의 적응을 중요하게 생각하면서 스스로 사고하고, 스스로 활동하는 경험 중심 학습을 강조하게 되었다. 따라서 학습자의 흥미와 관심에 부합되는 교육과정을 구성하고 교육의 생활화, 교육의 사회화가 이루어져 민주사회에서 요구하는 유능한 인간을 형성해야 한다고 주장하였다. 이와 같은 움직임은 당시의 여러 가지 사회적 현실과 연관되어 교육은 '행동하면서 익히고, 생활하면서 배운다'라는 방향으로 전환되기 시작하였다. 생활을 통해서 생활을 배운다는 것은 학문적으로 분류되고 계통적으로 배열된 교재의 한 토막 한 토막을 이해하고 암기하는 것이 학습이 아니라, 생활하는 가운데서 당면하는 여러 가지 문제를 해결할 수 있도록 지도되는 활동의 원칙이 곧 학습이라는 것이다. 가령, 갈등적 상황을 학습에 끌어들이고 가설적이나마 체험하게 하여 실제적 갈등 상황에 대처하려고 하였다. 이러한 학습에 대한 개념 변화는 생활에서 당면하는 문제 해결을 위한 경험 단원 학습이라는 새로운 학습 형태를 탄생하게 하였고, 이러한 학습 형태는 당시까지 독립적으로 다루어지던 교과, 즉 지리, 역사, 공민 간의 경계와 벽을 무너뜨려 통합 교과 출범의 계기가 되었다.

따라서 사회과의 내용은 학문적 체계를 이탈하여 학습자의 필요와 요구에 적합하도록 하려는 심리학적 요구와 교육의 생활화라는 명제 아래 실제로 당면하는 문제를 합리적으로 해결할 수 있는 인간을 육성해야 한다는 사회적 요구가 일치되어 통합적 사회과를 탄생시키게 되었다. 즉, 1916년 미국에서 태동한 전통적 사회과의 특징은 역사, 지리를 중심으로 한 통합적 사회과였다는 점이다.

Ⅱ. 초기 미국 사회과교육의 특징: 미국 중심의 통합 사회과

미국 사회과 교육과정은 전체적인 교육과정의 맥락에서 이해하여야 한다. 미국 교육과정의 변천은 사회과교육의 변천에 대한 이해 없이 밝히기 어렵고, 사회과 교육과정의 변천 또한 미국 전체 교육과정의 변천에 대한 이해 없이 명확하게 밝히기 어렵기 때문이다(이종일, 2007: 66-69).

미국의 사회과는 역사적으로 1916년 역사와 지리의 통합을 기반으로 탄생되었지만, 그 이전에 이미 사회과는 1905년 미국에서 처음으로 'Social Studies'라는 교과목으로 시작되었다. 1900년대 당시에 미국은 급속한 공업화 과정에 많은 노동력을 필요로 하여 유럽 등으로부터 갑작스러운 인구 유입이 진행되었다. 당시 미국에 일(직업)하러 온 유럽인들은 미국을 돈을 많이 벌 수 있는 것 외에는 그다지 매력적인 지역으로 생각하지 않았으므로 미국에 일시적으로 왔다가 다시 돌아가는 경우가 많았다. 당시 미국 사람들은 이 외국인들이 미국에 와서 돈을 벌고 미국에 정착하기를 원했고, 이를 위해서는 그들에게 단합과 협동과 연계를 바탕으로 하는 '미국 시민화' 교육이 필요함을 깨닫게 되었다. 이 과정에서 미국인들은 역사학, 지리학을 하나의 교과목으로 묶어서 가르침으로써 미국 시민화 작업을 완성하려고 하였다. 즉, 미국에서 경제적 부를 축적하여 자기 나라로 떠나려는 생각을 버리고 향후 계속 미국에 정착하여 미국 국민으로서 살아갈 수 있는 인식 전환과 여건 마련이 우선이라는 점을 강조하였다.

1930년대에 이르러 사회과는 '경험 중심, 공민 중심, 진보적 사회과'라는 모습으로 변하게 되었다. 20세기 초기의 직접민주주의 실행과 그에 따른 보통의무교육의 확산은 이전 시기 엘리트 중심의 학교교육에 많은 변화를 요구하였다. 보통의무교육의 실시로 노동자, 농민들의 자녀들도 학교에 다닐 수 있게 되었으나 당시의 지역 예산으로 교육 환경을 개선하기에는 역부족이었으므로 학급당 학생 수가 오히려 증대하였다. 이러한 이유 때문에 초·중등학교에서는 쉽고 간단하면서도 일반적이며 주변 생활 속에서 경험할 수 있는 내용들로 교육과정을 구성할 것을 요구하였다. 다른 한편, 1929년의 대공황은 공급이 수요를 초과하는 현상으로 나타나 많은 공장들이 문을 닫게 되었고, 이 과정에서 많은 사람들은 직장에서 해고되어 거리의 실업자로 추락하였다. 이러한 상황은 미국 지식인들로 하여금 기존의 자유민주주의의 완전성 속에서 기업가들의 이기주의적 행태를 막을 수 없다고 생각하였다. 이에 미국의 지식인들은 새로운 공적인 시민상 형성을 통하여 이 문제를 해결하고자 하였다. 이에 부응하여 사회과에서는 지리, 역사 외 공민(일반사회) 등을 주요 영역으로 설정하고, 새로운 시민상으로 천박한 이기주의를 떠나서 사회 속에서 개인의 존재를 인정하는 사회적 자아(Social Self)를 사회과 속에서 형성할 것을 주장하였다.

제2차 세계대전 이후 사회 변화는 1960년대에 이르러 '학문 중심, 사회과학 중심, 신사회과'라는 모습으로 나타나 사회과의 성격 변화에 큰 영향을 미치게 되었다. 스푸트니크 쇼크(Sputnik shock)가 계기가 되어 학문 중심 교육과정이 시작되긴 하였지만, 주된 원인은 20세기 인쇄 미디어의 발달과 그에 따른 지식의 폭발적인 증가에서 찾을 수 있다. 인쇄 미디어가 고도로 발달하기 이전까지 인간의 체험에 의한 지식은 일정한 시공간을 넘을 수 없었다.

그러나 20세기 초 인쇄 미디어의 보편화는 한 지역에 한정될 수밖에 없었던 지식을 전 세계에 전파할 수 있게 하였고 이는 사회적 측면에서 지식 폭증 현상으로 이어지게 하였다. 그래서 종래의 교육방법과 기간으로는 이 문제를 해결하기에는 역부족이었다. 브루너, 타바 등의 교육학자들은 이 문제를 해결하는 과정에 학문 중심 교육과정을 주장하였다. 한편, 제2차 세계대전까지 잠재되어 있던 미국 내부의 여러 가지 갈등 표출과 그에 대한 대응은 행동과학이 중시되던 사회과학 중심 사회과교육을 요청하기에 이르렀다. 사회과 연구자들은 이러한 특징을 바탕으로 이 시기의 사회과를 이전 시기의 사회과와 구별하여 '신사회과'라고 지칭하였다.

1960년대 후반기에 들어와 미국은 동서 체제 경쟁에서 어느 정도 자신감을 회복하였는데, 특히 1969년 아폴로 11호의 달 착륙은 미국의 자존심을 회복하는 데 결정적인 역할을 하였다. 그 결과 자본주의 체제 경쟁 과정에서 등한시되어 온 조직사회 속에서 인간의 자율성 상실이라는 문제들을 회고하게 되었으며, 교육학자들로 하여금 사회과학의 기본 개념을 토대로 한 과학적 인식의 형성과 조직사회로부터 인간성 회복이라는 두 가지 문제를 교육 속에서 통일적으로 실현하려는 움직임이 나타나게 되었다. 이런 이유로 1970년대 사회과의 흐름을 오늘날에는 '인간 중심, 역사 및 사회과학 중심'의 시대로 지칭하고 있다.

미국 사회과의 성립, 변천 과정에 대한 원인을 찾아보면, 사회과는 성립, 변천 당시의 역사적・사회적 상황에서 생겨난 문제와 이를 해결하려는 인간들의 노력이 밀접하게 관련되어 있음을 알 수 있다. 사회과교육의 주된 목적이 '바람직한 시민성 양성'에 있을지라도 바람직한 시민의 구체적 모습은 각 시대가 직면한 역사적, 사회적 상황과 그에 대응하는 인간의 노력에 따라 달리 설정됨을 알 수 있다. 미국 사회과의 변천에 대한 지식사회학적 접근으로 미루어 볼 때, 한국의 바람직한 시민상의 구상 문제는 결국 현 시기 우리의 역사적, 사회적 상황에서 출발하여야 함을 알 수 있다.

그러나 이 접근은 논리의 명료성은 있지만 그렇게 간단한 문제가 아니다. 해방 이후 지금까지 차용해 온 이론을 한꺼번에 무시하기가 쉽지 않을 뿐만 아니라 그 자리를 메울 만한 이론을 자체적으로 발전시키지도 못하였기 때문이다. 그렇다고 하여 지금까지 차용하여 오던 방식대로 앞으로도 계속하여 미국 사회과의 내용과 교수・학습 이론을 차용하기에는 문제가 많다. 이러한 이유로 대부분의 사회과 연구자들은 미국 교육과정이 우리의 역사적, 사회적 상황에 적합하면 수용하고 그렇지 못하면 수용하지 않아도 좋다는 논리를 겉으로는 펴면서도 실제로는 미국 교육과정의 이전에 그치는 것을 볼 수 있다.

제2장 사회과교육의 발달

사회과는 성립 이후 사회적, 교육철학적 요구에 부응하는 교과로서 그 중요성을 인정받게 되었고, 사회과에 대한 연구도 함께 발전적으로 이루어졌다. 1916년 사회과의 등장 이래 사회과는 당시의 사회적 연건과 교육 사조의 변화에 따라 그 운영이나 방법에 변화가 생긴 것이다.

미국의 사회과를 단계적으로 구분하면, 우선 사회과 초기인 1916년에서부터 1930년대까지를 전통적 사회과 시기라 할 수 있다. 이 당시 사회과의 고유 영역으로 인식되고 있던 역사, 지리, 공민의 교과 편성 유형은 세 가지 형태가 혼용되고 있었다. 역사, 지리, 공민이 따로 교수되는 분과형과 함께, 세 분과를 구분하지 않고 통합하는 통합형, 그리고 분과형과 통합형을 적절하게 혼합한 절충 형태, 즉 교과 통칭만을 사회과라고 하고, 그 내용은 분과로 하는 절충형 등이 있다.

사회과의 역사 분류에서 흔히 1930년대 이후 1960년대까지를 진보적 사회과 시기라고 하는데, 진보적 사회과란 학문적 체계에서 탈피하여 생활에서 직면하는 제 문제를 중심으로 조직된 통합형 사회과를 의미한다. 1930년대를 전후하여 세계적인 대공황은 미국의 경제에도 엄청난 충격을 몰고 오면서 생산은 왕성하나 실업률이 급증하면서 산업활동의 마비로 이어지고 수출입의 축소는 경제의 위기를 불러일으키면서 각종 사회적인 문제들을 야기(惹起)했다. 이러한 경제적 위기는 정치적인 위기감을 조장하면서 사회적으로 민주주의의 존립마저 위태롭게 하였다. 이와 같은 심각한 사회적 현실은 필연적으로 교육을 통한 해결책을 요구하였다. 사회과는 그 궁극적인 목표를 내세워서 사회 속에서 살아가는 한 구성원으로서 훌륭한 자질을 지닌 인격체 양성에 목적을 두고 사회적인 문제 해결에 합리적인 판단을 할 수 있는 인간 육성에 초점을 맞추는 통합교과로 자리 잡게 되었다. 결국, 모든 학교교육과정에서 중핵적 위치를 차지하게 되었고 지역사회와 학생들의 실태에 따라 학습내용을 포착하여 실생활에서 제기되는 문제 해결을 위한 단원을 설정하고 지식과 생활 및 행동을 연관시킨 사회과 교육과정으로 형성되었다.

1960년대 이후의 사회과를 일명 신사회과(New Social Studies) 시기라고 하는데, 냉전(冷戰)의 산물이라 할 이념적 대립의 경향이 교육에도 영향을 미쳤던 시기이다. 1957년 냉전의 종주국들 간의 우주 개발 경쟁에서 미국의 패배인 스푸트니크 충격(Sputnik Shock)은 미국 내 모든 교육에 일대 반성의 소리를 높였고, 학문적 개념과 체계를 중요시하고, 방법적인 면에서도 스스로 그것을 발견하고 탐구하여 논리적인 구성을 하도록 강조한 소위 학문 중심 교육과정 강조기이다. 이 시기에는 사회과학적 탐구 방법의 도입이 강화되고, 그러한 탐구 능력을 신장시키려는 의도가 강하게 반영되었으며, 사회과 속에서 사회과학적 개념과 원리, 법칙 등을 통한 지적 교육이 강조되었다. 이와 함께 내용적인 면에서는 사회과를 형성하던 기존의 전통적인 사회과 영역인 역사, 지리, 공민 외에도 사회과의 내용학인 정치학, 경제학, 사회학, 법학, 문화인류학 등과 같은 사회과학의 분야에서 이루어진 성과들도 도입하여 교육내용을 구성하려는 시도가 과감하게 이루어졌으며, 지식과 아울러 방법의 학습도 매우 중요하게 다루어져서 지적 개발 및 탐구 과정이 강조되었던 시기였다(노정식 외, 1996: 12-13).

1970년대 이후 사회과교육은 인간화를 지향하는 교육개혁 운동이 활발하게 전개되면서 인간화 교육에 초점을 맞추게 되고, 진보적 사회과와 절충되는 경향을 보였다. 즉, 사회과학의 기본적 개념과 원리, 법칙 등을 통일적으로 실현하려고 모색하게 되었다.

1980년에서 1990년대에 들어와서 미국 사회과에서는 사회과 교육과정의 형성에서 학생들의 요구를 적극 반영하는 한편, 다양한 사회적 환경에 적응하고 문제해결력을 갖춘 참여적인 인간을 육성함을 목적으로 하고 있다. 따라서 인지적인 지육(知育)과 정서적인 덕육(德育)을 함께 강조하였으며, 실생활에 적용할 수 있는 살아 있는 교육과 인간 교육을 강조하였다.

2000년대 이후 급속한 세계화, 정보화 사회로의 발전과 세계적인 개방화 현상으로 사회과교육에는 이론과 실천 면에서 많은 변화가 일어나고 있다. 무엇보다도 먼저 인지 심리학자들의 연구 결과에 따라서 사회과에서의 학습이 인지적 구성주의의 입장에서 학습 모형이 개발되고 있다는 점이다. 정보처리모형의 발달과 개념학습, 고급 사고력 학습 등에 관한 관심은 이러한 경향을 말해 주는 것이다. 이것은 과거에 행동주의에 입각한 학습 모형과는 매우 다른 것이다. 스키마(schema) 학습에 대한 연구도 이러한 경향에 속하는 것이다. 이와 함께 사회과학적 탐구에 의한 지식과 가치 탐구에 의한 가치분석을 종합하여 의사결정학습 모형이 강조되는 것도 특기할 만하다. 의사결정 모형은 인지적 모형과 정의적 모형의 종합이라고 할 수 있다.

교육내용 면에서는 정치, 경제, 사회, 문화, 심리학, 지리, 역사 등의 전통적인 사회과학뿐만 아니라 철학, 문학 등의 인문학, 미술, 음악 등의 예술 대중매체, 미래연구, 생명과학, 환경문제, 다문화 교육, 대중문화, 여성학, 도시 문제, 통일 문제, 인권 문제 등 수많은 학문적 영역과 생활 문제의 영역에서 문제를 발견하여 교육의 자료를 구성하고 있다는 점이다. 시민생활에 관한 모든 문제가 과감하게 도입되고 있다는 것을 말해 주는 것이다. 이와 같은 내용 폭의 확대는 내용 자체의 다양성만을 의미하는 것이 아니라 하나의 문제를 여러 학문적 관점에서 통합하여 고찰하는 학제적 또는 종합 학문적 관점에서 문제를 학습하고 있다는 것을 말해 주는 것이다. 결과적으로 당연히 '전쟁과 평화',

'환경과 인간' 등 주제 중심의 접근을 강화하고 있는 것이다.

가치 교육 면에서도 새로운 변화가 시도되고 있다. 가치분석이나 가치추론과 같은 것이 1970년대에는 가장 관심을 끄는 것이었으나, 이들이 주로 공정성과 정의와 같은 지적 판단력을 기초로 하고 있기 때문에 참다운 사랑과 이해를 함양하지 못한다는 비판을 받았다. 이러한 경향에서 참다운 인간의 사랑과 타인에 대한 봉사를 강조하는 친사회적 가치나 윤리, 타인에 대한 사랑과 봉사의 윤리가 강조되고 있다. 이들은 세계가 너무 살벌하고 이기적이기 때문에 지적 판단력보다 체험적이고 무조건적인 이타적 사랑이 인류에게 요청된다는 교훈을 우리에게 전해주고 있는 것으로 사료된다.

뉴밀레니엄이라고 일컫는 2000년대에 들어서 사회과교육은 세계 시민 교육의 강조와 배경학문의 다양성과 그 교육의 강화를 지향하고 있다. 세계 시민 교육은 사회과의 전통적인 고유한 본질이자 목표인 민주시민 교육의 폭과 깊이를 확대한 개념이다. 하지만 단순한 민주시민 교육의 물리적 확대가 곧 세계 시민 교육의 개념은 아니다. 세계 시민 교육은 전통적인 민주시민 교육이 통합적・유기적으로 폭과 깊이가 더해진 개념이다. 사회과의 근본적 목적 내지 목표는 시민성 함양, 민주시민의 자질 함양이다. 이러한 시민성과 민주시민의 자질 함양은 향토, 지역사회, 국가 내에서의 가치와 덕목 함양이 주된 관심이었다. 반면, 세계 시민의 자질 함양, 세계 시민의 소양 제고는 글로벌 지구촌 시대이자 세계화, 정보화 시대를 맞아 그 폭과 깊이를 인류공동체와 세계 전 가족으로 확대한 광범위한 개념이다. 따라서 지구촌 구성원으로서 언어, 예절, 질서, 도덕, 문화 등의 기초적 자질과 소양을 초・중・고등학교에서부터 함양하도록 지도하여야 할 소명을 사회과교육은 안고 있다.

한편, 2000년대 들어 사회과교육의 새로운 경향은 기존의 전통적인 내용학으로서의 사회과학인 정치학, 경제학, 사회학, 문화인류학, 법학, 윤리학, 역사학, 지리학 등의 학문 외에 심리학, 여성학, 환경학, 노인학, 인구학, 북한학, 통일학, 군사학, 다문화 교육학 등이 새롭게 사회과교육의 내용 영역으로 편입, 포함되어 더욱 학문적 다양성을 지향하고 있다. 특히, 현대 사회과교육은 사회과학 외에도 인문과학, 자연과학 등과의 경계가 낮아지고 완화되었으며, 일부 내용을 공유하는 방향으로 나아가고 있다. 지리학(지리교육), 환경학(환경교육) 등이 사회과학과 자연과학의 내용을 함께 넓혀가고 있으며, 양자가 중첩되고 공유하는 영역이 넓어지고 있는 것이 그 사례이다.

제3장 한국 사회과교육의 도입

우리나라에서 현대적 의미의 사회과의 내용으로 볼 수 있는 교과교육이 실시된 시기에 대해서는 의견이 일치하지 않고 있다. 다만, 과거 고구려의 태학, 경당, 고려의 구제학당 등과 같은 교육기관에서도 그 시대적 상황과 부합되는 교육을 했을 것으로 유추되고 있다. 조선에서도 서당이라는 보편화된 교육기관이 있었는데, 교육 내용은 주로 현실적인 목적을 달성하기 위하여 교수되는 강독, 제술, 습자 등이 중심이었다. 따라서 이들은 오늘날과 같은 제도화된 학교교육이라고 보기 어려울 뿐만 아니라, 그 내용 또한 평등적 사상에 기초한 인권교육이나 자율적이고 능동적인 시민 육성 교육이라는 관점과는 거리가 멀었기 때문에 이러한 시대로 거슬러 올라가 사회과교육의 기원을 고찰하는 것은 무리이다(노정식 외, 1996: 14-16).

실제로 1885년 우리나라에 최초의 근대식 학교인 배재학당이 설립되면서부터 그 뒤를 이어 관립, 사립의 각종 학교들이 설립되었는데, 오늘날의 초등학교의 전신인 보통학교들도 이때에 주로 설립되었다. 이들 학교에서 전통적으로 교수되던 교과들이 대체로 수신이나 지리, 역사와 같은 것들인데, 오늘날의 사회과의 구성 영역이라고 할 수 있다. 그러나 이때에는 일정한 교육과정이 존재한 것도 아니고 구체적인 교수 시간이 계획되어 있었던 것도 아니었기에 이를 우리나라 사회과교육의 출발로 보기는 어렵다.

1910년 일제가 우리나라를 강점한 후에 근대적 의미의 관립 학교들이 본격적으로 설립되기 시작하였는데 이때에 만국지리, 만국사 등의 교과가 비로소 교수되었다. 이때에 교수된 만국지리, 만국사 등은 진정한 세계의 지리나 역사를 교육한 것이 아니라 일본제국을 세계의 중심으로 인식시키려는 식민 교육의 하나였고, 또 형식상으로는 만국지리, 만국사라고 하였으나 실질적인 내용은 일본 지리와 일본 역사 중심이었다. 식민지 교육의 또 다른 변형 교육이었던 것이다.

당시 일제에 저항하는 민족주의 인사들에 의하여 설립된 사립학교를 중심으로 조선의 역사가 교수되기도 하였으나 짧은 기간에 그쳤고, 1930년대에 내려진 조선어 및 조선 역사 교수 금지 조치에 의하여 독립 운동가들의 민족주의 노선에 따른 교육은 비밀리에 이루어질 수밖에 없었다. 따라서 이 시기는 지리, 역사, 공민 등의 과목이 분리된 채로 교수되었으나 그 목적과 내용이 오늘날과 같은 민주적 시민을 위한 교육이 아니라 제국주의적이고 침략적인 식민지 국민 교육의 일환이었으므로 사회과의 본질적인 측면에서 볼 때 진정한 사회과교육이 이루어진 시기로 볼 수는 없고 오히려 파행적인 교육이 실시된 시기로 보아야 할 것이다.

1945년 제2차 세계대전이 종료되고 일제가 물러가면서 미군정청이 중심이 되어 우리나라의 독자적인 정부가 수립되어 독립적인 행정 수행력을 지닐 때까지의 과도 기간을 맡아서 행정을 수행하게 되었고, 따라서 교육 부문은 군정청 교육부(문교부)가 담당하였다. 당시 교육에 있어서는 일제의 군국주의적 식민 교육의 내용과 방법을 청산하고 새로운 서구식 민주주의를 바탕으로 한 애국적이고 애족적인 한국 국민의 육성이 시급한 과제였다. 사회과 계통에서는 공민, 역사, 지리가 임시 교과목 편제에 선정되었으나 일제강점기에 배웠던 교과의 편제나 내용을 전면적으로 수정하여 우리나라의 실정에 알맞은 새로운 교과를 만들기에는 시간과 재정, 그리고 이론 등의 능력적인 면에서 강점기 35년이라는 세월은 너무나 긴 기간이었다. 따라서 체계는 그대로 두되 내용은 우리의 윤리, 도덕과 우리의 역사, 우리의 지리로 대체하였으며, 시간 운영은 시간 배당표를 작성하여 그 기준을 마련하였으나 엄격한 준수는 요구하지 않았고 가급적이면 학교의 실정을 감안하여 그 재량에 일임하였다.

미군정청 문교부는 교수요목제정위원회와 교재편찬위원회를 설치하여 교수요목과 교과서 편찬에 들어갔으며, 일제의 잔재를 청산하고 서구식 민주주의를 바탕으로 한 민주시민 교육의 창달을 위하여 민주주의의 선진국인 자국의 교육을 모델로 삼아 이러한 작업을 진행시켜 나갔다. 그리하여 미국 여러 주의 교육과정과 교과서가 입수되어 검토되었는데, 그중 우리나라의 자연적인 환경과 여건이 유사하고, 비교적 다른 주보다 사회과교육에 대한 연구가 활발한 콜로라도(Colorado) 주의 교육과정에 초점이 모아졌고, 그중에서도 주도(州都)인 덴버(Denver) 시의 것을 따르기로 하는 한편, 당시 미국 내에서 가장 선진화된 버지니아(Virginia) 주의 교육과정도 참고하였다. 이러한 논의 과정에서 공민, 역사, 지리를 독립 교과로 하자는 안과 이러한 과목들을 종합하여 하나의 교과목으로 하자는 안이 대립하였으나, 결국 이를 통합하여 하나의 교과목으로 하자는 데 의견이 모아졌다.

그러나 통합된 교과인 'Social Studies'를 우리말로 번역하는 데에 문제가 제기되어 '사회공부', '사회연구', '사회생활' 등을 놓고 의견 조정을 거친 결과 최종적으로 '사회생활'로 결정되었다. 이러한 대강이 결정되자 미군정청 문교부는 새로이 탄생한 교과인 '사회생활과'에 대한 이해를 돕기 위해 연수회와 강습회를 여는 한편, 교육과정과 교과서의 개발에도 박차를 가하여 1946년 초등학교 사회생활과 교수요목을 탄생시켰다. 이로써 우리나라 최초로 현대적 의미의 사회과가 도입되면서 민주적인 시민교육으로서의 사회과교육이 시행된 것이다.

제4장 한국 사회과 교육과정의 변천

사실 정형화되고 제도적인 사회과교육이 우리나라에 도입된 것은 8·15해방 이후의 일이지만 넓은 의미의 시민성에 관한 교육은 전통사회에서도 찾아볼 수 있다. 특히, 사회과가 민주시민의 자질 함양, 인간다운 인간 육성, 사람다운 사람 육성이라는 본질적 목적을 가진 교과인 이상 도덕과 예절을 강조한 전통사회에서도 그 이상(理想)은 충분히 강조되었던 것이다.

1945년은 해방을 맞아 한국사회가 일본의 강제 식민지 상태에서 벗어나 자주적인 민족국가를 수립한 새로운 분기점으로, 정치적인 측면에서는 민주주의 제도를 수용하게 되었고, 교육적 측면에서는 민주시민 교육을 실시할 수 있는 계기가 되었다. 그러나 새로운 상황을 주체적으로 수용할 수 있는 여건이 부족한 상태에서 민주사회를 건설하고 민주시민을 양성할 수 있는 교육을 실현한다는 것은 어려운 일이었다. 더구나 정치·경제·사회·문화·교육 등의 영역에 식민지의 잔재가 남아 있는 상황에서는 문제가 많았다.

우리나라 사회과는 해방 후인 1945년에 '사회생활과'라는 명칭으로 도입되어 제2차 교육과정 시에 '사회과'로 개칭되었으며, 혁신과 발전을 거듭하여 현재의 '2009 개정 교육과정'에 이르렀다. 사회과 교과 역사가 60년 이상이 된 것이다. 그동안 사회과는 신교육 또는 민주주의 교육 실현을 위한 전형적인 교과로 평가되기도 하였고, 국가적, 사회적 요구를 지나치게 추종하여 정치 성향이 강한 교과로 인식되기도 하였다. 1990년대 초기에는 소위 열린 교육의 소용돌이에 휘말리기도 하였다. 사회 여건과 환경이 변화하면 법이 변화하듯이 사회 환경과 학문적 경향이 변화하고 사회의 요구가 발생하면 이에 따라 교육과정도 변화한다. 사회과도 예외가 아니다.

우리나라의 경우 1946년 미군정하에서 만들어진 교수요목에 따른 교육과정 설정 이후 교과 중심 교육과정의 강조, 실생활에 기반을 둔 학습자의 경험 중시, 사회과학의 개념과 탐구 방법의 중시, 전인의 육성 등을 표방하며 사회과교육의 목표와 내용 체계 및 지도 방향 등을 수정 보완해 왔으며, 현재까지 일곱 차례에 걸친 교육과정이 개정되었다.

해방 이전의 사회과를 고찰하고, 교수요목 시기부터 '2009 개정 교육과정'까지의 한국 사회과 교육과정의 변천·발달과 교육과정기별 특징을 요약하면 다음과 같다.

Ⅰ. 해방 이전의 시기(1945년 이전): 전통적 사회과기

1. 구한말(舊韓末)의 사회과교육

근대 이전의 교육은 오늘날과 같은 분과 형태가 거의 이루어지지 않았다. 고려시대에서 시작되어 일제 강점기 이전까지 생명을 유지한 초급 교육기관인 서당에서는 천자문에서 시작하여 동몽선습, 통감, 소학, 사서삼경, 사기, 당송문과 당율 등을 학습 수준에 따라 차례로 가르쳤다. 주로 어학 교육에 큰 비중을 두었으나, 어학의 내용을 이루는 부분은 거의 대부분이 봉건적인 상부구조를 구성하고 있는 유교적 도덕, 정치윤리에 관한 것이었다. 중급 교육기관인 사학, 향교, 서원 등에서는 소학과 사서삼경 등을 가르쳤고, 이 과정에서 우수한 자들에게 생원과 진사시험에 응시할 자격이 부여되었다. 고등교육기관이라 할 수 있는 성균관에서는 사서오경이 주 교과서였으며 문장과 작문 교육이 주를 이루었다.

근대적 의미의 학교교육은 고종의 교육입국조서 발표(1893)에서부터 비롯되었다고 할 수 있다. 이것이 자주적인 선언이었는가는 매우 의심스럽지만 이 선언으로 신교육이 본격적으로 출발하게 되는 계기가 되었다는 것은 부인하지 못한다. 이 선언은 구체제의 붕괴가 예상되는 시점에서 민중들의 이데올로기적 동요를 막고 한편으로는 제국주의적 침략에 대항하기 위한 새로운 지식과 기술을 습득할 기회를 제공하기 위한 의도에서 발표되었다.

이러한 목적을 충족하기 위한 중핵 교과가 수신 교육이다. 당시 수신 교과서는 일본 수신 교과의 영향을 받은 것으로 보이며, 내용은 존왕애국(尊王愛國)을 강조하고 인륜도덕의 요지를 가르치기 위한 교과였다. 수신 교과의 시간 배당은 매주 1시간이었다.

중세 사회에서 가장 먼저 교육에 공헌한 것은 정치 교재로서의 역사서였으며(강우철,

1977:4), 경제학이나 지리학은 귀족주의적 교육관에서 탈피하여 근대적인 요소를 수용하는 19세기 말 개화기에 이르러서야 교과로 등장하였다.

1860년대 민족사회에 있어서 개화운동이 태동하면서, 1884년 갑신정변을 기점으로 근대학교들이 설립되고, 갑오개혁 이후 마련된 산학제의 공포는 한국 교육사의 큰 전환점이 되었다. 19세기 말 설립된 근대 초기 학교로는 동문학, 육영공원이 있으며, 사립학교로는 원산학사가 있다. 이들은 교육목표를 봉건적 지배 체제의 재편 강화에 필요한 근대적 지식을 갖춘 인재 양성에 두었으나, 교육내용에서는 전근대적인 성격을 벗어나지 못하였다.

우리나라에서 역사, 지리 등의 근대적인 교과가 채택된 것은 1890년대이다. 이 당시 교육은 실용적인 면에 치중하여 국어, 역사, 지리, 이과 도서, 체조 등의 교과를 가르쳤으며, 여기서 역사는 본국 및 만국 역사, 지리는 본국 및 만국 지리를 다루었다.

또한 개화기의 사회과 관련 교육목표, 내용 등을 유추해 볼 수 있는 중요한 자료로 당시의 교과서인 수신서가 있다. 수신 교과서가 정식으로 발간된 것은 1906년 편찬된 『중학수신교과서』가 처음이며, 그 이후 여러 종의 수신 교과서가 발간되었다. 그 내용은 역대 천황의 은혜에 대해 서술하고 있다. 당시 수신은 물론 사회과 관련 교과인 역사, 지리, 법제, 경제 등이 모두 정규과목으로 되어 있었다.

당시 역사와 지리 교과도 가르쳤는데, 내용은 우리나라에 대한 것만이 아니고 만국역사, 만국 정치지리와 인문지리를 포함하는 것이었다. 소학교 심상과에서는 역사와 지리 모두 수의(隨意)과목이었고, 소학교 고등과에서는 한국지리와 한국사는 필수과목으로, 만국지리와 만국역사는 수의과목으로 지정되었다.

당시 관립학교의 교과서는 학부에서 직접 편집하거나 학부대신이 검정한 것을 쓰도록 되어 있었던 것에 비해, 사립학교에서는 교육과정에 대해 폭넓은 재량권을 가지고 있었다. 그러나 일제의 한반도 강점이 점차 완료되는 시점인 1908년, 사립학교령의 발표로 사립학교에 대한 탄압도 강화되었다.

1905년 이후의 사회과 시간배당을 보면, 보통학교에서의 수신은 매주 1시간씩 배정되었으며, 역사와 지리는 시간을 배당하지 않고 수의로 교수하게 하였다. 고등보통교육에서는 수신을 졸업 시(제4학년)까지 각 한 시간씩, 역사와 지리는 제3학년까지 학년당 세 시간씩 배정하였다.

2. 일제 강점기의 사회과교육

1910년 일제는 통감정치를 총독정치로 바꾸어 형식적이나마 남아 있던 국가 형태를 없애고 헌병경찰을 통한 무단정치를 감행하기 시작하였다. 이와 함께 한인에 대한 우민동화를 통해 식민지 노예를 만들기 위한 교육정책을 펴기 시작하였는데, 이는 제1차 조선교육령의 발표(1911)로 구체화되었다.

수신 교과의 명칭은 그대로 유지되었지만, 내용은 크게 변화하였다. 여기서 내용의 주요 변화는 조선 왕조의 조선 국가에 대한 충성을 일본 황실과 일본 국가에 대한 충성으로 대체한 것이었다. 1913년대 보통학교 수신교과서 편찬지침은 "국민 중추가 되는 충효관념의 양성에 치중하여 각 권에 이에 관한 교재를 배당하고, 국체(國體)에 대한 관념을 밝히며, 천황・황후 양 폐하, 명치천황과 조헌황태후의 성덕을 알게 하고, 특히 명치천황이 조선 인민에게 베푼 은택이 두터운 점을 각기 학년의 정도에 따라 될 수 있는 대로 정확히 알리도록 한다"고 하였다. 보통학교와 고등보통학교에서 각 학년 공히 주 1시간씩 배정되었다.

1938년 제3차 조선교육령이 발표되자, 이른바 "국세에 맞고 세운에 응하는 길은 국체명징(國體明徵), 내선일체(內鮮一體), 인고단련(忍苦鍛鍊) 등의 3대 방침을 천명하여 대국민된 지조, 신념의 연성을 기간으로 하지 않으면 안 된다"는 방침에 따라 수신은 국체명징, 내선일체, 인고단련의 내용을 주입하는 핵심 교과로 취급되었다. 교과서도 이전에는 총독부에서 식민지를 위하여 따로 제작하였으나, 제3차 조선교육령 이후부터는 직접 문부성에서 만든 것을 사용토록 하였다. 그만큼 합병은 심화된 셈이다. 제4차 조선교육령(1943) 이후에는 수신 교과의 단위도 늘어 각 학년 공히 주 2시간으로 배정되었다. 내용도 전시지침서와 같은 것으로 변하였다.

역사와 지리 교과는 일본 중심으로 편찬되었으며, 그 내용은 한인을 열등한 민족으로 묘사하여 이를 주입하는 내용이었다. 제1차 조선교육령 발표 직후 보통학교에서는 역사와 지리 시간을 따로 두지 않고 일본어와 우리말 시간에 그 내용만을 가르치도록 하였다. 이는 한국의 지리와 역사를 가르치지 않으려는 속셈이었다. 그렇다고 반발을 무릅쓰고 일본의 역사와 지리만을 가르칠 수도 없는 노릇이었다. 그러다 역사(일본사를 의미)와 지리(일본지리를 의미)가 초등학교에 부과된 것은 제2차 조선교육령(1922) 이후부터였다. 고등보통학교에서는 제1학년 때 일본지리, 제2학년 때 일본역사, 제3학년 때 만국

지리와 만국역사, 제4학년 때 인문지리를 각각 주 2시간씩 가르치도록 하였다. 제2차 조선교육령 직후에는(3·1운동 직후) 교육내용에 대한 반발이 심해지자 역사와 지리를 가르치지 않아도 좋도록 편법을 쓰기도 한 때도 있었으나, 제3차 조선교육령 이후 오히려 역사와 지리가 강화되어 주당 세 시간씩 배정되었다.

그러나 일제 강점기 시대에는 제4차에 걸친 '조선 교육령'의 시행에 따라, 모든 교육의 목적은 일본의 황국신민(皇國臣民)을 만드는 데 있었다. 따라서 교육과정의 운영도 철저히 일본에 의해 그리고 일본을 위해서 이루어졌다. 이때에 공식적으로는 "일본 역사, 지리" 교과를 가르쳤으며, 우리의 역사, 지리 등은 계속 비밀리에 지도하였다.

Ⅱ. 교수요목기(1946~1954년): 사회과의 도입

한국의 사회과(교육)는 1946년 미군정하에서 미국 콜로라도 주의 'Social Studies'를 도입하면서 성립하였다. 이때는 'Social Studies'를 '사회생활'로 번역하여 사용하였으며, 이는 공민, 지리, 역사, 실업을 종합한 교과로서 사회생활을 영위하는 데 필요한 기본적인 교양을 내용으로 하였다.

교수요목 시기의 사회과는 사회 기능을 중심으로 선정된 주제를 바탕으로 동심원적 확대법에 따라 내용을 조직하고, 방법으로는 문제해결학습을 지향하고 있어서 생활경험형 사회과 교육과정으로 접근하고 있다(교육과학기술부, 2008: 298-302).

해방 후의 우리나라 사회과는 일제 강점기의 잔재를 청산하고 새롭게 출발하기 위해 다양한 정책을 입안, 추진하였다. 당시 교육 주체들은 신교육, 민주주의 교육의 모델로서 사회과 도입을 결정한 것이다. 특히, 당시의 시대적, 사회적 상황은 학생 중심 교육, 문제해결학습 등을 주요 원리로 하는 경험주의 교육론에 바탕을 둔 사회과교육론의 영향을 받으면서도 국내적으로는 신국가 건설을 위한 국민들의 의식 결여, 일선 교사들의 새로운 교육, 교과를 수용할 준비 미흡으로 교실 환경은 새로운 교육이 착근(着根)하기 어려운 환경이었다.

사회과 교수요목은 '사회생활과 교수요목'이라는 명칭으로 초등학교는 1946년, 중등학교는 1948년에 제정되었다. 당시 사회과(사회생활과) 교수요목의 구성 요소는 '사회생활과의 교수목적', '사회생활과의 교수방침', '사회생활과 교수요목 운용법', '사회생활과 교수에 관한 주의', '사회생활과 교수사항' 등이 제시되었다. 당시 초등학교 사회과의 교수요목에 '자연관찰'과 '직업 보충 교재'가 편성되어 있는 것이 특징이기도 하다.

교수요목기의 사회생활과교수 목적은 "사회생활과(Social studies)는 사람과 자연환경 및 사회환경과의 관계를 밝게 인식시켜서 사회생활에서 성실 유능한 국민이 되게 함을 목적으로 한다"고 제시되어 있다.

사회생활과 교수 방침은 '단체 생활에 필요한 정신, 태도, 기술, 습관 등을 양성함', '단체 생활의 모든 관계를 이해하게 하며 책임감을 기름', '사람과 환경과의 관계를 이해하게 함', '우리나라의 역사와 제도에 관한 지식을 얻게 함', '우리나라에 적의한 민주주의적 생활 방법에 관한 지식을 함양함', '실천을 통하여 근로정신을 체득케 함' 등 구체적 내용으로 사회생활에서의 실천적 측면을 강조하였다.

사회생활과 교수·학습 방법의 유의사항은 '사회생활과 교수요목의 운용법'과 '사회생활과 교수에 관한 주의' 등을 제시하였다. 문제 중심의 학습을 강조한 '설문식 교육을 할 것', 사회과 학습내용의 통합을 권장한 '역사, 지리, 공민의 혼연 융합을 기할 것', 교사주도적 교육을 지양할 것을 제시한 '민주주의적 교육을 할 것', '다른 교과와의 관련성도 고려하도록 한 다른 과목과의 관련에 주의할 것' 등을 통해서 사회과 학습의 특징을 밝히고 있다.

사회생활과의 내용은 아동 중심 교육과정, 방법은 문제해결학습에 초점을 두고, 미국 콜로라도 주의 사회과 교육과정 내용을 중심으로 하고, 버지니아 주 사회과 교육과정 내용을 참고하여 '사회생활과 교수사항'으로 제시하였다(정문성 외, 2008: 28-30).

당시 사회생활과 교수사항은 제1학년 가정과 학교, 제2학년 고장 생활, 제3학년 여러 곳의 생활, 제4학년 우리나라의 생활, 제5학년 다른 나라의 생활, 제6학년 우리나라의 발달, 제7학년 이웃나라, 제8학년 먼 나라, 제9학년 우리나라, 제10학년 인류문화사, 제11학년 우리 문화사, 제12학년 인생과 문화 등이었다.

이 시기의 초등학교 사회과인 '사회생활과'는 단체생활에 필요한 정신, 태도, 기술, 습관을 양성하고, 단체생활의 모든 관계를 이해하게 하며 책임감을 기르고, 우리나라의 역사와 제도에 관한 지식을 얻게 하는 것 등을 중요한 교수 지침으로 표방하였다. 초등학교 사회생활과의 편제는 제1학년에서 제6학년까지 학생들의 생활 범위 확대에 따라 구성되는 사회생활과, 농업에 관한 실천적 지식으로 구성된 직업 보충 교재(제5~6학년 남자), 생물, 천체, 기상, 암석 등의 이과적 성격을 띤 자연 관찰(제1~3학년) 등 세 영역이 통합적으로 편성된 광역 교과형 성격을 띠고 있다. 내용상 구성의 특징으로는 주제의 배열이 동심원적 확대법에 따른 점, 단원 형식의 도입과 단원 내용을 설문 형식으로 제시하여 문제 해결 전통을 시사한 점, 주제의 선정이 사회 기능을 중심으로 이루어졌다. 하지만 중등학교의 경우는 분과적으로 편제되어 정치, 경제, 역사, 지리 등 계통, 통사적으로 조직되었다.

교수 방법으로 교수요목의 단위마다 설문식으로 강목을 제시한 것을 학생들에게 교수할 것을 강조하였으나 각 단위를 중심으로 가르칠 것을 교수요목의 운영 사항으로 제안했다.

중학교 교수요목은 제1~3학년에 걸쳐 공민, 역사, 지리 영역으로 나뉘어 조직되었으며, 목표도 공민, 역사, 지리로 나누어 진술되었다. 이를 이른바 '천(川)' 자 형의 배열이라 하였다. 분과적 성격이 농후하였던 것이다.

중학교 공민 영역의 경우 교육목표는 "신생 국민으로서 또는 재생국민으로서 새로운 민족 문화 건설을 앞두고 공민으로서 정당한 정치에 관심을 갖게 하여 향토 개발의 의무와 자치 정신을 배양케 하기 위해 필요한 일반 공민 생활의 기초를 습득케 하는 것"이었다.

지리 영역은 "우리나라 생활은 물론 서로 다른 특질을 가진 동서양 내지 세계 전체의 생활을 이해하기 위하여 지역적으로 구분하여 교수하지만 국토의 자연환경과 인문 조건을 체득시켜 세계적 추세에서 우리의 처지와 사명감을 인식케 하는 데"에 두었다.

역사 영역의 목표는 "우리나라를 중심으로 동양과 서양 전체에 관하여 문화생활을 이해시켜 우리 민족의 발전적 자립정신 앙양에 기여케 하며 국제친화를 위해 노력하는 태도를 기르는 것"이었다.

고등학교의 경우, 1946년에 민군정청에 의해 공포된 고등학교 사회과 교수요목은 현재 남아 있지 않다. 이 시기의 공민, 지리, 역사가 매 학년 주당 2시간씩 3등분되어 있었으며, 교과서가 투입되어 있지 않는 것이 대부분이고 상당히 세분화되고 전문화된 과목 등이 부과되었던 것으로 보인다.

결국, 교수요목기의 사회과 교육과정은 초등은 통합형, 중등은 '사회생활과'라는 교과명 아래 종래와 같은 분과적 성격을 띠고 있다. 교수요목기의 이러한 비정상적인 교육과정 편제는 사회생활과 도입을 둘러싼 논쟁의 결과가 아닌가 한다. 특히, 민족주의를 우선시한 국사, 지리 관련 인사들의 완강한 반대가 그 주된 이유였다. 현재도 사회과와 사회과교육이 통합교육(統合敎育)을 강조하기는 하지만 교과이기주의, 과목이기주의가 팽배하여 일반사회교육(일반사회), 역사교육(역사), 지리교육(지리) 전공자들이 자기 학과(전공)에 대하여 이기주의적, 자기중심주의적 태도가 완강하여 본질적 발전에 장애가 있는 것이 사실이다. 2009 개정 사회과 교육과정에서 역사과목이 교과서 분리로 사회과에서 분과적 경향을 보이고 있는 것도 이와 같은 교과이기주의, 과목이기주의와 궤(軌)를 같이하는 것이다.

Ⅲ. 제1차 교육과정기(1954~1963년): 교과 중심 교육과정

1954년에 교육과정 시간 배당 기준령과 1955년에 중학교 교육과정이 제정, 공포됨에 따라 사회과의 시간 배당 기준과 목표, 내용이 정해졌다. 새로 제정된 '사회과(사회생활과)' 교육과정은 교수요목에 비하여 지적 체계를 따르는 '교과 중심 교육과정'이었다. '교과과정'으로 공포된 하나의 교과과정이었던 것이다. 이는 당시 미국이 지향하고 있던 사회생활과(Social Studies)의 진보주의 교육관에 큰 영향을 받아서 경험주의 교육과정을 동시에 지향하고 있다고 볼 수 있고, 이를 통해서 제1차 사회과 교육과정은 교수요목의 연장선에 있었다고 볼 수 있다. 실제 1952년부터 내한한 미국의 교육사절단으로부터 경험 중심 교육과정 이론이 소개되고, 국내적으로는 전후(戰後)의 사회 혼란을 수습하기 위한 국민 통합이 절실한 시기였다.

제1차 사회과 교육과정은 사회과의 성격 규정에서 내용을 분과적, 계통적으로 다루어야 할 것이 아니라 통합적으로 다루어야 함을 강조하여 교수요목기에 도입된 통합교과로서의 성격을 분명히 하고, 교과 명칭을 '사회생활과'로 유지하였다. 다만, 초등학교의 사회과 교육과정에서는 교수요목기에 통합, 편제되었던 '자연관찰'과 '직업생활'에 관한 내용이 사회과에서 분리되었다.

제1차 사회과 교육과정의 내용 선정 배열은 사회기능법과 경험확대법을 따랐다. 비록 고등학교 국사 영역의 선택 과목의 단원은 주제 형태로 구성되었지만, 대부분의 교육내용은 몇 개의 질문으로 구성하였다.

단원을 질문 형식으로 구성한 것은 단원을 하나의 문제로 보고 그 문제를 해결해 가는 과정을 밝히기 위한 것으로 볼 수 있다. 따라서 이 시기의 교육과정에서 단원은 지식의 토막이 아니라 학습자들이 문제를 발견하고 그것을 풀어가는 과정으로 보았다고 할 수 있다.

교수요목기에 있던 초등학교 제3학년의 다른 나라의 생활이 없어지고 제5학년에 제시되어 있던 세계에 대한 학습도 제6학년으로 올라갔다. 특히, 초등학교 사회과 내용상으로는 도덕 단원 편성, 내용 기능 중시, 환경확대법에 의한 내용 배열 등이 특징이다.

따라서 제1차 사회과 교육과정에서 초등학교의 내용 편제는 제1학년 우리 집, 우리 학교, 제2학년 이웃 생활, 제3학년 고장 생활, 제4학년 우리 고장의 내력, 제5학년 산업의 발달, 제6학년 우리나라의 발전과 세계 등이었다.

중학교의 경우에는 사실적 지식을 중심으로 중학생의 생활 경험 확대에 맞추어 학습 내용을 구성하였다. 중학교 사회과는 제1~3학년에 걸쳐 지리, 역사, 공민으로 나누어 조직되었으며, 편제상의 분과와 함께 목표 진술도 부분별로 이루어졌으며 시간 배당, 지도 내용도 부분별로 제시되었다. 공민, 역사, 지리 영역이 형식상으로는 통합되어 있었으나, 실제적으로는 분과 형식을 띠고 있었다.

특히, 중학교에서는 사회생활과의 일정 부분을 도의교육에 할애하였으며, 도덕교육과 관련한 내용 추가는 전후 국가 재건과 부흥을 위한 여러 지식과 덕목을 사회과교육에서 취급하여 국가·사회 발전에 공헌토록 할 의도였다.

고등학교에서는 사회과에 '일반사회' 과목이 처음 등장하였다. 따라서 사회과는 일반사회, 도덕, 국사, 세계사, 지리의 5분과로 이루어졌으며, 그중 일반사회, 도덕, 국사의 3분과는 모든 고등학교의 필수가 되었고, 세계사와 지리는 학교에 따라, 학생에 따라 선택할 수 있는 선택 과목으로 되었다. 특히, 고등학교의 경우 교수요목기에 사회생활과였던 교과명이 사회과로 변경되었으며, '도덕'과 '일반사회' 과목이 등장하였다. 일반사회는 고등학교 사회과가 담당하는 영역 중 역사, 지리, 도덕 분야를 제외한 정치, 경제, 사회, 문화, 법 등을 중심으로 한 과목으로, 중학교 사회생활과 공민 영역의 연장이라고 할 수 있다. 이후 사회과를 삼분하여 일반사회, 역사, 지리 과목으로 부르게 되었으며, 교원자격증 표시 과목도 이 세 과목에 공통사회 과목이 추가된 정도로 현재에 이르고 있다.

제1차 사회과 교육과정은 민주시민 육성을 위한 민주주의 교육의 핵심 교과로서의 역할과 광복 이후 국가의 재건과 부흥을 위한 여러 가지 지식의 덕목을 사회과 교육 내용에 포함시킴으로써 국가, 사회 발전에 이바지해 보려는 교과로 자리매김하게 되었다.

따라서 제1차 사회과 교육과정에서는 사회 기능을 중심으로 범위(scope)를 결정하고,

동심원적 확대법에 따라 계열성(sequence)을 추구하였기 때문에 구성 논리는 이전의 교수요목과 매우 유사했다. 특히, 교과교육과정에서 내용으로는 학년별 단원명과 제목을 제시하였는데, 동심원적 지역 확대 원칙에 따라 생활 경험 중심으로 구성하였다(교육과학기술부, 2008: 298-302).

Ⅳ. 제2차 교육과정기(1963~1973년): 경험 중심 교육과정

1963년에 공포된 제2차 교육과정은 제1차의 교과 중심 교육과정에서 학생들의 경험을 보다 강조하고자 하는 경험 중심 또는 생활 중심 교육과정이었다. 이때부터 교육과정 이론에 따라 이론상의 체제가 일관성을 갖춘 교육과정의 틀 속에서 사회과교육이 이루어지기 시작하였다. 이 시기는 5・16 군사쿠데타와 같은 정치적 변화에 따라 정치, 경제, 사회, 문화 면에서 새로운 변화를 맞은 시기이다. 따라서 제2차 교육과정은 1958년부터 개정을 위한 여론 조사 등 기초 작업을 실시하여 오다가, 1961년 5・16 군사쿠데타 후 정권을 잡은 박정희 군사 정부의 정책을 많이 반영한 교육과정이다.

제2차 사회과 교육과정에서는 우선 교과 명칭이 '사회생활과'에서 '사회과'로 변경되었다. 또한 사회생활과에 단원 내용으로 통합되어 있던 도덕 내용이 '반공・도덕생활'로 독립되었다.

교육과정의 내용 면에서는 자주성, 생산성, 유용성을 강조하고, 조직 면에서는 합리성을, 운영 면에서는 지역성을 강조하였다.

편제 면에서 보면 우선 교과 명칭이 '사회생활과'에서 '사회과'로 변경되었고, 사회생활과 내의 반공・도덕 내용이 '반공・도덕생활' 영역으로 옮겨가게 되었다. 그 결과 이수 시간도 이전 교육과정보다 축소되었다.

이 시기의 중학교 교육과정은 '경험 중심'을 표방하였지만 오히려 이전의 교육과정보다 생활경험이 보다 적게 관련되었으며 사실적, 단편적 지식의 나열이 많았다. 내용 체계 면에서는 제1차 교육과정과는 달리 지리, 역사, 공민의 내용을 학년별로 체계화하였다. 즉, 종전의 학년마다 지리, 역사, 공민 내용이 포함되어 있던 방식인 '천(川) 자형' 배열에서 세 영역이 횡적 연계를 갖는 방석식・삼(三) 자형 배열로 통합을 강조하였다.

제1학년은 지역확대법에 따라 향토, 각 지방, 우리나라 전체, 세계의 각 지역, 세계 전체, 세계와 우리나라로 구성되었으며, 국토 이해, 애향심과 애국심, 자연의 개발과 이용, 국제 협력, 지역성 등이 강조되었다.

제2학년은 고대, 중세, 근대, 현대사에 걸쳐 국사와 세계사의 내용이 기계적으로 합쳐져 구성되었으며, 이로 인하여 국사교육이 소홀해졌다는 비판이 제기되었다. 그러나 이것은 오히려 이후에 국사과가 독립되는 계기가 되었다.

제3학년은 인간과 사회생활, 민주정치, 경제생활, 문화와 사회문제, 국제 관계 등을 취급하고 있는데, 민주사회 생활의 원리 이해, 반공, 당면 문제의 해결, 국제 협력 등이 강조되었다.

고등학교 사회과 교육과정에서는 역사, 지리, 일반사회 영역의 삼분(三分)이 더욱 강조되었다. 일반사회 영역에서는 '정치·경제' 과목이 나타나면서 '일반사회'도 영역의 의미보다 과목의 모습으로 변하였다.

사회과 교육과정에서도 민주적 신념의 확립과 더불어 반공 의식이 투철한 자주적 인격을 강조하였으며 국민윤리, 국사, 지리Ⅰ, 지리Ⅱ, 세계사, 정치·경제 과목은 우리나라의 현실적 문제점을 발견하여 이를 해결하는 기능을 기르는 것을 강조하였다.

특히, 제2차 교육과정에서는, 제1차 교육과정의 고등학교와 마찬가지로 초등학교·중학교 사회과의 교과명이 '사회생활과'에서 '사회과'로 변경되었다. 그리고 제2차 교육과정에서는 목표상의 특징은 사회 인식을 바탕으로 사회 재건과 국가 발전을 위한 자질 육성을 강조하고 있다. 구체적으로 민주국가 건설, 국토 개발의 의지, 반공과 민주주의, 경제재건 등과 같이 국가·사회적 요구를 많이 반영하고 있다. '지도상의 유의점'을 제시하여 사회과에서 추구하여야 할 교수·학습 방법을 강조하고 있다. 특히, 제2차 교육과정 사회과의 방법론 중 핵심적인 형태가 문제 해결식 교수·학습이다. 아울러 종래의 사회 기능을 중심으로 하고 지역확대법에 따라 내용 구성은 계속 유지되었으며, 내용상으로는 사회생활을 이해시키고 사회에 올바르게 적용하게 하는 한편, 사회를 진보·향상시키는 능력과 태도를 기를 것을 목표로 하는 것 또한 계속 유지되었다. 또한 타 교과의 지도 내용과의 중복을 피하고, 영역별로 재구성할 수 있는 융통성을 부여하였다.

제2차 사회과 교육과정은 제1차 사회과 교육과정과 마찬가지로 아동(경험) 중심 교육과정으로써 생활 경험을 활용한 학습을 강조하였다.

<표 2-1> 제2차 사회과 교육과정의 학년별 주요 내용(초등학교)

학년	주요 내용
1	즐거운 우리 학교, 선생님과 동무, 학교 가는 길, 이웃의 놀이터, 여러 가지 행사
2	마을의 기관, 물건을 대어주는 사람과 시설, 소식을 전하여주는 사람과 시설, 여행, 물건의 수송, 안전을 지켜주는 사람과 기관, 마을의 생활
3	고장의 자연환경, 고장의 기관과 시설, 고장의 산물, 여러 고장의 생활, 옛날의 우리 고장
4	우리나라의 자연환경, 산림녹화, 우리나라의 명승지, 우리나라 여러 지방의 생활, 모둠살이, 농업의 발달, 우리 지방의 발달
5	근로와 우리 생활, 자원의 이용, 기계의 발달과 산업, 경제생활과 금융 기관, 교통과 상업, 우리나라 산업의 발달
6	우리나라의 발달, 민주주의와 정치, 세계 여러 나라의 생활, 한국과 국제연합, 새로운 문화생활, 우리의 할 일

V. 제3차 교육과정기(1973~1980년): 학문 중심 교육과정

제3차 사회과 교육과정기는 학문 중심 교육과정이 융성했던 시기로 미국 유학파인 교육학자들이 기존의 아동(경험) 중심 교육과정을 비판하고, 그 대안으로 학문 중심 교육과정을 강조하였다. 학문 중심 교육과정에 따라 학문의 구조와 개념, 핵심 아이디어 중심의 교과 편성이 요청되었고, 이로 인하여 사회과 내의 과목들도 학문별로 분화되면서 교과서의 통합 교육과정의 원리가 약화되었다.

제3차 교육과정은 기본 방향 면에서 국적 있는 교육의 강화, 방법적 원리 면에서 학문적 접근 방식을 배경으로 하여 개정된 것이다. 이때는 '한국적 민주주의, 조국 근대화, 국가 안보' 등을 강조하는 시기였다. 그러므로 '국민교육헌장'의 이념을 구현하려는 국가적 요구와 과학적인 접근방법을 중시하는 학문적 요구를 반영하려고 하였다. 따라서 국가적 요구와 학문적 요구의 조화라는 사회과교육의 과제가 처음으로 제기된 교육과정으로 여러 측면에서 한국화된 성격의 교육과정이다. 그리고 개본 개념의 이해, 지식의 구조적 학습, 탐구 방법과 능력을 강조하는 사회과학으로서 사회과의 성격을 중시하여, 사회과 교육 내용을 전체적으로 사회과학적 지식을 바탕으로 체계화하려고 노력하였다.

제3차 교육과정기는 유신체제 시기로 한국적 민주주의의 토착화, 민족 주체성의 확립, 분단의 극복과 통일의 문제가 중요 이념이었다. 학교교육 및 교육과정 측면에서는 종전의 경험 중심 교육과정에 대한 비판과 새로운 교육 이론의 도입이 요청되는 시기였다. 특히, 제3차 교육과정은 국민교육헌장 이념 구현, 유신 이념의 실행 등 국가사회적 요구를 십분 포함한 교육과정이다. 특히, 학문 중심 교육과정에 의한 신사회과(New Social Studies)가 뿌리를 잡은 시기이다.

이로 인하여 국가적 요구와 학문적 요구의 조화라는 사회과교육의 과제가 처음으로 제기된 교육과정이 되었으며, 여러 면에서 한국화된 교육과정으로서의 성격을 지니게 되었다. 그리고 기본 개념의 이해, 지식의 구조적 학습, 탐구 방법과 능력이 강조되는 사회과학으로서 사회과의 성격을 중시하여 이를 보다 분명하게, 그리고 교육내용 전체를 사회과학적 지식을 바탕으로 체계화하려고 하였다.

제3차 사회과 교육과정 개정 당시의 취지는 사회과 교과 성격의 명확화, 한국인상의 정립, 지식의 구조화를 위한 노력, 탐구 절차의 중시 등에서 찾아볼 수 있다. 사회과는 제1~2차 교육과정 당시처럼 중핵적인 교과적 성격이 아니라 타 교과와 동일선상에서 독립적으로 교과화되었다. 그리하여 도덕(초・중), 국민윤리(고), 국사(중・고) 등이 하나의 교과로 분리・독립되어 소위 'social studies'가 지녔던 통합교과로서의 성격이 크게 약화(弱化)되는 파행적 구조를 맞게 되었다(교육과학기술부, 2008a: 298-302).

당시에는 교육과정에서 사회과학의 구조와 함께 그 구조를 학습해 가는 방법, 절차 등이 중요시되었다. 이 시기의 초등학교와 중학교 교육과정에서 단원의 제목과 항목 사이에 학습상황이나 학습방법 등의 학습조건을 제시하는 안내문을 도입하였다. 안내문은 학습의 절차 혹은 방법을 제시해 주는 것이라고 할 수 있다.

초등학교 교육과정에서는 사회과의 편제에 생활 경험 중심 교육과정의 원리가 많은 영향을 미쳤으며, 기존 교육과정의 '반공・도덕생활' 영역이 '도덕과'로 독립, 분과되었다.

중등학교에서는 국사 교육을 통한 민족 주체성 교육을 강조하였는데, 이는 결국 국사과가 사회과에서 독립되어 분과되는 결과를 초래하였다. 도덕 영역도 중학교에서는 '도덕과'로 독립되었고, 고등학교에서는 '국민윤리과'로 분리되었다.

중학교 교육과정에서는 급격하게 변모하는 사회현상에 대응하여 현대 사회의 이해를 추구하였고, 사회과학 제 분야의 새로운 학문적 성과를 반영하면서, 이전부터 있었던 민주적, 세계 시민적 인간 형성의 관점에서 국민적 문제와 자세를 보다 강조하였다.

목표 면에서는 국민교육헌장의 이념 구현을 기본 방향으로 삼고 '국민적 자질'의 육성을 강조함으로써 궁극적으로 바람직한 한국인의 육성이 주체성, 발전 지향성, 협동 총화성, 효율성 등에 목표가 있음을 분명히 하였다. 즉, 사회과의 궁극적 목표를 소망스러운 한국인상에 두고 사회과학이 추구하는 목표, 국가・사회적 요구를 반영한 일반 목표, 학년 목표 등을 제시하였다. 또, 구 교육과정과 마찬가지로 사회과라는 종합 교과로서의 틀 아래 제1학년에 지리, 제2학년에 역사(세계사), 제3학년에 공민(일반사회)을 편성하여 제2차 교육과정의 이른바 '삼(三)' 자형의 구조를 유지하였다.

내용 면에서는 지식 그 자체보다도 지식을 획득하고 활용하는 능력의 신장에 특별히 역점을 두었다고는 하지만, 내용의 선정이나 배열에서 사회과학의 개념이나 법칙, 원리를 통해 구조화하기보다는 제반 사회과학의 학문적 성과를 직접 도입하고자 했다. 특히, 국사 교육이 체계화되고 강화되었으며, 전체 구성은 동심원적 지역확대법과 시간소급법에 따라 학생들의 관심사를 반영하기 위하여 탐구를 중심으로 하는 학습 절차를 중시하였다. 또 각 학년의 모든 학습 단위에 학습 절차, 방향 또는 수준을 제시한 후 그다음에 주요 개념과 제재를 제시하였다.

고등학교 사회과의 경우, 제2차 교육과정 시기의 고등학교 사회과의 일반사회, 국민윤리, 국사, 지리Ⅰ, 지리Ⅱ, 세계사, 정치・경제 등의 과목으로 편제되었던 것과는 달리, 이 시기에는 정치・경제, 사회문화, 세계사, 국토지리, 인문지리, 국사 등의 과목으로 편제되었다. 즉, 기존의 '일반사회' 과목이 사라지고, 대용으로 '정치・경제'가 등장하고, 새롭게 '사회・문화' 과목이 편성되었다. 지리 영역에서는 학문적 분화의 성격을 반영하여 '국토지리'와 '인문지리'가 새로 사회과에 편제되었다.

특히, 고등학교에서는 도덕이 국민윤리과로 분리되었으며, 국사과가 별도 교과로 독립되었다. 제3차 교육과정기에는 전통적으로 통합사회과의 주요 구성 영역이었던 도덕, 윤리 영역과 국사 영역이 사회과와 동등한 하나의 교과로 독립하여 분리되어 사회과의 통합 측면에서는 파행을 맞은 시기이다.

제3차 교육과정의 사회과는 학문 중심 교육과정 사조의 영향으로 개정되었음에도 불구하고, 교육과정 전반에서는 학문 중심 교육과정의 전형적인 원리인 '탐구학습'이 크게 강조되지는 않았다.

Ⅵ. 제4차 교육과정기(1981~1987년): 인간 중심 교육과정

제4차 교육과정은 경험 중심, 학문 중심 등 교육과정 관점상의 뚜렷한 특징을 지니지 않고 있다. 제3차 사회과 교육과정이 학문적 적합성을 강조한 것이라면, 제4차 교육과정은 개인적인 적합성과 관련되는 인간 중심 교육과정의 성격을 강조하였다. 이는 1979년 유신 체제가 붕괴되고, 1980년대 소위 '서울의 봄'으로 국민들의 민주화 열기와 새로운 교육개혁의 열망을 충실히 반영하고자 의도한 교육과정이다.

제4차 교육과정은 국민정신교육의 강화, 전인교육에 기여할 수 있는 사회과 교육 내용의 선정, 체계적인 국사교육을 위한 계속적 보완, 초·중·고교의 계열성 확립, 내용량과 기준의 적절성 고려 등의 방향으로 개정되었다. 목표 측면에서 가치·태도가 강화되었으며 국가·사회적 요구사항을 중점적으로 강조하였다. 이 시기부터 사회과의 통합적 성격이 보다 강화되고, 학교급별로 사회과의 특성이 분명하게 나타나게 되었다.

교육과정의 내용 면에서는 사회과학의 각 영역에서 기본적으로 취급되는 내용 및 국가·사회적으로 요청되는 시대적인 문제와 가치를 우선으로 선정하고, 우리 사회의 원활한 기능을 유지하고자 사회구성원들이 이해하고 있어야 할 요소와 사회현상의 탐구에 필요한 과정으로서의 지식 중심으로 선정하였다. 내용 조직에서는 지역확대법과 시간소급법을 적용하여 이전 교육과정을 보완하고자 하였다(교육과학기술부, 2008a: 298-302).

통합 교육과정의 접근과 내용의 정선 및 수준의 적정화가 강조되면서, 초등학교 제1~2학년에서는 생활 중심의 통합이 교과서 수준에서 시도되었다. 즉, 초등학교 제1~2학년의 사회과는 국어과, 도덕과 등과 통합하여 교과서 수준의 '바른생활'로 통합되었다. 아울러 초등학교 5~6학년 사회과에서는 그동안 국사와 지리, 공민 영역을 구분하여 제시하던 기존 형태에서 벗어나 영역 간 구분 없이 통합하여 내용을 제시하였다.

초등학교에서는 내용상으로 민주 생활의 습관화, 국토와 민족에 대한 애정, 국가 발전, 민족 문화 창달 및 인류 공영에 이바지하려는 태도 함양을 강조하였다. 초등학교에서는 사회 기능 및 기초·공통 개념, 사회문제 등을 축으로 하여 시간적(역사), 공간적(지리) 내용을 통합하는 융합형을 이루었다. 특히, 사회과가 도덕과, 국어과 등과 통합되어 교과서인 '바른생활'이 편찬되었다. 아울러 지식의 탐구 절차를 강조하여 사회과 탐구학습의 지향을 교과 목표로 강조하고 있음은 특징적이다. 또한, 내용 구성에서 나선형식 확대 원리가 체계적으로 반영되어 초등학교에서는 시대적인 문화와 가치를 우선적으로 선정하여 사회 기능적 요소와 사회문제를 관련시켜 배열하였다. 초등학교 사회과의 지도 방법 면에서, 지역사회 자료의 활용, 견학, 조사, 관찰, 자원인사 초빙학습, 토의 등의 다양한 학습 활동과 개념, 원리 이해, 시사자료 활용, 집단적 사고 신장을 강조하였다.

중등학교의 사회과와 국사과는 독립된 교과 체제를 유지하였다. 중학교의 학년별 사회과 내용 편성은 지리, 세계사, 일반사회 등이 학년별로 구분되었던 것을 통합하였다. 중학교에서는 학년별로 2개 영역을 배치하였다. 제1학년에 공민(일반사회)과 지리(한국지리), 제2학년에 지리(세계지리)와 역사(세계사), 제3학년에 역사(세계사)와 공민(일반사회)을 편성하였다. 이는 영역 간 관련 내용을 같은 학년에 배치하여 학습의 효율성을 높이고자 하는 상관형 통합형이었다. 중등학교의 내용 배열은 통합 과정으로서의 접근, 국민정신교육의 체계적인 반영, 현대 사회가 당면한 제 문제, 경제 건설과 사회복지 증진에 기여하는 내용을 강조하였다. 지도 방법 면에서 다양한 학습 자료 활용과 토론, 발표, 야외 관찰, 조사, 사례 연구, 인물학습 등을 강조하고 있다.

고등학교는 사회과 교육과정을 사회Ⅰ, 사회Ⅱ, 지리Ⅰ, 지리Ⅱ, 세계사 등의 과목으로 편제함으로써 통합을 지향하는 모습을 보이기도 했다. 사회Ⅰ은 정치·경제 중심으로 편성하였고, 사회Ⅱ는 사회·문화 중심으로 편성하였다. 지리 영역도 기존에 '국토지리'와 '인문지리'로 구분되어 있던 것을 '지리Ⅰ', '지리Ⅱ' 등으로 통합하여 운영하였다. 지리Ⅰ에서는 우리나라와 세계의 지리를 우리나라 중심으로 계통적으로 이수하였고, 지리Ⅱ에서는 우리나라와 세계 여러 지역의 특성을 기능과 주제 중심으로 학습하도록 하였다. 고등학교의 지도 방법 면에서는, 학습 지도 방법의 개선을 강조하고 통합적인 능력, 탐구 능력, 정보의 선별적 수용 능력 신장을 더욱 강조하였다. 제4차 사회과 교육과정은 초등학교는 융합형, 중학교는 통합형, 고등학교는 분리형의 성격을 갖는 등 학교급별로 사회과의 특성을 달리한 점이 특징이다.

Ⅶ. 제5차 교육과정기(1987～1992년): 사회과의 성숙

제5차 교육과정은 기본적으로 이전의 제4차 교육과정의 목표, 내용, 방법적 요소와 골격 등을 대체적으로 유지하면서도 지속적이며 점진적인 변화를 유도하였다. 제5차 교육과정은 급변하는 시대적 요구의 반영, 국가 사회의 당면 과제 해결 중시라는 측면에서 교육과정의 보완, 학문적·국가적·사회적·개인적 적합성을 함께 고려하고 지역화, 개방화에 대비하는 교육과정을 기본으로 하고 있다. 다양한 변화와 미래 사회에 대처하는 인간상을 반영하였고, 특정 사조(思潮)나 이념(理念)을 표방하지 않고 사회 기능 중심, 학문 중심, 인간 중심, 사회 재건 및 미래 중심의 접근이 보다 조화를 이루도록 하였다. 그동안 우리나라 사회과교육에서 논의되었던 탐구활동의 중시, 의사결정능력의 신장 등과 같은 구체적인 문제들을 중심으로 사회과 교육과정을 정착시키려고 노력하였다(교육과학기술부, 2008a: 298-302).

특히, 교육과정 개정에서 다양한 변화와 미래 사회에 대처하는 인간상을 반영하고자 노력하였다. 기본적으로 제4차 교육과정의 목표, 내용, 방법적 요소 등 기본적 골격을 그대로 유지하면서 지속적이며 점진적인 변화를 꾀하였다. 제5차 사회과 교육과정은 국제화, 비역화, 개방화 등의 사조를 강조하였지만, 제4차 사회과 교육과정과 견주어 큰 변화는 없었다. 다만, 과감한 통합으로 단원의 축소를 시도하였으며 전통 문화 관련 학습을 강조하였다(정문성 외, 2008: 36-37).

다양한 변화와 미래사회에 대처하는 인간상을 반영하였고, 특정 사조나 이념을 표방하기보다는 사회 기능 중심, 학문 중심, 인간 중심, 사회 재건, 미래 중심의 접근의 조화를 중시하였다.

이 시기에는 그동안 우리나라 사회가 교육에서 많이 논의되었거나 부분적으로 시도된 탐구활동의 중시, 의사결정능력의 신장과 같은 구체적인 문제들을 중심으로 사회과 교육과정을 정착시키려고 노력하였다.

제4차 교육과정에서부터 나타난 학교급별 사회과의 특성이 보다 분명해지고, 초·중·고등학교에 걸친 통합의 틀이 굳어지면서 사회과는 보다 성숙되었다. 제4차 교육과정에서 나타난 초등학교에서의 융합적 통합, 중학교에서의 융합과 분리의 중간적 통합, 고등학교에서의 분리의 틀에 따라, 중학교 사회과는 저학년에서 고학년으로 갈수록 공간 의식, 시간 의식, 그리고 사회 인식과 사회 경험을 심화·확대하였다. 제5차 사회과 교육과정은 내용 수준의 조절, 통합 단원의 구성, 전통 문화와 관련된 내용 강화, 역사 내용의 사회과 통합 편제 등이 구체적 특징이라고 할 수 있다(교육과학기술부, 2008: 298-302).

또, 초등학교는 제1~2학년은 사회과적 내용과 도덕과적 내용을 통합하여 '바른생활과' 교과가 탄생되었다. 제4차 사회과 교육과정에서 이루어졌던 교과서 통합에서 나아가 비로소 교과 간 통합이 실제적으로 사회과에서 실현된 것이다. 또한 제3~4학년을 대상으로 고장과 시·도를 중심으로 하는 지역화 교육이 시작되면서 지역화 교과서가 편찬되기 시작하였다.

제4차 교육과정에서의 교과서 수준 통합을 명실상부한 교과 수준 통합으로 발전시켰다. 초등학교의 사회과 목표는 사회생활에 관한 지식, 기초적 지식, 민주국가 국민으로서의 자각, 올바른 판단 능력, 사회·국가 발전에 기여할 수 있는 민주시민적 자질 등의 요소로 구성되어 있다.

중학교의 경우 편제상에는 별다른 변화가 없으나 전체적으로 학년별 내용 구성에서 학생들의 발달 수준과 학습 영역의 관련성을 고려하여 일부 조정이 이루어졌다. 제1학년은 지리와 세계사 영역, 제2학년은 세계사와 일반사회 영역, 제3학년은 일반사회와 지리 영역을 통합하여 내용을 구성하였다.

중학교 사회과 교육과정의 목표 면에서 사회·국가의 번영과 인류공영에 이바지할 수 있는 국민적 자질 향상을 위하여 사회현상에 대한 자료를 바르게 수집, 해석, 활용하고 사회문제를 합리적으로 해결할 수 있는 능력을 강조한다. 지도 방법 면에서는 다양한 교수·학습 자료 및 교수·학습 방법과 시사적인 내용의 활용을 강조하고 있을 뿐 구체적인 문화적 특성의 비교를 강조하였다.

고등학교 사회과 교육과정은 과목 명칭이 학문적 분류를 바탕으로 다시 환원되었다. 즉, '정치경제', '사회문화', '한국지리', '세계지리' 등이 되었고, 세계사는 여전히 사회과의 과목으로 존재하였다. 사회현상의 다각적인 인식, 당면한 사회문제에 대한 관심, 각 지역의 지역적·역사적·문화적 특성을 강조하였고, 교수·학습 자료, 교수·학습 방법 등의 창의적 도입과 활용을 강조하였다.

학년별 영역 배분은 학생들의 발달 수준과 학습 영역 간의 관련성 등을 고려하여 합리적으로 조정하였다. 제1학년에서는 지리와 세계사 영역, 제2학년에서는 세계사와 공민 영역, 제3학년에서는 공민과 지리 영역으로 구성하여 공간 의식, 시간 의식, 사회 인식 및 사회 경험으로 심화되도록 하였다.

Ⅷ. 제6차 교육과정기(1992~1997년): 통합 교육과정의 정착

사회과 교육과정의 개정 취지는 민주화, 정보사회화, 고도산업화, 국제화, 통일 대비 등 사회적 변화에 대응하고, 학교교육의 질적 향상을 추구할 필요성에 두어졌다. 사회과 교육의 목표 설정에서도 과거에 강조하던 '국민적 자질'이 '시민적 자질'로 수정되었다.

제6차 교육과정에서는 사회과가 통합적 성격을 보다 강력하게 추구하였는데, 편제 면에서 독립 교과였던 국사과(영역)를 사회과로 복귀시켰으며, 고등학교에서는 통합형 과목인 '공통사회'가 출현하였다. 국사과의 사회과 회귀를 통하여 시간적, 공간적 차원을 고려한 사회 인식을 바탕으로 사회과 목표인 시민의 자질 함양을 추구할 수 있게 되었다. 내용 배열도 통합을 강화하면서 계통적 학문 체계에서 탈피하여 실생활 경험과 사회 문제 중심으로 내용의 선정 및 조직을 시도하였다. 교과의 총괄 목표에서는 사회 인식 교과, 시민 형성 교과로서의 성격을 적극 부각시켰으며 사회 인식 면, 시민 양성 면의 목표 달성을 뒷받침하고자 합리적 의사결정능력과 같은 기능 면이 많이 보강되었다. 아울러 영역별 목표를 보다 구체화·상세화하였으며, 초·중·고교 학교급별로 성격 차이를 분명하게 하였다. 동시에 모든 과정에 걸쳐서 창의적 사고력과 학습방법, 학습방법의 학습, 학습과정 등을 두루 강조하였다(교육과학기술부, 2008a: 298-302).

제6차 교육과정은 21세기를 바라보며 민주화, 고도산업화, 국제화, 통일에 부응할 수 있도록 대폭 개정되었다. 이 시기에 나타난 교육과정의 중요한 변화는 국가 수준 교육과정의 축소와 지역 수준 교육과정 체제의 확립이다. 이에 따라 국가 수준의 교육과정은 큰 개요나 원칙만 제시하고 실제 운영을 위한 교육과정은 시·도 교육청이나 학교 수준으로 넘겨주었다. '학교 수준 교육과정'을 처음으로 도입한 것이다. 제6차 사회과 교육과정은 사회·문화적 관점, 학문·철학적 관점, 학습자 관점 등을 두루 포괄할 수 있는 내용을 선정하고 내용 조직 면에서는 학년별 주제에 따라 내용의 범위와 핵심을 결정하였다. 아울러 내용의 통합성을 강화하여 학년 내 또는 단원 내에서 사회 기능 및 실생활 주제나 문제를 중심으로 시·공간적 내용, 방법적 지식 등을 통합하도록 하였으며, 공간 확대 원칙과 역사 학습 접근 방법도 기존의 틀을 유지하면서 사회과교육의 본질 구현에 도움이 되도록 보완하였다.

특히, 제5차 교육과정 시기까지 지속적으로 지적되어 왔던 편제 문제(사회과의 중영역인 국사 영역의 독립 교과화), 학문 계통의 존중으로 인한 통합 교과로서의 미정착, 지나친 탐구 방법의 강조, 지식 위주의 학습으로 인한 기능 능력 학습과 가치·태도 학습의 소홀, 내용량의 과다와 높은 수준으로 인한 교수·학습 부담 가중 등의 문제를 해결하여 사회과교육의 본질을 구현하는 데 주안점을 두었다.

기존에 노출되었던 문제 중 편제와 불완전한 통합 문제를 개선하고자 중학교의 국사 영역을 사회과로 회귀시켜 명실공히 통합사회과로서의 틀을 갖추고자 노력하였으며 고등학교에서도 최초로 강력한 통합형의 과목인 '공통사회'를 만들기도 하였다.

학년별 목표와 단원별 목표를 직접적으로 제시하지 않고 각 학년의 단원 안내문과 내용, 내용 체계, 지도 방법의 내용을 통하여 학년별 강조점을 추출할 수 있도록 하였으며 지역성과 시사성을 보다 강조하였다.

초등학교에서는 내용의 축소와 수준의 하향 조정을 위하여 구체적 경험과 활동 중심의 사회과 학습이 되게 하고 재미있는 사회과가 되게 하였다. 이를 위하여 한국지리와 국사의 계통적 내용과 체계적 지식, 그리고 거시경제 부분은 중학교에서 다루도록 내용의 범위를 제한하였다. 초등학교 제1·2학년의 '바른생활' 교과에 속해 있던 사회과 내용은 과학과의 내용과 통합되어 사회현상과 자연 현상을 탐구하는 '슬기로운 생활과' 교과로 편성되었다. 또 3·4학년에서는 지역화 교육을 강조하여 지방자치 단체별로 지역화 교과서를 개발하여 수업의 주 교재로 활용하였으며, 전반적으로 내용 구성에서도 실생활 중심의 내용 구성을 위하여 교과의 진술 방식이 다변화되었다.

중학교에서는 학문적인 내용 체계의 중요성과 통합 교육과정의 정신을 살리고자 노력하였다. 이를 위하여 제1학년과 제2학년에서 공간 의식과 시간 의식에 관련한 현상을 동시에 인식한 이후에 제2학년과 제3학년에서 사회의식(공민 영역)을 학습하도록 내용을 배열하고 조직하였다.

생활 주변의 사회현상 파악으로부터 각 지역, 국가, 세계의 사회현상 파악 및 문제 해결 내용으로 확대시켜 나가는 내용 체계가 되도록 내용을 배열하고 조직하였다.

이에 따라 중학교 제1학년은 주변 사회현상의 종합적 접근, 우리나라와 이웃나라의 시공간적 배경을 중심으로 내용이 구성되었다.

제2학년의 학습내용은 먼 나라의 공간적 배경, 근현대사 중심의 시간적 배경, 현대 사회의 형성과 특성 중심, 실학 이전의 우리나라의 시대사 등으로 구성되어 있다.

제3학년의 학습내용은 세계적인 관점에서 본 정치, 법, 경제, 사회문화 현상과 문제, 현대 사회의 제 문제, 실학 이후의 우리나라 역사 전개 등으로 구성되었다.

고등학교 사회과 교육과정에서는 공통 필수과목으로 '공통사회' 과목을 신설하고, 이를 사회과 필수과목화하여 통합의 정신을 구현하였다. 공통사회 과목은 사회과의 전 영역을 포괄하는 기초적 내용을 다루도록 하였다.

그러나 '공통사회' 과목은 '일반사회'와 '한국지리'로 이루어짐으로써 역사 영역이 누락되어 불완전한 통합이라는 비판을 받기도 하였다.

정치 과목과 경제 과목을 신설하여 선택 과목의 다양화를 꾀하고 초·중·고등학교의 연계성을 고려하여 내용을 체계화하고 학습량을 축소하였으며 수준을 하향 조정하고 내용을 원리나 이론보다 주제나 문제 중심으로 조직하고 실생활과 관련된 의사결정능력과 문제해결능력을 신장시키도록 하였다.

Ⅸ. 제7차 교육과정기(1997～2007년): 국민공통기본교육과정 도입, 학습자 중심의 교육과정 구현

제7차 사회과 교육과정의 최대 핵심은 학생들의 자기주도적 학습력 신장을 추구하기 위한 국민공통기본교육과정의 도입이다. 따라서 전체적으로 학습자가 지식을 스스로 구성할 수 있도록 교재를 개발하고, 학습방법을 구안할 것을 강조하는 것이 전체적인 교육과정의 방향이었다. 이러한 교육과정의 취지에 따라 지식정보화 사회의 시민적 자질로서 고급 사고력을 강조하는 사회과의 지향점이 맞물리면서 사고력을 바탕으로 한 활동 중심, 문제 중심 교육과정 운영이 강조되었고, 세계화와 지구촌의 이해가 중요한 교육내용으로 포함되었다.

제7차 사회과 교육과정은 종래의 사회과 교육과정과 차별화되어 교육과정의 체제 및 편성운영상의 획기적 변화를 도모하였다. 21세기 정보화 사회에 부응하는 민주시민적 자질 함양이라는 궁극적 목적 달성을 위하여 학습 과정의 이원화, 수준별 교육과정 도입, 재량활동의 신설 등이 특징이다. 학습 과정의 이원화는 10년간의 국민공통기본교육과정과 2년간의 선택 중심 교육과정으로의 구분을 의미한다. 제10학년인 고등학교 제1학년까지는 학년제로, 고등학교 2, 3학년인 제11, 12학년은 단위제로 운영함으로써 향후 학제 개편을 염두에 둔 학습 과정이라고 볼 수 있다.

제7차 사회과 교육과정의 내용 구성에서는 제3～10학년 교과명을 '사회'로 정했으며, 내용 구성을 위한 영역 설정에서도 '역사, 지리, 일반사회'라는 전통적 명칭을 사용하지 않고 '인간과 공간', '인간과 시간', '인간과 사회'라는 명칭을 사용하였다.

초등학교의 사회과 내용 구성에서는 환경 확대법을 탄력적으로 적용하였으며, 교육과정의 지역화 부분에서는 과거와 달리 '목적으로의 지역화'보다는 '수단으로서의 지역화'를 강조하였다. 고등학교 과정인 제10학년의 '공통사회' 과목은 '사회' 과목으로 대체되었다. 아울러 고등학교 제2～3학년 과정인 제11～12학년에서는 선택 중심 교육과정이 적용되었다. 선택과목 중 일반 선택과목으로는 '인간 사회와 환경'이 편제되었고, 심화선택과목으로는 '한국지리', '세계지리', '경제지리', '한국 근·현대사', '세계사', '법과 사회', '정치', '경제', '사회·문화' 과목이 각각 편제되었다. 선택 과목은 학습자들이 흥미와 장래 진로에 따라 학습 영역을 선택할 수 있다는 점에서 의의가 있는 것이다(정문성 외, 2008: 38-40). 수준별 교육과정은 학습자 중심 교육을 구현하기 위한 구체적 방안으로서 학습자의 흥미, 관심, 적성, 학습 능력과 요구 등에 상응하는 차별화된 교육내용, 교육방법, 기회를 제공하고자 계획하는 것이다.

자기주도적 학습 활동은 학교와 교사의 교육과정 편성·운영의 재량권을 확대하고자 초등학교에서는 보다 확대되고, 중등학교에서는 신설되었다. 아울러 수행평가를 특히 강조하였다.

제7차 사회과 교육과정은 시민성 함양 교과로서 통합성과 내용 학문 간의 계통성 조화를 추구하고 교육과정 지역화를 구현하는 데 중점을 두었다. 목표 체계의 측면에서는 사회현상의 인식과 사고력 신장을 통한 민주시민 육성을 목표로 설정하고, 이를 구현하기 위한 구체적 내용 체계의 측면에서는 국민공통기본교육과정과 선택 중심 교육과정 및 수준별 교육과정을 강조한 것이다(교육과학기술부, 2008a: 298-302).

제7차 사회과 교육과정은 학습자 중심 교육을 지향하고 있다. 학습자 중심 교육을 지향하기 위하여 교육과정을 수준별 교육과정으로 편제하였으며, 학습내용을 성취 기준으로 제시하고, 수행평가를 강조한 점 등이 특징이다.

제7차 사회과 교육과정은 정보화·세계화·개방화·다양화·전문화 등 사회적 요구를 반영하여, '만들어 가는 교육과정'의 기저인 구성주의가 철학적 바탕이 되고 있다. 이와 같은 제7차 사회과 교육과정의 특징은 다음과 같다.

첫째, 정보화·세계화·개방화·다양화·전문화 시대의 사회 변화를 주도할 민주시민적 자질 육성에 역점을 두고 있다. 사회과교육의 궁극적 목적을 바람직한 민주시민적 자질 육성이라고 할 때, 바람직한 시민적 자질이란 사회사상을 바르게 인식하고 건전한 사회생활을 영위할 수 있는 자질과 태도라고 할 수 있다.

둘째, 학습자 중심 교육과정을 지향하고 있다. 사회과의 수준별 교육과정의 정신을 구현하기 위해서 내용을 기본 과정과 심화 과정으로 구성하였다. 즉, 학습자의 능력과 흥미를 반영한 다양한 활동을 제시하고, 사고력 신장을 강조하여 개별 학습자들이 사회과 교육의 성취를 극대화하도록 하였다.

셋째, 사회과는 민주시민성 함양의 교과로서 통합성과 계통성을 강조하고 있다. 또한 초·중·고교 간 계열적 특성을 강조하였는데, 초등학교에서는 생활 경험과 지식의 통합성, 중학교에서는 내용 통합과 사회과학의 개념 체계 고려, 고등학교에서는 사회과학의 탐구 원리와 지식체계 탐구 등을 강조하였다.

끝으로, 사회과 교육과정의 지역화를 구현하고, 지구촌 사회의 요구에 부응하기 위해서 지구촌 관점, 세계화 관점을 고려하였다. 사회과 관련 학문 분야의 내용을 지역사회의 실정에 알맞게 재구성하는 일은 학습자의 흥미와 필요에 부합되는 일이며, 나아가 사회과교육의 질 개선에 밀접하게 관련되는 활동이다.

제7차 교육과정은 1997년도에 고시되어 적용되었다. 학습자 중심의 교육 실현은 제7차 교육과정 제정 과정에서 가장 중시한 방향이다. 이를 구현하기 위하여 교육과정을 수준별 교육과정으로 편제하였으며, 학습내용을 성취 기준으로 제시하는가 하면 평가에서도 수행평가 활용을 강조하는 등 구체적인 방안을 교육과정에 명문화하려는 노력을 기울였다.

X. '2007년 개정 교육과정'기(2007~2013년): 학습자 중심 교육과정의 정착

'2007년 개정 교육과정'은 '제7차 교육과정'의 내용 일부를 수정한 형식을 취하고 있다. 따라서 기본적인 골격은 그대로 유지하고 있는 점이 특징이다.

2007년 2월 28일 교육인적자원부 고시 제2007-79호로 공포된 2007년 개정 교육과정은 제7차 사회과 교육과정의 부분 개정 형식을 띠고 있는 점이 특징이다. 2007년 개정 교육과정은 초·중등교육법 제23조 제2항에 의거하여 고시된 국가 수준 교육과정으로, 초·중등학교의 교육목적과 교육목표를 달성하고자 하였다. 따라서 2007년 개정 교육과정은 초·중등학교에서 편성·운영하여야 할 학교교육과정의 공통적, 일반적 수준을 제시한 국민공통기본교육과정이므로 초등학교에서 고등학교에 이르기까지 연계적·통합적으로 구성되어 있는 것이 특징이다(박은종, 「한국 사회과 교육과정 분석 및 발전적 모형 개발에 관한 연구」, 2007: 129-131).

2007년 개정 사회과 교육과정은 역사 교육의 강화가 가장 큰 특징이다. 역사 교육의 강화에 따른 변화는 교육과정 구성 측면에서 통합사회과의 기능을 약화시켰다. 사실 사회과의 통합에서 일반사회, 역사, 지리 영역 간의 통합에 대한 문제가 쟁점이었다. 그런 가운데 최근 중국과 일본 등 주변국의 역사 왜곡에 대한 대응 차원에서 역사 교육 강화라는 사회적 요구도 강력하게 대두되면서 사회과 교육과정도 큰 영향을 받게 된 것이다. 역사 교육의 강화는 역사의 독립 교과화까지는 초래하지 않았지만, 중등학교에서 '역사' 과목이 만들어졌고, 내용 체제도 크게 변하였다. 중학교와 고등학교 제1학년(제10학년)에서는 국사와 세계사가 통합되어 독립 과목인 '역사'가 탄생하였다. 역사 영역의 과목 분리로 제7～10학년의 '사회' 과목은 기형(奇形)인 일반사회와 지리의 통합된 형태가 되었다. 하지만 영역 간의 통합은 약화되고 영역 내 통합이 강조되어 통합의 정도는 크게 완화된 것이다.

또한 2007년 개정 사회과 교육과정에서 고등학교의 경우 제1학년의 일반사회 영역에서 이슈(issue) 중심의 통합을 추구한 것은 획기적인 변화이다. 기존의 학문적 내용을 바탕으로 내용을 구성하지 않고, '문화', '정의', '세계화', '인권', '삶의 질' 등 주제 중심으로 통합적 접근을 지향하고 있다.

아울러 고등학교 제2～3학년(제11～12학년) 선택 중심 교육과정의 과목 편성에도 변화가 있다. '한국 근현대사'는 '한국 문화사'로 대체되었고, '세계사'는 '세계 역사의 이해'로 과목명이 변경되었다. 또한 근린국(近隣國)들의 역사에 대한 이해를 제고하기 위하여 '동아시아' 과목이 신설되었다. 그리고 고등학교 사회과의 일반 선택과목이었던 '인간 사회와 환경' 과목은 폐지되었다(정문성 외, 2008: 40-42).

이와 같은 2007년 개정 교육과정은 '제7차 교육과정의 수정판'으로 불릴 정도로 제7차 교육과정의 부분 수정 형식을 취하고 있다. 2007년 개정 교육과정은 사회과에서 학생 중심 교육 강화, 역사 교육 강화, 한국 정체성 교육 강조 등이 큰 특징이다. 2007년 개정 사회과 교육과정의 특징은 다음과 같이 요약할 수 있다[교육과학기술부, 『초등학교 교육과정 해설 Ⅲ』(국어, 도덕, 사회), 2008: 304-305].

첫째, 기존의 사회과 통합의 틀을 최대한 유지하는 범위 내에서 단원을 조직하였다. 통합적 단원과 함께 일반사회, 역사, 지리 관련 단원을 계통성 있게 배열하였다.

둘째, 교육과정을 크게 강화하고 단위학교의 자율성도 크게 확대하였다. 국가 수준 교육과정이 지나치게 상세화되면 단위학교의 자율성을 침해하여 획일적 운영을 부채질하게 된다. 그러므로 주제와 성취 기준을 중심으로 단위학교의 자율성을 최대한 보장하였다. 단원별로 대강화된 성취 기준만을 제시하고, 성취 기준에 도달하고자 학습자들이 수행하는 학습 활동에 사용할 학습내용과 학습방법에 대해서는 궁극적으로 학교 현장의 사회과 교사가 결정하도록 재량권을 부여하였다.

셋째, 교육과정의 영역별로 다음과 같은 점을 강조하였다. 성격 면에서 사회생활에 필요한 지식과 기능을 익혀서 사회현상을 인식하는 능력을 함양하고자 하였다. 목표 면에서는 역사, 지리 및 제 사회과학의 기본 개념과 원리를 발견하고 탐구하는 능력을 함양하고자 하였다. 내용 면에서는 학년별 교육내용의 중복・중첩을 최소화하여 학습 분량을 적정화하고 지리, 역사, 일반사회 영역의 통합적인 사고를 지향하였다.

교수・학습 방법 면에서는 학습자의 여건 및 교육 환경을 고려하여 가장 효과적인 교수・학습 방법을 자율적으로 선택하여 실시하도록 하였다. 이와 함께 사회현상에 대한 종합적인 인식을 위하여 다양한 교수・학습 방법의 적용을 강조하였다. 학생들의 고급 사고력을 자극할 수 있도록 적절한 탐구 상황을 설정하고 다양한 발문 기법을 활용하도록 하고, 교수・학습의 효율성을 높이도록 다양한 교수・학습 자료를 활용하도록 권장하였다. 평가 면에서는 내용의 대강화와 교수・학습 방법의 자율화에 알맞은 다양한 평가 방법을 활용하도록 하였다. 평가는 개개인의 학습 과정과 성취 수준을 이해하고 발달을 돕는 차원에서 시행되어야 하므로 지식, 기능・능력, 가치・태도 등 영역별로 균형을 유지하여 시행되어야 함을 강조하였다(교육과학기술부, 2008: 304-305).

특히, 사회과가 국민공통기본교육과정으로서 초・중・고교를 아우르는 보통 교육의 핵심적 본질 교과로써 학습자인 학생 중심 사회과 교육과정을 강조하였다는 데 의의가 있다. 아울러 2007년 개정 교육과정은 우리나라에 교육과정의 상시(常時) 개정 체제를 도입했다는 점에서 큰 의의가 있다. 이러한 교육과정의 상시 개정 체제 도입으로 앞으로는 수시로 교육과정의 부분적 수정・보완 여건이 마련되어 교육과정 개발・실행의 탄력성・자율성・창의성 보장에 새로운 계기가 될 것으로 사료된다(박은종, 2007: 129-131).

2007년 개정 사회과 교육과정에서는 역사 영역의 강화와 독립에 따라 일반사회, 역사, 지리 영역이 두루 통합되었던 사회과 교육과정은 큰 변화를 겪게 되었다. 역사 영역을 제외한 일반사회 영역과 지리 영역만의 통합은 통합의 형태는 유지되겠지만, 국민공통기본교육과정에서 사회과 통합은 영역 내 통합이라는 불완전한 통합으로 유지될 수밖에 없다. 특히, 제7차 사회과 교육과정의 사회과 영역인 '인간과 시간', '인간과 공간', '인간과 사회'의 세 영역이 2007년 개정 사회과 교육과정에서 '역사 영역', '지리 영역', '일반사회 영역' 등으로 수정된 것은 사회과의 분과적 경향을 여실히 보여주는 사실이다.

사회과 교육과정의 본질은 통합교육과정의 운영인데, 2009 개정 교육과정에서 역사 영역이 과목으로 독립되었고, 향후 지리 영역 독립을 강력히 주장하고 있는 처지여서 통합을 강조하면서도 역사 영역, 지리 영역이 떨어져 나간 일반사회 영역만 존재하는 이율배반적, 기형적 상태에 직면할 우려가 있는 것이 현실이다.

XI. 2009 개정 사회과 교육과정기(2011년 이후)과 2011 개정 사회과 교육과정기(2013년 이후): 공통교육과정과 선택교육과정 도입, 사회·도덕과군제, 학년군제 도입

우리나라에서 '2009 개정 교육과정'부터는 교육과정의 상시 개정 체제를 도입하여 교육과정의 개정 연도 뒤에 '년' 자를 붙이지 않는다. 따라서 '2009 개정 사회과 교육과정', '2011 개정 사회과 교육과정' 등으로 표기한다.

2009 개정 교육과정은 교육과학기술부 고시 제2009-10호(2009.3.6)로 개정된 교육과정인데, 이전의 국민공통기본교육과정을 공통교육과정으로, 선택중심교육과정을 선택교육과정으로 각각 개칭하였다. 사회과에서는 제1학년에서 제9학년까지의 공통교육과정 교과목으로 사회(교과), 역사(과목)를 편제하였고, 선택교육과정으로 한국지리, 세계지리, 경제지리, 한국문화사, 세계역사의 이해, 동아시아사, 법과 사회, 정치, 경제, 사회·문화 등의 과목을 편제하였다.

특히, 2009 개정 교육과정에서는 제1～2학년, 제3～4학년, 제5～6학년(이상 초등학교), 제7～9학년(중학교 제1～3학년), 제10～12학년(고등학교 제1～3학년) 등으로 5개 학년군을 편성하였다. 또, 국어, 사회·도덕, 수학, 과학·실과, 체육, 예술(음악·미술), 영어 등 10개 교과(군)로 편성하였다. 따라서 사회과는 도덕과와 연계하여 사회·도덕과군으로 교과군을 편성하였다.

한편, 2011 개정 교육과정은 교육과학기술부 고시 제2011-361호(2011.8.9)로 개정된 교육과정으로 대체적으로 2009 개정 교육과정과 유사하나 공통교육과정의 기본 정신에 입각하여 학년군에 따라 교육과정의 내용 요소를 공통으로 제시한 점이 특징이다. 2009 개정 교육과정을 약간 개정하여 2011 개정 교육과정을 고시한 것이다.

사회과에서는 제3～4학년, 제5～6학년, 제7～9학년, 제10～12학년 등 4개 학년군에

(1・2학년군 포함 5개 학년군) 따라 내용 주제를 공통으로 제시하여, 2~3개 학년(4~6학기)에 공통으로 이수하도록 한 점이 특징이다. 아울러 공통교육과정으로 사회(교과), 역사(과목)를 편성하였다. 또 선택교육과정의 과목을 일반 과목과 심화 과목으로 구분 편성하였다. 즉, 일반 과목으로는 한국지리, 세계지리, 한국사, 동아시아사, 세계사, 경제, 법과 정치, 사회・문화 등 8개 과목을 편성하였고, 심화 과목으로는 국제정치, 국제경제, 국제관계와 국제기구, 세계문제, 비교문화, 사회과학 방법론, 한국의 사회와 문화, 국제법, 지역 이해, 인류의 미래 사회, 과제 연구 등 11개 과목을 편성하였다.

<표 2-2> 한국 사회과 교육과정의 특징 변천

구분	교육과정기	사회적 배경	주요 교육 정책	사회과 교육과정 개정 방향
사회과 도입기	교수요목기 (1946~1954년)	○ 8・15 해방 ○ 미군정 시기 ○ 대한민국 정부 수립 ○ 한국전쟁	○ 일본어로 된 교재 폐기, 한국어 사용 ○ 교과서 편찬 사업 및 보급 ○ 교육제도의 민주화 ○ 문맹자 퇴치교육	○ 일제 잔재의 청산 ○ 자유민주주의 도입 ○ 반공 이데올로기 강조 ○ 미국 중심의 이데올로기 강조
	제1차 교육과정 (1954~1963년)	○ 전후(戰後) 복구 시기 ○ 남북 체제, 이데올로기 강화 ○ 사회 전반의 대미 의존 심화	○ 민주주의, 민족주의 교육 ○ 반공 교육	○ 국사과의 확대를 통한 민주주의 강조 ○ 도덕교육 확대를 통한 도의교육, 반공 교육 강조
사회과 정착기	제2차 교육과정 (1963년~1973년)	○ 제3공화국 ○ 산업화 통치 체제의 시기 ○ 유신체제의 확립 ○ 관료적 권위주의 체제	○ 국민교육헌장 선포 ○ 반공 교육 ○ 정신문화 교육 ○ 과학기술 교육	○ 교육과정기의 개편 ○ 반공・도덕 교과 강조 ○ 산업화시기에 맞추어 '정치경제'교과 등장
	제3차 교육과정 (1973~1980년)		○ 안보 교육 체제 정비 ○ 국민적 자질 함양 ○ 인간 교육의 강화 ○ 지식・기술 교육 혁신	○ 민족 주체성 확립을 위한 국사과 단위 시수 증가 ○ 직업 교육 강화 차원에서 과목명의 확실한 구분
	제4차 교육과정 (1981~1987년)	○ 유신 체제의 붕괴 ○ 제5공화국 출범 ○ 민주화에 대한 열의 ○ 자유주의적 개방 경제 전환	○ 1980.7.30 교육개혁 '교육 정상화 및 과열 과외 해소 방안' 발표 ○ 국민 공동체 의식 배양 강조 ○ 국민정신 교육의 강조	○ 사회과의 통합 유도 ○ 과목에서 선택 기회 확대 ○ 국민윤리, 국사과의 확대를 통한 국민정신 교육 강조
	제5차 교육과정 (1987~1992년)		○ 기초 교육의 내실화 ○ 과학기술 교육의 강조 ○ 교육 내에서의 민주화 추진 ○ 기회 균등 교육, 평생교육 ○ 통일 교육	○ 후기 산업사회 대비 분과주의 체제 전환 ○ 국사, 국민 윤리 강조 ○ 정치, 경제, 세계사, 세계지리의 강화를 통한 국제 경쟁력 강화 모색
통합 사회과 구축기	제6차 교육과정 (1992~1997년)	○ 구소련의 해체와 동구권의 몰락을 통한 냉전체제의 확립	○ 개인의 소질과 창의성을 개발하는 다양한 교육 ○ 수요자(학생, 학부모) 중심 교육으로 방향 전환 ○ 자율 중심 교육으로 전환	○ 통합 교과 '공동 사회' 신설: 미래 사회 대비 ○ 교과 선택의 폭 확대 ○ 학교 수준 교육과정의 강조

통합 사회과 구축기	제7차 교육과정 (1997~2007년)	○ 구소련의 해체와 동구권의 몰락을 통한 냉전체제의 확립 ○ 자유주의 시장경제체제의 구조적 확립 ○ 시민사회 영역의 확대 ○ 세계화 국제 경쟁의 시대	○ 신자유주의 교육 정책 ○ 수요자 중심 교육 강화 ○ 사회복지 교육의 강화	○ 국민공통기본교육과정(10교과)과 선택중심교육과정(11~12학년) 도입 ○ 일반 선택, 심화 선택 과목을 통합, 수요자 중심 교육 추진 ○ 사회과 체험학습, 현장학습 강조(학생 중심)
	2007년 개정 교육과정 (2007~2012년 이후)		○ 실용주의 교육 강화 ○ 신자유주의 교육 정책 강화 ○ 개인의 창의성, 학교의 다양성 강조	○ 국민공통기본교육과정, 선택중심교육과정의 체계화 ○ 역사(국사) 교육의 강화 및 역사 영역 독립 ○ 한국 정체성 교육 강화
	2009 개정 교육과정 (2011년 이후)		○ 세계화 교육 강조 ○ 통섭(융합)교육 강조 ○ 창의성 교육 강조	○ 공통교육과정, 선택교육과정 ○ 학년군, 교과군(사회・도덕 과군) ○ 동아시아사 강조
	2011 개정 교육과정 (2013년 이후)		○ 세계화 교육 강조 ○ 통섭(융합)교육 강조 ○ 창의성 교육 강조 ○ 자율성 강화	○ 공통교육과정, 선택교육과정 ○ 학년군, 교과군(사회・도덕 과군) ○ 동아시아사 강조 ○ 학년군별 내용 주제 제시 ○ 선택교육과정 일반 과목, 심화 과목 구분 제시

<**표** 2-3> 한국 사회과 교육과정 체제 변천

시대 구분	근거	체제	특징
교수요목기 (1946~1954년)	사회생활과 교수요목	○ 교수 목적 ○ 교수 방침 ○ 교수요목의 운용법 ○ 학년별 교수 사항 ○ 직업 보충 교재 (5, 6학년 남자용)	○ '사회생활과'의 도입 ○ 시간배당 기준 많음 ○ 제1~3학년 자연 관찰, 제5~6학년은 남자용 직업교육 ○ 일제 강점기 교육에서 민족 자주 교육으로 전환 ○ 교수요목 운용 면에서 향토에 대한 적응, 국가에 대한 이해, 민주주의 교육, 인륜 도덕의 실천・체득 강조
제1차 교육과정 (교과과정기: 1954~1963년)	교육부령 제44호 (1955.8.1)	○ 사회생활과의 목표 ○ 사회생활과의 내용 - 단원 일람표 - 학년별 내용	○ 통합교과로서의 사회생활과 ○ 사회생활과의 중요성 부각 ○ 사회 기능 기반, 지역확대법 적용 (아동 중심, 경험 중심 교육 원리 적용) ○ 전통 문화 계승 발전 ○ 민주 국민 자질 향상 ○ 국제 이해 교육 ○ 도덕교육 강조 ○ 전쟁 후의 부흥 지양

시대 구분	근거	체제	특징
제2차 교육과정 (1963~1973년)	교육부령 제119호 (1963.2.15)	○ 교과 목표 ○ 학년 목표 ○ 지도내용(학년별) ○ 지도상의 유의점	○ 사회생활과를 사회과로 개칭함 ○ 반공 도덕을 사회과에 흡수함 ○ 교과 목표를 5개 항에서 7개 항으로 늘림(반공, 국토 통일과 산업진흥) ○ 학년 목표 신설, 지도상의 유의점 제시 ○ 시간 배당을 1~2학년 2~3시간, 3~6학년 3~4시간으로 함 ○ 사회 기능 중심의 사회과교육 유지 ○ 운영 원칙에 지역화 강조
제3차 교육과정 (1973~1981년)	교육부령 제310호 (1973.2.14)	가. 목표 1) 일반 목표 1항 종합 목표 2~5항 영역 목표 2) 학년목표 나. 내용 ※ 단원 안내문 제시 다. 지도상의 유의점	○ 국민교육헌장 이념 구현 ○ 사회 과학 중심 교육과정 ○ 기본 개면 정신 및 구조화 ○ 탐구 과정 중시 ○ 반공 도덕을 사회과에서 분리 ○ 국사 교육 강화 ○ 5학년 생활사 ○ 6학년 생활사 ○ 교육내용 선정 기준 적용 ○ 시간배당 기준, 재조정 1~2학년 주당 2시간 3~4학년 주당 3시간 5~6학년 주당 4시간 ○교과서 개편 과정기 실험본에 의한 실험
제4차 교육과정 (1981~1987년)	교육부고시 제 442호 (1981.12.31)	가. 교과 목표 ○ 종합 목표 ○ 영역별 목표 나. 학년 목표 내용 다. 지도 및 평가상의 유의점 1) 지도 2) 평가	○ 국민정신 교육의 체계화 ○ 교육내용의 적절성 고려 ○ 인간주의 교육 고려 ○ 교육내용의 양과 수준 조절 ○ 체계적 국사 교육의 강화 ○ 교과서 수준에서 바른생활 (국어, 사회, 도덕)으로 통합
제5차 교육과정 (1987~1992년)	교육부고시 제87-9호 (1987.6.30)	가. 교과 목표 ○ 종합 목표 ○ 영역별 목표 나. 학년목표 및 내용 다. 지도 및 평가의유의점	○ 교육과정 개정 주기를 8~10년에서 7년으로 단축 ○ 4차 교육과정의 골격 유지 ○ 지식의 실생활 적용 ○ 미래 지향적 교육 ○ 국제 이해 교육 강화 ○ 1, 2학년 통합 교육과정: 바른 생활(도덕, 사회)
제6차 교육과정 (1992~1997년)	교육부 고시 제1992-16호 (1992.9.30)	1. 성격 2. 목표 ○ 종합 목표 ○ 영역별 목표 3. 내용 가. 내용 체계 나. 학년별 내용 4. 방법 5. 평가	○ 사회과교육의 본질 추구 - 여러 교육관의 조화로운 반영 ○올바른 사회 인식 방법 제고 - 경험 분석적 접근, 상황·해석적 접근 ○ 사회 변화에 대응하는 사고력 배양 ○ 교수·학습부담의 경감 ○ 실생활과의 관련 강조 ○ 1, 2학년 슬기로운 생활로 통합 ○ 내용 선정 기준의 체계적 적용

시대 구분	근거	체제	특징
제7차 교육과정 (1997~2006년)	교육부고시 제1997-15호 (1997.12.30)	1. 성격 2. 목표 ○ 종합 목표 ○ 영역 목표 3. 내용 가. 내용 체계 나. 학년별 내용 4. 교수·학습 방법 5. 평가	○ 국민공통기본교육과정 - 1~2학년: 슬기로운 생활로 통합 - 3~10학년: 보충심화 과정 ○ 11~12학년 선택 과정 ○ 학습자 중심의 사회과교육 - 수준별 교육과정 - 자기주도적 학습 → 구성주의 적용 ○ 교육과정의 지역화 ○ 학습내용의 감축 ○ 학습내용을 활동형으로 제시
2007년 개정 교육과정 (2007~2012년)	교육인적자원 부 고시 제2007-79호 (2007.2.28)	1. 성격 2. 목표 ○ 종합 목표 ○ 영역 목표 3. 내용 가. 내용 체계 나. 학년별 내용 ○ 주제명, 주제 안내, 성취 수준 4. 교수·학습 방법 5. 평가	○ 교과서 개발자에게 주제 구성 재량권 부여 ○ 초등 과정은 사회과에 역사, 지리 영역 통합 ○ 중등 과정에서는 역사 과목 분리 ○ 영역 변경: 인간과 공간 → 지리, 인간과 시간 → 역사, 인간과 사회 → 일반사회 ○ 방법 및 평가의 체계화 강조
2009 개정 교육과정 (2011~)	교육과학기술 부 고시 제2009-10호(2 009.3.6)	1. 성격 2. 목표 ○ 종합(교과) 목표 ○ 영역 목표 3. 내용 가. 내용 체계 나. 학년별 내용 ○ 주제명 ○ 주제 안내 4. 교수·학습 방법 가. 교수·학습의 원칙 나. 교수·학습의 방법 5. 평가 가. 평가 방향 나. 평가 내용 다. 평가 방법 라. 평가 결과의 활용	○ 공통교육과정(제1~9학년) ○ 선택교육과정(제10~12학년) ○ 학년군, 교과군제 도입 ○ 학습자 중심 교육과정 보장 ○ 초등 과정은 사회과에 역사, 지리 영역 통 합 ○ 중등 과정에서는 역사 과목 분리 ○ 사회과 과목, 영역 간 통합 교육 강조 ○ 방법 및 평가의 체계화 강조
2011 개정 교육과정 (2013~)	교육과학기술 부 고시 제2011-361호 (2011.8.9)	1. 추구하는 인간상 2. 학교급별 목표 3. 사회과 목표 ○ 종합(교과) 목표 ○ 영역 목표 4. 내용의 영역과 기준 가. 내용 체계 나. 영역 및 학년 내용 성취 기준 ○ 주제명, 주제 안내, 성취 수준	○ 공통교육과정(제1~9학년) ○ 선택교육과정(제10~12학년) ○ 선택교육과정에 일반과목, 심화과목 분리 ○ 학년군제, 교과군제 적용 ○ 교과서 개발자에게 주제 구성 재량권 부여 ○ 초등 과정은 사회과에 역사, 지리 영역 통합

시대 구분	근거	체제	특징
2011 개정 교육과정 (2013~)	교육과학기술부 고시 제2011-361호 (2011.8.9)	5. 교수·학습 방법 가. 교수·학습의 원칙 나. 교수·학습의 방법 6. 평가 가. 평가 방향 나. 평가 내용 다. 평가 방법 라. 평가 결과의 활용	○ 중등 과정에서는 역사 과목 분리 ○ 사회과 과목, 영역 간 통합 교육 강조 ○ 교수·학습 방법 및 평가의 체계화 강조

제5장 사회과 교육과정과 사회과 교과서의 이해

Ⅰ. 2009 개정 사회과 교육과정의 이해

1. 2009 개정 사회과 교육과정의 특징

2009 개정 사회과 교육과정의 주요 특징으로는 ① 사회과의 성격과 목표를 사회과의 목표로 통합, ② 교과군(사회·도덕)과 학년군(3~4학년, 5~6학년, 제7~9학년, 제10~12학년)의 도입, ③ 교수·학습 방법 및 평가 방법의 구체화, ④ 학교 폭력 예방을 위한 인성교육 요소의 추가 등을 들 수 있다.

가. 교육과정의 조직 및 구성 체제 조정

이전 교육과정인 2007년 개정 사회과 교육과정 체제는 '성격 → 목표 → 내용 → 교수·학습 방법 → 평가' 등의 5가지 항목으로 제시하였는데, 2009 개정 사회과 교육과정에서는 '성격'과 '목표'를 '목표'에 통합하여 제시하였고, '내용'을 '내용의 영역과 기준'으로 세분화하여 교육과정의 환류 체제인 '목표 → 내용의 영역과 기준 → 교수·학습 방법 → 평가' 등의 4가지 항목으로 통합·조정하여 제시하였다.

나. 학년군제와 교과군제 도입 적용

2009 개정 교육과정에서는 특별하게 학년군제와 교과군제를 새로 도입하였다. 학년군은 제1~2학년(초 제1~2학년), 제3~4학년(초 제3~4학년), 제5~6학년(초 제5~6학년),

제7~9학년(중 제1~3학년), 10~12학년(고 제1~3학년) 등 5개 군이다. 교과군은 사회과와 도덕과를 통합하여 사회·도덕과군, 과학과와 실과를 통합하여 과학·실과군, 그리고 음악과와 미술과를 통합하여 예술군으로 편제하였다.

2009 개정 사회과 교육과정에서는 교육목적의 근접성, 학문 탐구 대상 또는 방법상의 인접성, 실제 생활양식에서 상호 연관성을 고려하여 사회와 도덕을 하나의 '교과군'으로 편성하는 동시에 초등학교 단계인 제3~4학년과 제5~6학년을 하나의 단위로 묶는 '학년군'제를 도입하였다. 따라서 지금까지 제3, 4, 5, 6학년에서 각 학년별로 '사회(교과서)'와 '사회과 탐구(보조 교과서)'로 발행되던 교과용 도서도 학년군별로 '사회'와 '사회과 탐구'가 하나로 합본된 형태의 교과서 4권(①, ②, ③, ④)으로 발행하고 있다.

다. 교수·학습 방법 및 평가 방법의 구체화

이전 교육과정인 2007년 개정 사회과 교육과정과 비교할 때, 2009 개정 사회과 교육과정은 교수·학습 방법과 평가 방법에 새로운 내용을 추가함으로써 그 내용을 구체화하였다. 이에 대한 내용을 살펴보면 교수·학습의 원칙에서 '인성교육 강화'와 관련된 1가지, 교수·학습의 방법에서 '체험학습 및 인성교육 강화'와 '박물관 활용 교육'과 관련된 2가지를 추가함으로써 교수·학습 방법을 구체화하였다. 그리고 평가에 있어서도 '문제해결력 및 친사회적 행동실천 능력 평가 도입'과 '자료 분석·해석 기능 강조'와 관련된 2가지 항목을 추가하여 평가 방법을 보다 구체화하였다.

라. 학교폭력 예방 및 인성교육 요소 추가 포함

2009 개정 사회과 교육과정은 2012년 7월 수정 고시를 통하여 학교폭력 예방을 위한 인성 교육 요소를 추가하였다(2012.7.9.). 사범계 대학의 교육과정에도 '학교폭력예방 및 대책' 교과목을 신설하여 이수토록 규정하였다. 인성교육 요소는 교수·학습의 원칙에서 인권존중사상, 공동체 의식, 존중과 배려 의식, 관용과 타협의 정신 함양 등을 위해 다양한 교수 방법을 활용하도록 하였다.

그리고 교수·학습의 방법에서는 학생들의 민주적 가치·태도 함양에 도움이 될 수 있도록 쟁점이나 문제 상황, 가치 갈등 상황, 인권 침해 사례 등 다양한 상황이나 사례를 제시하고, 학생들이 합리적인 해결 방안을 모색하고 실천할 것을 제시하였다.

<표 2-4> 사회과 교육과정의 교수·학습 방법 및 평가 방법 내용 변화

	2007년 개정 사회과 교육과정		2009 개정 사회과 교육과정
교수·학습의 원칙	○ 사회과의 성취 목표인 핵심 지식의 이해, 탐구 기능의 습득, 고차원적 사고력의 신장, 그리고 문제해결력 및 실천 능력 향상을 위해 다양한 교수 방법을 활용한다.	➜	○ (수정) 사회과의 성취 목표인 핵심 지식의 이해, 탐구 기능의 습득, 고차원적 사고력의 신장, 문제해결력 및 실천 능력 향상, 인권존중사상, 사회정의 및 공동체 의식, 존중과 배려 의식, 관용과 타협의 정신 함양 등을 위해 다양한 교수 방법을 활용한다. ○ (추가) 민주적 가치 및 태도 함양에 적합한 개인적, 사회적 문제나 쟁점 탐구, 가치 분석, 공감, 친사회적 행동 실천 등과 같은 학습 과정을 통해 학습자가 가치 갈등 및 문제 상황에서 타인에 대한 공감 능력, 문제나 갈등 해결 및 실천 능력 등을 신장시킬 수 있도록 학습을 전개한다(인성교육 강화).
교수·학습의 방법	○ 학습자가 민주시민의 자질을 함양하고 지역사회 참여 의식을 고취할 수 있도록 각종 사회 문제에 관한 시사 자료와 지역사회 자료를 활용하여 지도한다. ○ 현대 사회의 정치적, 경제적, 사회적, 문화적 현상을 실증적 자료와 구체적인 사례에 근거하여 분석할 수 있도록 지도한다.	➜	○ (추가) 학생들의 민주적 가치 및 태도 함양에 도움이 될 수 있도록 쟁점이나 문제 상황, 가치 갈등 상황, 인권침해사례 등 다양한 상황이나 사례를 제시하고, 학생들이 합리적인 해결방안을 모색하고 실천할 수 있도록 체험 중심의 교수·학습 방법과 자료를 활용한다(체험학습 및 인성교육 강화). ○ (수정) 학습자가 각종 사회 문제에 관한 시사 자료와 지역사회자료를 활용하여 쟁점을 탐구하거나 가치를 분석해 볼 수 있는 기회를 갖도록 지도한다. ○ (수정) 현대 사회의 정치적, 경제적, 사회적, 문화적 현상을 경험적 자료에 근거하여 분석하고, 일상생활에서 흔히 접할 수 있는 다양한 문제 및 갈등 사례에 대해 이해와 공감을 바탕으로 합리적으로 해결할 수 있도록 지도한다. ○ (추가) 인류와 자연에 관한 모든 유형의 물적 증거 자료로서 교육적·문화적으로 가치 있는 유물과 표본들을 수집, 보전, 전시하는 박물관을 활용하여 실물을 대하기 어려운 역사교육의 어려움을 극복한다(박물관 활용 교육).
평가 방향	○ 가치·태도 영역의 평가에서는 국가, 사회의 요구와 개인적 요구에 비추어 바람직한 가치와 합리적 가치의 내면화 정도, 가치에 대한 분석 및 평가 능력 등을 평가한다.	➜	○ (수정) 가치·태도 영역의 평가에서는 국가, 사회의 요구와 개인적 요구에 비추어 바람직한 가치의 내면화 정도, 가치에 대한 분석 및 평가 능력, 공감 능력, 친사회적 행동 실천 능력 등을 평가한다.
평가 내용	○ 인간 행위와 사회 환경에 대한 다양한 관점의 이해와 수용, 사회적 합의성이 높은 가치의 탐색 및 사회의 기본 가치에 대한 이해와 존중	➜	○ (수정) 인간 행위와 사회 환경에 대한 다양한 관점의 이해와 수용, 사회적 합의성이 높은 가치의 탐색 및 사회의 기본 가치에 대한 이해와 존중, 공감 능력, 친사회적 행동실천능력
평가 방법		➜	○ (추가) 발표, 토론, 역할놀이, 시뮬레이션 등 개인 및 집단 활동에 대한 관찰이나 면접과 같은 평가 방법을 활용하여 문제 및 갈등 해결 능력, 친사회적 행동실천능력 등을 평가한다(문제해결력 및 친사회적 행동실천능력 평가 도입). ○ (추가) 자료를 분석·해석하고, 복합적이고 단계적으로 사고하는 것을 측정할 수 있도록 평가 방법을 고안해야 한다(자료 분석·해석 기능 강조).

2. 이전 사회과 교육과정과 현행 2009 개정 사회과 교육과정의 비교

<표 2-5> 이전·현행 사회과 교육과정의 비교

<table>
<tr><th>구분</th><th colspan="2">2007년 개정 사회과 교육과정</th><th colspan="2">2009 개정 사회과 교육과정</th><th>비고</th></tr>
<tr><td>전체 체제</td><td colspan="2">○ 성격
○ 목표
○ 내용
○ 교수·학습 방법
○ 평가</td><td colspan="2">○ 목표
○ 내용의 영역과 기준
○ 교수·학습 방법
○ 평가</td><td>'성격'과 '목표'를 통합하여 '목표'로 제시</td></tr>
<tr><td>내용 체계</td><td colspan="2">초 3, 4, 5, 6학년, 중 1, 2, 3학년, 고 1, 2, 3학년</td><td colspan="2">학년군(3~4학년, 5~6학년, 7~9학년, 10~12학년)의 도입</td><td>학년군제 도입</td></tr>
<tr><td>내용 영역</td><td colspan="2">역사, 지리, 일반사회</td><td colspan="2">역사, 지리, 일반사회</td><td>2007 개정 사회과 교육과정과 동일</td></tr>
<tr><td rowspan="4">학년별 내용
(3~6학년)</td><td>3학년</td><td>○ 우리가 살아가는 곳
○ 우리 고장의 정체성
○ 고장의 생활문화
○ 사람들이 모이는 곳
○ 이동과 의사소통
○ 다양한 삶의 모습들</td><td rowspan="2">3~4
학년군</td><td rowspan="2">○ 우리가 살아가는 곳
○ 이동과 소통하기
○ 사람들이 모이는 곳
○ 달라지는 생활 모습
○ 우리 지역, 다른 지역
○ 도시의 발달과 주민 생활
○ 촌락의 형성과 주민 생활
○ 경제생활과 바람직한 선택
○ 다양한 삶의 모습들
○ 민주주의와 주민 자치
○ 지역사회의 발전
○ 사회 변화와 우리 생활</td><td rowspan="2">3~4학년군</td></tr>
<tr><td>4학년</td><td>○ 우리 지역의 자연환경과 생활 모습
○ 우리 지역과 관계 깊은 곳들
○ 여러 지역의 생활
○ 주민 자치와 지역사회의 발전
○ 경제생활과 바람직한 선택
○ 사회 변화와 우리 생활</td></tr>
<tr><td>5학년</td><td>○ 하나 된 겨레
○ 다양한 문화가 발전한 고려
○ 유교 전통이 자리 잡은 조선
○ 조선 사회의 새로운 움직임
○ 새로운 문물의 수용과 민족운동
○ 대한민국의 발전과 오늘의 우리</td><td rowspan="2">5~6
학년군</td><td rowspan="2">[지리, 일반사회 영역]
○ 살기 좋은 우리 국토
○ 우리 경제의 성장
○ 환경과 조화를 이루는 국토
○ 우리나라의 민주정치
○ 우리 이웃 나라의 환경과 생활 모습
○ 우리 사회의 과제와 문화의 발전
○ 세계 여러 나라의 환경과 생활 모습
○ 정보화, 세계화 속의 우리

[역사 영역]
○ 우리 역사의 시작과 발전
○ 세계와 활발하게 교류한 고려
○ 유교 문화가 발달한 조선
○ 조선 사회의 새로운 움직임
○ 근대국가 수립을 위한 노력과 민족운동
○ 대한민국의 발전과 오늘의 우리</td><td rowspan="2">5~6학년군</td></tr>
<tr><td>6학년</td><td>○ 아름다운 우리 국토
○ 환경을 생각하는 국토 가꾸기
○ 세계 여러 지역의 자연과 문화
○ 우리 경제의 성장과 과제
○ 우리나라의 민주정치
○ 정보화, 세계화 속의 우리</td></tr>
</table>

<table>
<tr><th>구분</th><th colspan="2">2007년 개정 사회과 교육과정</th><th colspan="2">2009 개정 사회과 교육과정</th><th>비고</th></tr>
<tr><td rowspan="3"></td><td>7학년</td><td>[지리 영역]
○ 내가 사는 세계
○ 다양한 기후 지역과 주민 생활
○ 다양한 지형과 주민 생활
○ 지역마다 다른 문화
○ 인구변화와 인구문제
○ 도시발달과 도시문제

[일반사회 영역]
○ 개인과 사회생활
○ 문화의 이해와 창조
○ 우리의 생활과 법
○ 인권보호와 헌법</td><td rowspan="3">7~9
학년군</td><td rowspan="3">[한국사 영역-근대 이전]
○ 문명의 형성과 고조선의 성립
○ 삼국의 성립과 발전
○ 통일신라와 발해의 발전
○ 고려의 성립과 변천
○ 조선의 성립과 발전
○ 조선 사회의 변동(6개 주제)

[한국사 영역-근대 이후]
○ 근대국가 수립 운동과 국권수호운동
○ 민족운동의 전개
○ 대한민국의 발전(3개 주제)

[세계사 영역-근대 이전]
○ 통일제국의 등장
○ 지역세계의 형성과 발전
○ 전통사회의 발전과 변모(3개 주제)

[세계사 영역-근대 이후]
○ 산업사회와 국민국가의 형성
○ 아시아, 아프리카 세계의 변화와 민족운동
○ 현대 세계의 전개(3개 주제)

[지리 영역]
○ 내가 사는 세계
○ 인간 거주에 유리한 지역
○ 극한 지역에서의 생활
○ 자연으로 떠나는 여행
○ 자연재해와 인간생활
○ 인구변화와 인구문제
○ 도시발달과 도시문제
○ 문화의 다양성과 세계화
○ 글로벌 경제와 지역 변화
○ 세계화 시대의 지역화 전략
○ 자원의 개발과 이용
○ 환경문제와 지속가능한 환경
○ 우리나라의 영토
○ 통일 한국과 세계 시민의 역할(14개 주제)

[일반사회 영역]
○ 개인과 사회생활
○ 문화의 이해와 창조
○ 사회의 변동과 발전
○ 정치생활과 민주주의
○ 정치 과정과 시민 참여
○ 경제생활의 이해
○ 시장경제의 이해
○ 일상생활과 법</td><td rowspan="3">7~9학년군</td></tr>
<tr><td>8학년</td><td>[한국사 영역]
○ 문명의 형성과 고조선의 성립
○ 삼국의 성립과 발전
○ 통일신라와 발해
○ 고려의 성립과 발전
○ 고려 사회의 변천
○ 조선의 성립과 발전

[세계사 영역]
○ 통일제국의 형성과 세계 종교의 등장
○ 다양한 문화권의 형성
○ 교류의 확대와 전통사회의 발전</td></tr>
<tr><td>9학년</td><td>[한국사 영역]
○ 조선 사회의 변동
○ 근대국가 수립 운동
○ 대한민국의 발전

[세계사 영역]
○ 산업화와 국민국가의 형성
○ 아시아·아프리카 민족운동과 근대국가 수립 운동
○ 현대 세계의 전개

[지리 영역]
○ 자원의 개발과 이용
○ 산업 활동과 지역 변화
○ 지역에 따라 다른 환경문제
○ 세계 속의 우리나라
○ 통일 한국의 미래

[일반사회 영역]
○ 정치생활과 민주주의
○ 정치 과정과 참여 민주주의
○ 경제생활과 경제문제
○ 시장경제의 이해
○ 국민경제의 이해</td></tr>
</table>

<table>
<tr><th>구분</th><th colspan="2">2007년 개정 사회과 교육과정</th><th colspan="2">2009 개정 사회과 교육과정</th><th>비고</th></tr>
<tr><td></td><td></td><td></td><td>7~9
학년군</td><td>○ 인권 보장과 법
○ 헌법과 국가 기관
○ 국민경제와 경제 성장
○ 국제경제와 세계화
○ 국제사회와 국제정치
○ 현대 사회와 사회문제
(14개 주제)</td><td></td></tr>
<tr><td>평가</td><td colspan="2">○ 평가 방향
○ 평가 내용
○ 평가 방법
○ 평가 결과의 활용</td><td colspan="2">○ 평가 방향
○ 평가 내용
○ 평가 방법
○ 평가 결과의 활용</td><td>2007 개정 사회과 교육과정과 동일</td></tr>
</table>

<**표** 2-6> 2009 개정 사회과 교육과정의 내용 체계표

<table>
<tr><th>학년</th><th>지리 영역</th><th>일반사회 영역</th><th colspan="3">역사 영역(과목)</th></tr>
<tr><td>제3~4학년
(초등학교
제3~4학년)</td><td>○ 우리가 살아가는 곳
○ 달라지는 생활 모습
○ 촌락의 형성과 주민 생활
○ 민주주의와 주민 자치</td><td>○ 이동과 소통하기
○ 우리 지역, 다른 지역
○ 경제생활과 바람직한 선택
○ 지역사회의 발전</td><td colspan="3">○ 사람들이 모이는 곳
○ 도시의 발달과 주민 생활
○ 다양한 삶의 모습들
○ 사회 변화와 우리 생활(12주제)</td></tr>
<tr><td>제5~6학년
(초등학교
제5~6학년)</td><td>○ 살기 좋은 우리 국토
○ 환경과 조화를 이루는 국토
○ 우리 이웃 나라의 환경과 생활 모습
○ 세계 여러 나라의 환경과 생활 모습(4개 주제)</td><td>○ 우리 경제의 성장
○ 우리나라의 민주정치
○ 우리 사회의 과제와 문화의 발전
○ 정보화·세계화 속의 우리(4개 주제)</td><td colspan="3">○ 우리 역사의 시작과 발전
○ 세계와 활발하게 교류한 고려
○ 유교문화가 발달한 조선
○ 조선 사회의 새로운 움직임
○ 근대국가 수립을 위한 노력과 민족운동
○ 대한민국의 발전과 오늘의 우리(6개 주제)</td></tr>
<tr><td rowspan="4">제7~9학년
(중학교
제1~3학년)</td><td rowspan="4">○ 내가 사는 세계
○ 인간 거주에 유리한 지역
○ 극한 지역에서의 생활
○ 자연으로 떠나는 여행
○ 자연재해와 인간생활
○ 인구변화와 인구문제
○ 도시발달과 도시문제
○ 문화의 다양성과 세계화
○ 글로벌 경제와 지역 변화
○ 세계화 시대의 지역화 전략
○ 자원의 개발과 이용
○ 환경문제와 지속가능한 환경
○ 우리나라의 영토
○ 통일 한국과 세계 시민의 역할(14개 주제)</td><td rowspan="4">○ 개인과 사회생활
○ 문화의 이해와 창조
○ 사회의 변동과 발전
○ 정치생활과 민주주의
○ 정치 과정과 시민 참여
○ 경제생활의 이해
○ 시장경제의 이해
○ 일상생활과 법
○ 인권 보장과 법
○ 헌법과 국가 기관
○ 국민경제와 경제 성장
○ 국제경제와 세계화
○ 국제사회와 국제정치
○ 현대 사회와 사회문제
(14개 주제)</td><td rowspan="2">근대
이전</td><td>한국
사영
역</td><td>○ 문명의 형성과 고조선의 성립
○ 삼국의 성립과 발전
○ 통일신라와 발해의 발전
○ 고려의 성립과 변천
○ 조선의 성립과 발전
○ 조선 사회의 변동(6개 주제)</td></tr>
<tr><td>세계
사영
역</td><td>○ 통일제국의 등장
○ 지역세계의 형성과 발전
○ 전통사회의 발전과 변모(3개 주제)</td></tr>
<tr><td rowspan="2">근대
이후</td><td>한국
사영
역</td><td>○ 근대국가 수립 운동과 국권수호운동
○ 민족운동의 전개
○ 대한민국의 발전(3개 주제)</td></tr>
<tr><td>세계
사영
역</td><td>○ 산업사회와 국민국가의 형성
○ 아시아·아프리카 세계의 변화와 민족운동
○ 현대 세계의 전개
(3개 주제)</td></tr>
</table>

제10~12학년 (고등학교 제1~3학년): 선택교육과정 과목	일반	○ 한국지리 ○ 세계지리(2개 과목)	○ 경제 ○ 법과 정치 ○ 사회・문화(3개 과목)	○ 한국사 ○ 동아시아사 ○ 세계사(3개 과목)
	심화	○ 지역 이해(1개 과목)	○ 국제정치 ○ 국제경제 ○ 국제 관계와 국제기구 ○ 세계 문제 ○ 비교 문화 ○ 사회과학 방법론 ○ 한국의 사회와 문화 ○ 국제법 ○ 인류의 미래 사회 ○ 과제 연구(10개 과목)	

3. 사회과 교과서의 통합: 사회과 교과서+사회과 탐구=통합 사회과 교과서('사회')

일반적으로 교과용 도서란 학생용인 '교과서'와 교사용인 '교사용 지도서'를 통합하여 의미하며, 사회과의 경우는 '사회과 부도'도 교과용 도서에 포함된다. 우리나라 초등학교 사회과 교과서는 국정제로 편찬하여 발행하고 있으며, 2007개정 사회과 교육과정까지 '사회'와 '사회과 탐구'를 별권으로 개발하였으나, 2009 개정 사회과 교육과정에서는 이 두 권을 합본하여 한 권의 교과서인 '사회'로 개발하였다.

새로운 사회과 교과서는 학생들이 직・간접으로 경험할 수 있는 실제적인 사회 현상들을 사례로 제시하여 보다 쉽고 흥미를 느낄 수 있도록 하였다. 한편 그동안 시・도교육청의 자율적인 방침에 따라 개발 및 활용될 예정이다. 또 새로운 '사회' 교과서는 교육과정의 성취 기준의 범위 내에서 학습량이나 학습 활동 등의 범위 등을 조정함으로써 최적의 교수・학습 자료로서의 가치를 지닐 수 있도록 하였다.

Ⅱ. 사회과 교과용 도서의 이해

1. 창의와 인성을 지향하는 재미있는 사회과 교과서

가. 창의 인성을 중심으로 한 배려와 나눔 지향

2009 개정 사회과 교육과정에 따른 사회과 교과용 도서의 개발 방향은 다음과 같다. ① 창의와 인성을 고려한 재미있는 사회 교과서, ② 현장 적합성이 높은 사회 교과서,

③ 학습자의 적성, 능력을 고려한 수준별 학습이 가능한 사회 교과서, ④ 정보화, 디지털 사회에 적합한 사회 교과서, ⑤ 학습자의 이해에 기초한 사회 교과서, ⑥ 학습자의 자기 주도적 학습이 가능한 사회 교과서 등이다. 이러한 사회과 교과용 도서의 개발 방향에 맞추어 드러나는 특징을 교과서 실례와 함께 제시하면 다음과 같다.

2009 개정 사회과 교육과정은 학습하는 능력과 폭넓은 인성을 길러 배려와 나눔을 실천하는 창의적인 인재 양성을 목적으로 하고 있다. 2009 개정 교육과정에 따른 사회과 교과서는 창의적인 사고를 촉진하고 바른 인성을 길러줄 수 있는 학습내용을 갖춘 교과서로 개발하였다.

나. 이야기와 사례 중심 학습내용 기술(記述): 스토리텔링(Storytelling), 내러티브(Narrative) 등

새로운 교과서는 이야기(내러티브, narrative), 사례 등을 중심으로 학습내용을 서술하였다. 학생들의 창의적 사고에 장애가 되는 요소는 교과서에 수록된 학습내용이 서로 관련성 없는 정보들로 나열된 경우이다. 이러한 단편적이고 분절적인 정보, 즉 구조화되지 않은 정보는 기억 속에서 쉽게 망각될 뿐만 아니라 진정한 의미 구성을 방해한다. 그러므로 사회 교과서를 통하여 의미 있는 학습을 실현하려면 학습내용이 이야기식(내러티브)으로 구성되어야 한다. 여기서 말하는 내러티브는 단순한 이야기가 아니라 이야기 속에 많은 개념들을 내포하는 일종의 사고방식을 뜻하는 것으로, 내용을 의미 있게 만들어주는 효율적인 도구로써 그 구조 속에 시간의 흐름, 논리적 관계, 인과성의 개념을 구성하는 방법이다.

가령, 제3~4학년군의 제1단원 '현명한 선택'에서는 사람들이 경제 활동을 하면서 겪게 되는 선택의 문제를 '지섭이의 고민'이라는 이야기식 서술을 통해 학생들이 자연스럽게 이해할 수 있도록 하였다.

[표 2-7] '이야기식(story telling) 서술'의 예(사례)

<요 약>

지섭이는 매달 용돈을 받습니다. 부모님께서는 지섭이가 청소를 하거나 심부름을 할 때, 화분에 물을 주거나 아버지의 구두를 닦을 때마다 그에 알맞도록 용돈을 모아 두십니다. 이것이 지섭이의 그 달 용돈이 됩니다.
지섭이는 용돈으로 학용품도 사고, 과자도 사고, 책도 삽니다. 남은 용돈은 예금통장에 저축도 합니다. 지난달에는 용돈을 더 벌기 위하여 청소도 많이 하였고, 상차림도 도와드렸습니다. 이번에 꼭 사고 싶은 물건이 생겼기 때문입니다.
지섭이는 친구들과 야구하는 것을 좋아합니다. 그동안 사용하던 야구장갑이 낡아서 이번에 새 장갑으로 바꿀 생각입니다. 그래서 야구용품을 파는 가게에 가 보기로 하였습니다.

다. 학생 중심의 이야기 전개

새로운 교과서는 학생과 학습내용의 관련성을 높일 수 있도록 현실 생활에서 직접 관찰하거나 체험할 수 있는 내용을 가지고 학생이 주인공이 되어 이야기를 전개하는 방식으로 구성하였다. 이야기(내러티브)식의 경우, 상황과 맥락을 고려하여 문제를 제기하고 이를 해결해 나가는 구조로 접근하고, 사례의 경우에는 흥미를 유발하는 핵심적인 발문을 제시함으로써 수업에서의 활용도를 높일 수 있도록 하였다. 이야기, 사례의 도입 부분은 학생들에게 친숙한 대화형으로 제시하고, 교과서의 사진이나 삽화에서도 가능하면 학생들이 많이 등장하도록 하였다.

한편, 초등하고 제3~4학년 학생들의 인지적 수준을 고려하여 차시 내에서뿐만 아니라 주제 간, 단원 간의 스토리도 서로 연결될 수 있도록 단원과 주제의 연계성을 고려하였다. 예컨대, '사회 ①'의 1단원 '우리가 살아가는 곳'의 주제는 '우리 고장의 위치 → 지도를 위한 약속 → 우리 고장의 모습 → 우리 고장 사람들이 하는 일'의 순서로 내용을 전개하였다.

학습내용의 연계성 고려 차원에서 제3~4학년군 단원의 순서 역시 '우리가 살아가는 곳 → 이동과 소통하기 → 사람들이 모이는 곳 → 우리 지역, 다른 지역 → 달라지는 생활 모습 → 다양한 삶의 모습들 → 도시발달과 주민 생활 → 촌락의 형성과 주민 생활 → 민주주의와 주민 자치 → 경제생활과 바람직한 선택 → 사회 변화와 우리 생활 → 지역사회의 발전' 순으로 배열하였다.

라. 학생의 흥미를 유발하는 주제 선정

새로운 교과서는 학생들의 흥미를 유발할 수 있도록 재미있는 주제와 읽기 자료를 제시하였다. 재미있는 교과서 구현을 위하여, 주제명은 학습내용을 포괄하고 대표성이 있으며 가능하다면 학생들의 호기심을 자극할 수 있도록 정하였다. 그리고 주제와 관련된 흥미 있는 읽기 자료의 제시를 통하여 학생들의 호기심을 유발할 수 있도록 하였다.

예컨대, '사회 ②'의 제2단원 '달라지는 생활 모습'의 경우 주제명을 '옛 모습 지금 모습', '의식주가 달라졌어요', '친구야 놀자' 등으로 설정하여 학생들의 흥미를 자극할 수 있도록 하였다. 또한 [그림 2-7]에서 볼 수 있듯이 해당 주제와 관련 있는 다양한 읽기 자료를 제시하여 학생들의 흥미와 호기심을 유발할 수 있도록 하였다.

2. 학교와 교실 현장에 적합한 사회과 교과서

학생들이 사회과를 선호하지 않는 이유 가운데 하나는 많은 경우 사회과 수업이 암기 위주의 학습으로 진행되기 때문이다. 이 같은 이유로 교사들 역시 사회과를 선호하지 않는 교과 중 하나로 꼽고 있다. 사회과는 교과 특성상 알아야 할 기본적인 사실과 개념 그리고 일반화 등이 다른 교과에 비하여 많을 수밖에 없다.

이러한 현실을 반영하여 사회과의 특성을 살리면서 동시에 학생과 교사들이 쉽게 접근할 수 있도록 교과서를 개발하였다. 이를 위해 새로운 교과서에서는 사회과에서 알아야 할 기본적이면서도 핵심적인 개념 및 일반화 지식을 간명하게 제시하고, 이러한 내용을 중심으로 사회과 수업을 전개할 수 있도록 하였다.

가. 형식적인 학습 활동에서 실제적인 학습 활동으로 전환하는 연차시 구성

새로운 교과서는 형식적인 학습 활동에서 실제적인 학습 활동을 이끄는 내용으로 바꾸고자 노력하였다. 즉, 새로운 교과서에서는 학습내용의 성격에 비추어 연차시( )로 이루어져야 할 경우 이를 교과서에 직접 안내하였다. 즉, 사회과에서 차시 목표가 1차시 분량으로 완성되기 어려운 경우, 2~3차시로 연결하여 끝낼 수 있도록 연차시 학습을 안내하였다.

나. 다양한 기능의 계획적인 학습을 위한 '기능 학습 코너' 설정

새로운 교과서는 비슷한 조사 방법의 반복 학습에서 벗어나 사회과 학습에 필요한 다양한 기능을 계획적으로 학습할 수 있도록 '기능 학습 코너'를 설정하였다. 이는 천편일률적인 조사학습이 아니라 다양한 기초 기능의 학습이 중복되지 않고 계획적으로 접근할 수 있도록 기초 기능을 익힐 수 있게 하기 위함이다.

예컨대, 현행 사회과 교과서에는 '~을 조사하여 정리해 봅시다'라는 방식의 내용이 제 3~4학년 사회과 교과서 전반에 제시되고 있어 조사 학습 비중이 높다. 이러한 점을 고려하여 새로운 교과서에서는 조사 학습의 근간을 이루는 기초 기능 학습을 익힐 수 있도록 '할 수 있어요'라는 기능 학습 코너를 신설하여 사회과 기초 기능의 학습이 단원별, 주제별로 중복되지 않고 계획적인 접근이 가능하도록 하였다.

다. 학생에게 익숙하고 친근한 북 디자인 도입

새로운 교과서에서는 학생에게 익숙하고 친근한 북 디자인을 도입하였다. 기존의 교과서 판형(4×6배판)이 학생들이 생활 속에서 접하는 일반적인 도서와 비교할 때 디자인면에서 뒤떨어지는 경향이 있으므로 새로운 교과서는 학생들이 주변에서 쉽게 접하고 있는 자유 판형(21cm×26cm)으로 하여 표지 구성을 획기적으로 개선하고, 교과서의 삽화 일부를 세밀화로 그리거나 필요한 경우 펼침쪽으로 구성하는 등 학생들이 다시 보고 싶어 하는 심미적인 교과서가 될 수 있도록 하였다. 또한, 교과서 여백을 최대한 활용하되, 바탕색을 미적으로 처리하였으며, 사진이나 삽화는 가능한 범위 내에서 학생이 주인공이 되도록 하였다.

라. 이론 중심이 아닌 실천 중심의 내용 구성

새로운 사회 교과서는 이론 중심에서 탈피하여 실천 중심으로 나아가고자 하였다. 교사용 지도서에는 교수・학습 과정안을 제시하여 기본 교수・학습 방법의 활용도를 높이고자 하였다. 그리고 교과서에 지역화 캐릭터를 도입하여 지역화를 직접적으로 안내하고, 교사용 지도서에는 이와 관련된 지역화 방법을 안내하고 지역화 실례를 제시하였다.

3. 학습자의 능력・적성 고려 수준별 학습용 사회과 교과서

새로운 사회 교과서는 내용을 총망라하는 기존의 교과서 진술 방식에서 벗어나 수준별 학습이 가능하도록 하기 위해 과다하고 어려운 학습내용을 간결하고 쉽게 제시하였다.

첫째, 학생들에게 친근한 주변 자료를 최대한 활용하였다. 내용의 외연적 확대를 지양하고, 학생들의 생활 주변에서 흔히 발견할 수 있는 사례를 제시하며, 특히 일상생활의 모습을 적극적으로 활용하였다.

둘째, 3~4학년 수준에서 어려운 용어를 직접 제시하기보다는 학생 수준에 맞는 내용으로 바꾸어 제시하였다. 예컨대, 2007 개정 교육과정에서 '인문환경'이라는 용어를 교과서에 직접 썼으나 2009개정 교육과정에서는 '사람들이 만든 환경'으로 기술하였다. 그리고 주요 용어나 개념은 기본적으로 학습을 통하여 익힐 수 있도록 했으며, 별도의 설명이 필요한 경우 캐릭터를 활용하여 제시하였다.

셋째, 학생들의 학습내용 파악이 쉽도록 교과서의 형식을 다양화하였다. 예컨대, 학습 내용의 시인성(visibility)을 높인 '펼침쪽'을 적극 활용하고, 쪽마다 대표적인 사진이나 큼직한 삽화 1~2장을 시원하게 제시하였다.

4. 정보화 · 디지털 사회에 적합한 사회과 교과서

21세기의 학생은 본격적인 멀티미디어의 시대를 살아가게 된다. 그들에게 인터넷은 생존의 도구이자, 새로운 세계 창조의 수단이다. 사회 변화에 민감해야 할 사회 교과서는 학생들이 멀티미디어와 인터넷을 통해 세계를 이해하고 자신과 세계의 관계를 알 수 있도록 도와야 한다. 따라서 사회과 교과서는 기존의 텍스트 중심 교과서와 더불어 다양한 형태(학생 개인용, 교사용, 학급용, 학년용, 다학년용, 학교용 등)로 개발하여 보급할 필요가 있다. 새로운 사회 교과서는 TV, 영화, 인터넷 등 멀티미디어 시대를 살아가는 학생의 발달적 특성과 기호에 맞는 색상, 이미지, 디자인을 도입하여 인쇄 매체로서의 교과서가 지니는 경직성을 극복할 수 있는 교과서를 전제로 개발되었다.

질 좋은 사회과 교과서는 내용 구성의 내적 측면과 외적 체제 면에서 높은 질을 유지하고 있는 교과서이다. 질이 좋은 사회 교과서는 내용 구성에서 사회과 교육과정의 취지를 잘 구현하고 있으며, 교육과정에 제시된 내용이 적절한 수준에서 학생들의 흥미와 경험을 잘 살린 교과서이다. 그리고 무엇보다도 효율적인 '교수 · 학습 자료'의 기능을 수행할 수 있는 사회과 교과서이다. 또한 질 좋은 사회과 교과서는 제시된 교육 내용뿐만 아니라 내용을 제시하는 외적 체제의 질도 좋아야 한다. 따라서 새로운 사회 교과서는 학생들이 흥미 있게 학습할 수 있도록 아름답게 구성하였다.

5. 학습자의 이해에 기초한 사회과 교과서

교과서는 교사와 학부모, 학생들에게는 가장 중요한 교육 내용이자 교수 · 학습 자료이다. 따라서 교과서의 핵심 역할은 교사들은 기본적인 교육내용을 알 수 있고, 학생은 배울 내용을 스스로 확인할 수 있으며, 학부모들은 자녀들이 배울 내용이 무엇인지 알 수 있는 친절한 교과서가 되어야 한다. 따라서 사회 교과서는 사회과에서 다루어야 할 기본적인 사실과 개념, 일반화 등 주요 내용을 제시하고 해결하는 방법과 결과를 동시에 담고 있어야 한다.

새로운 사회 교과서는 사회 교과서와 사회과 탐구를 합본하여 사용자의 편의를 도모하고, 주 교과서는 기본 교육 내용과 읽기자료 중심으로 이원화하여 구성하였다. 그리고 때에 따라 필요한 교수·학습 방법이나 자료(읽기 자료, 도표, 사진, 지도, 조사, 토의 등)를 함께 구성하여 주입과 암기에서 벗어나 학습자와 학부모의 이해를 돕고 기본과 심화의 맥락을 알아보기 쉽게 제시하였다. 때문에 학생과 교사는 한 권의 사회 교과서로 다양한 탐구 자료와 방식을 적절히 활용하여 수업의 묘미를 찾는 것이 필요하다.

6. 학습자의 자기 주도적 학습을 지향하는 사회과 교과서

자기주도적 학습은 구성주의 교육관에 입각해서 교사와 학생이 함께 만들어 가는 학습을 의미한다. 따라서 수업은 지식의 전달과 암기가 아니라, 교사와 학생이 학습과제를 찾고 문제를 해결해 가며, 수업의 결과 자신의 지식을 쌓아 가는 데 초점이 맞추어져야 한다. 이를 위한 교과서는 교사들에게는 학생들에게 가르쳐 줄 기본적인 교육 내용을 알 수 있고, 학생들에게는 배우고자 하는 교육 내용 및 방법을 알고 자기 스스로 계획을 세워서 학습할 수 있어야 한다. 새로운 교과서는 이러한 열린 학습을 뒷받침해 주기 위해 문제 해결 및 활동 중심의 내용 전개 방식을 택하였다.

제5차 사회과 교육과정부터 사회과 교과용 도서는 '사회'와 '사회과 탐구' 2종이 발행되고 있다. '사회'는 사회과에서 다루어야 할 기본적인 사실과 개념, 일반화 등 교육 내용을 문제해결형으로 개발한 교과서이고, '사회과 탐구'는 '사회'의 학습 활동을 지원하는 다양한 자료와 활동으로 구성된 보조 교과서이다. 사회과를 가르치는 데 있어 다양한 교수·학습 자료가 필요한 것은 사실이나 학습할 내용의 과다 문제를 해결하기 위해 지금처럼 '사회'와 '사회과 탐구'를 따로 개발하는 대신 '사회' 한 권으로 합본하여 사회과의 기본 교육 내용을 중심으로 구성하고, 필요한 경우 교수·학습 자료(읽기 자료, 도표, 사진, 지도, 조사, 토의 등)를 추가하였다.

Ⅲ. 사회과 교과서 체제 및 활용 방안

1. 사회과 교과서 구성 체제와 특징

가. 사회과 교과서 '사회'와 '사회과 탐구'의 통합 합본화(2권 → 1권)

2007년 개정 사회과 교육과정에 따른 사회가 교과서는 '사회'와 '사회과 탐구' 2권으로 구성되었다. 그러나 2009 개정 교육과정에 따른 사회과 교과서는 학교 현장의 활용도를 높이기 위하여 '사회'와 '사회과 탐구'를 합본하여 '사회' 1권으로 발행하였다. 즉 2009 개정 사회과 교육과정에서는 '사회과 교과서'에 워크북 보조교과서인 '사회과 탐구'를 통합하였다. 또 학년군의 도입으로 각 학년군별로 4권의 교과서를 편찬하였다.

2007 개정 사회과 교육과정에서 '사회과 탐구'는 '사회'를 지원하는 보조 교과서로서 의미 있는 자료를 제시하는 '학습 자료집'의 역할을 했다. 이를 고려하여 2009 개정 사회과 교육과정에 따라 발행된 '사회'는 차시별 쪽수를 늘려 학습하는 데 필요한 자료를 추가하였다.

사회과 학습은 우리 사회에서 일어나는 여러 가지 일들을 외워서 아는 것이 아니라 학생들 주변에서 볼 수 있는 사회 현상들을 대상으로 탐구 활동을 통해 지식을 얻는 것이다. 때문에 '사회'는 다양하게 생각하고 친구들과 이야기를 나누고 직접 참여하여 활동할 수 있도록 내용을 구성하였다.

나. 각 학년군별로 4권의 사회과 교과서 발행

기존 사회과 교과서는 학기별로 두 권 즉 '사회'와 '사회과 탐구'로 구분하여 발행되었다. 따라서 각 학기별로 학년당 2권씩으로 구성되었다. 그러나 새 교과서는 학생들의 교과서에 대한 부담감과 효율적인 교수・학습 활동을 위하여 학년군별로 4권의 '사회'를 발행하였다.

현장에서 사회과 교육과정의 융통성 있는 운영을 위하여 '사회' 교과서를 학기별로 구분하여 발행하지 않고 학년군별로 4권, 즉 3~4학년군 ①, ②, ③, ④, 5~6학년군 ①, ②, ③, ④ 등으로 발행하였다. 이렇게 함으로써 해당 학교의 실정 및 지역사회의 여건 등을 고려하여 교과서를 자유롭게 활용할 수 있도록 하였다.

2. 사회과 교과서의 구성 체제와 편성 방식

사 회 과 교 과 서

가. 단원 구성 방식

'사회' 교과서의 단원 구성 방식은 기본적으로 아래와 같이 제시했으며, 단원의 목적 및 성격에 따라 융통성 있게 적용하였다.

<표 2-8> '사회'(사회과) 교과서 단원 구성 방식

단원 도입	주제학습			단원 정리
단원 도입	**문제 해결 활동(도입-전개-정리)**			**단원에서 배운 내용 정리**
○ 단원명 ○ 단원 학습과 관련된 다양한 시각 자료 제시(사진, 그림, 삽화, 시 등) ○ 주제별로 핵심적인 발문 1개씩 제시	<문제 해결 과정> ○ 주제명 ○ 문제 확인 ○ 문제 탐색 및 추구 ○ 문제 해결 및 적용	<할 수 있어요> ○ 학습문제를 해결하는 데 필요한 기능학습 ○ 주제학습에 꼭 필요한 기능 학습 안내 및 익히기	<읽을 거리> ○ 학생들에게 쉽고 흥미 있는 내용으로 수정 ○ 읽고 무엇인가를 얻을 수 있도록 구성	○ 성취 수준에 따른 일반화 ○ 단원 도입에서 제기한 핵심 발문에 대한 대답 ○ 단원 전체를 아우를 수 있는 심화 활동

나. 단원 구성의 요소

1) 단원 도입

'단원 도입'에서는 단원에서 배울 주제와 관련된 사진, 삽화, 만화, 시 등 다양한 시각 자료를 제시하여, 이 단원에서 무엇을 배우게 될 것인지를 학생들이 스스로 생각해 볼 수 있도록 구성하였다. 이어 단원의 학습 상황과 관련된 그림이나 사진, 시 등을 제시하고, 단원 학습을 위한 핵심적인 질문을 제시함으로써 학습에 대한 흥미를 유발하도록 하였다.

2) 주제명 및 차시 목표

주제명은 제시하고, 주제 도입은 하지 않았다. 주제명은 학습에 대한 흥미, 문제의식 및 탐구의욕을 유발하고, 학습 과정과 활동을 시사하며, 학습을 통해 성취해야 할 성취 수준을 함축하는 것으로 명사형으로 제시하였다.

주제별로 3~4개의 차시 목표를 제시하였다. 차시 목표는 교사들이 해당 차시에 달성해야 하는 성취 수준을 함축하는 것으로 학습문제로 제시하였다.

3) 할 수 있어요(기능 학습)

기능 학습 코너인 '할 수 있어요'는 주제학습을 통하여 발견된 문제를 가장 잘 해결할 수 있는 방법을 학습하는 코너로 사진, 도표, 통계, 그래프, 지도, 작품 등을 사회과 수업에서 어떻게 활용하고 조직하며 해석가능한지를 제시하였다. '할 수 있어요'는 사례 중심의 실질적 분석과 발견한 문제를 어떻게 해결하는지, 혹은 왜 그것이 문제가 되는지를 심층적으로 다루었다. 기능 학습은 주제마다 제시하는 것이 아니라, 융통성 있게 꼭 필요한 기능이 있을 경우만 주제 안에 제시하여 학습에 대한 부담 없이 자연스럽게 학습할 수 있도록 하였다.

4) 읽기 자료

'읽기 자료'는 필요한 경우에 학생들이 쉽고 흥미 있게 무엇인가를 얻을 수 있도록 구성하였으며 제목은 의문형으로 하였다. 읽기 자료는 본문 내용에서 실제 사례나 용어 등을 설명할 필요가 있을 때 제시하였다. '사회과 탐구'를 별도로 제작하지 않으므로 읽기 자료는 실제 사례를 중심으로 구성하며, 읽기 자료를 통해서 주요한 개념이나 사례들을 자연스럽게 파악할 수 있도록 학생들의 수준을 고려해서 작성하여 제시하였다.

5) 주제 정리(주제 마무리)

제3~4차시의 문제 해결 과정 후 '주제 마무리'라는 주제 정리 코너를 두어 각 차시별로 학습한 주요 용어나 개념 및 아이디어, 원리들을 분류하여 정리할 수 있도록 하였다. 주제 정리는 현행 교과서처럼 또 다른 문제나 활동을 두어 학습자의 부담을 가중시키는 것이 아니라, 그동안 배운 학습 활동의 용어나 개념 정리에 중점을 두었다. 주제 정리는 1쪽 분량으로, 주요 용어나 개념을 중심으로 정리하되, 개념이나 용어가 학습내용과 밀접하게 연결될 수 있도록 다양한 형식(예를 들면, 퍼즐, 만화, 보기에서 고르기, 사다리타기 등)으로 구성하였다. 주제 정리에서는 수업 내용과 관련된 '활동'이 포함될 수도 있다. 토론이라든가 역할극 만들기 등 개념이 없는 주제의 경우에는 관련 있는 다른 사례나 활동을 통해서 배운 내용을 이해하고 확인할 수 있는 활동으로 제시하였다. 주제 정리는 별도의 차시로 설정하지 않고, 각 주제 마지막 차시에서 지도하므로 학습 부담이 가중되지 않도록 하였다.

6) 단원 정리(정리 콕콕, 생각 쑥쑥)

1개의 단원, 즉 4개의 주제를 학습한 이후, 해당 단원을 정리하는 2쪽 분량의 '정리 콕콕', '생각 쑥쑥'이라는 코너를 두었다. 1쪽 분량의 '정리 콕콕'은 성취 수준에 따른 일반화 내용을 쉬운 말로 구체적으로 풀어서 설명하고, 단원 도입에서 제시한 핵심 발문에 대답하는 형태로 구성하였다. 또 다른 1쪽 분량의 '생각 쑥쑥'은 전체 단원을 아우를 수 있는 활동이나 심화 활동을 제시하였다. 1차시로 설정된 단원 정리는 학습에 부담이 가지 않는 범위에서, 그동안 학습한 내용을 확인 및 정리할 수 있도록 하였다.

3. 사회과 교과서 활용의 원칙

단원 도입은 1차시로 설정되어 있다. 따라서 교사는 단원의 학습에 들어가기에 앞서 단원 도입에 제시된 사진, 그림, 만화, 시 등을 통하여 해당 단원에서 배워야 할 내용을 살펴보고, 단원 학습에 필요한 주제와 관련된 핵심 질문 4개를 학생들과 살펴보아야 한다.

단원 정리 역시 1차시로 설정되어 있다. 따라서 교사는 단원이 끝날 때 '정리 콕콕'을 통해 해당 단원에서 학습한 개념 및 내용을 정리하고, '생각 쑥쑥'을 통해 학생들의 사고력을 향상시킬 수 있도록 해야 한다. 이때 학생들이 '정리 콕콕'을 외워 평가에 대비하지 않도록 주의해야 한다.

읽기 자료는 해당 주제의 실제 사례나 용어를 설명하기 위해 삽입한 자료이다. 따라서 수업을 위한 보조 자료로 활용하며, 평가를 위한 문항에서는 다루지 않는 것이 좋다.

기능 학습 코너인 '할 수 있어요'는 사회과에 필요한 기능을 학습하는 코너이다. 따라서 교사는 학생들에게 '할 수 있어요'의 기능을 확실하게 숙지할 수 있도록 지도하여야 한다.

이전 교육과정 적용 시처럼 지역화 교과서를 만들지 않는 대신 주제별로 필요할 경우 지역화를 의미하는 캐릭터를 통하여 학생들에게 지역화 학습을 안내하였다. 따라서 교사들은 지역화 캐릭터가 등장하는 곳에서 해당 지역의 실정에 맞는 지역화 학습을 진행해야 한다.

일부 학습 주제의 특성상 한 가지 주제를 2차시로 나누어 수업을 진행해야 할 필요가 있을 경우 이를 위해 연차시로 구성하였다. 교사는 이를 위해 하나의 주제를 2차시로 나누어 좀 더 밀도 있게 수업을 지도해야 한다.

사회과 교과서에는 학습의 편의를 위하여 부록을 추가하였다. 붙임딱지, 만들기 등을 위한 부록은 해당 수업 시간에 적절히 활용하여 사회과 학습의 효과를 높일 수 있도록 해야 한다.

Ⅳ. 사회과 교사용 지도서 체제 및 활용 방안

1. 사회과 교사용 지도서의 구성 체제

가. 교사용 지도서 편찬의 기본 방향

사회과 교사용 지도서는 '개정 사회과 교육과정의 취지와 지침에 부합되는 지도서', '총론과 각론을 잘 연계시킨 지도서', '학습내용별 이론적 배경과 참고자료를 풍부하게 제시한 지도서', '학습내용별 위계, 수업방법, 수업전략(아이디어) 자료를 일반적, 공통적, 보편적 수준에서 친절하게 제시하는 지도서', '지역성을 반영하고 창의성을 발휘한 지도서', '교사들이 활용하는 데 최대한의 편의를 제공하는 지도서' 등을 기본 방향으로 다음 사항에 중점을 두었다.

일선 학교 현장 교사들이 사용하기 편리한 '친절한' 지도서를 개발하였다. 사회과 교사용 지도서는 교과서를 설명하고 수업을 안내하는 본연의 기능에 충실하면서 내용 구성 및 편집 체제 면에서 교사들에게 '쉽게' 다가갈 수 있는 장치를 마련하고자 하였다. 특히, 기존의 간략화된 수업안과 수업에 필요한 다양한 자료와 활동 아이디어를 묶어 따로 제시하는 방식에 관해 수업에 실제로 활용하기 어렵다는 현장 교사들의 지적에 따라 교수・학습 과정안을 보다 상세화(차시별 학습목표는 물론 상세한 발문과 모범 답안을 제공)함과 동시에 관련된 모든 자료들을 수업안과 최대한 접근시키고, 해당 교과서의 지면을 축쇄판으로 함께 실음으로써 수업에서 지도서 활용의 편의성과 활용도를 높이고자 하였다.

학교 교실 현장의 다양한 요구를 반영한 지도서를 개발하였다. 교사용 지도서는 기본적으로 수업 운영을 위한 안내서인 동시에 자료집의 역할을 수행해야 한다. 즉, 지도서는 다른 교수・학습 자료를 확보하기 어려운 현실 상황에서 현직 교사뿐만 아니라 예비교사 모두에게 가장 중요한 자료집의 기능을 담당하여야 한다. 그러나 실제로 지도서와 관련된 모든 이들의 요구를 반영하는 것은 어려우며, 특히 수많은 교사들의 수업 형태를 일일이 감안한 교수·학습 과정안을 제시하기는 불가능하다고 할 수 있다. 따라서 교사용 지도서에는 전국 어느 학교에서나 적용할 수 있는 가장 일반적인 안을 제시하되, 학습내용에 대한 이론적 배경과 참고자료뿐만 아니라 수업모형, 수업방법, 수업전략(아이디어) 등을 풍부하게 제시하고, 이를 바탕으로 사용자들이 활용 목적에 따라 다양하게 재구성할 수 있도록 하였다.

교사들이 학교 현장에서 활용할 수 있고, 단위 수업에서 가르칠 내용이 분명히 제시된 지도서를 개발하였다. 교수·학습 과정안을 차시별로 분명하게 구분하지 않고 제재별로 일련의 연속된 학습 과정을 간략하게 제시했던 기존의 방식은 수업에 바로 활용하기 어려울 뿐 아니라 단위 수업 시간에 현장교사들이 가르쳐야 할 목표와 내용이 무엇인지 판단하기 어려웠던 문제점이 있었다. 따라서 이러한 문제점을 개선하기 위해 본 지도서에서는 교수·학습 과정안을 차시별로 분명히 구분하고 각 차시 수업안에 목표를 명시함으로써 교사들이 가르칠 내용에 대한 명확한 인식을 바탕으로 매 단위 수업을 보다 충실히 진행할 수 있도록 하였다.

나. 교사용 지도서의 체제

사회과 교사용 지도서는 기본적으로 '지도의 기초'로 명명된 총론과 '지도의 실제'로 명명된 각론의 기존 체제로 구성하였다.

1) 총론과 각론

총론은 '제1부 지도의 기초'라 명명하였으며 다음과 같은 내용으로 구성하였다. ① 초등학교 사회과의 이해, ② 2009 개정 사회과 교육과정에 따른 초등학교 사회과의 목표와 내용, ③ 사회과의 교수·학습 방법, ④ 사회과 평가, ⑤ 사회과 교육과정의 지역화, ⑥ 교과용 도서의 편찬 및 활용방안으로 편성하였다.

교사용 지도서 각론은 '제2부 지도의 실제'라고 명명하였으며, '단원 안내'(단원의 개관, 단원의 목표, 단원의 지도 계획, 단원의 평가 계획), '주제 안내'(주제의 개관, 주제의 목표, 주제 내용의 구조화, 주제의 교수·학습 방법, 주제의 평가 계획, 주요 개념 및 용어 해설), '차시별 수업의 실제'(수업목표, 차시 구성 안내, 교수·학습 과정, 교수·학습 참고자료 및 활동 해설), '단원 정리'의 내용으로 구성하였다.

다. 교사용 지도서의 단원별 구성 체제

<표 2-9> 사회과 교사용 지도서 단원별 구성 체제

단원 안내	주제 안내	차시별 수업의 실제
① 단원의 개관 ② 단원의 목표 ③ 단원의 지도 계획 ④ 단원의 평가 계획	① 주제의 개관 ② 주제의 목표 ③ 주제 내용의 구조화 ④ 주제의 교수·학습 방법 ⑤ 주제의 평가 계획 ⑥ 주요 개념 및 용어 해설	① 수업목표 ② 차시 구성 안내 ③ 교수·학습 과정 ④ 교수·학습 참고자료 및 활동 해설 ⑤ 단원 정리

라. 교사용 지도서 단원별 내용 구성의 실제

1) 단원 안내

'단원 안내'는 단원을 지도하기 위해 필요한 교수·학습 내용에 대해 설명하는 부분으로, '단원의 개관', '단원의 목표', '단원의 지도 계획', '단원의 평가 계획' 등으로 구성되어 있다. '단원의 개관'은 단원의 설정 의도 및 각 주제별 지도 핵심 내용을 제시하고, 단원의 지도상 유의점이나 기타 참고할 만한 교수·학습 활동에 대해 설명하는 부분이다. '단원의 목표'에서는 해당 단원에서 도달해야 할 지식·이해, 기능, 가치·태도 3가지 분야에서의 목표를 제시하였다. '단원의 지도 계획'에서는 주제별 주요 내용 및 차시별 학습 활동에 대해 구체적으로 제시하였다. '단원의 평가 계획'에서는 주제별 평가 내용 및 평가 방법에 대해 제시하였다.

2) 주제 안내

'주제 안내'는 해당 주제를 지도하기 위해 필요한 내용을 제시하는 부분으로, '주제의 개관', '주제의 목표', '주제 내용의 구조화', '주제의 교수·학습 방법', '주제의 평가 계획', '주요 개념 및 용어 해설'로 구성되어 있다. '주제의 개관'에서는 주제의 학습 중점과 차시별 중심 내용에 대해 설명하고 있다. '주제의 목표'에서는 해당 주제의 차시별 도달해야 할 목표를 제시하고 있다. '주제 내용의 구조화'에서는 주제별 내용을 구조화하여 한눈에 주제별 교육 내용을 알아볼 수 있도록 제시하고 있다. '주제의 교수·학습 방법'에서는 해당 주제의 교수·학습 방법을 제시하고 있다. '주제의 평가 계획'에서는 해당 주제의 차시별 평가 내용과 평가 방법을 제시하고 있다. '주요 개념 및 용어 해설'은 해당 주제에 나타나는 주요 개념 및 핵심 용어에 대해 설명하는 부분으로 2~3개의 개념 및 용어에 대한 설명이 제시되어 있다.

3) 차시별 수업의 실제

교사용 지도서에는 차시별로 '수업목표', '차시 구성 안내', '교수・학습 과정', '교수・학습 참고자료 및 활동 해설' 등이 제시되어 있다. '수업목표'에서는 해당 차시의 수업을 통하여 학생들이 달성해야 할 목표를 제시하고 있다. '차시 구성 안내'에서는 해당 차시의 쪽별 내용 구성 및 지도 방법을 제시하고 있다. '교수・학습 과정'에서는 교사들이 수업을 진행하는 데 참고할 수 있도록 '도입', '전개', '정리'의 3단계로 수업의 흐름을 제시하고 있으며, 각 단계별 주요 발문 내용도 함께 제시하고 있다. '교수・학습 참고자료 및 활동 해설'에서는 해당 차시의 주요 용어 및 개념, 그리고 교수・학습을 위한 참고자료 및 특색 있는 교수・학습 활동에 대해 설명하고 있는데, 매 차시마다 제시되어 있지는 않다.

2. 사회과 교사용 지도서의 활용 방안

교사용 지도서는 교과서의 학습내용을 안내하고, 학습내용의 지도에 필요한 교수・학습 과정의 표준적인 예를 제시하는 데 일차적인 목적을 두고 편찬하였다. 따라서 해당 차시의 교수・학습 모형, 교수・학습 과정, 교수・학습 기법이나 전략, 교사의 발문과 예상 반응 내용을 고정된 것으로 이해해서는 안 되며 반드시 따라야 할 것으로 받아들여서도 안 될 것이다. 교사용 지도서는 다음 사항에 유의하여 활용하는 것이 바람직하다.

우선 사회과 교육과정의 목표와 내용을 파악해야 한다. 교사용 지도서의 총론에 제시되어 있는 사회과의 개념 및 목적, 사회과의 유형, 2009 개정 초등 사회과 교육과정의 목표와 내용 등은 사회과교육 전반에 대한 이해를 위한 것으로 반드시 숙지하도록 한다.

사회과 교수・학습 방법 및 평가 방법에 대해 숙지한다. 교사용 지도서의 총론에는 사회과 교수・학습과 관련된 개념, 사회과 수업모형, 사회과의 다양한 수업 기법 등의 교수・학습에 대한 내용이 자세히 제시되어 있으므로 사전에 이 내용을 숙지하도록 해야 한다.

단원별, 주제별 교수・학습 목표, 방법, 평가 계획을 파악한다. 교사용 지도서의 각론에는 단원별 목표, 지도 계획, 평가 계획 및 주제별 목표, 교수・학습 방법, 평가 계획 등이 제시되어 있으므로 이를 통해 이 단원에서는 무엇을, 어떻게, 왜 가르치는지에 대해 명확히 이해하도록 하여야 한다.

수업 전에 각 차시별 교수·학습 목표 및 과정을 파악한다. 차시별로 목표 및 교수·학습 과정에 대해 파악하여 수업 계획의 수립 및 수업 활동에 참고하도록 한다.

교사용 지도서에 제시된 교수·학습 과정을 재구성하여 수업에 활용한다. 교과서에 제시된 교수·학습 과정은 하나의 예를 제시한 것으로 교사가 학습의 상황에 맞게 변형해서 사용한다.

'지도의 실제'에 나오는 '교수·학습 활동'에 적용한 교수·학습 모형은 그 적용 단위가 반드시 40분이어야 하는 것은 아니다. 하나의 학습 문제를 두 차시에 걸쳐 다루는 연속 차시의 경우 상황에 따라 각 차시마다 별개의 교수·학습 모형을 적용하기보다는 하나의 교수·학습 모형을 적용하는 것이 타당할 수 있다. 따라서 연속 차시의 경우에는 학급의 교육과정 운영 형편에 맞게 적절하게 재구성하여 활용해야 한다. 교사용 지도서에 차시별로 제시된 참고자료, 활동자료, 활동지 등은 수업에 필요할 경우 적절하게 활용해야 한다.

V. 사회과 교과용 도서(사회과 교과서, 사회과 교사용 지도서)의 이해

<표 2-10> 사회과 교과용 도서의 주안점 및 해설

구분	주안점 및 해설
1) '사회' 교과서의 읽기 자료 활용	사회과 학업 성취도 평가에서 '사회' 교과서의 읽기 자료를 활용
참고 및 해설	읽기 자료는 학습한 내용의 실제 사례나 용어 등을 설명할 필요가 있을 경우에만 제시하였다. 때문에 읽기 자료의 내용도 학생들이 흥미 있게 읽고 정보를 얻을 수 있도록 이야깃거리 위주로 구성하였다. 그러므로 가능한 평가 문항에서 다루지 않는 것이 좋다.
2) 사회과 지역교과서 발행과 보급	초등학교(제3~4학년, 제5~6학년) 지역화 교과서의 발행과 보급
참고 및 해설	2009 개정 사회과 교육과정의 새로운 학년군의 도입으로 사회과 지역화 교과서 발행에 여러 가지 어려움이 예상되고 있다. 따라서 각 교육청(지역교육교육청)의 자율적인 판단에 의하여 발행·보급하는 것이 바람직할 것이다.
3) '사회' 교과서와 '사회과 탐구'를 합본	'사회' 교과서와 '사회과 탐구'를 합본하여 사회과 교과서를 1권으로 발행한 이유
참고 및 해설	사회과를 학습하는 데 있어서 학습내용의 어려움도 있지만, 교과서가 주 교과서, 보조 교과서 등 2권으로 분권되어 있어서 심리적인 학습 부담감도 많았다. 그리고 사회 교과서 학습을 하다가 필요한 자료가 있으면 '사회과 탐구'에서 찾아보는 번거로움이 발생하고, '사회과 탐구' 활용과 관련된 혼란이 있었다. 이러한 여러 가지 문제점을 시정하고자 '사회' 교과서 1권으로 합본하였으며, '사회' 교과서 한 권으로 학습 활동을 전개할 수 있도록 하였다. 또 사회과 학습에 필요한 조사 학습도 최소한으로 줄이고 교과서만을 가지고 학습 문제를 해결할 수 있도록 구성하였다.

연구문제

1. 20세기 초 미국에서 사회과가 탄생(성립)하게 된 시대적·사회적 배경에 대해서 설명해 보시오.

2. 성립기(전통적) 사회과가 역사, 지리, 공민(일반사회) 등의 영역(분야)을 통합한 '통합사회과'를 지향하게 된 이유를 들고 설명해 보시오.

3. 21세기 세계화 시대를 맞아 기존 사회과교육의 내용 학문인 사회과학에 새롭게 추가·포함된 다양한 사회과학(학문)을 제시하고, 그 배경을 설명해 보시오.

4. 20세기의 사회과교육, 21세기의 사회과교육을 비교하고, 22세기를 향해 미래의 사회과가 나아갈 방향에 대해서 논하시오.

5. 한국 사회과교육의 도입 과정과 사회과 교육과정의 변천 과정을 각 교육과정기별로 열거하고 설명해 보시오.

6. 일제 강점기 사회과교육에 대해서 간략하게 설명해 보시오.

7. 우리나라 교수요목기(教授要目期) 사회과 교육과정의 특징에 대해서 논하시오.

8. 2009 개정 사회과 교육과정과 사회과 교과서의 관계를 그 특징을 중심으로 논하시오.

9. 2009 개정 교육과정에서 사회과와 도덕과를 묶어서 '사회·도덕과' 교과군(教科群)으로 설정한 배경과 이유 등에 대해서 논하시오.

10. 2011 개정 사회과 교육과정은 2009 개정 사회과 교육과정을 약간 수정한 교육과정이다. 2011 사회과 교육과정의 특징을 간략하게 설명해 보시오.

제3부

사회과 교육과정과 사회과 교수·학습의 이해

제3부의 학습목표

○ 2009 개정 사회과 교육과정을 이해하고 그 특징을 설명한다.
○ 사회과 교육과정 내용의 재구성과 지역화 내용과 방법을 이해한다.
○ 사회과 교수 · 학습의 발문법을 이해하고, 확산적 발문법과 수렴적 발문법을 설명한다.
○ 사회과 교수 · 학습의 원리와 기법을 알고 설명한다.
○ 2009 개정 사회과 교육과정의 사회과 목표를 이해하고 영역별로 설명한다.

제1장 사회과 교육과정의 이해

Ⅰ. 사회과 교육의 새로운 동향

1. 현대 사회의 변동(변화)과 사회과 교육의 새로운 동향

현대 사회는 급격히 변화하고 있으며 특히 정보화, 세계화, 고령화, 정체성 혼란 등이 특징으로 표상된다. 이에 대응하여 사회과 교육에서는 국가와 사회의 요구에 부응하여 이를 반영해야 할 사항이 적지 않다. 또한 학습자의 기대와 요구, 관련 학문의 동향 등에 따라 현행 교육과정을 수정하여 적정성과 타당성을 제고할 필요도 커지고 있다. 교육과정은 학교 교육의 지표가 되고 교과의 목표와 내용의 틀을 제시하는 공식적인 문서이다. 따라서 국가·사회적 요구를 반영하고 학습자의 학문적 요구를 효과적으로 반영하여야 한다.

또한 교육은 미래를 위한 사회적 투자이고 교육과정은 학교교육의 틀을 구성하는 헌법과 같다. 헌법은 특별한 사유가 없는 한 개정하지 않아야 법적 안정성과 미래 예견력이 보장된다. 교육과정도 이와 크게 다를 바 없다. 교사 수급 상황과 교과 학습내용에 더하여 학교 시설환경까지 교육과정의 종속 변수는 여러 가지이다. 교육과정을 개정하면 이 여러 요소가 변하게 되어 교육 상황의 안정 기반이 흔들리기 쉽다. 그리고 언제 또 교육과정을 개정할지 모르는 상황에서는 미래 교육 방향을 예견하기 어렵다. 그래서 헌법과 교육과정은 현행 유지를 대원칙으로 하고 꼭 반영해야 될 사유가 생기면 수시로 그 부문만 수정 보완하는 것이 합리적인 정책이다. 교육인적자원부가 천명한 수시 보완 정책은 종전의 암묵적인 주기적 전면 개정과는 다른 방향이라 할 수 있다.

현재 사회과라는 교과 자체를 역사와 지리 및 일반사회로 분리하자는 교과 해체론, 한국근현대사를 고등학교 선택과목으로 개설하여 선택하지 않은 학생은 이를 배우지 못하며, 세부 영역 간 통합과 분리를 놓고 쟁론해 온 내용 조직상의 숙제, 내용의 양과 질적인 적절성의 비판적 논의, 교육 내용에 포함된 이념과 가치의 편향성 논란 등은 모두 교육과정을 고쳐야 해결할 수 있는 일이다 그러나 사실 우리 사회과 교육 공동체가 진정으로 노력해야 할 일은 학생들이 전인적인 인성과 더불어 '미래 대응력과 창의적 사고력'을 가진 인적자원이 되도록 지원하는 것이다.

2. 사회과 교육과정 개정의 고려점

이런 최근 동향을 바탕으로 2009 개정 교육과정의 수정 보완을 위한 사유를 알아보면 '주 5일 수업제, 사회변동, 국가 사회적 요구, 교과의 내재적 문제'라는 네 가지로 들 수 있다 '주 5일 수업제'는 학교 교육과정 운영 전체 차원으로 사회과에 직접적인 영향을 주지는 않지만, 나머지 세 가지는 사회과 교육과정을 수정 보완해야 하는 직접 요인이다. 물론 주일 수업제 역시 창의적 체험활동 등과 연계되어 사회과 교육과정과 관련성이 깊다는 사실도 고려해야 한다.

첫째 사회변동 요인을 고려해야 한다. 사회과 교육과정은 사회의 과거와 현재와 미래를 담아내는 그릇과 같은 것이므로 시대의 흐름과 국가 사회적 요구를 수시로 반영해야 한다. 물론 이전 사회과 교육과정도 그 당시 상황에 맞추어 21세기 미래 지향성을 바탕으로 한 것이었다. 그러나 그 뒤에도 지식 정보사회의 심화, 남북 관계와 세계화 진전 등 사회 전반과 외부 환경 변화, 저출산, 고령화 등 사회과에 영향을 주는 사회변동 요인이 많이 발생하였다 여기에 사회가 개방적 다원주의로 전환되면서 국가적으로 정부와 시민이 함께 가는 체제도 도입되어 교육 부문에서도 정부와 학교의 역할 관계가 전과는 다르게 전개될 것이다.

둘째 국가 사회적 요구를 고려하고 적극 수용해야 한다. 지식정보사회에 대비하기 위한 인적자원을 키워야 한다는 국가의 장기 정책과 지식문화 강국 건설을 표방하는 교육 정책 비전, 우리 영토를 둘러싼 주변 국가의 동북공정과 독도문제 등 정치·외교적 쟁점, 심각한 사회 문제가 된 가계의 신용 대란과 노령화에 대비한 자산 투자 관리 문제, 인권 보장과 사회 통합의 토대가 될 법의식 강화 교육 필요성 등은 국가 사회적 차원에서 중요한 사안이다 이를 반영하여 정부가 천명한 역사교육 강화, 인구문제 대비, 법교육 발전, 시장

경제교육 강화 등은 모두 사회과 교육과정의 수정 보완을 촉구하는 요인으로 작용한다.

셋째 사회과의 내재적 문제도 고려하고 수용해야 한다. 사회과의 본질이나 성격과 같이 이념과 관점에 따라 합의하기 어려운 사안도 있고 암기해야 되는 내용이 너무 많다는 학생들의 지적과 같이 교육과정을 아무리 여러 차례 개정해도 되풀이 되는 문제도 있다. 그런가 하면 이른바 세 영역인 역사, 지리, 일반사회 간 통합과 분과 및 시수 배분과 같이 학습자에게는 별 의미가 없이 사범대학과 교사의 이해관계를 반영하는 해묵은 문제까지 남아 있다.

Ⅱ. 사회과의 특성

1. 사회과의 개념 및 목표

가. 사회과의 개념

'일반적으로 사회과는 사회 현상을 올바르게 인식하고, 사회 지식의 습득과 사회생활에 필요한 기능을 익히며, 민주사회 구성원에게 요청되는 가치와 태도를 지님으로써 민주시민으로서의 자질을 육성하는 교과'이다.

나. 사회과의 목표

사회과의 궁극적 목표는 '사회 현상에 관한 기초적 지식과 능력은 물론, 지리, 역사 및 제 사회 과학의 기본 개념과 원리를 발견하고 탐구하는 능력을 익혀, 우리 사회의 특징과 세계의 여러 모습을 종합적으로 이해하며, 다양한 정보를 활용하여 현대 사회의 문제를 창의적이며 합리적으로 해결하고, 공동생활에 스스로 참여하는 능력을 기른다'이다

2. 사회과의 학습 요소와 통합성

가. 사회과의 학습요소

사회과는 지리, 역사, 모든 사회 과학의 개념과 원리, 사회 제도와 기능, 사회 문제와 가치, 그리고 연구 방법과 절차에 관한 요소를 통합적으로 선정, 조직하여 사회 현상을

종합적으로 이해하고 탐구한다. 특히, 사회과에서는 우리 삶의 터전인 국토의 이해를 바탕으로 우리 민족의 역사와 활동에 대한 종합적인 파악과 우리 현실에 대한 역사적인 시각에서의 이해 및 한국인으로서의 민족적 정체성과 세계 시민으로서의 가치·태도 등에 관한 요소를 중시한다.

나. 사회과 교수·학습 내용의 통합적 구성 요소

1) 지식에 관한 요소: 각 학문 분야의 개념과 원리, 사회 구성원에게 이해시켜야 할 사회적 기능, 사회 문제(인구문제, 자원문제, 환경문제 등)와 쟁점, 그리고 미래에 관한 요소들이다.
2) 학습방법과 절차적 요소: 여러 사회 과학의 연구 방법에 기초한 탐구 방법에 관한 요소를 비롯하여 사고 과정과 문제 해결 절차, 정보의 활용능력, 의사소통능력 등을 들 수 있다.
3) 가치·태도에 관한 요소: 인권 존중, 자유, 평등, 사회 정의, 참여 의식, 책임감, 협동정신, 충성심 등 사회생활 각 분야의 당위적 가치와 가치 갈등 요소가 포함된다.

이러한 요소들은 학문적 개념이나 생활 주제를 중심으로 통합되어 사회과 교육 내용의 체계를 이룬다. 그리고 각 학년 및 단원 내용을 구성함에 있어서는 학문 및 생활 영역이나 지식·이해, 기능, 가치·태도가 통합되도록 구성한다.

3. 사회과의 강조점 및 교수·학습 전략

가. 사회과의 강조점

사회과의 성격에서는 사고력과 의사결정력 등의 신장을 강조하고, 이를 위해 학습자가 다양한 탐구 방법을 활용하여 스스로 탐구해 가는 학습 전략을 지향한다.

사회과는 사회적 사실과 현상에 관한 지식을 발견하고 적용하는 데 필요한 사고력과 판단력을 강조하는 교과이다. 그러므로 논리적 사고를 비롯하여 비판적 사고력, 창조적 사고력, 가치 판단력, 의사결정을 신장시킬 수 있는 교수·학습 방법을 적용하여야 한다.

나. 사고력 신장을 위한 교수·학습 전략

1) 논리적 사고: 개념학습 과정이나 문제 해결의 과학적 절차를 통해서 형성된다.
2) 비판적 사고: 제시된 아이디어와 제안, 관점, 절차, 활동 및 행동, 언급이나 논쟁 등

에 대한 평가적 활동이다.

3) 창조적 사고: 문제 해결의 방향을 모색하는 중에 신장시킬 수 있다.

4) 의사결정: 지적, 정의적 사고를 거쳐야 하는 복잡한 과정이다.

4. 시사성과 지역성

사회 현상은 시간적 및 공간적 영향을 많이 받는다. 그러므로 사회과 교육은 시대의 변화에 부응하여 시사적 자료를 적절히 활용하도록 하여야 한다. 신문, 방송 등 다양한 최신 정보원으로부터 사회 현상의 이해에 적절한 자료를 수집, 번안하여 활용하도록 한다.

교재의 지역화를 위해서는 교육과정의 목표와 내용을 지역 실정에 알맞게 재구성하고, 고장 및 시·도의 생생한 사례를 수집, 활용하도록 함으로써 고장이나 지역을 바르게 이해하도록 하며, 고장의 발전을 위한 일에 적극 참여하도록 한다.

5. 사회과의 특성

사회과에서는 일상생활 경험을 토대로 주위의 현상에 익숙하게 하고, 새로운 의문점을 가지고 기초적인 개념을 이해하도록 하며, 나아가 당면한 문제 상황을 바르게 판단하고, 지혜롭게 해결해 가는 능력과 습관과 태도를 익히도록 한다.

Ⅲ. 사회과의 내용

1. 사회과 교과 목표

2009 개정 교육과정에 제시된 사회과 교과 목표는 다음과 같다

- 사회의 여러 현상과 특성을 그 사회의 지리적 환경, 역사적 환경, 정치·경제·사회적 제도 등과 관련시켜 이해한다.
- 인간과 자연 간의 상호 작용에 대한 이해를 통하여 장소에 따른 인간생활의 다양성을 파악하며, 고장, 지방 및 국토 전체와 세계 여러 지역의 지리적 특성을 체계

적으로 이해한다.

- 각 시대의 특색을 중심으로 우리나라의 역사적 전통과 문화의 특수성을 파악하여 우리 문화와 민족사의 발전상을 체계적으로 이해하며, 이를 바탕으로 인류 생활의 발달 과정과 각 시대의 문화적 특색을 파악한다.
- 사회생활에 관한 기본적 지식과 정치・경제・사회・문화 현상에 대한 기본적 원리를 종합적으로 이해하고, 현대 사회의 성격 및 민주적 사회생활을 위하여 해결해야 할 여러 문제를 파악한다.
- 사회 현상과 문제를 파악하는 데 필요한 지식과 정보를 획득, 조직, 활용하는 능력을 기르며, 사회생활에서 나타나는 여러 문제를 합리적으로 해결하기 위한 탐구능력, 의사결정능력, 사회 참여 능력을 기른다.
- 개인 생활 및 사회생활을 민주적으로 운영하고, 우리 사회가 당면한 문제들에 관심을 가지고, 민족 문화 및 민주 국가의 발전에 적극적으로 이바지하려는 태도를 가진다.

가. 교육과정 목표의 구성 체계

사회과 교육과정 운영에 있어서, 교재 구성을 위해 교사는 일반적으로 교과 목표를 최종 목표로 파악한 후에 차례로 학년 목표, 단원 목표, 주제 목표, 차시 목표의 순으로 확인하거나 설정해 나가게 된다.

교사는 '계획된 교육과정'에 대한 이해를 토대로 하여 '전개된 교육과정'을 구성해 내야 하는데, 고시된 사회과 교육과정에 명시적으로 제시한 교과 목표와 단원 목표는 계획된 교육과정으로서의 성격에 가깝고, 교육과정의 실천을 위한 교재 구성 단계에서 주제 목표나 차시 목표가 설정되고 진술되는 것은 전개된 교육과정에 가까운 것이다.

나. 교과 목표와 단원 목표의 위계화

목표 위계화의 개념은 최상위 목표에서부터 최하위 목표까지의 관련성, 일관성 유지를 확인하는 것이지만, 우리의 현행 교육과정에서는 학년 목표 제시를 공식적으로 생략하고 있으므로, 우선은 교과 목표와(학년별) 단원 목표를 직접 위계화하는 과제가 사회과 교사들에게 주어진 셈이다.

사회과 교육과정에 고시된 교과 목표를 분석적으로 고찰하여 거기에 강조된 사회과 목표 요소를 파악하면 다음과 같다.

· 기초적인 지식과 능력	· 기본 개념에 대한 탐구 능력
· 우리 사회의 여러 특징 이해	· 다양한 정보 활용 능력
· 공동생활의 참여 능력	

사회과 교사는 사회과의 교과 운영 과정이 학교급별 단계를 거치고, 또 여러 학년 단계를 거치게 되어 있음을 고려할 때, 궁극적(통합적) 목표를 파악하는 일 외에 학년 수준에 맞는 목표 인식이 요구된다.

교과 목표 중에서 영역별 목표에 나타난 목표 요소를 정리하여 제시하면 <표 3-1>과 같다.

<표 3-1> 사회과 목표 중 영역별 목표의 목표 요소

목표항	목표 영역	핵심적 목표 요소
가	영역의 통합	○ 사회의 여러 현상과 특성의 통합적 이해
나	지리 영역	○ 인간과 자연의 상호 작용 이해 ○ 인간생활의 다양성 이해 ○ 지역의 지리적 특성 이해
다	역사 영역	○ 우리 전통과 문화의 특수성 파악 ○ 우리 문화와 민족사의 발전상 이해 ○ 인류 생화의 발달 과정과 각 시대의 문화적 특색 파악
라	일반사회 영역 (정치, 경제, 사회, 문화)	○ 사회생활에 관한 기본적 지식 이해 ○ 정치, 경제, 사회, 문화 현상에 대한 기본 원리의 이해 ○ 현대 사회의 성격과 사회 문제의 파악
마	기능 · 능력	○ 지식과 정보의 획득, 조직, 활용 능력 ○ 탐구 능력, 의사결정능력, 사회 참여 능력, 문제해결능력
바	가치 · 태도	○ 민주적인 생활 태도 ○ 사회 문제들에 대한 관심 ○ 민족 문화와 민주 국가 발전에 기여하는 태도

다. 주제 목표와 차시 목표의 상세화

주제 목표와 차시 목표는 교육과정 해설 형태를 빌려서도 제시할 수 없을 정도로 교사의 재량에 맡겨진 목표들이다. 동일한 단원이나 주제에 속한 목표들이지만, 학습 지도 계획을 하는 시점에서 교사와 학생의 교수·학습 환경에 따라서 학생의 행동 목표에 변화를 주는 목표라고 할 수 있다.

사회과의 특성을 유지하면서 목표 상세화를 하려면 다음의 원칙을 지킬 필요가 있다.

첫째, 하나의 목표에 한 가지 내용과 한 가지 변화될 행동만을 포함하여 진술한다.

둘째, 내용 진술은 한 가지 의미로 해석될 정도의 분명한 내용 요소로 표현한다.

셋째, 행동 진술은 학생의 관찰 가능한 행동으로 진술한다.

2. 사회과의 내용

가. 내용 선정의 기준

교과 내용의 선정 기준은 학생의 심리적 측면, 사회 및 국가적 측면, 학문 및 철학적 측면으로 나누어 설정한다. 초등학교 사회과의 내용 선정 기준은 다음과 같다.

1) 학생의 심리적 측면: 학습자의 흥미와 능력을 존중하여 학습자의 경험, 생활과 관련성이 높고 학생 자신의 의미를 구성하는 데 도움이 될 수 있는 사실, 문제, 주제를 선정하였다.
2) 사회・국가적 측면: 사회 변화와 미래 세계에 대한 준비를 위해 정보화, 세계화, 민주화의 시대적 요구를 반영하고, 현대 사회의 문제 해결에 필요한 다양한 관점과 사실 지식 및 사회적 기능을 선정하였다.
3) 학문・철학적 측면: 널리 합의된 역사, 지리, 사회 과학의 기본적 아이디어와 탐구 방법을 선정하고, 사회 현상의 다면적 및 다차원적 고찰을 위해 통합적인 관점이 드러나는 내용을 선정하였다.

나. 내용 조직의 원리

첫째, 학습자의 발달, 사회적 경험, 사회 기능을 고려하는 환경 확대법의 원칙에 따라 배열하였다.

둘째, 사회 과학의 기본 개념을 구체적 사례와 문제에 따라 이해할 수 있도록 구성하되, 나선형 교육과정의 원리에 따라 확대될 수 있도록 하였다.

셋째, 주제 또는 문제를 중심으로 한 내용과 방법의 통합, 생활 경험과 지식의 통합에 초점을 맞추었다.

넷째, 학년별로 내용의 핵심과 범위를 설정함으로써 학습 지도에서는 이를 중심으로 일관성을 유지할 수 있도록 배열하였다.

- 제3학년: 우리 고장의 모습과 고장 사람들의 생활 모습
- 제4학년: 우리 시・도의 모습과 사회생활
- 제5학년: 우리나라의 생활과 문화
- 제6학년: 지구촌 시대의 우리

다섯째, 학습자의 능력 차에 대응하는 다양한 학습 경험을 제공할 수 있게 하였다.

다. 사회과의 내용 체계

<표 3-2> 2009 개정 사회과 교육과정의 내용 체계표

<table>
<tr><th colspan="2">학년</th><th>지리 영역</th><th>일반사회 영역</th><th colspan="3">역사 영역(과목)</th></tr>
<tr><td colspan="2">제3~4학년
(초등학교
제3~4학년)</td><td>○ 우리가 살아가는 곳
○ 달라지는 생활 모습
○ 촌락의 형성과 주민 생활
○ 민주주의와 주민 자치</td><td>○ 이동과 소통하기
○ 우리 지역, 다른 지역
○ 경제생활과 바람직한 선택
○ 지역사회의 발전</td><td colspan="3">○ 사람들이 모이는 곳
○ 도시의 발달과 주민 생활
○ 다양한 삶의 모습들
○ 사회 변화와 우리 생활(12주제)</td></tr>
<tr><td colspan="2">제5~6학년
(초등학교
제5~6학년)</td><td>○ 살기 좋은 우리 국토
○ 환경과 조화를 이루는 국토
○ 우리 이웃 나라의 환경과 생활 모습
○ 세계 여러 나라의 환경과 생활 모습(4개 주제)</td><td>○ 우리 경제의 성장
○ 우리나라의 민주정치
○ 우리 사회의 과제와 문화의 발전
○ 정보화・세계화 속의 우리(4개 주제)</td><td colspan="3">○ 우리 역사의 시작과 발전
○ 세계와 활발하게 교류한 고려
○ 유교문화가 발달한 조선
○ 조선 사회의 새로운 움직임
○ 근대국가 수립을 위한 노력과 민족운동
○ 대한민국의 발전과 오늘의 우리(6개 주제)</td></tr>
<tr><td colspan="2" rowspan="4">제7~9학년
(중학교
제1~3학년)</td><td rowspan="4">○ 내가 사는 세계
○ 인간 거주에 유리한 지역
○ 극한 지역에서의 생활
○ 자연으로 떠나는 여행
○ 자연재해와 인간생활
○ 인구변화와 인구문제
○ 도시발달과 도시문제
○ 문화의 다양성과 세계화
○ 글로벌 경제와 지역 변화
○ 세계화 시대의 지역화 전략
○ 자원의 개발과 이용
○ 환경문제와 지속가능한 환경
○ 우리나라의 영토
○ 통일 한국과 세계 시민의 역할(14개 주제)</td><td rowspan="4">○ 개인과 사회생활
○ 문화의 이해와 창조
○ 사회의 변동과 발전
○ 정치생활과 민주주의
○ 정치 과정과 시민 참여
○ 경제생활의 이해
○ 시장경제의 이해
○ 일상생활과 법
○ 인권 보장과 법
○ 헌법과 국가 기관
○ 국민경제와 경제 성장
○ 국제경제와 세계화
○ 국제사회와 국제정치
○ 현대 사회와 사회문제
(14개 주제)</td><td rowspan="2">근대
이전</td><td>한국
사영
역</td><td>○ 문명의 형성과 고조선의 성립
○ 삼국의 성립과 발전
○ 통일신라와 발해의 발전
○ 고려의 성립과 변천
○ 조선의 성립과 발전
○ 조선 사회의 변동(6개 주제)</td></tr>
<tr><td>세계
사영
역</td><td>○ 통일제국의 등장
○ 지역세계의 형성과 발전
○ 전통사회의 발전과 변모(3개 주제)</td></tr>
<tr><td rowspan="2">근대
이후</td><td>한국
사영
역</td><td>○ 근대국가 수립 운동과 국권 수호운동
○ 민족운동의 전개
○ 대한민국의 발전(3개 주제)</td></tr>
<tr><td>세계
사영
역</td><td>○ 산업사회와 국민국가의 형성
○ 아시아・아프리카 세계의 변화와 민족운동
○ 현대 세계의 전개 (3개 주제)</td></tr>
<tr><td rowspan="2">제10~
12학년
(고등
학교
제1~3
학년):
선택교
육과정
과목</td><td>일
반</td><td>○ 한국지리
○ 세계지리(2개 과목)</td><td>○ 경제
○ 법과 정치
○ 사회・문화(3개 과목)</td><td colspan="3">○ 한국사
○ 동아시아사
○ 세계사(3개 과목)</td></tr>
<tr><td>심
화</td><td>○ 지역 이해(1개 과목)</td><td>○ 국제정치
○ 국제경제
○ 국제 관계와 국제기구
○ 세계 문제
○ 비교 문화
○ 사회과학 방법론
○ 한국의 사회와 문화
○ 국제법
○ 인류의 미래 사회
○ 과제 연구(10개 과목)</td><td colspan="3"></td></tr>
</table>

라. 사회과 교과용 도서의 편찬 방향 및 활용 방안

1) 교과용 도서 편찬의 기본 방향

가) 재미있고 이해하기 쉬운 교과서·활동 중심의 문제해결형 교과서

나) 수준별 교육과정 반영

다) 제재 간의 통합성과 연계성 추구

라) 정보화, 세계화의 시대적 요청을 반영한 멀티미디어 학습과의 관련성 제고

2) 구성주의 교육관 반영

가) 자기주도적 학습 안내를 위한 조사, 문제 해결, 탐구 등 활동과정 제시

나) 실제적 상황, 사례, 문제를 학습문제 또는 소재로 선정

다) 협동·토의학습에서 강조되는 학생 간의 상호작용이 이루어지도록 구성

마) 학습을 통하여 토의학습 과정 중에 수행평가가 이루어질 수 있게 구성

바) 학생의 흥미, 관심, 능력의 차이를 존중한 수준별 학습활동 내용화

3) 사회과 교과서('사회')의 구성

사회과 교과서, 자료형 교과서(사회과 부도), 지역 교과서(각 시·도용, 각 시·군·구용)

4) 학생에게 익숙하고 친근한 사회과 교과서 디자인 개선

2009 개정 사회과 교육과정의 사회과 교과서에서는 학생에게 익숙하고 친근한 북 디자인을 도입하였다. 이전 사회과 교과서 판형(4×6배판)이 학생들이 생활 속에서 접하는 일반적인 도서와 비교할 때 디자인 면에서 뒤쳐지는 경향이 있었기에, 2009 개정 사회과 교육과정에서의 사회과 교과서는 학생들이 주변에서 쉽게 접하고 있는 자유 판형(21cm×26cm)으로 하여 표지 구성을 획기적으로 개선하고, 교과서의 삽화 일부를 세밀화로 그리거나 필요한 경우 펼침 쪽으로 구성하는 등 학생들이 다시 보고 싶어 하는 심미적인 교과서가 될 수 있도록 하였다.

5) 이론 중심이 아닌 실천 중심의 내용 구성으로 혁신

2009 개정 사회과 교육과정의 사회과 교과서는 이론 중심에서 탈피하여 실천 중심으로 나아가고자 하였다. 사회과 교사용 지도서에는 교수·학습 과정안을 제시하여

기본 교수·학습 방법의 활용도를 높이고자 하였다. 그리고 교과서에 지역화 캐릭터를 도입하여 지역화를 직접적으로 안내하고, 교사용 지도서에는 이와 관련된 지역화 방법을 안내하고 지역화 실례를 제시하였다.

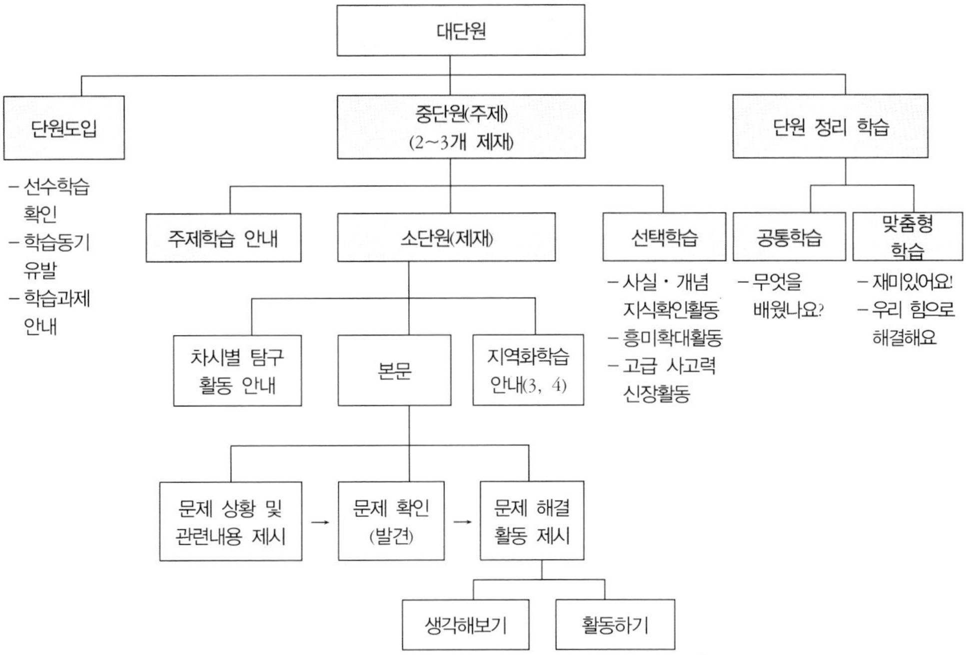

[그림 3-1] 사회과 교수·학습의 구조

마. 사회과 교육과정의 재구성

1) 시사성과 지역성을 고려: 살아 있는 사회과교육, 역동적인 사회과 교육
2) 학습지도의 원리를 고려: 학생들의 발달 단계 고려, 교육과정과 교수·학습 기술 적용

Ⅳ. 사회과 교육의 새로운 동향

1. 세계화에 대비하는 사회과 교육의 방향

세계화·정보화 시대의 사회는 매우 빠른 속도로 변화하고 있어 그 불안정성이 특징

이라고 할 수 있으며 다(Multi)가치·다민족·다문화가 공존하고 개개인의 능력 개발이 중요시되고 있다. 사회과 교육은 이러한 사회 변동에 능동적으로 대비하는 것은 물론 바람직한 미래를 창조하는 능력의 기반 교육에 노력해야 할 것이다.

교통·통신 및 인터넷 기술의 발달로 '국제화', '지구촌화', '세계화'로 표현되는 세계화 추세는 하루가 다르게 진전되고 있으며, 이에 따라 경제, 정치, 사회, 문화 등 우리 생활 전반에 걸쳐 변화가 일어나고 있다.

또한, 인구 구성과 가족 관계, 저출산과 전통적 남녀 역할의 변화와 초고령 사회를 대비하고 미래 사회에서 건강하고 행복한 삶을 추구하려면 인류의 공존을 위해서 안목을 넓혀 국제분쟁해결, 경제교육, 환경문제, 인권교육, 종교문제, 인종문제 등 광범위한 분야에 관심을 가지고 노력해야 할 것이다.

2. 2009 개정 사회과 교육과정의 이해

가. 사회과 교육과정의 핵심 배경

2009 개정 교육과정의 개정을 위한 취지와 이유를 고찰하면 '주 5일 수업제, 사회변동, 국가·사회적 요구, 교과의 내재적 문제'라는 네 가지를 들 수 있다. '주 5일 수업제'는 학교 교육과정 운영 전체 차원으로 사회과에 직접적인 영향을 주지는 않지만, 나머지 세 가지는 사회과 교육과정을 수정 보완해야 하는 직접적 요인이다.

1) 국가·사회적 요구

첫째, 세계화 및 지식정보사회를 대비하여 국가적 차원에서 인적자원을 개발하고 관리할 필요가 있다.

둘째, 저출산 및 고령화 사회에 대비하여 지속적인 발전과 국민 복지 수준의 향상을 위한 노력이 필요하다.

셋째, 우리 영토를 둘러싼 주변국의 역사 왜곡과 세계화 시대에 주체적으로 대응하기 위한 역사 교육의 강화가 필요하다.

넷째, 세계화 및 개방화 현상 등이 가속화함에 따라 문화적 다양성이 증가하는 다문화 사회에 대비하여 문화적 다양성을 이해하고 존중하는 교육이 필요하다.

2) 사회과의 쟁점 및 문제점 개선

첫째, 기존의 사회과 교육과정은 역사, 지리, 일반사회 등 세 영역의 기계적인 통합이 이루어졌던 것이 문제점으로 지적된 바 있다. 따라서 개정 교육과정에서는 각 영역의 고유성과 독자성을 유지하면서도 영역 간 통합이 필요한 경우에는 구심점이 되는 영역을 중심으로 하여 다른 영역의 내용을 유기적으로 통합하고 있다. 아울러 학년별 사회과 교육 내용에 적합한 통합의 유형도 고려하고 있다.

둘째, 기존의 사회과 교육과정은 교육 내용 구성 원리로 환경 확대법을 강조하여 적용하다 보니 학습자들이 일상생활 속에서 경험하는 다양한 공간 규모를 고려한 교육 내용을 구성하는 데 어려움이 있었다. 따라서 개정 교육과정에서는 지역을 유동적이고 복합적인 성격을 가진 공간으로 파악할 수 있도록 환경 확대법을 탄력적으로 적용하고 있다.

셋째, 기존의 사회과 교육과정은 내용 및 활동이 중복되고 과다하여 자기주도적인 학습을 저해하는 측면이 있었다. 즉, 유사하거나 중복된 내용, 지나친 활동 중심의 내용 구성 등으로 말미암아 학습자들이 자기주도적인 탐구 및 문제해결학습을 하는 데 어려움을 준다는 것이다. 따라서 개정 교육과정에서는 학습자들이 학습목표 및 내용을 명확하게 이해하고 자기주도적으로 탐구하고 문제를 해결할 수 있도록 내용의 양과 수준 측면에서의 적정화를 추구하고 있다.

넷째, 기존의 사회과 교육과정은 교육과정 진술체제 측면에서 내용 진술의 수준이 지나치게 상세화되어 있어서 교과서 개발 및 교실 수업 수준에서 기대되는 자율성과 전문성이 제한되고 각 수준에서 기대되는 창의성과 다양성이 제약되는 문제점이 있었다.

나. 사회과의 교수 · 학습 방법

1) 교수 · 학습의 원칙

가) 학습자가 사회 현상에 대한 흥미와 관심을 넓히고, 인간생활과 사회 현상의 원리를 발견하며, 이를 실생활에 적용할 수 있도록 학습을 전개한다.

나) 사회과의 성취 목표인 핵심 지식의 이해, 탐구 기능의 습득, 고차원적 사고력의 신장, 문제해결력 및 실천 능력 향상을 위해 다양한 교수 방법을 활용한다.

다) 고차원적 사고력 함양에 적합한 귀납적 인식, 반성적 사고, 메타 인지 등과 같은 학습 과정을 통해 학습자 스스로 지식을 구성하고 자기주도적 학습능력을 향상시

킬 수 있도록 학습을 전개한다.

라) 사회과 학습의 목표와 주어진 학습자 여건 및 교육환경을 고려하여 가장 효과적인 교수・학습 방법을 자율적으로 선택 실시하고, 이를 반성적으로 개선해 나가도록 한다.

마) 학습자의 요구, 수준, 능력, 적성 등을 고려한 학습을 전개한다.

2) 교수・학습의 방법

가) 사회 현상에 대한 종합적인 인식을 위하여 통합적인 교수・학습 방법을 강조한다.

나) 학생들의 학업 성취 수준, 흥미, 사회적 요구 등을 고려하여 교육 현장에 적합한 주제와 문제를 중심으로 단원을 구성하여 수업이 이루어질 수 있도록 한다.

다) 학생들의 사고력을 자극할 수 있도록 적절한 탐구 상황을 설정하고 다양한 발문 기법을 활용한다.

라) 소집단별 협동학습을 통해 민주시민의 중요한 자질이라 할 수 있는 집단 구성원으로서의 책무성, 참여 의식, 타인에 대한 존중, 협동심을 함양할 수 있도록 한다.

마) 질문, 조사, 토의, 논술, 관찰 및 면담, 현장견학과 체험, 초청강연, 실험, 역할놀이와 시뮬레이션 게임, 모의재판과 모의국회, 사회 참여 등의 다양한 학습방법을 학습내용의 성격에 비추어 적절하게 활용한다.

바) 현대 사회의 정보화 추세에 맞추어 각종 정보 매체를 활용할 수 있도록 교실 환경을 조성하고, 신문활용교육(NIE), 컴퓨터 보조 학습(CAI), 인터넷 활용 교육(IIE)을 적극 활용하도록 한다.

사) 학습자가 민주시민의 자질을 함양하고 지역사회 참여 의식을 고취할 수 있도록 각종 사회 문제에 관한 시사 자료와 지역사회 자료를 활용하여 지도한다.

아) 현대 사회의 정치적, 경제적, 사회적, 문화적 현상을 실증적 자료와 구체적인 사례에 근거하여 분석할 수 있도록 지도한다.

자) 교수・학습의 효율성을 높이기 위하여 지도, 도표, 영화, 슬라이드, 통계, 연표, 연감, 신문, 방송, 사진, 기록물, 유물, 여행기, 탐험기 등의 다양한 교수・학습 자료와 콘텐츠(contents)를 활용한다.

차) 사회 변동과 변화에 따른 시사적인 내용과 뉴스의 내용을 교재화하여 학생의 교육에 두루 적용하여야 한다.

제2장 사회과 교육과정의 지역화 탐구

Ⅰ. 사회과 교육과정 지역화 의의

1. 사회과 교육과정 지역화의 필요성

가. 자기화 원리의 실현: 학습자 주변 지역 환경의 학습장화(學習場化)

모든 교육에서 학습자의 능동성을 확보하는 것은 교육의 목적을 달성하는 데 가장 중요한데, 이는 능동적인 학습은 획득된 지식, 지적 기능의 습득과 가치・태도의 내면화에 강한 긍정적 영향을 끼치기 때문이다. 지역화는 학습자의 능동성을 확보하기 위한 자기화의 한 방법으로 과거의 일을 현재와 관련지어 파악하도록 하는 현재화, 먼 곳이 아니라 주변에서 확인, 경험할 수 있는 사물과 현상을 중심으로 하는 지역화, 사람들의 관심이 집중되어 있는 시사적 사건을 소재로 하는 시사화 전략을 통하여 학습 대상과의 통합, 곧 자기화를 도모하고, 이를 바탕으로 학습자의 능동성을 확보함으로써 사회과교육의 목적을 성취하고자 하는 것이다.

나. 사회과 통합의 장으로서의 기능: 네트워크적, 종・횡 연계적 통섭(統攝)교육의 장(場)

사회과 교육과정의 지역화는 사회과의 통합적 성격이 실현될 수 있는 장(場)을 제공해 주기 때문이다. '지역'은 독립적이며, 고정되어 있는 단순한 물리적 공간 단위가 아니다. 지역이란 인접한 생활공간과 구분되는 외형적 특징을 지니면서, 내적 현상 간의 결합에 의하여 통합이 이루어진 동질적인 생활공간이다. 뿐만 아니라, 이러한 단위 지역이 시간의 힘에 의하여 문화적, 경제적, 사회적 특질을 누적적으로 소요할 때, 이 지역에 거주하는 사람들의 관습, 관념, 의식이 통합되고, 깊은 유대감이 형성, 성숙됨으로써 지역 의식이 공고해지고, 이 공고한 지역 의식이 다시 지역 주민에게 환류되는 과정을 거치면서 하나의 문화적 현상으로 굳어져 온 것이다.

우리나라에서는 시・도, 작게는 시・군・구 단위의 공간과 그 주민들 사이의 상호작용을 통한 지역 형성을 예로 들 수 있다. 따라서 하나의 지역에는 오랜 기간에 걸친 문화의 지층이 형성되어 있으며, 현재 우리가 삶을 영위하는 장이기 때문에 인간생활의 정치적, 경제적, 사회·문화적, 역사적, 지리적 측면 들이 통합적으로 표출되어 있어서 사회과 교육 내용의 통합적 접근의 주요한 소재와 장면을 제공해 주게 된다.

다. 현대 사회에서 지역주의의 의의와 관련성: 세계화(넓이)와 지역화(깊이)의 연계

최근 인간생활의 제 측면을 지배하는 문명사적인 사조는 '세계화'와 '지역화'이다.

이 두 가지는 상호 보완적인 것으로 '가장 지역적인 것이 가장 세계적인 것'이라는 말처럼 세계화는 곧 지역화를 뿌리로 하여야 건전한 것이며, 지역화는 세계화로 발전하여야 하는 것이다. 지역적 사고는 한 시기에 한 지역에 거주하는 사회집단이 전체 사회 속에서 독자적 전통과 문화를 유지, 발전시키면서 자율적인 삶을 누리려는 이념적 지향으로 사회과 교육과정의 지역적 적합성을 높이려는 것이다.

지역이 세계화의 흐름 속에서 주체가 되기 위해서는 경쟁력 있는 이미지가 필요하다. 이러한 이미지 또는 상품의 개발이 성공하기 위해서는 그 지역의 고유한 문화 특성이나 자연환경과 결합되어야 한다. 이렇게 만들어진 새로운 경제적 상품이나 지역을 대표하는 사회·문화적 요소가 그 지역의 이미지가 된다.

2. 사회과에서 지역화의 방향: 세계화와 지역화의 균형과 조화 고려

사회과 교재의 지역화는 생활 주변에서 직접적으로 접할 수 있는 생생한 자료를 수업에 활용함으로써 학습의 효과를 높일 수 있을 뿐만 아니라, 향토의 이해를 깊게 하고 애향심을 길러 주는 데에도 큰 의의가 있다.

사회과 교재의 지역화를 위해서는 교육부가 결정, 고시한 사회과 교육과정의 목표, 내용, 방법, 평가의 기본 방향을 근간으로 하여, 시·도 수준이나 지역 교육청 또는 학교군(가까이 있는 몇 개 학교), 그리고 학교 나름대로 교재를 재구성하여 활용할 수 있다.

첫째, 미래 지향적이고 지속적이어야 한다. 즉, 지역화 교육은 자기 지역에 대한 밝은 미래를 제시하고, 계속적인 관심을 갖고 장기적으로 실시되어야 한다.

둘째, 긍정적이고 개방적으로 추진해야 한다. 지역사회와 관련된 내용 중에서 부정적인 요소보다는 긍정적인 것을 소재로 하고, 지역 간의 폐쇄성, 지역 이기주의를 조장해서는 안 된다.

셋째, 지역사회의 많은 현상을 확실히 파악하고 핵심적인 내용을 정선, 지도해야 한다. 지역사회의 문화유산, 공통 의식, 습관과 같은 숨어 있는 현상을 많이 찾아내고, 핵심적인 내용을 지역과 학교 특성에 맞게 정선해서 지도해야 한다.

넷째, 지역사회 인사, 각급 기관, 학부모 등 지역의 조직 인사와 유기적 관계를 가지고 이를 이용할 수 있어야 한다.

Ⅱ. 사회과 교육과정의 지역화

1. 사회과 교육과정의 지역화 유형

가. 내용의 지역화: 향토, 지역에 대한 학습

내용의 지역화, 곧 '지역'에 대한 학습으로서의 지역화(about the Region)이다. 이는 각자의 지역에 분포하는 지리적, 역사적, 사회적 현상과 사실 자체에 대하여 교수·학습하도록 하고자 하는 의미에서의 지역화이다. 바꾸어 말하면, 학습자들로 하여금 우리 고장, 우리 지역에 대한 지식과 이해를 넓히기 위한 목적에서 이루어지는 지역화이다. 따라서 이러한 관점에서 사회과 교육과정을 지역화하는 경우, 그 교재는 우리 고장, 우리 지역의 지리적, 역사적, 사회적 사실과 현상 전체를 체계화하여 담게 된다. 이러한 '내용의 지역화'는 곧 우리 고장, 지역을 사랑하는 마음, 고장과 지역의 문제를 해결함으로써 살기 좋은 고장, 지역을 만들어 가고자 하는 가치태도의 함양이라는 목적(for the Region)의 추구로 이어지게 된다. 이 유형의 사회과 교육과정의 지역화는 초·중·고교 사회과 내용 선정과 조직의 핵심이다.

나. 방법의 지역화: 향토, 지역에서의 학습

방법의 지역화, 지역에서 학습, 곧 '지역'으로써 학습하게 한다는 뜻에서의 지역화(by the Region)이다. 사회과 교육과정이 교수·학습하도록 설정해 놓은 내용으로서의 지식·이해, 기능, 가치·태도는 전국적으로 동일한 것이다. 그런데 교육과정에 규정된 내용 자체를 곧바로 교수·학습의 내용으로 삼을 수는 없다. 따라서 어떤 소재를 통하여 지식·이해, 기능, 가치·태도를 학습하게 되는데, 이때 학습자에게 경험적, 심리적으로 가까운 생활 주변, 지역의 사실, 현상, 자원들을 내용으로 하여 이루어지는 것이 '방법의 지역화'

이다. 바꾸어 말하면, 사회과 교육과정의 방법적 지역화는 교육과정이 규정하고 있는 내용을 가르치기 위하여 지역에 분포하고 있는 자원을 도구, 소재로 삼는 경우를 말한다. 이 유형의 사회과 교육과정 지역화는 특정한 학년이나 단원을 대상으로 한다기보다는 모든 학년에서 이루어져야 한다. 당연히 이러한 방법의 지역화에서는 우리 고장과 지역에 분포하고 있는 모든 현상과 사실에 대하여 교수·학습하는 것이 아니라, 교육과정이 규정하고 있는 지식·이해, 기능, 가치·태도를 가르치고 배우는 데 적합한 것들만이 교육 내용으로 선정된다는 점이 앞의 경우와 다르다.

2. 사회과 교육과정의 지역화 절차

지역화의 실제적인 절차는 시·도 교육청의 '교육과정 편성·운영 지침' → 지역교육지원청의 '교육과정 편성·운영 장학 자료' → 학교 수준의 '학교 교육과정'의 편성·운영 → 교사 수준의 교육과정 실천의 단계를 거치게 된다.

학교 교육과정의 편성·운영은 교원의 조직, 학생의 실태, 학부모의 요구, 지역사회의 실정, 교육 시설 설비 등 교육 여건과 환경이 반영되어 이루어지게 된다. 그런데 학교교육과정위원회와 학교교육과정은 해당 학교의 교육 전반에 관련된 것이므로 그 일부분으로서 사회과가 포함되어야 한다. 그럼으로써 학교 교육과정 전체의 구성 속에서 유기적인 관계를 맺으면서 사회과교육의 지역화 요구를 충족시킬 수 있다. 일반적인 교육과정 재구성의 방법 및 절차를 도식화하면 <표 3-3>과 같다.

<표 3-3> 교육과정 재구성 방법 및 절차

단계	재구성 방법	재구성 절차
제1단계	교육과정 분석	○ 국가 수준의 교육과정 ○ 각 시·도교육청 교육과정 편성·운영 지침 ○ 지역 교육지원청 장학자료(실천 중심 장학자료) ○ 교사용 지도서 및 교과서 분석(교과용 도서)
제2단계	교육과정 요소 추출	○ 관련 단원 재구성 제재 추출 ○ 지역화 가능한 내용 분석 및 추출 ○ 수준별 교육과정 구성 ○ 다양한 평가 계획 수립
제3단계	교육과정 재구성	○ 교육활동 프로그램 재구성(월, 주 단위) ○ 교수·학습 과정안 작성 ○ 창의적 교육활동 실천

사회과 교육과정의 지역화를 위한 기초 자료인 학생의 실태, 학부모의 요구, 지역사회의 실정, 교육시설 설비 등에 대한 조사(설문 조사, 면담 조사 등)와 분석은 학교 수준에서 이루어져 체계적으로 교과 교육 계획의 수립에 반영되어야 한다.

교사 수준의 사회과 교육 내용의 지역화는 단위학교의 학교교육과정을 바탕으로 하여 내용과 방법의 지역화가 필요하고 바람직한 부분을 파악하기 위한 교재 분석이 이루어진 뒤, 자료 수집, 내용과 방법의 재구성, 실천, 평가의 과정을 거쳐야 한다.

3. 사회과 내용 조직의 지역화

교육과정 지역화의 요구와 '지구촌' 교육의 요구를 동시에 수용하기 위해 내용 선정에서 지역사회와 세계화와의 상호 의존 및 그 관련성을 강조하였다. 학습자의 발달, 사회적 경험, 사회 기능을 고려하는 환경확대법의 원칙에 따라 배열하였다.

둘째, 사회 과학의 기본 개념을 구체적 사례와 문제에 따라 이해할 수 있도록 구성하되, 나선형 교육과정의 원리에 따라 확대될 수 있도록 하였다.

셋째, 주제 또는 문제를 중심으로 한 내용과 방법의 통합, 생활 경험과 지식의 통합에 초점을 맞추었다.

넷째, 학년별로 내용의 핵심과 범위를 설정함으로써 학습 지도에서는 이를 중심으로 일관성을 유지할 수 있도록 배열하였다. 교육과정에 학년별 주제를 명시하지는 않았으나, 각 학년별 내용 주제의 범위는 대체로 동심원적 확대법, 나선형식 교육과정에 바탕을 두고 범위(scope), 계열성(sequence) 등을 설정하게 된다.

다섯째, 학년별 내용을 기본 과정과 심화 과정으로 나누어 성취 수준과 학습 활동을 결합하여 제시함으로써 학습자의 능력차에 대응하는 다양한 학습 경험을 제공할 수 있게 하였다.

4. 일반적으로 지역화 자료의 유형

일반적으로 지역화 자료의 유형과 이용 방법은 다음과 같다.

<표 3-4> 사회과 지역화 자료의 유형과 이용 방법

자료 유형	지역화 자료의 내용	이용 방법
실물 자료	자연환경(산, 강, 하천, 들, 나무, 동식물, 바다 등), 시설(운동장, 공원, 다리, 건물, 도로 등)	기록, 조사, 견학, 관찰, 보고서 작성, 촬영
시청각 자료	지역의 자연환경과 생활 모습을 담은 사진, 슬라이드, 녹음, VCR 자료, 화보, 괘도 등	기록, 청취, 시청, 관람, 촬영
문헌 자료	지역을 소개하는 책자, 향토지, 위인전기, 족보, 지역 신문과 잡지, 통계, 연표, 지도 등	요약, 기록, 복사, 보고서 작성
문화 자료	유형 문화재(건축물, 조각, 사당, 무덤, 비석, 탑, 생활 도구, 박물관 자료 등), 무형 문화재(풍습, 전설, 민요, 민속놀이 등)	기록, 문헌 조사, 관람, 답사, 녹음, 촬영
기관 단체	관공서, 회사, 공장, 은행, 조합, 상점, 각종 단체	기록, 견학, 이용, 경험
인적 자료	전문 직업인, 농·어민, 지역 유지, 향토 사학자, 기술자, 공무원, 노인 등	기록, 의견 청취, 방문, 질의응답

특히, 최근에는 컴퓨터 통신과 인터넷의 발달로 새로운 형태의 지역화 자료의 유형과 활용 방안이 중요시되고 있다. 이른바 사이버(cyber) 공간에서는 지역에 대하여 기존의 유형들과는 판이하게 다른 성격의 자료들(동영상, 음성 등)까지를 매우 광범위하고 체계적으로 수집, 활용할 수 있으며, 또 수업 과정에서 지역에 관련된 웹 사이트(web site)들을 직접 활용할 수 있다는 장점을 가진 자료원이다.

5. 지역화의 효과적인 지도 방안

가. 관찰 가능한 주변에서부터의 시작

초·중·고교 학교에서의 학생들은 자기가 경험하지 못한 먼 곳의 지역도 학습하게 된다. 이런 경우에도 학생들이 본 것을 시발점으로 하여 학습을 시작하는 것이 좋다. 예를 들면 학생들이 보지 못한 고장의 자연 모습이나 생활 모습을 학습할 경우 학생들이 본 자연, 생활 모습을 토대로 흥미를 유발한 다음 수업을 하는 것이다.

나. 적절한 자료 활용

지역화 학습의 관건은 지역화 교육에 필요한 교수·학습지도 자료의 구비이다. 교과서에서는 지역화 교육에 필요한 내용과 자료를 풍부하게 제시하지 못하고 있다. 따라서 학교와 교사, 지역 교육청은 필요한 내용과 자료를 구안 준비해야 한다.

다. 다른 지역과의 비교 학습

지역 학습에서도 비교학습이 병행되어야 하며, 우리 지역만의 자연적, 사회적, 역사적 조건 등에 의해서만 지금의 지역이 형성되어 있는 것이 아니라 다른 지역과의 상호작용과 의존 속에서 지역사회는 유지·발전되고 있음을 인식해야 한다. 그러므로 다른 지역과의 비교 속에서 지역의 특징을 이해하게 된다.

라. 인근 지역의 학습

지역적으로 인근 지역과 밀접한 연관을 맺고 있는 경우 인근 지역의 학습을 병행하여 지도하는 것이 지역화 학습의 관점에서 바람직하다

6. 사회과 교육과정 지역화의 교사 역할과 유의점

가. 교육과정 지역화의 교사 역할

교육과정 운영의 지역화와 관련하여 교육과정 결정권이 시·도 교육청 또는 학교 수준으로 위임됨으로써 그동안 국가 교육과정의 실행과 집행 또는 매개체로서의 역할밖에는 인정을 받지 못하던 지역 수준의 교육 주체들이 매우 중요한 역할을 수행하게 되었다.

특히, 단위학교의 역할이 증대되었으며, 실질적인 적용이 이루어지는 각 교과 수준에서는 교육과정을 지역 실정에 맞게 재구성해야 할 주체로서 교사의 역할이 매우 중요하게 인정받게 되었다. 따라서 그동안 교육체계 내에서 독립적이고 전문적인 위치를 제대로 인정받지 못하고 단순한 지식과 기능의 전달자에 머물렀던 교사의 역할이 교과서에 의한 교육과정의 전달자와 같은 단순 매개체가 아니라 교육 내용을 재구성하여 현장에 적용하는 전문가로서의 전문성이 확보될 수 있는 기반이 마련되었다는 점에서 큰 의의가 있다 하겠다.

나. 사회과 교육과정 지역화의 유의점

사회과 교육과정의 지역화에서 유의할 점은 다음과 같이 요약할 수 있다.

첫째, 지역화를 한다 해도 교과의 궁극적인 목표나 최종적으로 지향하는 인간상은 전국의 그것과 일치해야 한다.

둘째, 지역화를 통해서 지역을 올바르게 이해하고 궁극적인 가치만 획득하면 되는 것이다.

셋째, 지역화를 시도함에 있어서 지역화가 안 되는 단원 내용을 억지로 무리하게 지역화해서는 안 된다. 지역화에는 한계가 있는 것이다.

넷째, 지역화에 있어서 편협한 내용만 지도하여 일반적인 내용이 소홀히 되어서는 안 된다. 종합 교재의 기능을 살릴 수 있는 소재를 발굴해야 한다.

다섯째, 시골의 지역에 대해 수치스럽다거나 열등감을 조장해서는 안 되며, 자기 지역을 자랑하고 사랑하도록 지역화해야 한다. 향토애 교육이 매우 중요한 것이다.

여섯째, 지역화에서 단원의 배열은 계절 변화와 조화를 이루어야 한다.

마지막으로 지역화에 부족한 지역사회 자료는 향토 자료를 발굴하여 충족시켜야 한다.

Ⅲ. 지역화의 실제(충청북도의 사례): 참고 자료

1. 우리 고장의 자연환경 탐방

가. 우리 도의 위치

1) 지도상의 위치: 북위 36도~37도, 동경 127도~129도,
 사방이 육지로 둘러싸임(한반도 내륙의 중심)
2) 내륙 지방에 위치하여 이로운 점: 서울과 영남, 호남 지방의 중간에 위치하며 국도와 경부·중부고속국도, 중부내륙고속국도, 중앙고속국도가 통과하고, 경부선, 중앙선, 충북선 철도가 지나 교통상으로 매우 중요한 위치에 있다.

나. 우리 도의 땅 모양

1) 반달 모양으로 우리나라의 중부 지역에 위치한 내륙도이다.
2) 동쪽과 북쪽, 남쪽은 산과 산맥이 많으며 서쪽으로 갈수록 평야가 많다.
3) 삼면이 산맥으로 둘러싸여 있다.
4) 면적: 총면적 약 7,433㎢, 전국의 7.5%

다. 우리 도의 행정 구역

우리 도의 행정 구역: 3개의 시와 8개의 군으로 나누어졌다.

1) 3시: 청주시, 충주시, 제천시(2014년 '청원군'이 '청주시'에 통합됨)

2) 8개 군: 단양군, 음성군, 괴산군, 증평군, 진천군, 보은군, 옥천군, 영동군

3) 2개 구, 13개 읍, 90개 면, 49개 동

4) 충청북도를 나타내는 것들: 도기, 상징마크, 도 상표, 고드미-바르미, 새, 꽃, 나무

라. 지형의 특색

1) 산: 소백산, 월악산, 속리산

2) 강: 금강, 남한강

3) 평야: 충주평야, 미호평야, 진천평야

4) 댐: 충주댐, 괴산댐, 대청댐(중부지역의 생활용수, 농업용수, 공업용수, 전기 공급, 관광자원)

마. 우리 고장의 특산물

<표 3-5> 충청북도의 특산물

특산물명	주산지(시 · 군)	특산물명	주산지(시 · 군)
육쪽마늘	단양	쌀	진천
고추	음성, 괴산	포도	옥천, 영동
사과	충주	인삼	괴산
딸기	청주, 청원	약초	제천
감	영동	장미	진천
대추	보은		

2. 충북 지방의 문화 탐방

가. 우리 도의 내력

1) 우리 도의 이름: 양광도(고려시대) → 충청도(조선시대) → 충청북도(대한민국)

2) 주요 도시의 이름 변화

가) 청주: 서원경 → 청주목 → 청주부 → 청주시

나) 충주: 중원경 → 충주목 → 충주읍 → 충주시

3) 우리 도의 시대별 행정 구역

가) 부족 국가 시대: 마한

나) 통일신라시대: 삭주, 웅주, 중원경, 서원경

다) 고려시대: 양광도, 충주목, 청주목

라) 조선 시대: 전국을 8도로 나누고 충청도라고 불렀고, 약 100년 전 행정 구역을 고치면서 충청북도의 충청남도로 나누어짐

나. 우리 도의 인물

1) 충신・열사: 김유신, 신채호, 정도전, 이상설, 신규식, 김시민, 손병희, 영규 대사 등

2) 유학자: 이제현, 송시열, 권제, 신헌 등

3) 과학자: 이천(해시계, 자격루 발명)

4) 문화예술인: 우륵(가야금), 박연(3대 악성), 김생(명필), 정철(관동별곡), 정지용(시인), 이무영(소설가) 등

다. 우리 도의 문화재

국보 13, 보물 72, 사적 18, 천연기념물 22, 사적 및 명승 1, 중요민속자료 115

라. 우리 도의 지역축제

충주(복숭아축제), 영동(포도축제), 괴산(고추축제), 제천(박달가요제), 증평(인삼축제), 보은(대추축제), 진천(생거진천축제), 청원(초정약수축제) 등

3. 우리 고장의 경제 탐방

가. 2013년 수출입 실적

1) 수출: 37억 8,700만 달러(전년 동기 대비 50.6% 증가, 전국 최고 증가율)

2) 수입: 33억 4,000만 달러(전년 동기 대비 33.7% 증가)

3) 무역수지: 4억 4,700만 달러 흑자

가) 2013년 하반기 이후 두 자릿수 증가율 지속

수출증가율: 2013. 11(-14.7%) → 12(19.6%) → '06 1(10.5%) → 2(79.0%)→ 3(64.5%) → 4(52.9%) → 5(63.1%) → 6(57.9%)

나) 주력 품목인 반도체(128.9%) 등 전자・전기(74.5%)가 큰 폭으로 증가한데다 기계류(58.7%), 화학공업(19.9%), 플라스틱・고무(21.6%), 농산물(25.1%) 수출도 지속적으로 확대

다) 지역별로는 중동과 아프리카, 대양주를 제외한 전 대륙에 대한 수출이 호조를 보인 가운데 최대 수출시장인 중국(31.0%), 대만(63.4%), 홍콩(233.5%), 싱가포르(27.5%) 등 아시아 지역의 증가율이 두드러지고, 북미(112.6%), 유럽(56.0%) 등 그간 호조를 보인 다른 지역의 증가세도 계속되고 있으며, 중남미 지역도 전년 동기 대비 18.6%가 증가

라) 이에 따라 1~6월 중 수출은 37억 8,700만 달러로 전년 동기 대비 50.6% 증가함으로써 전국 최고 증가세를 지속

나. 충북 10대 수출 품목

<표 3-6> 충청북도의 10대 품목의 수출 추이 비교

(100만 달러, %)

	2012년				2013년			
	품목명	금액	증가율	비중	품목명	금액	증가율	비중
1	반도체IC	1,560	-6.1	27.5	반도체IC	1,558	136.7	41.1
2	전선	543	103.1	9.6	전선	319	25.9	8.4
3	무선전화기	182	-92.3	3.2	무선전화기	172	10.2	4.5
4	자동차부품	176	175.6	3.1	자동차부품	120	82.6	3.2
5	인쇄회로	130	16.8	2.3	인쇄회로	95	89.7	2.5
6	기타 플라스틱제품	156	12.5	2.8	기타 플라스틱제품	89	13.5	2.4
7	기타 종이제품	102	-9.3	1.8	기타 종이제품	52	-1.0	1.4
8	펌프	77	81.2	1.4	펌프	51	57.0	1.3
9	영상기록매체	159	-28.3	2.8	영상기록매체	49	-39.7	1.3
10	합성수지	66	10.5	1.2	합성수지	46	62.8	1.2
10대 품목 계		3,151		55.7	10대 품목 계	2,551		67.3
총계		5,664	-24.9	100.0	총계	3,787	50.6	100.0

다. 충북 10대 수입 품목

<표 3-7> 충청북도의 10대 품목의 수입 추이 비교

(100만 달러, %)

	2012년				2013년			
	품목명	금액	증가율	비중	품목명	금액	증가율	비중
1	반도체 제조장비	516	94.4	9.4	반도체 제조장비	414	143.1	12.4
2	기타 플라스틱제품	415	48.4	7.6	기타 플라스틱제품	256	32.3	7.7

3	합성수지	330	33.2	6.0	합성수지	210	29.9	6.3
4	반도체IC	432	-31.6	7.9	반도체IC	194	-9.7	5.8
5	기타 정밀화학원료	174	-1.9	3.2	기타 정밀화학원료	126	80.7	3.8
6	컴퓨터부품	150	6.8	2.7	컴퓨터부품	92	21.4	2.8
7	기타 화공제품	117	16.6	2.1	기타 화공제품	81	56.7	2.4
8	전선	81	7.1	1.5	전선	72	102.3	2.2
9	동조가공품	68	49.4	1.2	동조가공품	56	83.3	1.7
10	필름류	94	31.6	1.7	필름류	55	29.3	1.6
10대 품목 계		2,377		43.3	10대 품목 계	1,556		46.7
총계		5,495	4.6	100.0	총계	3,340	33.7	100.0

라. 충청북도의 산업 구조

충청북도의 산업은 전국의 평균 산업 구성비에 비하여 1차 산업의 비율이 높은 편이다. 그러나 그동안 산업 단지의 개설 등으로 2, 3차 산업의 비중이 커지고 있다. 1997년 현재 1차산업(농·임·어업)이 8.1%를 차지하고 2차산업(광·공업)이 41.7%, 3차산업(사회간접자본 및 기타 서비스업)이 50.2%를 차지하고 있다. 이러한 산업 구성비를 전국의 1차산업 5.3%, 2차산업 31.2%, 3차산업 63.5%와 비교하면 1차산업과 2차산업의 비중이 크고, 3차산업의 비중이 낮은 편임을 알 수 있다.

제3장 사회과 교수·학습에서의 발문법 적용

Ⅰ. 사회과 수업에서의 발문법

1. 발문법의 개념과 의의

일반적으로 교수·학습에서의 발문법은 문답법(question and answer method) 또는 질문법(questions method)이라고도 불린다. 이 방법은 교수자(교사)와 학습자(학생) 간의 질의와 응답의 연속적 과정을 통하여 일정한 학습 활동을 전개하는 방법으로서 교수·학습 에서 매우 중요한 위치를 차지하고 있다.

질문이란 일반적으로는 '어느 정도 어떻게 알고 있는가를 알아보려는 물음'으로 정의

될 수 있다. 그러나 수업 과정에서 발문되는 질문은 단순한 물음에 그치지 않는다. 린드그린(Lindgren)은 교사의 질문은 학습 반응을 위한 자극이 될 뿐만 아니라 학생들에게 무엇이 중요한 것인가를 가르쳐 준다고 하였다.

2. 발문법의 적용 목적

교수 방법으로서의 발문법이 추구하는 근본적인 목적은 사고를 촉진하는 데 있다. 발문을 통하여 교수자(교사)는 학습자(학생)들의 비판적 사고, 반성적 사고, 합리적 사고 등 다양한 양태, 다양한 수준의 사고를 자극하고 이끌어 준다. 따라서 질문하는 교사는 곧 사고하는 교사이며, 질문하는 학습자는 곧 사고하는 학습자라고까지 표현할 수도 있다.

사회과 교수·학습에서의 발문법은 사고 촉진 이외에도 교수 방법으로서 여러 가지 부수적인 가치를 지니고 있다. 예컨대, 학생들의 주의를 환기시키고 호기심과 지적 활동을 일깨워 주며, 수업 참여를 유도한다. 발문은 교수자와 학습자, 그리고 학습자(학생) 상호 간의 의사소통을 증진시키는 매체가 되기도 하며, 학생의 학습 평가 수단으로도 활용된다.

3. 발문법의 장점과 단점

가. 장점

첫째, 학습할 문제점을 명백히 밝혀주기 때문에 목표가 분명한 학습활동을 조성할 수 있다.
둘째, 학습에 자극을 주어 활기 있고 적극적인 학습을 전개할 수 있다.
셋째, 적극적인 흥미와 동기의 유발이 유리하다.
넷째, 학생의 주체적 학습이 가능하다.
다섯째, 교사와 학생의 의사소통이 원활하다.

나. 단점

첫째, 사고의 통일성과 연속성에 방해를 준다.
둘째, 일반적으로 실제 교수·학습에서는 교사 중심이 되기 쉽다.

셋째, 사고영역이 한정되기 쉽다.

넷째, 우수아 중심의 수업으로 흘러 학습부진아들에게 좌절감을 주기 쉽다.

다섯째, 학습속도가 지연된다.

4. 발문법 적용상의 유의점

가. 허용적이고 탐구적인 학습 분위기를 조성하는 발문을 한다.

<예> "영희는 이렇게 발표했는데 너는 어떻게 생각하느냐?"

"이 방법에는 문제점이 있는데, 그것을 찾아낼 수 있을까?"

나. 학생들에게 문제의식을 준 다음 적절한 시기(timing)에 맞추어 발문을 한다.

<예> 학습활동의 전개 순서에 알맞은 발문, 문제를 해결하는 방법을 차례차례 찾아가도록 하는 발문, 또는 학생들이 생각하고 있는 바를 읽고 거기에서 해결의 실마리를 찾게 하는 발문 등

다. 시간을 갖고 사고하여 답이 나올 수 있게 하는 발문을 한다.

<예> "주인공의 성격을 알아보는 방법은 무엇이냐?"보다는 "주인공의 성격을 알아내는 방법이 3가지 이상 있었는데 그 방법을 찾을 수 있을까?"

라. 학생의 능력에 알맞은 발문을 한다.

<예> 학력이 낮은 학생들에게는 기억 재생 및 단순한 사실의 열거 정도를, 우수 학생에게는 설명, 분석, 종합, 결론에 관한 발문을 하는 것이 좋다.

마. 하나의 발문에는 두 가지 이상의 물음이 겹치지 않게 한다.

<예> "이 그림은 무엇을 나타내며 왜 그렸는가?"

바. 수렴적 발문보다 확산적 발문(발산적 발문)을 두 적용해야 한다.

<예> "2030년 이후의 세종특별자치의 모습은 어떠할까?"

"2014년에 4월에 발생한 '세월호 사고'의 근본적 발생 이유는 무엇일까?"

Ⅱ. 사회과교육에서의 창의적인 발문

1. 창의적인 발문을 하는 방법

가. 명확하고 간결한 발문: 간단 명료한 발문

일반적으로 막연하고 모호하거나 너무 길지 않게 한다.

<예>

- 예절생활을 배우고 나서 내가 실천할 일이 무엇인지 말해 보자.
- ~에 대해 어떻게 생각하고 있는가?

나. 구체적인 발문: 육하원칙에 따른 발문

막연하지 않도록 '누가, 무엇을, 어떻게'라고 자세히 발문한다.

<예> 이 단원을 읽고 주인공이 착한 일을 한 내용을 차례로 말해 보자.

다. 학생의 사고를 자극하는 발문

발문의 답이 즉석에서 '예', '아니오'라고 하게 하는 것이나 단순 기억 재생 발문은 피한다.

<예>

- 학생의 의견을 묻는 발문: "이 지도에서 항구가 발달할 수 있는 조건을 갖춘 곳은?"
- 가치 판단을 묻는 발문: "길가에 돈 만 원짜리가 땅에 떨어졌다. 너 같으면 어떻게 하겠는가?"
- 어떤 일의 예를 묻는 발문: "저축을 하면 어떤 점이 좋은지 예를 들어 설명해 보자."
- 원인과 결과를 묻는 발문: "숲속의 나무꾼이 금도끼를 얻게 된 이유는 무엇인가?"

라. 개인차를 고려한 발문: 개인 맞춤식 발문

학생의 발달정도나 학습의 특질에 맞는 발문을 한다.

<예>

- 수준이 하인 경우: "어제 공부한 곳은 몇 쪽입니까?"
- 수준이 중상인 경우: "어제 공부한 공업지역의 조건은 무엇이었나?"

2. 발문 수준에 따른 유형

가. 재생적 발문: 암기, 기억한 내용 진술

이전에 학습했던 내용이나 경험한 사항을 알아보기 위한 발문으로 대개 도입단계에 사용하며, 단순한 지식과 사실, 방법과 열거, 계산 등에 관한 발문 형태이다.

<예>

"경인 공업지역의 중심도시는 어디인가요?"

"전등을 발명한 사람은 누구인가요?"

나. 추론적 발문: 사고와 문제 해결력 신장

학생들의 지식, 정보 등을 사용하여 비교, 대조, 구분, 분석, 종합하여 응답하게 하는 발문으로, 학생들로 하여금 생각하게 하는 발문이며 문제 해결 수준의 발문이다.

<예> "오늘날 학교의 모습은 옛날에 비하여 어떻게 달라졌는가?"

다. 적용적 발문: 고급 사고력, 창의력 신장

학생들의 확산적 사고를 계발하기 위하여 새로운 사태에 적용, 예언 또는 가설을 설정하도록 하는 발문으로 학습한 결과를 토대로 보다 확산적 사고를 촉진하는 발문이다.

<예>

"이 원리를 이용해서 버스를 만들 수 없을까?"

"백두산이 없어진다면 어떻게 될까?"

"태양열을 우리 생활에 이용할 수 있게 되면 어떻게 될까?

"세종특별자치시에 인구가 증가한다면 그 지역사람들에게 어떤 물체가 생기게 될까?"

"세월호 사고와 같은 대형 사고를 예방하고, 창의적 체험활동과 현장체험학습 등을 안전하게 수행하기 위해서는 어떻게 헤야 할까?"

사회과 발문법에서 가장 바람직한 발문은 재생적 발문보다 추론적 발문, 적용적 발문 등을 장려하고 신장히여 학생들의 '생각하는 힘(역량)'을 신장하는 것이다.

Ⅲ. 창의적 발문 구상의 실제

① 발문준칙 1. 발문 안에 문제 해결에 필요한 단서가 들어 있어야 한다.

<예> 계절이 변하는 까닭은 무엇일까?
<발문평가> 문제의식은 형성되지만 그 까닭을 생각하려면 아동에게는 너무 벅차다.

⇩

위의 발문을 이렇게 바꾸면 어떨까?

<예> 계절이 변하는 것은 무엇과 관련이 있는가?
<발문평가> 위의 발문은 아동이 까닭을 생각할 수 있는 실마리를 제공할 수 있는 발문으로 여러 가지 생각을 할 수 있게 해 준다.

② 발문준칙 2. '왜'라고 묻지 않고 '무엇이'라고 묻는다.

<예> 왜 한강유역에 산업이 발달했을까?
<발문평가> 이유나 원인, 목적 등 본질을 묻는 발문에는 학습자가 사고하기 어렵다.

⇩

위의 발문을 이렇게 바꾸면 어떨까?

<예> 한강의 무엇이 그 유역의 산업을 발달시켰을까?
<발문평가> 이 발문은 아동이 한강에 있는 물, 고기, 돌 등을 생각하게 된다.

③ 발문준칙 3. 본질을 묻지 않고 현상을 묻는다.

<예> 화폐는 왜 만들었을까?
<발문평가> 이렇게 직접적인 발문은 사고를 어렵게 한다.

⇩

위의 발문을 이렇게 바꾸면 어떨까?

<예> 지금 갑자기 이 세상의 돈이 모두 없어져 버린다면 어떤 현상이 일어날까?
<발문평가> 이 발문으로 아동은 화폐가 없을 경우의 여러 가지 불편을 지적하고 화폐의 필요성을 사고하게 한다.

④ 발문준칙 4. 부정적으로 묻거나 아동의 생각과는 전혀 다르게 묻는다.

<예> 민주주의는 좋은 정치입니다. 왜 그럴까요?
<발문평가> 이렇게 당연한 논리에 아동들은 활발하게 사고하지 않는다.

⇩

위의 발문을 이렇게 바꾸면 어떨까?

<예> 민주주의가 우리의 생활에 미치는 영향을 이야기해 볼까요?
<발문평가> 예상 밖의 물음으로 아동은 여러 가지 증거를 제시하며 반론을 한다.

제4장 사회과 교수·학습의 이해와 원리

Ⅰ. 사회과의 이해

1. 사회과의 교과 특성

사회과의 궁극적 목표는 민주시민으로서의 올바른 자질을 길러 주는 데 있다. 따라서 사회과는 사회적 사실과 현상에 관한 지식을 발견하고 적용하는 데 필요한 사고력과 판단력의 신장을 강조하고, 이를 위하여 학습자가 다양한 탐구 방법을 활용하여 스스로 탐구해 가는 학습 전략을 지향한다.

2. 사회과 교육과정의 중점 변화 내용

2009 개정 사회과 교육과정이 도입되면서 크게 달라진 점을 살펴보면 다음과 같다.

첫째, 21세기 세계화·정보화 사회가 요구하는 새로운 시민적 자질을 사회과 교육과정의 각 구성 요소에 일관되게 반영하였다. 즉, 정보 처리 기능, 자기주도적 학습 능력, 창의성을 포함하는 고등사고능력, 바람직한 인성을 강조하였다.

둘째, 학습자의 자기주도적 학습을 뒷받침하기 위해 내용량을 크게 감축하였다. 종전 교육과정 내용의 70% 수준으로 감축하였다.

셋째, 활동 중심, 문제 해결 중심의 학습을 뒷받침하기 위해 학년별 내용을 성취 목표로서의 기본적 지식, 기능과 이의 습득을 목표로 한 학습 활동을 결합한 형태로 제시하였다. 2009 개정 사회과 교육과정에서는 지적 목표, 기능적 목표, 정의적 목표 등을 통합적으로 달성하고자 한다.

넷째, 교육과정 지역화의 요구와 '지구촌' 교육의 요구를 동시에 수용하기 위해 내용 선정에서 지역사회와 세계와의 상호 의존 및 그 관련성을 강조하였다.

다섯째, 학습자의 자기주도적학습, 개별학습, 협동학습, 체험학습을 뒷받침하기 위한 구성주의적 학습 환경을 강조하였다.

여섯째, 자기주도적 학습에 따른 수행평가의 실행을 강조하였다. 평가를 통해 자신의 성취 수준을 확인하고 학습방법의 문제점을 찾아 낼 수 있는 자기주도적 평가를 지향하며, 이에 적합한 평가 방안으로서 수행평가를 강조하였다.

3. 사회과 교과용 도서: 사회과 교과서(학생용), 사회과 교사용 지도서

2009 개정 사회과 교육과정에 따른 사회과 교과서 편찬의 기본 방향은 '쉽고, 재미있고, 친절한 교과서'이다.

가. 사회과 교과서

사회과 교과서의 내용은 귀납적 '문제해결형'의 내용 제시 방식을 위주로 하되, 제재(소주제)에 따라서는 연역적 '설명형' 방식을 혼용하였다. 교과서 내용 구성을 살펴보면, 한 주제는 핵심 개념의 이해를 목표로 하며, 주제는 2~3개의 제재로 구성하였다. 각 제재 간에는 상호 관련성과 통합성을 확보하도록 구성하였다. 제재 내의 '학습 활동'은 차시별로 수행하게 될 내용이다. 맞춤형 교육과정은 주제 선택 학습과 단원 정리 학습에 반영하였다.

2009 개정 사회과 교육과정에서는 기존의 사회과 교과서와 보조교과서인 사회과탐구를 통합하여 사회과 교과서(사회)에 통합 합본(1권)으로 발행하고 있다.

1) 주제 선택 학습의 구성

주제별로 선택 학습(1차시 활동 과제)을 구성하였으며, 원칙적으로 세 수준의 활동을 난이도에 따라 선택 1, 2, 3으로 제시하는 것이 좋다. 각 수준의 기준은 다음과 같다.

1수준: 기초・기본적 지식의 이해를 확인하고 정착시키기 위한 활동 2수준: 기본적 지식의 이해와 적용, 분석적 사고를 목표로 하는 활동 3수준: 종합・평가적 사고력, 창의적・확산적 사고력 신장을 목표로 하는 활동, 흥미와 관심을 시・공간적으로 확대하는 활동

그러므로 선택 1은 보충 활동, 선택 2는 보충 및 심화 활동, 선택 3은 심화 활동으로 간주하고, 학생의 성취 수준을 고려, 선택 1, 2 혹은 선택 2, 3을 수행하도록 안내한다.

2) 단원 정리 학습의 구성

확인 학습('무엇을 배웠나요?')과 선택 학습(보충 과정: '재미있어요', 심화과정: '우리 힘으로 해결해요')으로 제시되었으며, 단원 정리 학습의 보충심화과정 학습은 학생의 성취 수준을 향상시키는 데 목적이 있다.

나. 교사용 지도서

교사용 지도서의 각론은 기존의 차시별 수업 지도안 제시의 형식에서 벗어나 제재별로 일련의 연속된 학습 과정을 간결하게 제시하였다. 수업안은 대체로 '사회' 교과서의 단원・주제・제재의 배열에 따라 전국 어느 학교에서나 적용할 수 있는 일반적인 안을 제시하였다. 그리고 사회과 수업의 특성과 본질 구현에 필요한 다양한 교수학습 기법과 발문, 수업에 필요한 다양한 자료와 활동 아이디어 등을 묶어서 제시하였다. 또한 제재 끝에 자기주도 학습과 수준별 학습에 따른 수행평가 방안 및 구체적 평가 문항을 개발하여 제시하였다.

4. 사회과 맞춤형 교육과정의 운영

사회과에서의 맞춤형 교육과정의 적용은 모든 학생이 이수해야 할 '기본 과정' 이수 후, 성취 기준에 도달한 학생에게는 '기본 과정' 내용을 심화, 확대하는 '심화 과정' 내용을 학습하게 하고, 기본 과정의 성취 기준에 미달한 학생에게는 '기본 과정' 내용의 가장 핵심적인 개념과 지식을 보충하는 '보충 과정'(지도 교사가 재구성하여 설정하는 내용)을 제공할 수 있도록 하였다. 보충 및 심화 과정은 교사의 자율적인 판단에 따라 적절한 시기에 편성・운영하며, 학습자의 능력, 흥미, 요구 등을 고려하여 학습의 효율성을 기하도록 한다.

Ⅱ. 사회과 교수・학습의 원리

1. 사회과 학습 지도의 기본 방향: 동기유발과 흥미 있는 사회과 교수・학습

사회과교육에서 학생들의 호기심과 동기유발은 사회과 탐구적 학습의 출발점이다. 구체적 생활 경험을 통하여 사회 현상을 이해하고, 그것을 일상생활에 다시 적용하는 기회를 많이 주어 사회과 학습이 쉽고 재미있다는 생각을 가지도록 하여야 한다.

2. 교재의 재구성과 수업 계획: 교육 내용의 재구성과 지역화

단원의 학습 요소 분석에서는 대체로 각 단원의 주제에 포함된 주요 개념과 일반화, 가치 등을 확인하고, 그것과 관련된 구체적 사실, 학습 경험, 학습 자료의 형식, 소요 시간 등을 선정, 결정한다. 교재는 지역 또는 학교, 학급 특성에 알맞도록 재구성하되 교육과정에서 의도하는 기본 정신이나 주요 목표, 기본 원리 등은 유지되도록 해야 한다. 단원 전개 계획을 수립할 때에는 교과서 단원, 주제, 제재 등의 명칭이나 순서를 그대로 따르기보다는 실제적인 학습내용에 더 적합한 주제나 문제를 선정하여 활동 중심의 학습이 이루어지도록 교재를 구성하는 것이 좋다.

3. 통합적 교수 방법의 강조: 통합적(統合的)·통섭적(統攝的) 교수 및 수업

사회과는 종합적, 통합적인 교과이며, 특히 초·중·고교에서의 사회과교육은 사회현상을 종합적으로 이해시켜야 한다. 사회과의 통합적 학습은 학문 또는 생활 영역 간의 통합은 물론, 지식, 기능, 태도가 상호 유기적 관계를 맺도록 함으로써 지식과 행동의 통합이 이루어지도록 해야 한다. 통합의 방법은 흥미 중심, 활동 중심, 탐구 중심, 주제 중심, 기능 중심 등 다양한 형태로 이루어지도록 한다.

4. 좋은 사회과 수업의 조건: 수업 목표를 달성하는 학생 중심 교수·학습

첫째, 의미 있는 학습이 활발하게 전개되는 사회과 교실을 만들어야 한다. 가능한 한 생활 사례나 갈등 장면 등 실제 생활 사태를 많이 제시하고, 관련 지식과 가치를 적용하여 그 사태의 의미를 파악하고, 바르게 판단하여 행동할 수 있는 기회를 적절하게 제공한다. 또한 자유로운 분위기 속에서 교사와 학생이 마음을 터놓고 의논하며 대화와 토의가 활발하게 이루어질 수 있도록 한다. 그리고 스스로 문제를 찾고 이를 다양한 방법으로 해결하도록 한다.

둘째, 사회 현상에 관한 원리를 발견하고 적용할 수 있는 기회를 제공한다. 교사가 수업을 계획하기 위하여 가르칠 내용을 결정할 때에는 먼저 원리나 법칙을 결정하고, 그 원리나 법칙을 이루는 주요 개념을 찾아낸다. 그리고 원리나 법칙 또는 주요 개념을 이루는 사실을 확인한 다음, 예상되는 학습 경험을 선정하여 구체적 학습 계획을 세운다. 반면에 학생들의 학습은 그들의 경험을 바탕으로 구체적 사물이나 사실을 통하여 개념을 이해하고, 원리나 법칙을 발견하며, 이들을 생활의 여러 분야와 관련지어 생각하도록 지도하여야 한다.

셋째, 사회과의 성격과 도달하려는 목표를 알고 있어야 한다. 사회 현상에 관한 기초적 지식과 능력은 물론, 지리, 역사 및 제 사회 과학의 기본 개념과 원리를 발견하고 탐구하는 능력을 익혀, 우리 사회의 특징과 세계의 여러 모습을 종합적으로 이해하며, 다양한 정보를 활용하여 현대 사회의 문제를 창의적이며 합리적으로 해결하고, 공동생활에 스스로 참여하는 능력을 기른다. 이를 바탕으로 개인의 발전은 물론, 국가, 사회, 인류의 발전에 기여할 수 있는 민주시민의 자질을 기른다. 즉, 제7차 교육과정은 정보화, 세계화에 능동적으로 대응할 수 있는 민주시민 육성을 궁극적 목적으로 하고 있다.

넷째, 다양한 학습방법을 적용한다. 사회과 학습에 활용될 수 있는 학습방법은 다양하다. 그중에서도 사회과의 특성을 더 고려한 탐구적인 학습방법은 사회 과학적 연구방법을 적용한 학습방법들이다. 참여관찰학습, 사례학습, 표본조사학습, 문헌조사학습, 현장학습, 인물학습, 사료학습, 자원인사 초빙학습, 상황분석학습 등이 그 예이다. 가치학습을 위해서는 자아발달 모형, 도덕적 발달 모형, 가치분석 모형, 가치명료화 모형, 학급집회 모형, 가치수용 모형 등을 활용할 수 있다. 그밖에도 의사결정학습, 문답법, 토의법, 역할수행 모형, 모의놀이학습 등을 활용할 수 있다.

다섯째, 사회과 학습에서 자료로 활용되는 교과용 도서의 성격을 바르게 알아야 한다. 사회과 교과서의 내용을 문제해결형 구조로 제시하였으므로 종전처럼 교과서를 읽게 하여 주요 사실이나 개념을 찾도록 해서는 안 되며, 학생들의 참여와 활동을 강조하는 수업을 전개해야 한다. 그리고 사회과 수업 시간은 사회 교과서와 사회과 탐구 교과서가 언제나 함께 사용될 수 있도록 해야 한다.

여섯째, 사회과 학습 계획을 요령 있게 세울 줄 알아야 한다(단원 학습 계획 수립의 절차: 단원 속의 주제와 제재를 살핀다 → 단원의 구조도를 만든다 → 제재별 학습 무제를 찾는다 → 시간을 배정한다 → 학습과제를 분담한다 → 준비할 학습 자료를 분담한다).

일곱째, 알맞은 지도 내용을 선정해야 한다. 사회과 학습에서 중요한 것은 단편적인 사실이나 현상에 관한 지식의 학습이 아니라 중요한 개념이나 원리의 탐구이다. 그러기 때문에 지도하여야 할 개념과 원리가 무엇인지 추출하는 작업이 중요하다. 목표에 접근한 지도 내용을 선정하는 데 가장 용이한 방법은 교과서의 문장으로 되어 있는 부분과 도표, 사진, 지도 등으로 되어 있는 부분을 이용하는 것이다. 이 두 가지 유형의 자료로 사회적 사실이나 현상에 대한 내용, 개념이나 원리에 대한 내용, 학습방법을 시사하는 내용 등을 추출할 수 있다.

여덟째, 학습과제를 슬기롭게 제시할 수 있어야 한다. 일상생활과 관련된 과제를 제시하여 사회현상에 관심을 갖고 문제를 해결할 수 있도록 하거나, 차시 학습과 연결하여 적절한 과제를 제시한다. 또는 장기 학습과제를 미리 제시하여 과제 해결에 대한 시간적 여유를 갖게 함으로써 부담을 덜어주고 과제 해결의 완성도를 높여 주는 과제 제시도 좋은 방법이라 할 수 있다.

아홉째, 학생들이 발표와 토의를 활발하게 잘 할 수 있도록 만들어야 한다. 이를 위해서는 교사와 학생의 상호 이해적 분위기 조성, 자유로운 학습 분위기 조성, 대화, 토의에 필요한 기초적 기능 익히기, 대화와 토의에 적절한 주제의 선정 및 활용, 교사의 효율적 발문 및 중재적 역할의 수행, 주제에 적합한 토의학습 유형의 적용 등을 고려해야 한다.

열째, 자료를 효율적으로 활용할 줄 알아야 한다. 교과서, 사회과 탐구, 사회과 부도, 방송, 자원인사나 고장의 유물과 유적, 신문, 잡지, 사진, 화보, 엽서, 그림, 지도, 통계, 도표, 연표, 문화재, 참고 도서, 방송, 이야기, 노래, 실물, 표본, 모형, 괘도, 기록물, 여행기, 탐험기, 슬라이드, 필름 등은 좋은 사회과 학습 자료이다. 이러한 다양한 교수학습 자료를 잘 이용하느냐, 못하느냐에 따라서 사회과 수업의 효과는 달라진다.

열한째, 지적 도전감을 주는 사회과 평가를 해야 한다. 평가는 학생들의 학습 방향을 결정짓는 데 중요한 역할을 한다. 지적 도전감을 주는 평가가 자주 이루어지면 학생들의 학습방법도 이러한 쪽으로 나아가게 될 것이다. 성취 수준 평가에 있어서는 한 학생이 그 집단에서 차지하는 위치보다 교육과정의 목표에 대한 도달(성취) 여부가 중요하다. 그러나 교육과정의 목표는 평가의 기준으로서는 다소 추상적이므로 보다 상세한 평가 기준이 필요하다. 교육과정의 상세화는 내용 요소와 행동 영역의 두 차원에서 이루어진다. 가령, 내용 요소는 제3학년의 내용에서 '1. 우리 고장의 모습, (1) 학교 주변의 모습, [1] 무엇이 보이나요'와 같이 해당 내용을 세분한 것을 말하며, 행동 영역이란 지식, 기능, 태도 등의 영역 구분을 말한다. 이원 분류에 따라 평가 기준이 세분화되어야 해당 목표 도달 여부를 명확히 알 수 있다.

사회과 교육평가는 학습에 있어 끝이 아니라 한 과정이기 때문에 그 결과는 수업에 다시 환류(feed back)되어야 한다. 그러므로 평가 결과는 교사에게는 수업의 어디가 잘못되었는지, 학생의 무엇을 더 보충해 주어야 하는지를 아는 자료가 되어야 하고, 학생에게는 각자의 부족한 부분을 보완하여 목표에 도달하기 위한 하나의 자료가 되어야 한다.

Ⅲ. 사회과의 교수·학습 유형

1. 학습 지도 유형의 개념

사회과의 학습 지도 유형이란, 사회과의 학습목표를 달성하기 위하여 학습목표와 학습내용에 따라 그에 적절한 지도의 과정이나 방법을 체계적으로 조직화한 교수·학습 활동의 체제라고 말할 수 있다. 그런데 학습 지도 유형에 대한 개념은 논자에 따라 이견이 많을 뿐만 아니라 그 종류도 많다. 그러므로 다양한 학습 지도 유형 중 사회과의 목표 도달을 위하여 어떠한 학습 지도 유형이 효과적인 교수 방법일까 고민해 봐야 한다. 그리고 이들 각각의 학습 지도 유형은 고정된 것이라고 생각해서는 안 된다. 교수·학습 상황에서 얼마든지 변형될 수 있다. 실제의 교수·학습 상황에서 한두 단계를 빼거나 추가할 수도 있고, 한두 단계를 변형해서 적용해도 무방하다. 특히, 학습지도 유형을 적용할 때, 어떤 단원이나 제재가 어떤 유형에 적합하다는 것은 어떤 특정 유형을 적용할 때 그 효과가 높을 가능성이 크다는 것으로 이해할 필요가 있다.

2. 사회과 교수・학습 유형의 분류

교사용 지도서에서는 조직 방법에 따라 일제 학습, 분단별 학습, 개별화 학습, 협동학습, 열린 학습 등으로 분류하고 있으며, 활동 방법에 따라서는 현장학습, 구성학습, 극화학습, 시청각학습, 토의학습, 강의학습, 조사보고학습 등으로, 사고력 신장 중심의 교수・학습 방법으로는 사료학습, 인물학습, 지도학습, 시사학습, 그 밖의 교수・학습 방법으로는 프로젝트(project)학습 및 주제학습, 가치학습을 소개하고 있다.

3. 핵심적 이해와 탐구 기능 및 고급 사고력과 창의력 신장

사회를 바르게 이해하는 데 필요한 기본적인 지식을 이해하고 이러한 지식을 바르게 활용할 수 있는 능력을 길러 주어야 한다. 사회과 기능들은 읽기, 말하기, 쓰기의 기본 능력을 전제로 하고 사회과 학습의 조건인 연구기능, 탐구와 의사결정능력, 집단 참여 활동을 통해 기능이 신장된다고 볼 수 있다. 즉, 핵심적 지식의 이해와 탐구 기능 및 사고력 신장이다. 단원의 어떠한 부분에서 어떠한 사고를 강조할 것인가는 그 주제의 특성에 따라 적절하게 선정, 결정하여야 하며, 이는 단원의 수업설계에서부터 고려하여야 한다. 또 학년별 주요 학습 기능이 예시되어 있어야 한다.

가. 각 학교급에서 강조해야 할 학습 기능, 능력: 초・중・고교 사회과 공통

1) 정보의 활용 및 의사 교환 기능

가) 다른 사람과 의사소통을 원활하게 하기

나) 면담과 조사를 통하여 자료 수집하기

다) 탐구 주제와 개요에 따른 여러 가지 정보 찾아내기

라) 여러 분야의 정보를 수집하고 종합적으로 활용하기

2) 문제 해결 및 사고 기능

가) 고장의 여러 현상을 관계 지어 생각하기
문제 파악 및 해결 방법 생각하기

나) 시·도 및 지역 문제에 대해 공동으로 사고하기

문제 해결을 위한 가설 추론 및 근거 제시하기

다) 한 가지 이상의 자료에서 탐구 주제 파악하기

추론과 증거에 의하여 문제 해결하기

산업 활동과 국토 활용을 국민 생활과 관련지어 사고하기

라) 역사적 사실의 기초적 인과 관계 파악하기

합리적이고 민주적인 절차에 의하여 문제를 해결하고 의사결정하기

우리나라의 여러 문제를 상호 관련지어 생각하기

우리나라와 세계 여러 나라를 관련지어 생각하기

3) 참여 및 공동생활 능력

가) 공동 작업 및 고장의 일에 참여하기

나) 문제 해결 및 의사결정을 위한 집단 작업 및 토의에 참여하기

다) 자율적인 시민 생활과 정치, 경제, 문화 등에 관련된 여러 생활 문제의 협의에 참여하고 역할을 수행하기

라) 민주적 생활 문제에 대한 협의에 적극 참여하여 역할 수행하기

이외에도 여러 가지 자료 활용 등에 관한 기초적 능력 및 가치·태도에 관한 요소도 학년별 지도 중점 요소로 고려할 수 있다.

4. 확산적 사고(발산적 사고)를 요구하는 발문과 활동 과제

2009 개정 사회과 교육과정에 따른 사회과 교과서는 학생 각자의 개별적인 의미 구성이 허용될 수 있는 여지를 제공하는 점이 특징이다. 또한, 아동 각자의 의미 구성이 학습을 통해 이해되기를 기대하는 중심 아이디어의 범주 안에서 이루어지도록 부가적 발문 혹은 자료를 제시하고 있다.

구성주의 학습은 학생 각자의 경험과 인지구조가 다른 만큼 의미 구성에서도 차이가 있음을 받아들이는 데 요체가 있다. 학생 각자가 의미 구성 과정에 적극 참여하도록 안내하기 위해 2009 개정 사회과 교육과정의 사회과 교과서에는 확산적 사고를 요구하는 발문과 활동 과제를 제시하고 있다. 그러나 확산적 사고를 요하는 활동에서 학생의 의미

구성은 적절한 안내와 참고자료에 의해 뒷받침될 때만이 적합성을 확보할 수 있을 것이다. 이를 위해 적극적으로 활용되어야 하는 것이 '사회과 지역 교과서'이다. 사회과 지역 교과서는 교과서의 본문 내용 이해와 발문 또는 활동 과제의 해결에 필요한 보충 자료를 제시하고, 여기에 사고 활동의 절차, 준거를 함의하고 있는 부차적 발문을 제시하여 학습에서 중심 아이디어의 획득을 보장할 수 있을 것이다.

또, 본문 안에 제시된 다양한 수준의 발문과 활동 과제는 교과서나 사회과 탐구의 자료만으로도 해결이 가능하도록 하고 있다. 사회과 교과서는 본문 내용의 범위를 벗어나는 활동 과제가 부가되지 않도록 유념하였다. 우선, 학생들이 해결해야 될 의미 있는 활동 과제는 본문 내용의 전개 과정 속에서 제시되고 있기 때문에 주어진 학습 범위를 넘어서는 추가적 활동으로 부담을 느낄 필요가 없게 된다. 그리고 모든 발문과 활동 과제의 해결을 위한 자료는 사회과 탐구가 따로 개발되긴 했으나, 결국 한 교과서여야 하는 당위가 성립되려면 이와 같은 조건이 충족되어야만 한다.

5. 교재의 지역화와 재구성 활용

사회과 교재의 지역화는 생활 주변에서 직접적으로 접할 수 있는 생생한 자료를 수업에 활용함으로써 학습의 효과를 높일 수 있을 뿐만 아니라, 향토의 이해를 깊게 하고 애향심을 길러 주는 데에도 큰 의의가 있다. 사회과 교재의 지역화를 위하여 교육부가 결정, 고시한 사회과 교육과정의 목표, 내용, 방법, 평가의 기본 방향을 근간으로 하여, 시・도 교육청 수준이나 지역교육지원청 또는 학교군(가까이 있는 몇 개 학교), 그리고 학교 나름대로 교재를 재구성하여 활용할 수 있다. 유의할 점은, 교육과정의 목표나 핵심적인 내용은 그대로 반영하되, 지역의 특성을 고려하여 강조해야 할 목표를 반영하고 목표 달성을 위한 하위적 내용을 보완한 후, 학습의 주제나 제재를 지역이나 학교에서 취급하기 용이한 것으로 선정하고, 그에 따른 자료 구성과 학습방법, 평가, 시간 운영 등에 더 많은 융통성을 두도록 하는 것이다.

6. 재미있는 활동 중심의 수업 아이디어

가. 시사 만화의 분석 학습

나. 작품 주인공의 모의재판 학습

다. 개념·일반화 획득을 위한 '단어 조합' 학습

라. 퍼즐 문제 만들기

마. 기차 연표 만들기 학습

바. 네 잎 클로버 게임(지명 맞추기 게임) 학습

사. 사회과 골든벨: 문제 내고 맞추기

아. 여행 떠나기: 역사, 문화, 기타 체험 장소

자. 역사 인물과 가상대담하기

차. 타임머신을 타고: 역사 현장, 인물 재현하기

카. 신문활용학습(NIE)

타. 마음의 지도(mind map)

파. 극화학습

하. 모둠 대항: 답변해 주세요.

7. 기타 사회과 교수·학습의 주요 고려 사항

가. 사회과에서는 어떠한 관점으로 자기주도적 학습 능력을 길러야 하는가?

나. 학습 분량과 자료가 많아 단위 시간에 지도하기가 쉽지 않은데, 어떻게 지도하는 것이 좋은가?

다. 사회과 탐구의 수준이 너무 높아 교사도 잘 모르는 내용이 많은데, 어떻게 지도해야 하는가?

라. 농어촌 학교에서 상점과 공장이 많은 곳의 특색을 찾는 공부는 어떻게 하는 것이 좋은가?

마. 교사용 지도서에는 다양한 수업 활동 아이디어를 싣고 있어서 오히려 혼란을 주고 있다. 지도서의 효과적 활용법은 무엇인가?

바. 사회적 지식 영역은 어떻게 평가해야 하는가?

사. 사회과 현장 체험 학습과 창의적 체험활동의 바람직한 연계 교육 방법은 무엇인가?

아. 사회과 교수·학습을 학생 중심으로 흥미 있게 전개하는 방법은 무엇인가?

제5장 사회과 교수·학습의 기법 탐색

Ⅰ. 사회과 교사와 사회과 수업

사회과 교수·학습은 사회과 교사와 학생들의 만남에서 비롯된다. 사회과 교사는 신학기가 되면 맞선을 볼 때처럼 가슴이 설렌다. 진정한 교육은 교사와 학생의 만남에서 출발한다.

'내가 만날 학생들의 첫 느낌은 어떨까? 출발부터 좋아야 하는데… 아이들과 일 년 동안 좋은 관계를 잘 형성하고 능력 있는 교사로 보여야 하는데…'

사회과 교사마다 설렘의 내용과 정도에는 차이가 있을 것이다. 그러나 이런 기분은 초임교사, 신규교사, 신참교사만이 아니라 오랫동안 현직에 몸담은 선배 교사들도 마찬가지일 것이다. 모든 교사들은 학생들에게 신뢰받고 존경받는 교사가 되고 싶어 한다. 그러기 위해서는 끊임 없는 자기 연찬과 연수가 필요하다.

특히, 사회과 교사는 급변하는 시대에 '사회과'를 지도하는 교사이다. 사회변화에 따라 학생들의 욕구와 수업태도가 달라지기 때문에 교수·학습방법도 변화와 새로운 적용이 필요하다. '구슬이 서 말이라도 꿰어야 보배'라는 말이 있다. 아무리 내적으로 충만하다 할지라도 청소년 시기에 있는 다수의 학생들에게 최대의 만족을 주고 질 좋은 교육 서비스를 제공하기 위한 노력은 강조해도 지나침이 없다. 그러나 사실 여러 가지 구실로 훌륭한 사회과 수업을 위한 실제적인 노력을 소홀히 하는 부분은 없는지 자성해 보아야 한다.

'사회과다운 수업'을 위한 기법은 교사의 입장에서 '어떻게 가르칠 것인가'를 고민하기보다, 학생들의 입장에서 '어떻게 배우는 것이 효과적인가?'라는 관점에서 출발해야 한다.

Ⅱ. 사회과의 교수·학습의 방향

1. 사회과 수업의 초점

사회과 수업의 목적을 달성하기 위해서 선행되어야 할 것은 여러 가지가 있겠지만 몇 가지만 정리하면 다음과 같다.

첫째, 사회과의 가장 본래적 목표를 염두에 두고 수업에 임한다. 초・중・고교 사회과의 개념 및 최종 목표, 학습내용의 요소, 내용의 선정 및 조직, 교수 학습의 전략 및 방안, 학교 급별 특성과 주안점 등을 분명히 하고 수업에 임한다. 특히, '사회 현상을 올바르게 인식하고 사회 지식 습득과 사회생활에 필요한 기능을 익히며 민주사회에서 요청되는 가치와 태도를 지님으로써 바람직한 민주시민으로서의 자질을 육성하는 교과'라는 인식이 신념화되어야 한다.

둘째, 사회과의 기본 방향을 바르게 이해한다. 2009 개정 사회과 교육과정의 기본 방향은 정보화, 세계화, 개방화이며 학습자 중심의 수준별 교육과정으로 학습자의 능력과 요구를 반영하는 것이다. 그 기본 방향을 중심으로 교수・학습의 목적과 내용과 틀을 짜야 한다.

셋째, 미래지향적이고 진취적인 학습자가 되도록 안내한다. 지식의 단순한 수용자가 아니라 현 사회를 이해하고 미래를 준비하고 지식을 창조할 수 있는 적극적인 학습자로 안내할 수 있는 미래지향적 사고를 지향한다.

2. 사회과 교사의 역할과 소명(소임)

사회과 교사가 원하는 학생이 있듯이 학생들이 원하는 사회과 교사가 있다는 것은 당연한 일이다. 요즈음 학생들이 원하는 '사회과 교사다운' 교사는 어떤 교사일까를 생각해 보고 자신을 돌아보고 노력해야 하지 않을까? 어떤 사람이 정보화 사회와 세계화 시대에 인정받는 교사가 될까? 일반적으로 사회과 교사의 역할과 소명은 다음과 같다.

첫째, 사회과 관련 전문・전공 지식과 경험이 풍부한 전문가(Specialist)가 되어야 한다. 사회과의 교육과정에 대한 상호관련의 이해 및 전공지식과 경험이 필요한 교사는 수업을 활기 있고 풍요롭게 할 수 있다. 풍요로운 지식을 가진 교사는 교과시간 이외에도 학생들의 지적 욕구를 다양하게 충족시켜 줄 수 있다. 또한 수업 기법을 잘 준비한 교사는 수업효과를 크게 증진시킬 것이다.

둘째, 사회과의 통합적 수업을 할 수 있는 통합 종합자(Generalist)가 돼야 한다.

사회과는 종합적이고 통합적인 교과이다. 따라서 사회과교육은 사회 현상을 종합적으로 이해시켜야 한다. 사회과의 통합적 학습은 내용 영역 간의 통합, 내용과 경험의 통합, 내용과 방법의 통합 등이 있을 수 있다. 사회과 전반에 대한 폭넓은 지식과 경험을 바탕으로 멀티플레이가 가능할수록 사회과 본질의 목표를 달성하는 데 가까이 갈 수 있다. 사회과의 통합은 학교 현장에서의 수업을 통해 이루어져야 한다. 그를 위해서는 전문적인 지식 못지않게 폭 넓은 지식을 요구한다.

셋째, 이 시대의 사회과 인간주의자(Humanist)가 돼야 한다. 사회과 교사는 그 어느 과목의 교사보다도 전문적 지식과 해박한 지식뿐만이 아니라 인간주의자가 사회과 교사답지 않을까? 또한 '사회과다운 수업'이 가능하지 않을까? 꿈을 자라게 하는 높은 이상을 심어주는 맑은 영혼을 유지한 교사는 학생들의 영원한 스승이 될 것이다. 여러 교과 교사 중에서 가장 인간주의적인 교사가 곧 사회과 교사라는 점을 유념해야 한다.

3. 사회과 교수 · 학습의 내용

수업의 내용을 교사와 학생들에게 맞게 구성해서 가르쳐야 나와 학생들이 상생(win-win)할 수 있다. 즉, 사회과 교사는 학습자의 요구의 환경을 고려하여 교재의 재구성과 주제 및 문제 중심의 접근이 필요하며 이는 다른 과목보다 더 절실하다.

교사는 교과서의 단원을 분석하여 학생 자신에게 의미 있고 사회적으로 공유되며 풍부한 개념과 일반화가 도출될 수 있는 주제와 문제를 중심으로 내용을 재구성하여 지도함으로써 의사결정력, 문제해결력, 그리고 개념화 능력을 기르도록 하여야 한다.

4. 사회과 교수 · 학습 방법

어떤 내용이나 학습자 또는 어느 상황에서도 똑같이 좋은 효과를 보여 주는 단일한 교수 방법은 존재하지 않는다. 따라서 교육환경에 따라 학교환경 및 내용은 흥미와 관심이 고려된 다양한 교수 학습 활동이 이루어져야 할 것이다.

Ⅲ. 사회과 교수 · 학습 기법

우리 교사들은 보다 질 높은 교육 서비스를 제공하기 위한 노력이 필요하고 학교현장에서도 교사들이 실제로 노력하고 있는 추세이다. 그러나 그 방법은 교사, 학생, 그리고 그 외적인 다른 요소에 의해서도 교수·학습 방법이 달라져야 하므로 적용에 있어서도 다양하다.

일반화되어 있는 다양한 교수·학습 모형이나 기법은 이미 대학교에서 많은 학습이 이루어졌을 것이다. 따라서 신규채용의 연수에서는 '사회과다운' 교수·학습의 기본적 기법과 사례를 중심으로 알아본다.

1. 창의적인 다양한 기법 적용: 창의적 교수·학습 기법

사회과 학습에는 다양한 방법이 있다. 자신의 입맛에 맞고 교사 자신의 교수 기술을 특성화할 수 있는 수업의 기법을 창안 또는 기존의 것을 발전시키는 노력이 필요하다.

사회과 수업에서 '스피드 게임'을 수업 시간에 도입해서 수행평가의 일부에 반영하는 등의 방법을 적용해 볼 수 있다. '영원한 찬스 걸' 과 '캔디 걸' 같은 창의적 방법을 적용할 수 있다. 또 학급 대항 줄다리기에서 '영차' 대신 '찬스'라고 외치며 힘을 모아 단결하는 것도 고려해 볼 수 있다.

2. 수업의 특별한 활력소인 발문법: 바람직하고 훌륭한 발문법

수업의 질을 향상시키려면 적절한 발문 기법을 잘 활용하여야 한다. 사회과 수업 중의 발문 형태는 지도의 관점에 따라 다양하다. 즉, 학생들의 활동을 관리하기 위한 발문, 문제 해결을 촉진시키기 위한 발문, 사고를 촉진시키기 위한 발문, 토의 활동을 촉진시키기 위한 발문, 개념의 이해를 위한 발문, 발상을 위한 발문, 학습을 정리하기 위한 발문 등 교사의 의도에 따라 다양하게 구성할 수 있다. 발문의 방향은 가능한 우회적으로, 비지시적으로, 추론적 수준으로, 추적용적 수준으로 지향하는 것이 바람직하다. 발문의 표현은 간단명료하게, 정확하게, 적절한 속도로, 재미있게, 체계적으로, 그리고 의도적으로 이루어져야 효과적이다.

3. 다양한 매체와 자료, 학습도구의 활용: 매력적인 교수공학 활용

사회과에서는 사진, 그림, 지도, 통계, 도표, 연표, 문화재, 참고 도서, 신문, 잡지, 방송, 이야기, 노래, 실물, 표본, 모형, 괘도, 기록물, 여행기, 탐험기, 슬라이드, 필름 등의 다양한 교수・학습 자료를 활용하는데 의외로 효과가 매우 크다. 관련 자료는 교재를 분석한 다음 필요한 자료의 목록을 작성하고, 이들 자료를 수집, 제작, 구입하여 자료의 유형별로 분류한 다음, 자료 활용을 위한 목록을 만들고, 사회과 각 학년 단원의 목표, 교재, 내용, 활용 방법 등에 관한 안내서를 만들어 활용하도록 한다. 적절한 학습도구의 활용은 결과만이 과정 그리고 학습의욕까지 증대시키는 효과가 있다.

4. 교사와 학생이 어우러진 역동적인 수업 실행: 사제동행 상호작용 수업 과정

교수・학습이 이루어지는 시간에는 적당한 협력뿐 아니라 적당한 경쟁을 도모하여 긴장과 이완, 상벌을 분명히 하여 역동적 수업을 모색한다(예: 게임이나 퀴즈를 이용한 수업).

5. NIE, IIE 등 시사적인 문제의 적극 반영: 살아 있는 시사 자료 적용

사회과는 어느 교과보다도 시간적 제한이나 그 영향을 가장 많이 받는 교과이다. 특히, 국내외의 여러 상황이 예측하기 어려울 정도로 빠르게 변화하는 오늘날에는 그 필요성이 더욱 부각되고 있다. 시사 자료의 활용은 새롭게 나타나는 정보와 사회 변동에 관한 자료로 지도함으로써 사회 변화에 대한 관심과 이해를 깊게 하고, 미래 지향적 사고가 이루어지도록 하는 데에 그 의의가 있다. 따라서 신문, 잡지, 라디오, 텔레비전, 인터넷 등에서 여러 가지 자료를 정선하고 검토한 다음 학생들의 수준에 알맞도록 번안하여 활용하도록 하여야 한다.

6. 목표, 내용, 방법, 환류 등의 일관성 있는 평가: 목표 지향 순환적 평가

활동 중심 수업 계획에서 수행평가에 이르기까지 일관성이 유지되어야 한다. 가르치기 위한 준비 못지않게 평가를 위한 별도의 시간과 노력을 통하여 전문성을 확보하고 학생의 성취 수준과 교사 자신의 수업에 관한 반성자료로 삼을 수 있을 것이다. 사회과 교육의 교육평가는 사회과교육의 목표 달성도를 측정하는 것이다.

Ⅳ. 사회과 수업의 실제

1. 본시 교수 · 학습 과정안(마인드맵과 교육연극 적용)

단원	3. 오리엔트 고대문명 (1) 메소포타미아문명 주제: 메소포타미아 문명을 찾아서	차시	4/5
		일시	
학습 목표	메소포타미아의 지역적 특성과 문명에 대하여 마인드맵을 할 수 있다.	지도학급	○○중학교－제1학년
		장소	사회과 교실(1)

교실 수업 개선 전략	수업 유형	소집단별 학습 모형	수업 모형	교육연극 마인드맵	ICT 활용	

학습 단계	학습의 흐름	내용 및 방법	학습-교수 활동		주도	정보자료 및 유의점
			교수활동	학생활동		
도입	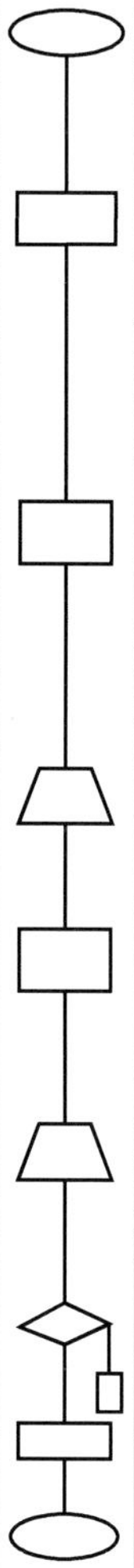	* 학습 분위기(동기부여)	* 전시학습을 상기하고(이미지워크 체험 발문) 본시 학습목표를 이끌어 낸다.	* 고대사회의 학교생활을 상상해 가며 역사 인식의 폭과 깊이를 키워간다.	5분 ○ △	【학습자료 1】 이미지워크 체험 대본 <수메르 에두바의 생활>
		* 학습목표제시	* 메소포타미아 지역의 위치에 대해 찾아보도록 한다.	* 지역의 위치를 확인하면서 학습목표를 인식한다.		PPT자료 세계지도
전개		* 내용과 수업 방향 안내	* 메소포타미아 문명에 대한 전반적인 이해를 돕는 질문과 설명을 한다.	* 메소포타미아 문명에 대한 전반적인 이해를 위한 질의에 답하고 설명을 듣는다.	5분 △	
		* 일기문 낭독	* 메소포타미아 지방에 대해 배운 지식을 바탕으로 이해를 돕기 위해 청소년 시기의 수메르인들의 하루 일과를 상상하여 쓴 일기를 낭독한다.	* 수메르인의 하루의 일과를 상상해 보고 나의 생활과 비교한다.	3분 △	【학습자료 2】 : 일기문 <알리의 일기>
		* 교육 연극(뉴스, 심포지엄)	* 메소포타미아에 대하여 심포지엄 형식의 교육연극을 할 수 있도록 모둠별 과제를 부여한다 (과제: 메소포타미아 지역의 특성과 역사 변천 과정, 종교, 학술, 사회 모습).	* 모둠장을 중심으로 분임원들과 각종 책, 유인물, 교과서 등을 가지고 토의, 요약한다.	10분 ○	【학습자료 3】 <모둠학습지>
			* '메소포타미아 시간 구분법'에 대한 뉴스를 제공한다. * 심포지엄을 개최한다.	* 뉴스를 듣고 이해의 폭을 넓힌다. * 미니심포지엄이 될 수 있도록 발표자를 제외한 학생들은 타원으로 좌석을 배치한다.	2분 △ 15 ○	【학습자료 4】 메소포타미아 시간 구분법- 뉴스 대본
정리 및 평가		* 메소포타미문명과 우리의 삶 * 마인드맵 하기	* 메소포타미아의 문명과 오늘날 우리의 삶에 준 영향을 설명하면서 역사의 의미를 생각하게 한다. * 마인드맵 학습지를 주고 배운 내용을 평가한다. * 차시예고 및 과제를 제시한다.	* 역사학습의 의미를 되새긴다. * 메소포타미아 문명에 대한 마인드맵을 작성한다.	10분 × △ ○	【학습자료 5】 <마인드맵 학습지>

【메소포타미아 문명에 대한 마인드 맵(예시)】

주제	메소포타미아 문명에 대한 마인드 맵
소속	학교　학년　반　번호(　)　성명:

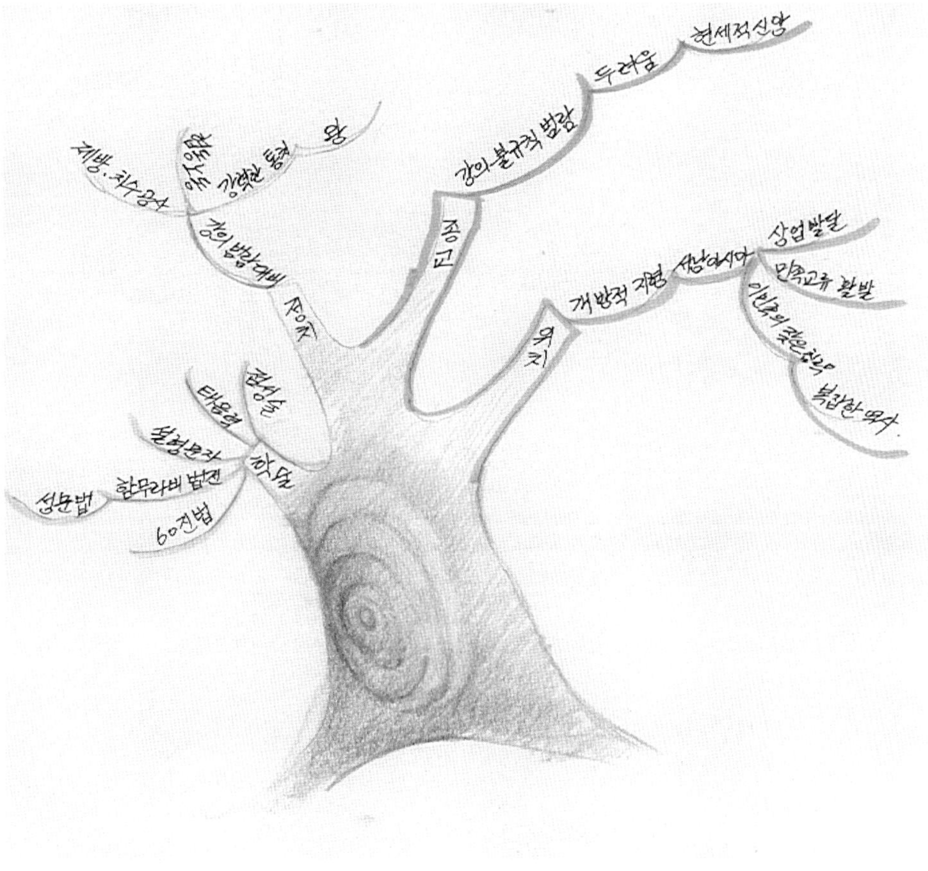

【모둠 학습지–'심포지엄' 준비 자료】

모둠별 집중 탐구학습지	메소포타미아 문명에 대한 심포지엄 정리 자료	
소속	제　학년　반　모둠원 (　　　　　　　　), 모둠　번호(　　　　　　)	
모둠별 집중 탐구 주제		발표 내용
1모둠	메소포타미아 지역의 특성이 개방적인 이유와 개방된 지리적 조건이 국가의 흥망이 거듭되는 복잡한 역사에 끼친 영향은?	
2모둠	메소포타미아의 역사변천 과정에 대하여	
3모둠	메소포타미아의 종교에 대하여	
4모둠	메소포타미아의 학술에 대하여	
5모둠	메소포타미아의 사회 모습에 대하여 (정치, 경제를 중심으로)	
참고자료		

2. 본시 교수·학습 과정안(정보검색 및 정보제시를 통한 소집단 토의학습 모형)

단원	V-2. 미래 사회의 유망 직업 주제: 디지털 시대의 노동시장의 변화에 대한 대응	차시	4/5
학습 목표	① 디지털시대의 노동시장변화에 대해 약술할 수 있다. ② 디지털시대의 인재의 조건과 나의 대응 전략에 대해 말할 수 있다.	지도학급	○○고등학교 제3학년 ○반
		장소	전자도서관

교실 수업 개선 전략	수업 유형	자기주도적 학습	수업 모형	소집단별 협력학습	ICT 활용	

단계	수업의 흐름	지도내용 및 방법	학습-교수 활동: 교수활동	학습-교수 활동: 학생활동	시간 주도	교육정보자료 및 유의점
도입	정보검색 학습	수업 전 탐색학습	* 최근 경제적 이슈 진단 (주제-디노미네이션)	♣ 수업 전에 인터넷으로 생활경제 관련 소식을 검색하고 교사의 해설을 듣고 새로운 정보는 메모한다.	3분 ○	●분임별 토의 주제는 전시에 예고하고, 수업 전에도 다양한 정보를 검색할 수 있도록 안내 (인터넷, 신문자료, 잡지 등) 도입 PPT 1~8
	브리핑	전시확인				
	전체학습	본시주제 제시	* 전시학습 환기 및 학습욕구 진작	♣ 지명된 학생은 전시학습내용에 대해 PPT자료를 보며 설명한다.	3분 △	
	전체학습	학습동기 부여	* 실업경제의 문제와 경제의 양극현상을 제시하고 디지털 시대의 노동시장 변화와 관련지어 학습목표와 학습주제 제기	♣ 최근 경제동향 및 한국은행에서 발표한 보고서를 바탕으로 교사의 문제제시를 듣고 현실적인 문제의식을 갖는다.	4분 △	
	집단별 토의학습	문제제시				
전개		탐구학습	☞전개 1. 분임별 집중탐구주제 제시 [토의발표주제] 1: 인력 수급의 불균형 현상 2. 노동의 이동성 증대 현상 3. 공동 및 채용 형태의 다양 화 현상 4. 지식격차로 인한 경제문제 심화 현상	✍ 개인은 수업 전에 주제 관련 도서대여, 과제를 바탕으로 분임원들과 토의한 후 조사한 내용을 종합 분석한다. ✍ 분임장은 개인별 조사지를 바탕으로 분임학습지를 작성한 후에 발표한다.	15분 ○ △	【자기주도적 학습지1】 【분임학습지】 ☑수업 시간에 한자사용 권장
	전체학습	토의활동	☞분임별 발표 진행	♣ 분임별 발표자는 발표하고 반 기록자는 가급적이면 내용을 정리해서 슬라이드로 보여 준다.	5분 ○	☑경제정보 중에서 수집, 저장할 가치가 있는 자료는 자신의 e-mail로 전송하여 정보관리 습관 장려
	개별학습	산파식 발문, 응답	☞전개 2. 심화학습 설명 : 디지털디바이드, 로트법	♣ 디지털 경제용어를 이해하고 정부의 디지털 복지정책을 이해한다.	3분	
	개별학습	학생논술	☞전개 3. 논술학습 제시 노동 시장의 변화에 대한 적절한 대응책은 어떤 것이 있을 수 있는지 생각하게 한 후 각자의 의견을 적도록 한다.(▶읽기자료 1, 2, 3을 배부하여 참고하도록 함)	♣ 자기주도적 개별학습지를 작성하면서 시대의 변화에 능동적이면서도 적극적으로 대처할 수 있는 자세를 확립한다.	10분 ○	【자기주도적 학습지 2】 【읽기자료 1】 【읽기자료 2】 【읽기자료 3】
	전체학습	발표학습	☞개인적으로 자발적인 발표가 되도록 안내	♣ 산업시대와 디지털시대의 인재상의 변화를 알고 자신의 장점과 단점을 알고 대처하는 자세와 의욕을 고취한다.	5분 △	전개 : PPT 9~13
	전체학습	교사강의	☞전개 4. 디지털시대의 인재상에 대해 설명(인재상의 변화)			

정리 및 평가	개별학습	교사강의	⚑ 관련 도서 안내 및 읽기자료를 바탕으로 미래사회의 주역으로서 지녀야 할 소양을 강조	♣ 읽기 자료를 통해 상식과 교양을 제고한다.	5분 △	☑학습지의 내용을 읽어보면서 내용과 구조에 따라 A, B, C단계로 구분하여 성취도를 평가할 수 있도록 한다. 정리 :PPT 15~16
		논술	⚑ 약술하는 방식으로 형성평가 문항을 제시.	♣ 형성평가를 통해 배운 바를 논리적으로 약술한 후 교사의 확인을 받는다.	5분 ○	
		학습안내	⚑ 차시주제의 조사 및 검색해야 할 탐구주제를 제시.	♣ 차시주제와 관련된 다양한 정보를 수집하도록 한다.		

V. 사회과의 특성을 살린 교수·학습 모색

아무리 다양한 교수·학습 접근을 한다고 해도 결국에는 우리의 교육은 대학입시제도가 좌우하고 있다고 보아 대학입시의 다양성의 보장이 요구된다는 결론으로 이어지는 경우가 많다. 대학입시에 초·중·고교 교육에 함몰된 기형을 보이고 있는 것이다.

그러나 다양한 수업모형과 다양한 기법 적용으로도 교육수요자의 욕구를 충족시키는 사례는 있다. 그리고 학교교육의 정상화와 핵심 역량을 신장하는 효과를 높이기 위해 더욱 세련되고 전문적인 교수·학습의 기법이 필요하다고 생각한다. 두 마리의 토끼는 잡기 어렵다고 한다. 그러나 불가능한 일도 아니다. 사회과교육의 목표에 도달하기 위해서는 '사회과다운 수업'을 해야 한다. 이를 위해서는 교수·학습의 결과만이 아니라 과정도 중요하다. 사회과의 교수·학습 방법 혁신의 노력은 그래서 더욱 가치가 있는 것이다.

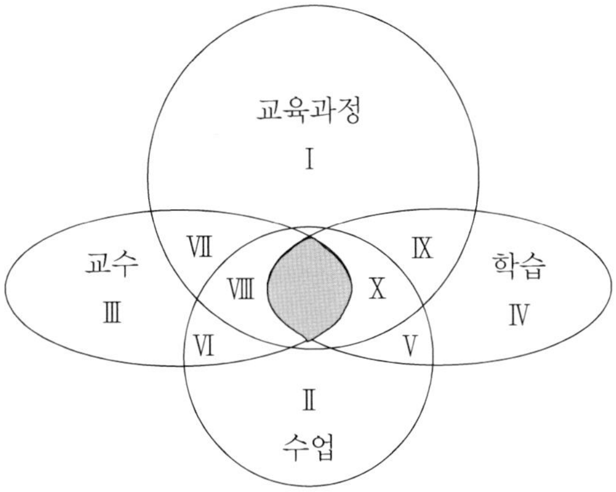

[그림 3-2] 바람직한 사회과교육의 수업모형

제6장 사회과 교수·학습의 실제

Ⅰ. 사회과의 교과 성격

1. 사회과의 개념

사회과는 '사회 현상을 올바르게 인식하고, 사회 지식 습득과 사회생활에 필요한 기능을 익히며, 민주사회 구성원에게 요청되는 가치와 태도를 지님으로써 민주시민으로서의 자질을 육성하는 교과'라고 정의하였다. 이 개념 정의에서는 사회과가 민주시민의 자질을 길러주는 데 주도적 역할을 하는 교과라는 점과 바른 '사회 인식'을 바탕으로 지식, 기능, 가치, 태도를 고르게 습득시켜야 하는 교과임을 분명히 하고 있다.

2. 사회과의 주요 특성

가. 사회과의 궁극적 목표는 민주시민으로서 올바른 자질을 길러 주는 교과이다. 바람직한 시민이란 개인의 발전은 물론 국가, 사회, 인류의 발전에 기여할 수 있는 자질을 갖춘 사람이다.

나. 사회과는 학습요소를 통합적으로 선정, 조직하여 사회 현상을 종합적으로 이해하고 탐구하는 교과이다. 사회과는 사회 과학의 개념과 원리, 사회기능, 사회 문제와 가치 등을 통합적으로 선정, 조직하여 종합적으로 이해하고 탐구한다.

다. 사회과는 사고력과 의사결정력 등의 신장을 강조하고, 학습자가 다양한 탐구 방법을 활용하여 스스로 탐구해 가는 교과이다. 그러므로 논리적 사고를 비롯하여 비판적 사고력, 창조적 사고력, 가치 판단력, 의사결정력을 신장시킬 수 있는 교수·학습 방법을 적용하여야 한다.

라. 사회과는 시사적 자료의 활용과 교재를 지역 실정에 알맞게 지역화하여 학습하는

교과이다. 교재의 지역화는 교육과정의 목표와 내용을 근간으로 하여 그 근본 취지를 충분히 살려야 한다.

Ⅱ. 사회과의 핵심 요소 및 내용

1. 사회과 목표에 나타난 핵심 요소

<표 3-8> 사회과 영역별 목표와 핵심 요소

목표	영역	핵심 요소
가	영역의 통합	○ 사회의 여러 현상과 특성의 통합적 이해
나	지리 영역	○ 인간과 자연의 상호 작용 이해 ○ 인간생활의 다양성 이해 ○ 지역의 지리적 특성 이해
다	역사 영역	○ 우리의 전통과 문화의 특수성 파악 ○ 우리 문화와 민족사의 발전상 이해 ○ 인류 생활의 발달 과정과 각 시대의 문화적 특색 파악
라	일반사회 영역 (정치, 경제, 사회, 문화 등)	○ 사회생활에 관한 기본적 지식 이해 ○ 정치 · 경제 · 사회 · 문화 현상에 대한 기본 원리의 종합적 이해 ○ 현대 사회의 성격과 사회 문제의 파악
마	기능 · 능력	○ 지식과 정보의 획득 · 조직 · 활용 능력 ○ 탐구능력, 의사결정능력, 사회참여능력, 합리적인 문제해결능력
바	가치 · 태도	○ 민주적인 생활 태도 ○ 사회 문제들에 관심 갖기 ○ 민족 문화 및 민주 국가 발전에 이바지하려는 태도

2. 사회과의 주요 내용

가. 내용 조직의 원리

1) 환경 확대법의 원칙에 따라 배열하였다.

2) 나선형 교육과정의 원리에 따라 확대될 수 있도록 조직하였다.

3) 내용과 방법의 통합, 생활 경험과 지식의 통합에 초점을 맞추었다.

4) 학년별 내용의 핵심과 범위를 설정, 학습 지도의 일관성을 유지하도록 배열하였다.

5) 학년별 내용을 기본과정과 심화과정으로 나누어 제시함으로써 학습자의 능력차에 대응하는 다양한 학습 경험을 제공할 수 있게 하였다.

나. 사회과의 내용 체계

<표 3-9> 사회과의 내용 요소 체계

학년 영역	제3~4학년군		제5~6학년군	
지리 영역	○ 고장의 자연환경과 인문환경과의 관계 ○ 고장의 중심지와 주민 생활 모습	○ 우리 지역의 자연환경과 인문환경	○ 자연환경과 주민생활과의 관계 ○ 국토의 개발과 환경 보전 ○ 도시 지역의 생활 ○ 촌락 지역의 생활	○ 우리나라와 관계 깊은 나라들 ○ 지구촌 문제의 해결을 위한 노력
역사 영역	○ 고장 생활의 변화 ○ 고장의 문화적 전통	○ 옛 도읍지 ○ 박물관의 기능 ○ 문화재의 가치	○ 인간생활과 과학기술의 관계 ○ 조상들의 공동체의식	○ 국가의 성립과 발전 ○ 근대화와 민주 국가 건설 ○ 역사적 인물과 사건
일반사회 영역	○ 물자의 유통 ○ 고장의 여러 기관에서 하는 일 ○ 고장 발전을 위한 노력	○ 지역의 생산 활동 ○ 가정의 형태와 살림살이 ○ 취미와 여가 생활 ○ 주민 자치와 지역 문제 해결	○ 우리나라의 경제 성장 ○ 정보화 시대의 생활	○ 민주정치의 기본원리 ○ 민주시민의 권리와 준법정신 ○ 평화 통일과 민족의 미래

Ⅲ. 사회과 교수·학습 방법

1. 교육과정이 요구하는 사회과 교수·학습의 방향

가. 흥미와 관심의 확대, 원리의 발견과 적용을 강조하여야 한다.

나. 학문 또는 생활 영역 간의 통합은 물론, 지식, 기능, 태도가 상호 유기적 관계를 맺도록 함으로써 지식과 행동의 통합이 이루어지도록 해야 한다.

다. 심화·보충형 수준별 교육과정 운영으로 학습의 개별화와 자기주도적 학습력의 신장을 통한 교육의 수월성을 추구하여야 한다.

라. 핵심적 지식의 이해와 탐구 기능 및 사고력 신장 지도에 힘써야 한다.

마. 사회 과학적 연구 방법에 기초한 탐구 방법이나 그 밖의 다양한 방법을 활용하여 문제를 해결하게 된다.

바. 학습자의 흥미와 욕구, 능력 등을 존중하여 수준별 교육과정의 운영을 통한 학습의 개별화와 자기주도적 학습이 이루어지도록 하는 것이다.

2. 사회과 교과서 체제 중심의 학습 과정

가. 교과서의 재구성과 주제 중심의 접근

교과서는 교육과정에 따라 만든 교재 중 가장 기본적이고 핵심적인 자료이다. 교사가 교과서를 재구성한다는 것은 '교육과정에 따라 내용의 순서와 비중, 방법을 효과적으로 조정하는 것'을 말한다.

나. 학습자 중심의 수준별 지도

국가 수준 교육과정에서 사회 교과만 기준 시간의 약 80%를 기본 과정에, 약 20%를 심화 및 보충 과정에 배분하도록 한 것은 예시적인 성격을 띠는 것이므로 학생 개인차, 교과 내용 특성 등을 감안하여 적절히 배분하여야 한다.

1) 주제 선택 학습

주제별로 '주제 선택 학습'을 제시하고 세 수준의 활동을 난이도에 따라 차례로 제시한다. 단원별 공통적 주제학습에 이어 심화활동과 보충활동을 제시하고 학생의 흥미도에 따라 선택할 수 있도록 한다.

가) 선택 학습 지도

<table>
<tr><th>단계</th><th>학습 과정</th><th colspan="3">교수・학습 활동 내용 및 활동</th><th>준비물・유의점</th></tr>
<tr><td>활동 안내와 선택</td><td>활동주제 확인하기</td><td colspan="3">◦ 분위기 조성을 위한 방법 제시
◦ 활동과제 안내와 분석
◦ 주제, 활동 과제의 선택</td><td>전체 학습</td></tr>
<tr><td>활동 계획 수립</td><td>활동방법, 자료알기</td><td colspan="3">◦ 목표 및 계획 수립
◦ 학습방법 및 과제 해결방법 탐색</td><td>전체 또는 개별학습</td></tr>
<tr><td rowspan="3">과제 해결</td><td rowspan="2">주제 선택 학습하기</td><td colspan="3">계획에 따라 학습 활동하기</td><td rowspan="3">◦ 학습 적성에 따라 스스로 과제 선택
◦ 먼저 선택한 과제 해결이 끝나면 다른 선택 과제를 해결하도록 한다.</td></tr>
<tr><td><선택 1>
기초, 기본적 지식의 이해를 확인하고 정착시키는 활동</td><td><선택 2>
기본 지식의 이해와 적용, 분석적 사고를 목표로 하는 활동</td><td><선택 3>
종합, 평가적 사고 및 창의적 사고력 신장 활동</td></tr>
<tr><td rowspan="2">발표와 질문, 수정, 보충하기</td><td colspan="3">다른 선택 과제 해결하기</td></tr>
<tr><td></td><td colspan="3">◦ 과제 해결 후 집단에서 발표하기
◦ 수정 및 보충하기
◦ 상호 평가, 자기 평가</td><td>과제별 학습 결과물</td></tr>
<tr><td>정리</td><td>토의, 정리</td><td colspan="3">학습내용 정리 및 차시 예고</td><td>일제 학습</td></tr>
</table>

2) 단원 정리 학습지도

가) 확인 학습 과정

모든 학생에게 공통적으로 부과하는 과제로 활동명은 '무엇을 배웠나요'이다.

나) 선택 학습 과정

선택 학습은 보충 과정의 '재미있어요', 심화 과정의 활동명은 '우리 힘으로 해결해요'이다.

<table>
<tr><th>단계</th><th>학습 과정</th><th colspan="2">교수·학습 활동 내용 및 활동</th><th>준비물·유의점</th></tr>
<tr><td>확인학습</td><td>기본학습 확인</td><td colspan="2">◦ 선수학습 내용 확인하기
◦ 기본학습 성취도 확인: '무엇을 배웠나요?'
◦ 보충, 심화 집단 편성하기</td><td>◦ 전체 학습
◦ 기본학습 달성 정도 점검(단원 평가)</td></tr>
<tr><td>활동 과제 선택</td><td>활동주제 확인하기</td><td colspan="2">◦ 과정별 과제 분석
◦ 각 과제별 활동 방법과 자료 안내</td><td>전체 학습</td></tr>
<tr><td>활동 계획 수립</td><td>활동방법 자료 알아보기</td><td colspan="2">◦ 심화·보충학습 방법 논의 결정: 능력별 과제 부여
◦ 학습방법 및 과제해결 계획하기</td><td>보충학습, 심화학습 과제</td></tr>
<tr><td rowspan="2">과제 해결</td><td rowspan="2">◦ 심화·보충 학습
◦ 선택 학습</td><td colspan="2">개인별 소집단별 활동 계획에 따라 활동하기</td><td rowspan="3">◦ 심화형 과제
기본학습 내용의 심화
◦ 보충형 과제
다양하고 흥미로운 과제 제시</td></tr>
<tr><td>보충학습
(재미있어요)
기본과정에 미달된 학생
(교사의 집중 지도)</td><td>심화학습
(우리 힘으로 해결해요)
기본과정을 성취한 학생
(학생 주도 활동)</td></tr>
<tr><td rowspan="2"></td><td rowspan="2">발표, 질문하기</td><td colspan="2">해결한 학생은 같은 과정에서 다른 활동하기</td></tr>
<tr><td colspan="2">◦ 활동 결과를 발표하고 질문하기
◦ 수정 및 보충하기</td><td>◦ 활동 결과물</td></tr>
<tr><td>결과 정리</td><td>정리 및 수업 반성</td><td colspan="2">◦ 학습 활동 반성하기
◦ 학습내용 정리 및 차시 예고</td><td>◦ 전체 학습
◦ 과제해결 결과 토의</td></tr>
</table>

3) 개별화 학습과 협동학습의 적용

사회과는 다양한 탐구 방법을 활용하여 학습자 스스로 학습하도록 흥미와 관심을 고려하여 개인 수준에 적합한 상황을 제공하는 교수 전략이 필요하다.

4) 능력에 맞는 자료 제공

교수·학습 자료는 교사가 개발하거나 인터넷 자료, 다른 교사들이 개발한 자료를 재구성하여 사용한다. 이때 학습부진아에 대한 과제 선택은 교사의 각별한 지도가 필요하다.

다. 학습내용의 지역화

1) 내용의 지역화: 각 지역에 분포하는 지리적, 역사적, 사회적 현상과 사실 자체에 대하여 지역화하고 재구성하여 교수한다.

2) 방법의 지역화: 사회과 학습 시 학습자에게 경험적, 심리적으로 가까운 생활주변, 지역의 사실 현상, 자원 등을 내용으로 선정한다.

3) 지역화의 자료로서는 신문자료, 시청각자료, 문헌자료, 문화자료, 인적자원 등을 활용할 수 있다.

3. 교수·학습 과정 체제의 관리 전략

가. 교수·학습 과정 체제의 관리 전략

1) 교수·학습 내용의 정선과 과정의 구조화 노력

가) 교과서 지식의 주입·암기보다는 사실적 수준의 정보들로부터 개념을 추출하고 다시 일반화를 구성하는 내용 정선의 노력이 필요하다.

나) 과정 설계는 열린 과정으로 해야 하며 학습자의 적극적인 탐구활동을 유도하기 위해서는 학습문제가 모순 상황이나 문제 상황에 근거하고 있어야 한다.

2) 학습자의 적극적 경험 탐구 유도

의미 있는 학습이 이루어지려면 논리적으로 의미 있는 학습 자료가 학습자의 인지 구조 속에 영속적으로 안정성 있게 제시되어야 한다. 따라서 교사는 학습자로 하여금 적극적인 경험적 탐구가 이루어질 수 있도록 하여야 하며 적극적 탐구가 이루어지기 위해서는,

가) 개별 학습과제는 실제 생활 체험을 할 수 있는 의도적인 과제이어야 한다.

나) 직접 조사하고 탐구할 수 있는 경험을 가질 수 있는 과제이어야 한다.

다) 과제는 학습자의 능력에 따라 개별화되어야 한다.

라) 꼭 필요한 과제만 제시해야 한다.

나. 시사 자료를 활용한 교수 전략

초·중·고교 사회과교육에서 시사 자료를 활용하는 목적은 시사문제와 뉴스에 관심을 갖는 습관을 길러주고 여러 논쟁들에 대한 그럴법한 결과를 예언하는 기능과 능력을 성장시키며 학교 밖의 생활에 대해 학습한 것을 관련시킬 수 있도록 돕는 데 있다.

이와 같은 목적을 달성시키기 위한 시사 자료를 활용한 교수 전략은 다음과 같다.

1) 매일 뉴스에 관해 토론함으로써 학생들이 뉴스의 중요성을 평가하도록 돕고 그들이 중요한 것과 관심을 일으키는 것을 식별하도록 지도하는 전략으로 논쟁이 되는 시사문제를 토론하고 예상되는 결과를 그려보도록 한다.
2) 시사문제 중 논쟁 주제를 정하여 논쟁점에 대한 의사결정을 내리게 하는 방법으로 ① 사례의 사실 확인, ② 문제 발견, ③ 대안의 범위 확인, ④ 대안의 결과 예측, ⑤ 가장 좋은 대안 토론, ⑥ 역할놀이나 연극, ⑦ 사회단체에 관심 갖기 등의 후속 활동을 통하여 부가적인 생각과 기능을 통합시키는 것으로 확장시켜 가도록 하는 전략이다.
3) 불일치의 지도 방법으로는 논쟁 주제에 관한 토론으로 건전한 불일치를 조장하여 좀 더 높은 수준의 사고를 하도록 하고 사람들이 알고 있는 것을 적용하기 위한 노력을 하게 하는 데 목적이 있다. 이 전략은 사실적 불일치와 명확성의 불일치, 가장 중요한 것이 무엇인가에 대한 가치의 불일치를 발견하여 여러 정보를 다시 읽고 사전 등 다른 정보들을 활용하여 보다 높은 사고를 하는 것이다.

4. 사회과 교수·학습의 기법

교수·학습 방법(method)이 수업을 이끄는 교사의 철학이나 자세를 나타내는 것으로 교수의 목적을 달성하기 위한 접근법을 의미한다면 그 기법(technique)은 방법에서 설정한 방향으로 성과를 거두기 위한 수단의 선택이라고 할 수 있을 것이다. 교수·학습의 기법은 그 종류가 대단히 많지만 몇 가지 적용 가능한 기법들에 대하여 그 장단점을 살펴보고 위에서 제시한 교수·학습 방법의 입장에서 보완점을 제시하면 다음과 같다.

가. 강의법

강의법의 장점은 교사의 화술에 따라 학생들의 동기나 흥미가 유발되고 학생들도 강의에 익숙해 있다는 점이고, 단점은 교사의 능력 및 기술에만 의존하게 되고 학생들이 수동적인 학습으로 주의력이 떨어진다는 점이다.

따라서 강의법은 10분 이상 지속되지 않도록 유의하고 러그미팅이나 정리 단계 등에서 부분적으로 활용되고 견학, 대리경험, 시각경험 등을 동시에 사용하도록 해야 할 것이다.

나. 시청각 매체 활용법

시청각매체 활용법의 장점은 학습자의 학습 경험을 확대시킬 수 있고 학습 동기를 유발하기에 용이하다는 점이고, 단점은 독자적으로 사용하기 어렵고 다른 학습방법의 보조적 방법으로 활용될 수 있다는 점이다. 매체 중심식 수업은 활자 매체와 비활자 매체를 시청각적 자료로 구성하여 중요한 개념들을 아주 효과적으로 학습할 수 있는 방법이다. 그러나 기계음이나 화면이 너무 길면 집중력이나 흥미가 감소하므로 짧은 강의나 토의, 게임법 등과 연결시켜 활용하는 것이 바람직하다.

다. 토의법

토의법은 공동의 문제를 집단 사고와 대화를 거쳐 해결 방법을 모색하는 자유와 협동을 중시하는 장점이 있으나 교사는 적절한 안내와 정보 제공, 계획된 질문, 소집단 토의의 적절한 활용, 토의학습 훈련 등을 통하여 학생 수준의 저차원의 학습을 방지하고 학습목표에 학생의 사고가 접근되도록 해야 하며, 부진아의 집단 내에서의 몰입현상이나 우수아 중심의 학습이 되지 않도록 유의해야 한다.

라. 지역사회 자원의 활용법: 현장 체험(견학) 학습, 자원인사 초빙 학습

지역사회 자원인사 활용법은 현장견학 학습과 자원인사 초빙학습으로 나누어 볼 수 있는데, 장점으로는 현장을 직접 경험하거나 관련 인사를 초빙하여 그들의 경험이나 전문적인 의견을 듣고 학습함으로써 동기가 강화되고 인상적인 학습을 할 수 있다는 점이고, 단점은 현실적으로 문제점이 크다는 것이다. 따라서 현장견학 학습장을 사전에 선정하여 학습 프로그램을 카드화하여 활용하고, 자원인사는 선정자의 협조를 받아 운영하되 사전에 예상되는 질문과 답변을 준비하도록 하여 학습목표에 도달하도록 세심한 주의를 기울여야 할 것이다. 그리고 지역이나 학교 실태에 맞도록 교육과정을 재구성하여 활용하는 것이 효과적이다.

마. 시뮬레이션 게임(Simulation Game)

시뮬레이션 게임 방법은 사회 현상의 가상적 사태를 만들어 그것에 직면하게 함으로써 실제의 문제를 이해하고 해결할 수 있는 능력을 신장시키려는 것으로 새로운 개념이나 원리를 설명한 후 계획된 시뮬레이션 게임을 도입하는 것이 효과적인데, 학생 수준과 학교 실태에 맞는 모의 상황을 기존에 보급된 자료를 참고로 계획하여 적용하는 것이 효과적이다.

5. 사회과 교수 · 학습 과정 모형

가. 역사 영역의 일반 학습모형

1) 학습 과정

가) 문제의 설정: 공동으로 해결할 문제를 제기하고 소집단별로 할당하는 단계

나) 가설의 형성: 문제 해결 방안에 대한 토의를 통하여 가설을 설정하는 단계

다) 자료 수집: 교사에 의해 의도적으로 발췌, 정리, 번안된 기본 사료 등을 제시받는 단계

라) 자료의 비판 및 해석: 학생은 자료에 대한 비판으로 입증에 이용될 만한 근거를 찾는 단계

마) 가설의 검증: 비판 해석된 자료를 통해 가설을 입증하고 소집단별 토의 활동을 거쳐 탐구 결과를 요약 정리하여 보고서를 작성하는 단계

바) 원리와 개념의 도출 및 일반화: 소집단별로 탐구 결과(가설의 입증 결과)를 보고하고 기본 원리와 중심 개념에 도달하도록 하여 원리와 개념을 일반적 사태에 적용하도록 하는 단계

2) 적합성

탐구과정을 거쳐야만 역사적 안목과 사고력을 신장시켜 진정한 의미에서의 역사를 인지할 수 있도록 할 수 있다. 따라서 교과서에 진술된 역사적 결론들을 아무런 비판 없이 받아들이며 암기하고 기억하는 현상은 어떠한 형태로든 개선되어야 한다.

나. 미래 워크숍 학습모형

1) 학습 과정

가) 준비 국면: 사회적인 위기 징후에서 주제를 선정하고 미래에 대한 정보와 목표를 조율하는 단계

나) 비판 국면: 현재의 폐단과 해결되지 않은 사회적인 상태에 대한 철저한 비판과 체계화로 주제의 중점을 형성하여 참가자들이 볼 수 있도록 총괄하는 단계

다) 상상 국면: 자유롭게 상상하고 창조적 사고를 할 수 있도록 유도하여 비판점을 긍

정적으로 재정식화하기, 브레인스토밍, 체계화와 평가, 유토피아적 설계의 작성 및 구체화 단계를 거쳐 문제 중점들이 수용되며 사회적인 상상력과 유토피아적인 사고를 통해 긍정적으로 전환되는 단계

라) 현실화 국면: 미래 설계와 사회적 상상력을 현실적인 상태와 결합시키고 미래 실현을 위한 가능한 한 다양하고 새로운 성공 가능성이 있는 방안을 찾는 단계

마) 사후 정리 국면: 진행된 워크숍 기록문을 작성하는 단계

2) 적합성

사회과에서 새로운 정책 분야인 미래 정책을 탐색하고 새로운 기본 목표인 미래 능력을 개발하는 데 적합한 학습방법으로 국경을 초월하는 사고, 초국가적 사고, 상호 의존적이고 구조적인 사고, 조망적 사고(대안적 사고) 등 다양한 가능성을 활용하는 방법적 장치를 마련해 주고, 미래 연구의 비판, 유토피아, 현실화의 방법적 세 국면은 정치적 사고 및 의사결정 과정의 논리를 따르기 때문에 중요한 정치적 덕목인 인내와 관용의 정신을 획득할 수 있어 정치적 사고를 가능케 하는 미래 학습방법의 장점을 살려 어렵지만 사회과에서 아동의 능력을 고려한 미래 연구의 경험을 쌓아 갈 수 있도록 교수・학습 전략을 모색 적용할 필요가 있다.

다. STS(과학・기술・사회) 학습모형: 융복합 학습 모형

1) 학습 과정

가) 문제로의 초대: 학생의 생각 발표 및 지적 호기심을 유발하는 단계로 문제 상황은 학생에게 지적 호기심을 갖게 하고, 가능한 실생활 관련 문제를 제시한 후 학생의 문제 인식을 도와주고 학생들의 생각을 정리해 주는 단계

나) 탐색: 문제 해결을 위해 실험을 하거나 도움이 되는 자료를 수집하여 자기 생각의 타당성을 알아보도록 하는 단계로 다양한 학습방법을 적용한다.

다) 설명 및 해결 방안 제시: 토론을 통해 사전 생각을 수정 또는 교정하는 단계로 문제 해결 방법을 발표하게 하고, 해결 과정에서 해결하지 못한 것을 토론을 통해 이해하도록 하는데, 문제가 해결되지 않을 경우 교사가 보충한다.

라) 실행: 학생들의 생각을 확인 및 정착시키기 위해 새로운 상황에 적용토록 하는데, 가능한 실생활과 관련된 문제에 적용시키도록 한다.

2) 적합성

STS 지향 수업에서는 학생들이 능동적인 참여와 다양한 문제와 논제를 중심으로 협동학습이 이루어지기 때문에 다양한 학습 모형들이 실생활 문제나 논쟁적인 문제, 환경문제와 관련한 사회과 학습에서 폭넓게 적용될 수 있다.

라. 논쟁적 문제 해결을 위한 학습모형

1) 학습 과정

가) 문제를 제기하고, 사회 개념들을 인식시키는 단계이다.

나) 몇 가지 현실적인 대안을 마련하고, 대안을 선택하게 하는 단계이다.

다) 증거 위주의 토론과 반대 토론의 단계이다.

라) 합리적 이익 추구에 의한 대안의 평가와 결과의 예측 및 반성적 사고(reflecting)의 단계이다.

마) 대안 선택 과정에의 참여와 결정된 대안의 결과를 따르는 단계이다.

2) 적합성

논쟁적 사회문제 학습에서 유용하게 적용할 수 있을 것이다.

Ⅳ. 사회과의 교육평가

1. 사회과 평가의 특성과 과제

가. 특성

성취 수준에 근거한 평가 기준의 설정에 기초한 평가와 질적 평가관에 기초한 질적 자료 수집과 수행평가를 강조한 점이 특징이다.

나. 과제

객관도, 타당성, 신뢰성, 학급당 인원수, 교과 전담제, 전문성, 입시 제도의 개선, 교사의 업무 경감, 평가 기법의 개발, 수행평가에 대한 적응문제이다.

2. 사회과 수행평가 중심의 평가

가. 관찰

관찰 평가를 하기에 적합한 평가 영역은 지식 영역 중 수준이 높은 사고력, 기능 영역, 가치 · 태도 영역이다.

나. 면접(Interview)

면접은 평가 시간을 따로 설정하여 평가하는 것으로, 초등학교에서는 대화를 통하여 학생이 생각하고 있는 가치를 알아보는 관점으로 실시하는 것이 좋다.

다. 체크리스트(Checklist)

체크리스트는 '특정 행동이 일정 수준에 도달했는가?'의 여부를 기록해 가는 방법으로 학생의 행동을 포괄적으로 관찰 분석하여 성취 수준을 알아 볼 수 있다.

라. 포트폴리오(Portfolio)

포트폴리오는 수행평가에서 강조되는 것으로, 개별 학생의 학습 과정에 따른 누가 기록의 평가에 큰 의미가 있으며, 교사의 평가는 물론 학생들로 하여금 자기평가의 관점을 갖고 스스로 평가해 보게 하는 것이 매우 중요하다.

※ 참고자료: 포트폴리오 수행평가의 실제

1. 주제: 제3학년 1학기 단원 4. 우리 마을 (3) 고마운 사람들
2. 평가의 관점
3. 평가 방법
4. 수행과제
   가. 병원놀이 후 보고서 작성하여 발표하기, 생각지도 그려보기
   나. 살기 좋은 마을 그려보고 발표하기
5. 준비물
6. 수행 과제 이행 과정
7. 유의점
8. 평가지

그림지도 그리기 평가표

평가의 관점		1차평가 상	1차평가 중	1차평가 하	2차평가 상	2차평가 중	2차평가 하	3차평가 상	3차평가 중	3차평가 하
1. 거리와 방향이 비슷하고 정확한가?	1									
2. 큰 건물이나 중요 시설물을 자세하게 그려 넣었는가?	2									
3. 한눈에 알아보기 쉽게 그려졌는가?	3									

나의 생각:
교사의 관점:
새로운 목표:

수준	기준(학습자의 특성)
상	– 자료를 제시하며 거리와 방향, 큰 건물이나 시설물들을 자세히 알기 쉽게 발표한다. – 청중과 눈을 맞추고 제시 자료를 짚어가며 명쾌하게 발표한다.
중	– 자료 내용을 비교적 자세히 설명하고 있으나 내용이 좀 부족하다. – 발표하는 자세와 방법이 좀 부족하다.
하	– 그림지도 내용의 발전이 엿보이지 않고 작성 내용도 제대로 발표하지 못한다.

역할을 바르게 하고 있나요?

♠ 친구들이 역할놀이 하는 모습을 보고 빈칸에 적어 봅시다.

관찰할 점	안과	내과	치과
1. 누구의 행동이 이상했나?			
2. 왜 그렇게 생각했나?			
3. 잘못된 행동을 어떻게 고쳐야 할까요?			
4. 느낀 점을 우리생활과 관련하여 생각해 보자			

나의 생각:
선생님 생각:

♠ 병원놀이를 통하여 자신이 느낀 점을 오래 생각하지 말고 읽는 즉시 빈칸에 ∨표시를 해 봅시다.

시간 가는 줄 모름		따분하고 지루하다.	
병원은 시골에도 꼭 있어야 한다.		병원은 도시에 있으면 된다.	
의사가 훌륭해 보인다.		의사는 돈 잘 버는 사람이다.	
간호사가 멋있다.		간호사가 시시해 보인다.	
고마운 사람들이 많다.		병원, 약국, 우체국은 돈 버는 사람들이다	

나의 생각:
선생님 생각:

수준	기준(학습자의 특성)
상	– 역할놀이에서 하는 일이 잘 나타나고 맡은 역할을 잘 수행하며 적극 참여한다. – 잘못된 역할을 지적하여 수정할 줄 알고 병원 사람들의 역할을 잘 말한다. – 병원의 중요성과 우리 생활과의 관계를 알고 설명할 수 있다. – 우리 주위에는 고마운 사람들이 많이 있음을 알고 그분들을 돕는 방법을 말한다.

중	- 맡은 역할을 잘 수행하고 즐겨 참여한다. - 잘못된 역할을 잘 지적하나 어떻게 고쳐야 할지를 잘 말하지 못한다. - 병원과 우리 생활과의 관계를 명쾌하게 밝히지 못한다.
하	- 맡은 역할 수행이 어색하며 참여도가 낮다. - 병원 사람들의 역할을 잘 모른다. - 자신의 생각을 잘 표현하지 못한다.

3. 사회과 교육평가 결과의 활용

교육평가는 학습에 있어 끝이 아니라 한 과정이기 때문에 그 결과는 수업에 다시 환류(feedback)되어야 한다. 그러므로 평가 결과는 교사에게는 수업의 어디가 잘못되었는지, 학생의 무엇을 더 보충해 주어야 하는지를 아는 자료가 되어야 하고, 학생에게는 각자의 부족한 부분을 보완하여 목표에 도달하기 위한 하나의 자료가 되어야 한다.

사회과 교육평가는 학습에 있어 끝이 아니라 한 과정이기 때문에 그 결과는 수업에 다시 환류되어야 한다. 그러므로 평가 결과는 교사에게는 수업의 어디가 잘못되었는지, 학생의 무엇을 더 보충해 주어야 하는지를 아는 자료가 되어야 하고, 학생에게는 각자의 부족한 부분을 보완하여 목표에 도달하기 위한 하나의 자료가 되어야 한다.

4. 사회과 교육평가의 주안점

사회과 교육에서 교수·학습의 의미를 제고시키기 위해서는 사회과 단원에서 가르치고자 하는 것이 무엇인지, 그 목표와 내용을 선정한다. 사회과의 주요 내용은 교육과정(교과서 포함)에 제시된 사실, 개념, 쟁점이 되는 사회 현상 등이다.

선정한 내용에 대해 학습자가 수행해 주기를 기대하는 것이 무엇인지 정한다. 즉, 교사는 내용 지식을 어떻게 활용해야 제대로 학습했다고 할 수 있는지 교사가 판단할 수 있는 활동을 선정해야 한다.

교육평가는 학년 또는 학기를 단위로 교과 지도 계획과 함께 세우는 것이 바람직하며, 평가 계획에는 학년별 교과 내용 체계에 따른 성취 기준과 평가 기준, 평가 방법과 도구 및 평가 시기 등이 구체적으로 제시되어야 한다.

연구문제

1. 2007년 개정 사회과 교육과정과 2009 개정 사회과 교육과정의 특징을 들고 비교하여 설명하시오.

2. 사회과교육에서의 사회과의 범위(Scope)와 계열성(Sequence)에 대해서 설명하시오.

3. 사회과가 다른 교과에 비해서 지역화, 재구성이 중요한 이유에 대해서 구체적으로 논하시오.

4. 21세기 세계화 시대의 사회과 내지 사회과교육의 트렌드(Trend)에 대해서 논하시오.

5. 2009 개정 사회과 교육과정에서 사회과의 성격과 사회과의 목표를 통합하여 '사회과의 목표'로 통합 제시한 이유에 대해서 설명하시오.

6. 사회과 교수 · 학습에서의 확산적 발문(발산적 발문)과 수렴적 발문을 예를 들어 설명하고, 확산적 발문이 중요한 이유에 대해서 기술하시오.

7. 사회과 교육과정의 지역화 절차와 단계에 대해서 설명하시오.

8. 사회과교육에서 길러야 할 기능 · 능력 목표를 제시하고, 이와 같은 기능 · 능력 목표를 신장하기 위해서 사회과교육에서 특히 노력해야 할 점에 대해서 기술하시오.

9. 훌륭한 사회과 수업의 조건에 대해서 구체적으로 설명해 보시오.

10. 사회과교육에서 시사적인 이슈(Issue)를 효과적으로 적용할 수 있는 방안에 대해서 논하시오.

제4부

사회과 수업방법 및 학습모형의 탐구

제4부의 학습목표

- ◦ 사회과 개념학습 모형을 이해하고, 속성모형과 원형모형(전형모형)에 대해서 설명한다.
- ◦ 사회과 탐구학습 모형의 절차를 알고 사회 탐구와 가치 탐구 방법과의 관계를 설명한다.
- ◦ 사회과 문제해결학습 모형의 절차를 알고 학생 중심 교수・학습의 중요성과 견주어 설명한다.
- ◦ 사회과 협동학습 방법을 이해하고 실제 적용 방안을 설명한다.
- ◦ 사회과 의사결정학습의 절차를 알고 '사회적 문제'에 대한 합리적인 의사결정 방법을 설명한다.
- ◦ 사회과 현장체험학습(창의적 체험활동 포함) 시행 시 특히 유의할 점을 알고 설명한다.
- ◦ 사회과 토의・토론학습의 절차를 이해하고 설명한다.
- ◦ 사회과 역할놀이학습을 이해하고 역할놀이학습 전개 시 교사의 역할을 바르게 설명한다.

제1장 사회과 개념학습 모형

Ⅰ. 개념학습의 정의

일반적으로 교과의 지도는 가르치는 내용이 바로 그 구조와 교과를 특징짓는 방법론적 원리일 때 가장 효과적일 수 있다. 따라서 효과적인 교과의 지도는 탐구와 발견을 통해 학습하는 방법의 학습을 학습시키는 것이다. 그러나 이와 같은 탐구와 발견을 통한 학습이 효과적이기 위해서는 학습 초기에 사물의 특징을 구별하고 명칭, 변별 등의 이해를 통한 지식과 개념 형성이 선행되어야 한다. 사회과 교수·학습 내용에 있어서 지식은 개념, 이론, 일반화로 구성되어 있으며, 이 중에서 특히 개념은 사회과의 학습에서 가장 많은 부문을 차지하고 있다. 왜냐하면, 사회적 현상인 사실을 간결하고 명료하게 해 주는 것이 개념이기 때문이다. 개념이란 우리가 경험하고 부딪치는 다양한 사물, 사건들과 같은 현상들을 어떠한 기준에 따라서 범주화한 것이다. 일반적으로 개념은 경험 세계를 체계적으로 일관성 있게 정리하도록 도와주며 인식의 구조로써 사고의 기본 요체가 된다. 따라서 개념들은 지식을 생성하고 조직하는 것을 도와주고, 일반화를 도출하는 데 유용하며, 학습에서의 원리를 터득하고 문제해결력을 함양하는데 중요한 역할을 하게 된다. 그러므로 개념학습은 단순한 명칭이나 지식을 획득하는 것이 아니라 문제해결능력이나 차원 높은 정신 기능의 육성에 전제 조건이 된다.

개념학습의 정의에 관한 여러 학자들의 주장 중에서 대표적인 이론 몇 가지를 소개함으로써 나름대로의 개념학습에 대한 정의를 규정하고자 한다.

가네(Gagne)는 개념을 어떤 자극을 그와 공통적인 특성을 가진 어떤 부류 또는 유목의 한 보기로 확인하게 하는 능력 또는 어떤 사태, 대상의 의미를 나타낼 수 있는 능력으로 규정하고 있다. 이에 따라 개념학습을 물리적(외형적) 모양에서는 서로 다를지 모르지만 본질적으로 공통적인 반응을 할 수 있는 능력(학습력)을 획득하는 것이라고 말하였다.

비고츠키(Vygotsky)는 개념이란 사물을 어떤 한 가지의 속성에 따라서 분류한 것으로 보고 개념 형성의 지적 조작이 이루어지는 심리적 과정을 연구하였는데, 이것은 개념 형성 단계를 전통적인 개념 형성에서 주장하듯이 몇 개의 사물이 가지고 있는 공통적인 특성을 알게 되는 것뿐만 아니라 개념 형성의 조건이 되는 문제 자체를 해결하는 역동적인 과정으로 보고 있다.

한편, 브루너(Bruner)는 비고츠키와 동일한 연구 영역을 다루고 있으면서도 그 주제를 개념 형성이 아니라 개념 획득이라고 불러야 한다고 강조하였다. 즉, 브루너 등이 연구한 개념 획득의 과정은 본질적으로 가설-검증의 과정으로, 이 과정에는 사고의 규칙이 포함되어 있으며 개념을 획득한다고 하는 것은 규칙을 자유롭게 활용하는 방법을 배운다는 점에서 개념 형성이라기보다 개념 획득이라고 보았다.

그러므로 위의 이론들을 종합해 볼 때 개념이란 사상과 사물을 분류하는 데 사용되는 일반적, 내재적 표상이며 개념학습은 하나의 인지과정으로써 주어진 개념이 가지고 있는 성질을 파악하여 다른 개념과 식별할 수 있고 또 그것을 자유롭게 활용하는 방법을 배우는 역동적 과정으로 정의할 수 있다.

Ⅱ. 개념학습의 접근 모형

전통적으로 대부분의 심리학자들은 개념을 일정한 규칙에 따라 결합되는 속성에 비추어 정의했다. 예컨대, 물이라는 개념은 무색, 무향, 무미, 그리고 액체와 같은 속성의 동시적 존재 또는 공접물(共接物)로 정의된다. 이런 견해는 개념이 논리적 규칙에 따라서 구조화된다는 것을 강조하는 것으로써 인위적 개념의 학습을 다룬 실험실적 연구에서 특히 강조되었다. 그러나 많은 자연개념들은 속성과 규칙에 의해서 분명하게 정의될 수 없는 모호하고 희미한 경계를 지닌다. 이뿐만 아니라 많은 자연개념들은 모든 구성요소에 공통되는 속성이 없고 구성요소 상호 간에 친족적 유사성의 관계를 갖는 경향이 있다. 이런 이유에서 자연개념은 내적구조를 지닌다. 원형이라 부르는 일부 성원은 아주 전형적인 구성원으로 판단되고 그 밖의 성원은 비전형적으로 판단된다. 예컨대, 참새와 타조는 둘 다 새(조, 鳥)의 개념에 속하지만 참새가 더 전형적이다. 일반적으로 전형적인 구성요소는 다른 구성요소와 공통되는 속성을 많이 갖고 있으나 비전형적인 구성요소는 그렇지 못하다. 이런 관찰결과에 의하여 개념은 원형과 변형 규칙에 의해서 기술된다는 입장이 대두되게 되었다.

대부분의 사회과 개론서나 교수방법론 책에서 소개하고 있는 개념학습 방법은 속성비교모형에 기초해 있고 원형모형의 주장들은 거의 고려되어 있지 않은 실정이다. 두 이론 모두 개념학습의 모든 현상을 설명해 주지는 못하므로 어느 것이 사회과 개념에 보다 타당성을 갖는지 검토되어야 할 것이다. 1980년대 이후로 사회과에서도 양 이론에서 제안하는 개념 교수방법의 효율성을 검증하는 연구들이 많이 나오고 있다.

위의 두 입장을 속성비교모형과 원형모형으로 분류하고 속성비교모형은 개념 획득의 접근방법에 의해 연합이론, 가설검증이론, 정보처리이론으로 재분류한다. 위의 세 이론과 원형이론을 비교하여 고찰하면 다음과 같다.

1. 속성비교모형

일반적으로 S-R 연합이론, 정보처리이론, 가설검증이론은 모두 개념은 관련속성들의 세트이며, 개념을 학습하는 과정에서 관련속성들과 그들 간의 관련규칙이 사례들로부터 추출된다고 가정한다. 추출된 속성들은 결정적 속성(criticalattributes) 또는 충분한 속성들일 것이다.

가. S-R 연합이론

연합이론의 유형에 속하는 이론들에 따르면 개념학습은 변별학습의 한 종류이며, 이것에 의해 개념에 맞는 사례들의 관련속성들은 점진적으로 정적 반응과 연합되고 틀린 사례들은 부적 반응과 연합된다고 한다. 어떤 때는 긍정적 예들과 또 어떤 때는 부정적 예들과 연합되는 비관련속성들이 존재하므로 그 과정은 복잡하다. 이런 속성들은 일관되지 않은 강화를 받기 때문에 점차 중성화되지만 모든 긍정적 사례들은 어느 정도 상호 유사성을 갖고 있기 때문에 S-R연결은 개념의 새로운 예들까지 일반화된다.

개념학습에 대한 S-R설명의 문제점은 많은 종류의 자연 관념들이 공통적인 반응과 연합될 수 있는 공통적인 속성들을 전혀 갖고 있지 않다는 데 있다. 이런 문제점은 S-R연합이론의 수정을 가져오게 되는데, 수정된 이론은 자극과 반응 사이에 내적 매개단계를 도입한다. 또 피드백(feedback)의 지연이 학습 속도에 아무런 효과가 없다는 몇 가지 실험적 발견들도 S-R연합이론 내에서 조화되기 힘들다. 맞는 시행과 틀린 시행의 순서효과 역시 S-R연합이론보다는 정보처리모형의 설명과 더 잘 맞는다. 개념학습자를 수동적으로 파악하는 S-R연합이론은 근간에는 거의 주목받지 못하고 있으며 1950년대 후반부터 개념학습자를 능동적인 정보처리자로 보는 관점에 의해 대치되어 오고 있다.

나. 정보처리이론

정보처리이론(Information Processing Theory)은 개념학습에서 학습자가 무엇을 하며 그의 행동 이면에서 어떤 과정이 일어나고 있는지를 완전히 설명해 주는 것처럼 보인다. 헌트(Hunt)는 그의 개념형성이론에서 정보처리활동이 두 단계로 구성되어 있다고 기술했다. 즉, 정보를 수용, 분류하고 항목별로 저장하는 단계와 저장된 정보를 주사해서 재조직하고 가설을 형성하며 새로운 개념을 탐색하는 단계가 그것이다. 그에 따르면 개념에 관한 정보는 속성군 또는 자극의 값으로 할당된 범주로써 저장된다. 개념학습자는 속성들의 적합성을 기억 속에 저장된 정보의 항목에 비추어서 검증하는 전략들을 통해 개념의 속성들의 바른 조합에 도달하게 된다. 나아가 사이먼(Simon)은 개념학습은 연속적인 가설들을 낳은 산출-검증기제로 구성된다고 주장했다. 보네(Bourne)도 정보처리체제에 기초해서 개념규칙 학습 과정을 설명하는 모형을 개발했다. 그의 설명에 따르면 인지, 부호화, 그리고 추론이 개념학습자의 기억에서 중요한 요소들이다.

다. 가설검증모형

개념 형성 과정에 대한 가장 보편적인 관점은 가설검증모형일 것이다. 이 모형에서는 개념학습자를 개념 형성 과정에서 능동적으로 문제 해결에 노력하는 존재로 본다.

개념학습자는 개념을 정의해 주는 속성들의 규칙과 유형에 관한 가설들을 형성하고 검증한다는 것이다. 이러한 관점은 브루너(Bruner)와 그의 동료, 레스틀(Restle), 보어(Bower)와 트레바소(Trabasso), 그리고 레빈(Levine) 등의 연구에 의해 지지되어 왔다.

브루너 등은 이미 확립된 개념을 가지고 있는 학습자가 보다 정교화된 개념을 획득하기 위해서 기존의 개념들을 어떻게 확대하는지를 설명하려 하면서 수용과 선택의 학습 조건에서 어떤 전략들을 사용하는가를 발견하였다.

레스틀(Restle) 역시 개념 속성의 학습을 가설검증의 과정으로 보았다. 피험자는 가능한 가설들의 전체집합으로부터 하나의 가설을 선택하는데, 그의 반응이 맞을 때는 그 가설을 계속 유지하고, 반응이 틀린 것으로 판명되었을 때는 그 가설을 버리고 다른 가설을 선택한다고 한다. 정확하게 반응했을 경우 현재 채택한 가설이 바뀌지 않기 때문에 학습은 오진시행에서만 일어난다고 가정된다. 틀리다고 입증된 가설들은 여전히 표집예정인 가설들의 집합으로 복귀될 수도 있고 거기에서 배제될 수도 있다.

2. 원형(전형 · 典型)모형

한 개념의 범주에 속하는 모든 사례들에 공통되는 관련 속성들과 이들 간의 관계의 확인을 통해서 개념이 학습될 수 있다는 전통적인 관점은 '실제 세계'의 개념들을 다루는 데 적절하지 않다는 것이 여러 학자들에 의해 지적되어 왔다.

먼저 개념은 결정적 속성과 특징적 속성의 조합으로 구성되어 있고 한 개념의 범주에 속하는 모든 예들은 공통적으로 결정적 속성을 지닌다는 전제가 인공개념에는 적합하나 자연개념에는 그대로 적용될 수 없다는 점이 지적되었다. 넬슨(Nelson)에 의하면 개념이 속성만으로는 정의될 수 없다고 한다. 즉, 개념은 그것의 속성에 관한 규칙뿐 아니라 '기능적 핵심'이라고 불리는 것까지 함께 기억된다는 것이다. 기능적 핵심이란 그 개념의 대상의 특징, 용도, 다른 개념과의 관계 등의 조합을 말한다. 따라서 넬슨에 의하면 개념의 형성은, 첫째, 개념의 속성들의 확인, 둘째, 기능적 핵심의 전개, 셋째, 개념이 경험된 시점의 정황에 대한 대본의 기술의 세 과정으로 이루어진다고 한다.

로스치(Rosch)는 속성비교모형으로 다루기 어려운 자연개념의 특성으로, 첫째, 결정적 속성의 목록을 만들기 어려우며, 둘째, 개념 간의 구분이 명백하지 않고 경계가 모호하며, 셋째, 같은 범주에 속하는 예들이 똑같이 좋은 예들이 아니라는 점을 지적했다. 그래서 로스치는 자연개념들을 전형성의 차원에 따라 순서 지을 수 있는 것으로 이해할 것을 제안했다.

한편, 전통적 개념형성이론을 지지해 주는 실험들의 가정이나 설계의 비현실성들이 지적되어 왔다. 헤이드브레더(Heidbreder)는 피험자를 항상 능동적인 문제 해결자로 보는 가설검증이론의 전제와는 달리 여러 번의 시행에도 불구하고 문제가 해결되지 않으면 피험자들은 수동적이 되거나 관찰자로 남게 된다고 주장했다. 브룩스(Brooks)는 개념학습에 대한 실험들은 피험자들의 학습 과정이 분석적일 것이라는 편견에 의해 계획적이고 분석적이며 언어적 통제에 의해 이루어지고 있다고 분석했다.

가. 원형(전형)모형

원형모형의 기본적 주장은 우리가 일상생활에서 사용하는 개념들은 전형성의 정도에 따라 배열되어 있으며 개념학습은 가장 전형성이 높은 원형(prototype)과의 비교를 통해 이루어진다는 것이다. 이 이론의 핵심을 이루는 원형(전형)의 개념은 사용하는 사람에 따라 조금씩 다르게 정의되고 사용되어 왔다.

프랭크스(Franks)와 브랜스포드(Bransford)는 개념들은 원형과 개념의 예들을 판별할 수 있게 하는 변형규칙(transformation rule)들로 구성되어 있다고 주장했다. 뉴만(Neumann)은 속성유도모형을 제안했다.

로스치(Rosch)의 연구진들은 원형 형성에 대한 체계적인 원칙을 제시해 준다. 로스치의 용법에 따르면 원형은 가장 높은 단서 타당도(cue validity)를 가지고 있다. 단서 타당도란 일정한 단서나 속성이 그 범주와 관련된 빈도에 따라서는 증가하고 그 단서가 다른 범주와 관련된 빈도에 따라서는 감소하는 척도이다. 따라서 원형이란 단서 타당도가 가장 큰 속성들을 합한 구성 개념이다. 로스치(Rosch)는 원형이 범주의 특정한 사례와 혼돈되어서는 안 된다고 명시하였다. 그는 원형을 특정한 형태의 정신적 표상과 연결시키려는 어떤 의도도 거부하였다.

나. 사례 비교모형

자연개념 형성에 관한 또 다른 설명이 브룩스에 의해 제시되었다. 브룩스는 개념들이 의식적으로 가설을 세우는 과정을 거치지 않고 내재적이고 비분석적으로 형성된다고 제안했다. 그에 따르면 많은 자연개념은 너무 복잡해서 분석적으로 학습될 수 없다. 즉, 속성을 가지고 있느냐를 검증해 보는 것은 자연개념에 있어서는 너무 성가신 방식이다. 실제로 그의 실험에 의하면 범주화 규칙을 말로 나타내거나 결정적 속성들을 밝힐 수 없어도 사례들의 확인이 가능했다.

브룩스는 개념 형성에 있어서 기억의 역할을 중시한다. 그는 어떤 범주에 속하는 한 사례를 식별하는 것을 학습하면 학습의 결과가 기억으로 저장되고 새로이 제시되는 사례들은 기억된 사례와의 전반적인 유사성에 의해 판별할 수 있음을 보여주었다. 메딘(Medin)과 스미스(Smith)도 브룩스와 유사한 연구 결과를 보여주고 있다.

엘리오(Elio)와 앤더슨(Anderson)은 사례들 간의 유사성에 의해 개념학습이 이루어지며 이것은 사례들의 제시 순서가 일반화가 쉽게 일어날 수 있도록 고안되었을 때 더욱 촉진된다는 것을 발견하였다. 호마(Homa) 등도 역시 사례들 간의 유사성에 의해 개념학습이 일어남을 확증하였는데, 집합의 크기가 증가하거나 기존의 학습과 새로운 사례의 제시 사이에 시차가 클 경우 이 효과는 감소한다고 밝혔다.

Ⅲ. 사회과 개념학습에서의 교수 전략

초·중·고교 사회과 개념학습과 관련된 연구는 개념학습의 여러 모형 중 어느 모형이 사회과 학습에 가장 효과적인가를 학습자의 특성, 개념의 특성, 사례 제시의 형태 등의 변인과 관련하여 상호작용의 효과에 대한 것들이다. 그러나 개념학습 유형 중 어느 방법이 개념 형성에 있어 탁월하다고 확정할 만큼의 연구 결과가 나오지 않고 그 효과의 차이도 크지 않았다.

첫째, 학생 스스로 학습에 참여할 수 있도록 학습 동기를 유발시킬 수 있는 전략이 필요하다. 사회과 학습에서 대부분의 개념은 실제 생활 속에서 경험할 수 있는 것이므로 학습자 스스로 실제 생활과 연결 지어 학습하는 것이 효과적이다. 일반적으로, 심리적 개념(정적 강화, 부적 강화, 정적 벌, 부적 벌)을 학습하는 데 있어 학습자의 인지 양식이 미치는 효과 연구에서 인지 양식을 상황의지형(과제에 대하여 주관적으로 학습하지 못하고 의존적인 형)과 상황독립형(과제에 대하여 주체적으로 학습함)으로 나누었을 때 개념학습에 있어서는 과제에 대해 학생 스스로 학습에 참여하는 상황독립형이 개념을 보다 정확하게 이해하고 익힌다는 것이 증명되었다.

둘째, 하나의 개념에 대한 학습보다는 개념 간의 관계를 파악할 수 있도록 하는 전략이 필요하다. 사회과 개념은 사실과 사실을 연결해 주는 역할을 하고 있기 때문에 하나의 개념은 또 다른 사실과의 연결성이 있는 개념과 함께 학습함으로써 개념과 개념 간의 관계의 규칙을 파악하는 것이 효과적이다. 예를 들면, 제4학년 '자원', '생산 활동'이라는 개념의 관계에 있어 각각의 개념을 통해 각 시·도의 자원이 그 지역에서 생산되는 생산물과 산업에 영향을 미칠 수 있다는 원인과 결과의 관계를 알게 하는 것이 중요하다. 바로 이러한 내용이 초등학교 제4학년 1학기 2단원의 중요한 학습 목표와 내용이 된다. 이와 같이 보통 사회과 개념은 복합적으로 연결되어 있기 때문에 교실 내의 개념학습 시 독립적으로 존재하는 것이 아니라 다른 관련 개념과 함께 학습된다. 이외에 개념 간의 형식에 의해 연결되는 개념들이 있다. 즉, '은행', '협동조합', '새마을금고'는 '금융기관'이라는 한 개념의 영역 내에서 하위영역으로서 비교의 대상이 되는 개념이다. 이런 개념의 경우에 하나의 개념을 독립해서 학습하는 것보다 두 개념을 동시에 학습하는 것이 더 효과적이다.

셋째, 개념의 구조에 따라 개념학습의 모형을 선정하는 전략이 필요하다. 고전모형(classic model)은 개념학습 중에서 가장 오래된 모형으로 개념에서는 속성이 가장 중요하다고 보고, 개념학습은 속성을 중심으로 해야 한다는 입장이다. 이때의 속성은 그 개념을 설명하기 위해 꼭 필요한 결정적 속성(정의적 속성)과 단순히 부가적으로 설명하는 비결정적 속성(특징적 속성)이 있는데 속성모형에서는 이들을 분석한다(차경수, 2001 : 150-151). 이에 따라 고전모형은 한 개념에 속하는 모든 긍정적 사례는 다른 개념의 긍정적 사례들과 구별되는 결정적 속성(critical attributes)을 공유한다고 주장하여 속성모형이라고도 불린다.

전형모형은 개념의 사례들이 공통된 결정적 속성을 동등하게 갖는 것이 아니며 개념을 대표하는 정도도 차이가 있다고 가정하여, 전체적인 유목을 대표하는 전형으로 개념이 표상된다고 보는 입장이다.

따라서 초등 사회과 개념학습은 가르치고자 하는 개념의 구조에 따라 모형을 선택하는 것이 바람직하다. 즉, 많은 개념 간의 유목화 현상을 효과적으로 설명하기 위해서나 한 개념의 전형성이 그 하위개념에 대해서 전이되어야 할 경우에는 고전모형을 사용하는 것이 효과적이고, 단순범주화의 기능만을 요구하는 개념이나 또는 분명하게 정의되지 않아 그 결정적 속성을 규정하기가 어렵거나 개념의 소속 여부가 명확하지 않은 사례들이 존재하는 개념들은 전형모형을 사용하는 것이 효과적이다.

넷째, 개념 추론을 위해서는 부정적 사례보다는 긍정적 사례를 제시하는 전략이 필요하다. 일반적으로 개념학습을 더욱 더 명확히 해 주기 위해 제시되는 사례는 그 내용에 따라 긍정적 사례(example)와 부정적 사례(non-example)로 나뉜다. 개념학습에서 사례가 미치는 효과에 대한 최초의 연구에서 Smoke(1933)는 긍정적 사례가 부정적 사례보다 문제 해결에 적절하고 관련된 정보 내용을 많이 준다는 주장을 통해 개념학습에서 긍정적 사례의 역할을 강조하면서 부정적 사례는 개념학습에 별로 도움을 주지 못한다고 결론짓고 있으며, Hovland and Weiss(1953: 175-182)는 긍정적 사례만 제시하거나 긍정적 사례와 부정적 사례가 함께 제시되는 경우가 부정적 사례만 제시하는 경우에 비해 개념학습 효과가 더 높다고 밝히고 있다.

그러나 Osler and Fivel(1961)는 학습해야 할 개념이 복잡할 경우엔 학습자에게 다양한 개념의 차원을 제시하여 개념의 변별력을 증가시켜 주어야 하기 때문에 긍정적 사례와 부정적 사례를 함께 제시하는 것이 긍정적 사례만 제시해 주는 것보다 효과적이라고 하면서 개념학습에서 부정적 사례의 중요성을 부각시켰다. 또한 Schvanneveidt(1966: 649-654)가 개념학습에서 부정적 사례의 중요성을 증명한 이래 1970년대에 들어오면서 개념학습에서 부정적 사례의 중요성을 지적하는 연구들이 많이 수행되었다. 이와 관련된 국내 연구를 살펴보면, 김미정(1989)은 사례만 제시한 것이 부정적인 사례를 같이 제공한 것보다 조금 더 높은 학습효과를 보였지만 통계적인 차이는 없는 것으로 나타났다.

이와 같이 개념학습 시 사례 제시에 대한 논의가 다양하지만, 초·중·고교 사회과 개념학습에서는 부정적 사례보다는 긍정적 사례를 제시하는 것이 좋다. 왜냐하면, Tagatz(1967)에 의해 12살 이전의 아이들은 긍정적인 예와 부정적인 예를 통해서 개념을 추론화하는 능력이 부족하다는 것이 증명되었으며, 실제적으로 제7차 초등 사회과 교과서 내용에서 개념은 개념 자체의 변별력 요구보다는 일반화를 통해 문제 해결에 적절한 정보를 제공하고자 하는 의도가 더 크기 때문이다.

또한 초·중·고교 학생들이 개념학습에서 문제를 해결 시 부정적 사례를 제시하면 기억축적과 문제 해결의 새로운 국면을 제공하기 때문에 더 어려울 것으로 사료된다. 즉, 긍정적 사례는 문제 해결에 필수적인 정보가 이미 포함되어 있어 개념학습에 중요하지만, 부정적 사례는 피험자들이 스스로 가능한 해결방법을 기억하고 생각해야만 하기 때문에 혼란을 주기 때문이다. 따라서 일반화 기능을 하는 초·중·고교 사회과 개념에 대한 학습에서는 부정적 사례보다는 긍정적 사례를 제시하는 것이 개념을 추론하는 데 도움이 된다는 것을 알 수 있다.

Ⅳ. 사회과 개념학습의 적용 실제

1. '자연환경'에 대한 개념학습의 예(초등학교 제3학년: 속성 모형을 중심으로)

사회과 개념 중에서 학습 초기 단계에 이루어지는 대단원명과 소단원명에 제시되는 개념들은 구체적 개념이라기보다는 추상적 개념이 많으며, 총체적이고 포괄적인 상위 개념의 특성을 지니고 있는 개념이 대부분이다. 예를 들면, '지역', '환경', '생활', '문화', '법', '경제', '정치', '정부', '생산', '변화' 등이 있다. 이러한 상위 개념들은 학습의 전체적인 프레임을 구성하는 기능을 하기 때문에 하위 개념을 정의하는 결정적 속성들에 대한 정확한 이해가 중요하다. 따라서 여기서는 속성 모형에 근거하여 교수 절차 및 전략을 제시하고자 한다. '자연환경'이라는 개념은 제3학년 1학기 교과서에 제시되는 개념이다. 자연환경이라는 개념에 대한 이해가 구체적인 학습목표로 제시된 것은 아니지만, 우리 고장의 모습을 관찰하여 그림지도로 나타내고, 고장 사람들이 자연환경을 슬기롭게 활용하여 생활해 가는 모습을 파악하기 위한 학습에 있어서 '자연환경'은 선수 개념이 된다. 즉, '자연환경'이라는 개념에 대한 이해가 정확하다면, 아마 초등학생들은 보다 명확하게 그림 지도를 그릴 수가 있고, 생활 모습을 파악할 수 있을 것이다.

따라서 개념학습의 진행은 일반적인 '자연환경' 개념보다는 학습 내용에 맞추어 학습이 이루어지도록 하며, 앞으로 학습하게 될 내용에 대해 확산적 사고가 가능하도록 하는 것이 바람직하다. 교수·학습 절차에 따라 제시하면 다음과 같다.

가. 문제 제기

학교 주변의 모습이나 고장 주변의 모습이 담긴 지도나 사진을 제시하면서 "우리 주변에는 어떠한 것들이 있나 한번 찾아볼까요?"라는 질문을 하거나, "우리가 살아가는 데 꼭 필요한 것에는 무엇이 있나요?"라는 질문을 통해 학생들이 스스로 생각해 볼 수 있게 한다.

나. '자연환경' 개념의 속성 제시와 정의

이 단계에서는 초등학교 학생들의 인지 수준과 학습내용을 감안하여 교사가 속성을 제시하는 것이 좋다. 교사는 제3학년에서 의미하는 자연환경이 생물체가 아니라 고장의 모습을 눈으로 파악할 수 있는 비생물체에 한정되는 것임에 유의한다. 그리고 속성과 정의는 이야기 형태로 제시하는 것이 좋다. 예를 들어 "우리를 둘러싸고 있는 우주 만물의 상태를 우리는 '환경'이라고 합니다. 이렇게 우리가 살고 있는 이 지구를 구성하고 있는 것에는 살아있는 것(생물체)과 그렇지 않은 것(비생물체)이 있고, 우리가 직접 눈으로 볼 수 있는 것과 볼 수 없는 것이 있습니다. 우리는 그 중에서 사람이 만든 것이 아니라 원래 자연의 상태로 있는 것을 '자연환경'이라고 합니다"라고 제시해 준다.

다. 결정적 속성 검토

이 단계에서도 교사가 결정적 속성을 제시하는 것이 좋다. 초・중・고교 학생 수준에서 파악할 수 있는 '자연환경'의 결정적 속성은 '우리를 둘러싸고 있는 것이다', '우리가 보거나 만질 수 있는 것이다', '사람이 만든 것이 아니다' 등이 될 수 있다.

라. 예(例)와 비례(非例) 검토

학생들이 직접 학습 활동을 통해 이루어지는 것이 바람직하다. 학생들은 교사가 설명해 준 속성과 정의를 바탕으로 제시된 사진과 그림지도 등의 자료를 보면서 '자연환경'의 예와 예가 아닌 것을 구별한다. 이때 학습 구조는 개별적인 것보다는 소집단으로 구성하여 함께 의논하면서 찾도록 하는 것이 좋다.

마. 가설 검증

초・중・고교 학생들이 사진과 그림지도 등의 자료를 통해 '자연환경'의 속성에 해당되는 예들을 찾게 한 다음, 소집단별로 발표를 함으로써 서로의 학습 결과를 비교하도록 한다.

바. 개념의 형태, 종류, 관계 등 개념 분석

이 단계에서 초・중・고교 학생은 자유롭게 유사한 개념, 상반된 개념 등에 대해 교사에게 질문을 하거나, 교사와 학생이 함께 앞으로 '자연환경' 개념과 관련하여 학습하게 될 여러 개념들을 미리 교과서에서 함께 게임 형식으로 찾도록 할 수 있다. 이때 교사가 미리 마인드맵을 이용하여 빈칸을 채우도록 하는 것도 좋은 방법이다. 이러한 방법은 단원 전체에 대한 프레임 형성에 도움이 될 수 있으며 확산적 사고가 가능하게 하는 데 유용하다.

사. 관련 문제 검토

학습 초기 단계에 제시한 "우리 주변에는 어떠한 것들이 있나 한번 찾아볼까요?"라는 질문을 하거나, "우리가 살아가는 데 꼭 필요한 것에는 무엇이 있나요?"와 연결하여 오늘 학습한 '자연환경'이 "우리 고장의 사람들이 살아가고 생활해 나가는 데 어떠한 영향을 미치는지", "다른 고장과는 어떻게 다른지"에 대해 서로 토론해 보고 추론해 보도록 한다. 학생들이 서로 질문과 답을 주고받음으로써 토론하고 생각해 볼 수 있도록 하는 것이 중요하다. 이때 교사는 학생들의 토론이 엉뚱한 방향으로 흐르지 않도록 주의를 줄 뿐 직접 토론에 개입해서는 안 되며, 학생들의 토론 내용이 틀리더라도 자유롭게 토론하도록 하며, 다음 학습을 위해 호기심과 흥미를 유발할 수 있도록 조언해 준다.

아. 평가

대개 개념학습에 대한 평가는 지필 평가로 이루어지기 쉬운데, 다양한 방법 적용 차원에서 마인드맵이나 퀴즈 또는 퍼즐 등을 활용하거나 이야기를 통해 학생들이 정확하게 '자연환경'이라는 개념을 이해했는가, 또는 결정적 속성을 제대로 파악하고 있는가를 점검해보는 것이 좋다. 이때 잘못된 개념을 형성하거나 속성을 제대로 파악하지 못했다면, 다음 단계의 학습이 어렵기 때문에 반복적인 학습을 통해 자연스럽게 개념을 형성하도록 해야 한다.

2. '자유와 경쟁'에 대한 개념학습(초등학교 제5학년: 원형모형을 중심으로)

교과서에 제시된 내용을 통해 초등학교 사회과 개념을 추출하면 자연재해, 교환(물건 바꾸기), 자유와 경쟁, 산업, 경제 체제, 금융기관, 첨단 기술 등이 있다. 이러한 개념은 하위개념이 동위개념이거나 관계개념일 경우 더욱 유용하게 활용될 수 있다. 다만 학습자의 인지수준과 교과서 내용을 고려하여, 개념 추론을 위해 부정적인 예보다는 긍정적인 예를 사용하도록 한다.

'자유'와 '경쟁' 개념은 전형보다는 구체적인 예들을 통해 추론하는 것이 효과적이며, 서로 관계 개념이므로 함께 학습하는 것이 더 효과적이며, 개념에 대한 이해뿐만 아니라 이 단원에서의 주요 학습내용까지 연결될 수 있도록 교수한다. '자유와 경쟁' 개념에 대한 전형 모형의 교수·학습 단계에 따라 교수 방법과 전략을 모색하면 다음과 같다.

가. 문제제기

사회과 교과서에 제시된 삽화처럼 상점이나 병원 등이 한 개만 있는 자료와 많이 있는 자료를 동시에 제시하면서 "상점이 많이 생겨난 까닭은 무엇일까요?", "자꾸 상점이 늘어나면 어떻게 될까요?" 등의 질문을 제시한다.

나. 원형 또는 예 제시

이 단계에서는 사진, 삽화 등의 여러 자료를 제시하면서 '자유로운 가수, 농부, 판사, 의사 등의 여러 가지 직업'과 '소비, 저축 등의 소득의 자유로운 사용'에 대한 구체적인 예를 제시해 준다. 그리고 '원하는 직업을 얻기 위한 경쟁과 소득을 얻기 위한 경쟁'에 대한 구체적인 예를 제시해 준다. 초등학교 수준에서 필요하지 않다고 판단될 경우 교사는 예가 아닌 것을 제시하지 않아도 무방하다. 왜냐하면, 예와 예가 아닌 것을 구별할 필요가 없거나 어려운 개념일 경우 예가 아닌 것보다는 오히려 부정적인 예를 제시해 주고 그 차이에 대해 생각해 보도록 하는 것이 더 효과적이기 때문이다. 예를 들면, 강제적인 직업 활동이나 자유롭지 못한 선택 등의 구체적인 예를 제시함으로써 서로 그 차이를 비교해 봄으로써 자연스럽게 속성을 파악하도록 유도할 수 있다.

다. 속성 검토

이 단계에서는 과제는 질문식 제시방법을 활용하는 것이 좋으며, 학생들 스스로 교사가 제시한 자료와 예들을 통해 속성을 검토하도록 한다. 따라서 개별적으로 검토하기보다는 소집단별로 구성원과 함께 논의하면서 검토할 수 있도록 하는 것이 좋다.

라. 개념 분석

소집단에서 논의된 '자유'와 '경쟁'에 대한 각각의 속성을 검토한 후 두 개념의 관계에 대해 파악한다. 사실 경쟁은 자유가 없으면 존재할 수 없는 것이기 때문에 항상 자유가 전제될 경우에만 가능하다는 관계까지 이해하도록 하는 것이 무엇보다 중요하다. 물론 정치와 관련된 학습내용에서의 '자유' 개념은 다른 방법으로 개념을 추론할 수 있다.

마. 문제 검토

학습 초기 단계에서 제시한 질문에 대해 "상점이 많이 생겨난 까닭은 무엇일까요?", "자꾸 상점이 늘어나면 어떻게 될까요"라는 질문과 연결하여 학생들이 이해한 '자유와 경쟁' 개념을 통해 "그러면 더 많은 이익을 위해 상점들이 경쟁한다면, 우리 생활에 어떤 영향을 미치게 될까요?", "상점이 많이 늘어나면서 달라진 점은 무엇일까요?" 등의 질문을 제시하여 함께 토론하도록 한다. 학생들이 자유로운 경제 활동이 우리 생활에 여러 가지로 도움을 줄 수 있다는 것을 스스로 깨닫도록 교사는 다양한 사례와 자료를 제시해 줄 수도 있다.

바. 평가

초·중·고교 사회과 교수·학습에서 원형모형에 대한 평가는 마인드맵이나 퀴즈 또는 퍼즐보다는 다양한 예들을 제시하고 그 예들을 포괄할 수 있는 개념을 추론하는 선다형 문제라든가 하나의 개념에 대해 범주를 구성하고 있는 대표적인 예를 선택할 수 있는 연결형 문제 등을 통해 제대로 파악하고 있는가를 점검해 보는 것이 좋다. 또한 이러한 개념과 예의 올바른 이해에 대한 평가뿐만 아니라 전체적인 학습내용에 대한 평가를 통해 개념 형성에 대한 평가를 할 수도 있다. 예를 들면, "우리나라의 여러 기업들이 소비자에게 보다 더 좋은 서비스를 서로 제공하기 위해 노력하고 있는데 그 이유에 대해 말해 봅시다" 등의 구술 또는 서술평가를 통해 '자유'와 '경쟁' 개념에 대해 정확하게 파악하고 있는지를 확인해 볼 수가 있다.

제2장 사회과 탐구학습 모형

Ⅰ. 탐구학습의 개관

1. 탐구학습의 개념

탐구학습은 처음 과학 분야에서 자연과학 현상에 대한 이해를 증진시키고, 창의적 사고력에 생산적인 능력, 정보 획득 및 분석 능력까지를 향상시킬 목적으로 개발된 것이었다. 탐구학습 모형은 기계적 암기와 연습을 반복하고 일상생활과는 관계도 없는 일방적 수용을 학습이라고 생각했던 전통적 학습에 대한 불만과 반성에서 시작된 것이었다. 따라서 학생들로 하여금 끊임없이 의문을 가지게 하고 호기심에서 우러나오는 질문에 대한 답을 스스로 찾아가게 함으로써 지적 훈련과 지능개발에 도움을 주려는 것이다. 따라서 사회과에서의 탐구학습은 사회현상을 대상으로 하여 학생들이 주체적으로 지식의 획득과정에 참가함으로써 사회를 조사하는 데 필요한 탐구능력을 체득하게 하고, 인식의 기초가 되는 개념을 형성하게 하여 학생, 즉 학습자 중심의 지식을 획득해 나가는 과정이 중시되는 것이다.

2. 탐구학습의 목적

2009 개정 사회과 교육과정에서 교사의 역할은 교사가 어떠한 교육 의도와 목적을 가지고 어떤 교육 내용과 방법을 선택하는가 하는 문제가 매우 중요하다. 이는 교사가 미리 결정된 학습내용을 전달하여 학생들의 사고에 영향을 미치게 하는 것이 아니라 학생이 필요한 정보를 수집하여 스스로 탐구하고, 생각하는 과정을 통하여 의미 있는 지식을 만들어 갈 수 있다. 이를 위해 학습 모형에 맞는 교수·학습 과정안을 계획, 설계하고, 실제 수업에 적용할 수 있는 교수·학습 모형과 그 과정안의 개발이 필요하다.

Ⅱ. 이론적 배경

1. 탐구학습의 이론적 특징

탐구학습의 학습방법 기원은 멀리 소크라테스(Socrates)의 산파술(대화법)으로 거슬러 올라간다. 그 후 루소(Rousseau)의 아동 중심 교육사상에까지 그 뿌리를 두고 있으며, 보다 현대에 접근해서는 듀이(Dewey)의 '반성적 사고'에도 그 흐름이 이어졌다. 듀이는 탐구의 궁극적 목적을 진리에 도달하는 것으로 보았고 탐구가 비록 문제 해결의 과정이긴 해도 그 해답을 해결로서만 끝나는 것이 아니라 다시 다음 단계의 탐구과정의 수단이 된다고 보아 탐구의 연속성을 강조했다. 듀이의 탐구이론은 경험 또는 생활 중심 교육에 크게 활용된 바 있다. 그 후 브루너(Bruner)의 개념 획득 과정, 지식의 구조에 대한 논의가 등장했고 부르너의 가설은 물론 피아제의 인지 가설 역시 어떤 사실을 발견하기까지의 사고과정과 탐구기능을 중시하는 것, 지식의 형성 과정에 학생들을 참여시켜야 할 일을 강조한 것 등이 탐구학습의 핵심을 이루게 했다고도 볼 수 있다.

마샬라스(Massialas)와 콕스(Cox)는 탐구학습의 영역을 사회과에 접목시킴으로써 탐구의 관심을 사회 영역으로 확대시켜 사회 개선, 즉 사회 문제를 해결하는 데 두었다. 그들에 따르면 학교는 다원적 민주사회에서 필요로 하는 가치 논란을 수용하고, 심각하고 중대한 공공의 문제 등에 능동적으로 대처해야 한다고 한다. 즉, 학교는 시민들이 가치에 대해 성찰을 하고 이 사회의 창조적 재건에 있어서 타인들과 함께 참여하도록 가르치는 노력을 해야 한다고 하여 사회과에서의 탐구학습이 갖는 의미 나아가 학교의 역할까지 언급하고 있다.

또한, 탐구학습의 기본적 가정은 학생들은 '자율적으로 학습해 갈 수 있다'는 것이다. 학생들은 호기심이 강하고 스스로 성장하려는 욕구가 강하므로 탐구훈련 수업에서는 이러한 자연적이고 강렬한 탐구욕을 활용해 새로운 영역을 탐구할 수 있는 방향을 제시하려는 것이다.

학생들은 흥미 있는 문제를 선택하여 직접 그 활동 과정에 참여함으로써 해결방안을 찾아보도록 할 때 지적 탐구의 호기심이 유발되며, 아이디어를 명료화할 수 있고 타인과 작업을 함으로써 사회적 기능을 학습하게 된다고 한다. 이런 일련의 학습 과정들을 거쳐 체계적인 탐구과정을 학습하게 된다.

2. 사회과 수업 적용을 위한 탐구학습 모형

가. 마샬라스(Massialas)의 사회과정 탐구 모형

<표 4-1> 마샬라스(Missialas)의 사회과정 탐구 모형

단계	순환	탐구 모형(활동)
제1단계	➡	안내(도입)
		당혹한 상황을 제시하고 명료화한다.
제2단계	➡	가설 설정
		물체를 탐색하거나 해결해 나가야 할 가설을 설정한다.
제3단계	➡	정의
		가설을 정의하고 명료화한다.
제4단계	➡	탐색
		가설을 가정, 시사점 및 논리적 타당성의 시각에서 탐색한다.
제5단계	➡	증거제시(입증)
		가설을 지지할 만한 사실과 증거를 수집한다.
제6단계	➡	일반화
		일반화된 표현이나 해결책을 형성한다.

1) 안내(도입)

사회적 영역의 딜레마(dilemma)나 문제에 대해 문제의식을 갖게 하는 단계이며 해결해야만 하는 갈등상태 혹은 혼란스런 상황이 전개됨으로써 고려될 만한 문제를 갖는 단계를 말한다. 이때 교사는 학생 집단이 민감해지도록 도와주고 문제 요소를 규명하고 탐구를 위해 문제 상황을 보다 일반화시켜 진술해 나갈 수 있도록 돕는 역할을 해야 한다.

2) 가설

문제로 제시된 내용의 해결책에 대한 전제와 결과를 가능한대로 분명하게 표현하는 가설의 설정 단계이다. 이때 가설은 계속 추구해 나갈 탐구의 안내 역할을 해주므로 가설을 통해 문제의 요소들을 확인하고, 이런 요소들이 제안된 해결책들과 관련되어 있는지를 생각해 본다. 이때 가설이 옳은지 타당성을 검증하기에 앞서 가설에 사용된 용어들이 적절하게 정의되어 있는가를 따져보아야 한다.

3) 정의의 명료화

가설들에 있는 용어들에 대해 합의할 수 있는 용어로 명료화하고 정의를 내려두는 단계다.

4) 탐색

설정된 가설들로부터 도출될 수 있는 시사점, 가설들의 논리적 타당성과 내적 일관성 등을 검토해 나가는 단계이다.

5) 증거제시(입증)

검증해야 할 가설의 시작에서 가설을 지지해 주는 데 필요한 사실과 증거를 수집하고 재조정한다.

6) 일반화

문제에 대한 해결이나 진술의 표현으로 나누어진다고 볼 수 있다.

나. 베이어(Beyer)의 사회탐구학습 모형

탐구학습의 모형은 대부분 비슷한 과정을 담아내고 있으나 실제로 탐구학습을 학습·훈련받지도 못한 현장교사의 입장에서는 간단치 않을 탐구의 과정을 어떻게 수업에 용해시키고 접목시켜 갈 것인지가 매우 막막하고도 난감한 문제가 아닐 수 없다. 이러한 질문에 어느 정도 실마리를 찾을 수 있도록 좀 더 세밀하게 접근한 탐구의 과정을 베이어(K. Beyer)는 [그림 4-1]과 같이 소개하고 있는데, 이러한 절차를 따라가며 탐구의 훈련을 반복한다면 탐구학습을 체득하는 데 도움이 되리라 사료된다.

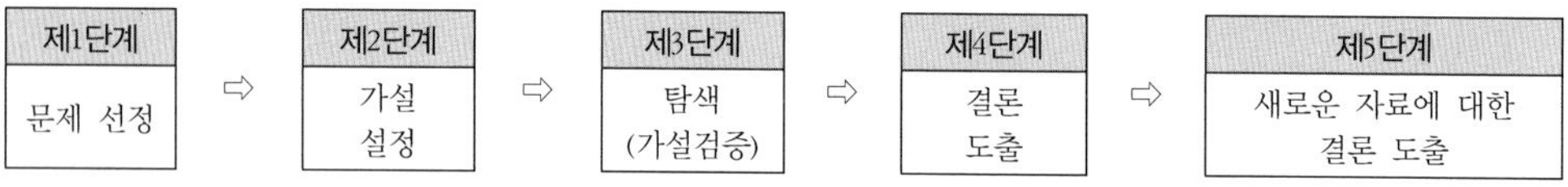

[그림 4-1] 베이어(Beyer)의 사회탐구학습 모형

1) 제1단계

'무엇을 문제 상황으로 삼을 것인가부터 탐색한다. 어떤 사람에게는 의문이 될 수 있는 것이 많은 다른 사람에게는 문제가 되지 않을 수도 있다. 또한 어떤 상황을 관련 있다고 보는 사람도 있고 아닌 사람도 있다. 일단 문제 상황이 발생하더라도 그 문제가 계속적으로 탐구해 볼 만한 가치가 있느냐 하는 것도 고려되어야 할 것이다. 그리고 일단 어떤 문제를 인지하고 그것을 다루기로 한다면 그러한 문제나 의문 등을 의미 있고 처리하기 쉬운 것으로 만들어야 한다. 광범위하고 추상적인 문제설정은 그다음 단계로 나갈 수 없음을 말하는 것과 같으므로 몇 가지 하위문제로 나누어 보는 것이 꼭 필요하다.

2) 제2단계

잠정적 해답을 만들어 가기 위해 가설을 만들어야 한다. 가설이란 교육에 의해 얻어진 추측, 즉 가능한 해답이나 문제 해결에 대한 진술, 또한 학습자 과거 경험이나 유용한 자료로 나타나는 현재에 대한 즉각적이고도 직관적인 분석에서 파생되는 대안을 의미하며 대체로 가설의 수립은 귀납적이다. 왜냐하면, 가설을 세울 때는 관련이 있는 자료 혹은 별개의 정보를 이용하여 자료들과 처음 제기한 질문 사이의 관계를 일반적 진술로서 추론해 내기 때문이다. 가설의 확인이 바로 탐구가 지향하는 목표이자 탐구를 이끌어 가는 도구이다. 문제는 가설이 직관적 사고처럼 느껴질 때도 있다는 것인데 그 직관이란 것이 막연한 것이 아니며 개인의 이전 경험과 현재의 지식 사이에 관계를 맺는 작업을 포함하여 광범위하고 분리된 것처럼 보이는 자료들을 모아 해결책을 마련하는 것에 사용되게 하는 것이다. 가설을 세우는 것은 직관이든 분석적 사고든 대단히 의식적이고 단계적인 인지작용을 동원해야 하며 이 가설을 세우는 작업 없이는 학습이 진행될 수 없으므로 가설을 세우는 것은 탐구에 있어 매우 중요한 단계이다.

3) 제3단계

가설검증의 단계이다. 가설에 대해 잠정적인 해답 얻기, 적절한 정보나 자료를 바탕으로 가설이 체계적으로 입증되지 않는다면 그 가설을 검증할 수 없다. 가설의 검증이란 증거 측면에서 가설을 평가하는 과정, 즉 탐구에 있어 진정한 열쇠가 되는 과정이다. 이 검증 과정에 많은 사고과정이 집중되므로(창조성, 상상력, 축적된 지식 등) 대부분의 학습이 여기에서 이루어진다. 이때 가설검증의 과정은 대체로 중요한 3단계, 즉 증거수집-증거정리-증거분석으로 이어지게 된다. 이때 적당한 증거가 수집되면 그 증거는 평가되어야 한다. 탐구할 때 검증가설에 필요한 증거들이 자료에 적합한지, 혹은 진실한지 하는 것도 결정해야 한다는 것이다. 증거를 정리할 때도 수집된 정보가 가설에 어떠한 영향을 주는가를 결정하기 위해서는 증거를 번역, 해석하는 등의 작업들이 필요하다. 증거분석을 할 때는 정보들 사이의 관계를 살피고 정보 내에서의 추세, 연속성, 규칙성 등을 밝히고 정보와 검증가설 사이의 관계를 살피는 것이다. 이것이 가설 검증의 핵심을 이루게 된다.

4) 제4단계

결론을 도출하는 단계이다. 이 단계에서 우리는 발견된 유용한 증거나 그것의 형태가 검증 가설을 지지하는지 아니면 거부하는지에 대한 결정을 지어야 한다. 유용한 증거가 가설을 뒷받침하는지 거부하는지의 정도를 결정하는 것은 판단과 평가를 필요로 하는데, 의심 없이 가설이 정확하다고 판단하든가, 또는 단지 소수의 증거만이 가설을 지지하기 때문에 가설이 거의 의미 없다고 판단하든가 해야 한다. 만약 증거가 가설을 지지하지 못한다면 탐구자는 가설이 유효하지 않다는 결론을 내려야 하고, 필요한 경우 쓸모없는 가설은 과감히 버리든가 혹은 수정하든가 해야 한다는 것이다.

5) 제5단계

새로운 자료에 대한 결론을 도출하는 단계이다. 적절한 자료들을 가지고 검증된 가설은 잠정적인 결론에 이르게 된다. 이 결론을 보다 신뢰할 만한 결론으로 인정받도록 하기 위해 많은 탐구자들은 기존의 권위 있는 것들에 의존하여 유효하게 하고자 하기도 한다. 하지만 너무 기존의 권위 있는 것에만 의존하는 것은 탐구에 의해 자기 자신의 것에 대해 배우고자 하는 개인의 의지를 의심하게 하며 학습방법으로의 탐구에 대한 불신을 의미하는 것이므로 적절한 방법을 택해야 할 것이다.

3. 탐구학습법의 적용 원리

탐구학습법은 시간과 노력이 많이 들기 때문에, 가르치는 내용(또는 목표)이 그만큼 투자를 할 가치가 있을 때 사용하는 것이 좋다. 그 원리를 종합하면 다음과 같다.

가. 탐구의 결과 얻게 된 지식이나 개념에만 집중하지 않도록 한다. 지식을 만들어 낼 수 있는 능력을 갖게 하는 데 초점을 둔다. 그리고 탐구의 과정에서 탐구 방법을 터득할 수 있게 해서 그것과 유사한 장면에서 스스로 탐구해 낼 수 있는 능력을 갖추게 하는 것이 중요하다.

나. 탐구의 결과뿐만 아니라 탐구의 과정을 중요시한다. 학생들이 일련의 탐구 과정에서 어떤 행위를 하는지 살펴보고, 각각의 과정에서 무엇을 도와주어야 할 것인지 생각한다.

다. 탐구 주제를 적절히 선정한다. 탐구할 만한 내용이 되는지, 교육적으로 탐구할 만한 가치가 있는지, 학생들의 능력에 부합하는지, 학생들의 흥미를 끌 수 있는지 등을 생각한다.

라. 교사와 학생 모두 탐구를 위한 준비가 필요하다. 우선 탐구를 하는 데 필요한 기본적인 지식이나 개념을 충분히 파악하게 해야 한다. 탐구를 하는 데 필요한 기본 지식이나 개념은 사전에 충분히 터득하도록 하고, 기본적인 탐구 기능을 충분히 익히는 것 역시 중요하다.

마. 탐구학습을 할 때 점진적인 것이 중요하다. 작은 부분에서부터 점차적으로 큰 부분으로 나아가면서 높은 수준의 탐구가 이루어지도록 하는 것이 중요하다. 높은 수준의 탐구문제를 곧바로 던지게 되면 학생들은 쉽게 흥미를 잃게 되고 쉽게 포기해 버릴 수 있다.

바. 탐구학습을 한다고 해서 인지적인 측면만을 강조하지는 않는다. 탐구학습을 잘 해 나가려면 호기심, 객관적인 자세, 문제를 해결하는 끈기와 집착력이 필요하다. 이렇게 정의적인 또는 태도적인 면에도 관심을 가져야 한다.

사. 탐구학습법을 적용한다고 해서 탐구학습만 강조하는 것은 바람직하지 않다. 예를 들어 탐구학습을 강조하되, 부분적으로는 주입식으로 가르쳐야 하는 부분도 있게 마련이다.

아. 일련의 탐구 과정에서 교사가 세심하게 배려해야 한다. 학생들에게 그냥 열심히 탐구하라고 해서는 안 되고, 탐구 행위가 왕성해질 수 있는 조건을 만들어 주는 것이 중요하다. 탐구의 주제, 교사의 적절한 질문이나 예시, 질문에 대한 적절한 답변과 보상, 잘못된 학생 행동에 대한 적절한 지도, 탐구를 권장하는 교실의 분위기, 충분한 시간 확보 등이 필요하다.

자. 탐구학습은 개별적으로 할 수도 있지만 집단적으로 하는 것이 유용할 때가 많다. 여기에서 집단적이라고 하는 것은 학급 전체일 수도 있고 소집단별로 하는 것도 포함하는데, 주로 소집단별로 하면 될 것이다.

차. 시간 운영에 융통성을 기한다. 한 차시 내에 끝날 수도 있지만 두 차시 연속 차시를 운영하거나 경우에 따라서는 며칠에 걸쳐 서너 차시를 운영해야 하는 경우도 있을 수 있다.

카. 교과서의 재구성이 필요한 경우가 많다. 교과서의 단원 구성 방식이 탐구학습법보다는 주입식, 설명식 수업을 하기에 적합하도록 구성된 것이 많다. 이 경우에 탐구학습을 유도할 수 있는 쪽으로 수정해서 운영해야 할 것이다.

4. 탐구학습의 장점과 단점

이러한 탐구학습의 장점은 대체로 다음과 같이 일곱 가지로 정리할 수 있다.

첫째, 학생들이 스스로 자신들의 학습 방향을 찾고, 학습 성과에 대해 보다 책임감을 느끼며, 사회적 의사소통능력이 향상된다.

둘째, 학생들이 학습에 능동적으로 참여하게 되므로 긍정적인 자아 개념을 형성하게 된다.

셋째, 학생들은 자기 능력으로 문제를 해결할 수 있음을 믿게 되고, 또 이를 성취할 수 있음을 깨닫게 된다.

넷째, 창의성과 더불어 계획하고 조직하며 판단하는 것과 같은 상위 수준의 지적 능력을 개발할 수 있다.

다섯째, 기억과 회상에만 의존하는 것을 피하고 평생 학습하는 방법과 태도를 익히게 된다.

여섯째, 합리적, 비판적인 사고를 할 수 있는 기회를 더 많이 가지게 된다.

일곱째, 학습내용을 확실히 이해하는 데 효과적으로 이용될 수 있다.

한편, 탐구학습의 단점으로는 다음과 같은 것들이 지적되고 있다.

첫째, 탐구학습 지도를 하는 데 시간이 많이 소요된다.

둘째, 단순한 개념을 많이 전달하는 데는 비효율적이다.

셋째, 교사에게 많은 부담을 준다(자료 준비, 학습 지도, 평가 등).

넷째, 타당도와 신뢰도가 높은 탐구 능력 평가 방법의 개발이 어렵다.

Ⅲ. 사회과교육의 탐구학습 과정

1. 탐구학습법의 일반적 절차

탐구학습법은 귀납적인 문제 해결 행위를 강조한다. 탐구학습의 절차로는 크게 두 가지 방식을 생각해 볼 수 있다.

한 방법은 여러 가지 자료를 제시한 다음 이들을 분석하여 하나의 일반화된 사실을 이끌어 내는 방식이다. 이 방법은 다양한 사례를 제시하고 그 속에서 일반적인 규칙을 발견해 내게 하는 것이다. 이때에는 예와 예가 아닌 것을 많이 제시해서 그 속에서 일반화된 규칙을 이끌어 내게 하는 것이 중요하다. 이런 식의 방법을 교육학 일반에서는 흔히 개념획득 학습 모형이라고 부른다.

또 한 가지 방법은 비교적 엄격하게 가설을 설정하고 검증하고 일반화하는 것이다. 이 방법은 앞의 방법과 비교해서는 좀 더 어렵다고 할 수 있으나, 좀 더 높은 수준의 탐구 행위를 유도할 수 있다는 장점을 지니고 있다.

물론 실제 수업 상황에서 이들 두 방법은 엄격하게 구별되지 않지만 어느 방식에 입각하느냐에 따라 실제 수업 활동의 모습은 달라질 것이다.

사람들마다 용어를 다소 달리 사용하고 있을 뿐 탐구학습의 절차에 대해서는 대동소이하다. 대체로 탐구문제 확인 → 가설 설정 → 탐색 → 증거 제시 → 일반화의 절차를 제시하고 있다. 이를 바탕으로 탐구학습법의 일반적인 절차를 제시하면 다음과 같다.

〈표 4-2〉 탐구학습 방법의 절차

과정	주요 활동	ICT 활용
① 탐구문제 확인하기	○ 탐구 분위기 조성하기 ○ 학습절차 확인하기 ○ 학습과제 확인하기 ○ 관련 지식 및 개념 익히기 /선수학습 확인 ○ 문제 상황 제시 ○ 문제 진단 및 발견하기	○ 문제 제시 - 정보안내 - 비디오, 인터넷, CD-ROM 등
② 가설 설정하기	○ 문제 분석하기 ○ 가설 설정하기 ○ 가설 진술하기	○ 가설제시 - 정보안내 - 기존 지식
③ 탐색하기	○ 문제 해결 방법 탐색하기 ○ 자료의 종류 정하기 ○ 자료의 수집 방법 정하기	○ 자료의 원천 탐색 - 정보탐색 - 인터넷, 도서 등
④ 증거 제시하기	○ 필요한 자료 모으기 ○ 자료 분석, 평가하기 ○ 가설 검증하기/규칙성 발견하기 ○ 해결 과정에 대한 설명하기/토의하기	○ 자료 수집, 분석, 해석 도구 - 정보 분석 - 인터넷, 통계자료, 도표, 그래프 등
⑤ 일반화하기	○ 유사한 상황에 적용하기 ○ 일반화 가능성 탐색하기 ○ 일반화하기 ○ 일상의 상황에 적용하기 ○ 학습 활동 평가 및 정리	○ 결과 정리 - 정보 만들기 - 워드프로세서, PPT 등

2. 탐구학습법의 단계별 내용

가. 탐구문제 확인

1) 탐구상황 제시: 탐구가 필요한 문제 상황을 제시한다.

가) 탐구가 필요한 문제 상황이란 뭔가 설명이 필요한 문제 상황을 말한다.

나) 문제 상황은 사진이나 동영상 등을 이용하여 시각적으로 보여주되 학생들에게 알고자 하는 궁금함을 유발시키는 장면이라야 한다.

다) 문제 상황은 단순히 자극적으로 학생들의 관심을 끌어 모으는 것이 아니라 학생들에게 장차 탐구하게 될 주제를 한마디로 표현할 수 있는 내용의 것이어야 한다.

2) 탐구문제 확인: 탐구해야 할 문제의 본질을 파악하고, 탐구의 구체적 목표를 설정한다.

가) 탐구해야 할 문제를 구체적으로 제시하는 것이 좋다.
(예: 환경오염의 원인은 무엇인가? → 수질오염은 어떻게 생기는 걸까?)

나) 소크라테스식 질문을 통해 탐구해야 할 문제를 정확히 한다.
(예: 카드 빚 때문에 사람이 자살을 했다. 왜 자살을 했을까? → 왜 빚을 지게 되었을까? → 신용카드 회사에서 카드를 남발하는 이유는 무엇일까? → 왜 기업은 신용카드를 이용하여 소비를 촉진하는가?)

3) 수업전략: 탐구 동기를 유발하고 자료, 매체 등을 제시한다.

가) 학생들의 동기를 유발하고 탐구문제를 유도할 수 있는 자료를 제시한다.

나) 탐구문제를 교사가 일방적으로 제시하기보다는 가급적 학생들 스스로 찾을 수 있는 기회를 제공한다.

다) 탐구문제의 한계와 문제 요인 간의 관계를 명확하게 하기 위하여 필요한 경우 용어나 개념을 정의하여 준다.

라) 학생들 스스로 다양한 방법과 과정을 찾아 탐구문제를 해결하도록 유도하여야 한다. 즉 학생들을 물가로 안내하는 것은 사회과 교사지만, 물을 스스로 마시는 것은 학생 자신인 것이다.

4) 유의점

교사는 다양한 자료를 제시하고 적절한 질문을 통하여 학생들의 사고활동이 활발하게 이루어지게 한다.

나. 가설 설정

1) 가설에 대한 브레인스토밍: 앞에서 제기된 탐구문제 상황이 벌어진 이유에 대해 생각해 본다.

가) 왜 그러한 문제가 발생했는지 자유롭게 말하게 한다.

나) 제시된 의견에 대해 비웃거나 비판하지 않는 것이 중요하다.

다) 제시되는 의견은 '~때문에', '~이어서' 식으로 말하게 한다.

라) 제시된 의견을 정리해 준다(비슷한 것끼리 묶어서 정리한다).

마) 각각의 견해가 제시된 이유를 듣는다.

2) 가설 진술하기

가) 학생들이 제기한 여러 가지 의견 중 가장 그럴 듯한 것을 고른다.
(기준: 이 가설을 검증하기 위한 자료를 구할 수 있는가, 과거의 경험에 비추어 볼 때 이 가설이 근거가 있는가 등)

나) 가설의 형태(인과관계를 포함하거나 경향성을 나타내는 일반화)로 제시한다.
(예: 도시는 교통의 결절점에 발달한다, 부모의 교육수준(원인)이 높을수록 자녀의 학업성취도가 높다.)

다) 가설의 논리적 오류를 점검한다.
(예: 소방서가 많은 곳에서 화재가 많이 발생한다. → 화재가 많이 발생하는 곳에 소방서가 많다.)

3) 수업전략

가) 탐구문제의 잠정적인 결론을 기존의 지식과 개념을 활용하여 설정하게 한다.

나) 학생들이 제시한 가설을 모아 서로 비교·검토할 기회를 제공하여 가설을 수정할 수 있도록 한다.

4) 유의점

가) 가설은 문제 해결의 목적이나 방향을 제시하는 중요한 기능을 한다. 아동이 다듬어진 표현을 못하면 교사는 같은 뜻을 갖는 다듬어진 표현이 되도록 도와주어야 한다.

나) 입증이 불가능한 가설의 경우 같은 뜻의 문장으로 다듬을 수 있도록 돕는다.

다. 탐색

1) 적절한 자료의 종류 결정하기

가) 가설에 진술된 변수별로 필요한 자료 종류를 결정한다.

(예: 부모의 사회·경제적 지위가 자녀의 학업수준에 영향을 미친다는 가설의 경우, 부모의 사회·경제적 지위를 설명해 주는 자료로 무엇이 있는지, 자녀의 학업수준은 어떤 자료를 통해 설명할 것인지를 결정한다.)

나) 변수별로 적절한 자료의 종류에 대해 브레인스토밍을 해 본다.

다) 자료의 종류는 첫째, 그 자료가 그 개념을 대표할 수 있는 것인지, 둘째, 수집 가능한 변수인지를 기준으로 하여 선정한다.

2) 자료원(資料源) 검색하기

가) 자료의 원천 찾기를 위하여 교사가 시범 및 안내를 해 준다.

나) 교사는 인터넷 검색 요령 및 자료원을 찾기 위한 일반적 전략에 대해 소개한다. 이와 병행하여 도서관 이용방법 등 기타 자료 수집 방법도 소개한다.

다) 학생 모둠별/개별로 자료원을 찾는다.

라) 학생 모둠은 될 수 있는 한 학업수준에 있어서 이질적으로 구성하되 한 모둠이 5~6명을 넘지 않도록 한다.

3) 수업전략

이 단계에서는 가설(假說)을 "~이 ~하다면 ~일 것이다"의 형태로 구성하도록 유도하며, 가설을 논리적으로 설정함으로써 필요한 자료의 종류 및 수집 방법을 결정할 수 있도록 한다.

4) 유의점

자료의 종류 및 수집 방법을 결정하지 못할 경우 교사는 유용한 정보를 일부 제공함으로써 도와줄 수 있다.

라. 증거제시(입증)

1) 자료 수집: 자료원으로부터 필요한 종류의 자료를 수집한다.

가) 가설 검증과 관련된 자료를 찾아서 수집한다.

나) 자료의 완성도, 신뢰도, 타당도의 기준에 따라 골라낸다.

다) 자료를 적절한 형태로 가공한다(통계표, 그래프, 인터뷰 자료 및 신문기사 요약, 관련 문헌 요약 등).

라) 자료 수집 및 가공은 모둠별로 진행하되 교사는 이 작업이 가설검증과 밀접하게 관련되어 진행되도록 지도한다.

2) 자료 평가 및 분석: 자료의 완성도, 신뢰도, 대표성 등에 대해 평가하고, 수집된 자료와 가설의 관계에 대해 분석한다.

가) 자료가 믿을 만한 것인지, 변수를 충분히 설명해 주고 있는지 검토한다.

나) 변수와 변수 간의 논리적 관계가 자료에도 그대로 반영되는지 검사한다. (예: 부모의 교육수준과 자녀의 학업성취도 사이에 관계가 있는가, 아니면 다른 변수와 더 관계가 있는가?)

다) 모둠별로 진행할 수도 있고, 교사 주도의 전체 토의를 통해 할 수도 있다.

3) 수업전략

가) 자료를 수집할 때는 가설과의 관련성을 고려하여 수집하도록 한다.

나) 자료를 분석 평가할 때는 요소 간의 관계 및 원인 등을 고려하도록 하며, 가설과의 관계를 따져보도록 한다.

다) 분석 평가한 자료는 원인 간의 관계 및 결과와의 연관성이 드러나도록 도표, 그래프, 도식화의 형태로 정리하도록 한다.

4) 유의점

가) 교사는 학생들이 가설을 입증 혹은 부정하는 증거를 찾게 도와주며, 탐구의 주체가 학생임을 주지시킨다.

나) 자료 수집 시 정보의 출처도 기록해 두도록 한다.

다) 특정한 자료 정리 방법을 강조할 필요는 없으며, 자료가 의미 있는 형태로 정리되어야 한다.

마. 일반화

1) 결과 요약: 결과를 요약하고 증거를 통하여 결론을 내린다.

가) 입수할 수 있는 자료를 정리하고 문제에 대한 가장 조리 있는 결론을 내린다.

나) 분석 방법이나 자료의 적절성에 대해 평가한다.

다) 결론과 증거자료를 조직화하여 학급 전체, 모둠별 혹은 개별적으로 요약하여 발표한다.

라) 가설 검증이 실패할 경우, 가설 수정 및 추가 자료 수집 계획에 대해 논의한다.

2) 비슷한 사례에 적용하기

결론이 가지는 의미와 이 결론이 적용될 유사한 사례에 대해 논의한다.

3) 수업전략

결과 자료를 토대로 결론을 도출할 때는 원인과 결과가 분명하게 드러나도록 결론을 끌어내도록 한다.

(예: ~은 ~ 때문이다.)

4) 유의점

새로운 증거에 의하여 결론을 검증하거나 더 보완하며, 이제까지 발견한 원리를 응용하여 사실을 증명하고, 당면한 문제를 해결함으로써 고차적인 탐구 활동을 전개한다.

물론 학생들 스스로 검증하고 문제를 해결할 수 있도록 적극적으로 것이 아주 중요하다.

Ⅳ. 탐구학습의 적용 사례

1. 탐구학습 교수・학습 과정안

교과명	사회과	학년 학기	제5학년 1학기	쪽수	사회: 65-72
단원명	2 - (1) - 3 도시의 여러 문제를 어떻게 해결할까			차시	7-8/17
학습목표	도시의 교통문제의 발생 원인을 도심지의 발달 측면에서 설명할 수 있다.				

교수・학습 단계		교수・학습 활동
도입	동기유발	1. 도시의 교통 시설 및 다양한 교통수단 살펴보기 - 도시의 교통수단 및 시설 사진자료 제시
	탐구문제 확인	2. 탐구문제 확인하기 - 도시의 교통 체증은 주로 언제 어떻게 일어나는지 알아보자. - 도시에는 교통 시설이나 수단이 발달되어 있음에도 교통 체증 문제가 발생하는 원인이 무엇 때문인지 알아보는 것이 학습 문제임을 제시(교사)
전개		3. 학습순서 및 방법 안내하기
	가설설정	4. 도시 교통문제의 발생 원인에 대한 잠정적인 의견(가설) 제시하기(학생) - 도시 교통문제의 발생 원인이라고 생각하는 것을 발표하기
	탐색	5. 탐구 계획 수립하기 - 제시된 여러 가지 의견(가설)을 증명하기 위한 자료의 종류 확인하기 - 필요한 자료를 수집하는 방법 확인하기
	증거제시	6. 자료 수집하기 - 제시된 여러 가지 의견(가설) 중에서 모둠별로 의견을 정하여 과연 그것이 근본적인 원인이 되어 도시 교통문제가 발생하게 된 것인지를 증명하는 자료 수집하기 7. 자료 분석 및 평가하기 - 모둠별로 수집한 자료를 보고 확인되는 추측 또는 결론 검토하기 - 수집된 자료를 통하여 증명되는 의견 확인하여 발표하기
	일반화	8. 증거를 통하여 결론 내리기 - 도시 교통문제는 ~하고, ~하였기 때문에 일어나게 되었다(학생) - 제시된 도시 교통문제의 원인들 간의 관계 파악하기(학생)
정리	정리/ 확인하기	9. 결과 정리하기 - 도시 교통문제가 발생하게 된 까닭을 정리 - 확인하기

제3장 사회과 탐구학습 방법

Ⅰ. 탐구학습의 개관

1. 탐구의 개념과 의미

탐구(inquiry)라는 말은 1970년대 이후 우리나라 학교와 교육계 인사들에게 탐구수업, 탐구학습, 지적탐구 등의 용어 등을 통하여 두루 인식되었고, 또 일부 교육자, 교육학자에게는 하나의 새로운 수업방법으로 관심의 대상이 되어 왔다.

탐구에 관한 정의로써 사람들이 학습에 가장 넓게 영향력을 주는 아이디어는 듀이(Dewey)의 반성적 사고로 대표하는 고전적 이론이다. 그에 의하면 학습방법은 학문 중심이어야 하며 문제 해결 과정을 통하여 과학적 사고력을 기를 수 있어야 한다고 하면서 반성적 사고란, "어떤 신념 혹은 가정된 지식형태를 이를 뒷받침하고 있는 여러 근거에 비추어 적극적이며, 능동적으로 세심하게 고찰하는 것이며, 이와 같은 신념 및 지식의 형식이 지향하는 모든 결론을 면밀하게 고찰하는 것"이라 하고, "탐구란 하나의 불명확한 상황의 구조적 특징이나 관계에 있어서 처음의 불명확한 상황이 가지고 있던 혼란된 요소들을 바꾸어 완전하게 통일된 명확한 상황으로 통제 지도하는 변형"이라고 했다.

탐구란 이와 같이 과학적 탐구 방법의 절차에 따라 어떤 결론에 도달하는 일련의 사고 과정이라고 생각되며 듀이는 반성적 사고를 탐구의 과정으로, 활동적이고 움직이는 무엇으로 생각했다.

2. 탐구학습의 개념과 의미

탐구학습이란 사실과 현상들에 대한 이해와 여기서 발생하는 문제의 해결방안으로 어떤 가정 또는 가설의 준거에 따라 발견·검증함으로써 정확한 판단에 이르게 하며, 중요한 아이디어를 창출해 나가는 능력을 기르는 수업이라고 볼 수 있을 것이다. 환언하면 탐구수업은 학습자가 불확실한 문제들에 대해 호기심을 갖고 다양한 학습 형태로 깊고 넓게 사고하고 발견하는 것이라고 정의 내릴 수 있으며, 이와 관련된 정의를 살펴보면 다음과 같다.

마샬라스(Massialas)는 탐구학습이란 발견의 과정이며, 진리를 표현하는 과정이고, 인간과 그의 영향에 대한 판단과 중요한 개념이나 원리를 검증해 가는 과정이라고 하였다.

또한 정세구 교수는 개방된 학습풍토에서 사회과 교수·학습에 보다 많은 가설을 설정하여 이들 가설과 관련된 신뢰성 있는 자료를 통하여 불확실한 상황을 검증하고 평가해 가는 교육과정이 사회과 탐구학습이라고 강조하였다.

Ⅱ. 탐구학습의 탐색

1. 탐구학습의 원리

탐구학습은 학문 중심 교육과정으로 대표되는 '제3차 교육과정'에서 본격적으로 도입되었다. 그러므로 탐구학습에서의 학습문제는 학문상의 개념이 되며, 이 점이 문제해결학습에 있어서의 학습 문제와 크게 다른 점이다.

탐구의 과정은 학생들이 자아 주도자, 비판적 사고자, 문제 해결자가 되도록 최대로 기여한다고 가정하고 교사는 촉진자로서의 질문에 익숙해야 한다.

보통 탐구학습이라고 하면 슈왑(Schwab)의 생물학적 과학탐구 등에서 보듯이 엄밀한 과학적 절차를 중시하고 법칙적 지식의 탐구를 목적으로 하는 수업이라고 생각하지만, 사회과의 경우 올리버(Oliver)의 법리적 탐구, 마샬라스의 사회탐구모형 등과 같이 가치의 학습이나 사회문제에 대한 의사결정을 강조하는 경우도 있다. 전자의 탐구수업모형들을 과학적 탐구수업이라 한다면, 사회문제의 해결을 중시하는 후자의 모형들을 사회적 탐구모형으로 구분해 볼 수 있겠다.

즉, 마샬라스와 콕스(Massialas & Cox)는 탐구를 "어떤 사실과 가치의 문제를 인식하고, 그들의 기초가 되는 가정에 비추어 평가하고, 평가 기준에 입각하여 이를 입증하는 과정이다. 그 과정은 교육의 실용주의적, 과학적 전통에 뿌리를 둔 것이며 근본적으로는 어떤 아이디어들을 지지하는 기초에 비추어 그 아이디어들을 판단, 평가하고 그로부터 입증된 결론을 도출해 내는 것이라고 정의된 듀이의 반성적 사고에 기초를 둔 것이다"라고 하여 사회과학적 측면을 강조하였다.

2. 탐구학습의 특징

탐구학습은 아동들로 하여금 교수・학습 활동에 적극적으로 참여하도록 유도함으로써 아동들에게 지식과 정보를 획득하고 조직하는 방법을 가르쳐 주려는데 근본 취지를 두고 있는 교수・학습 활동으로, 개방된 학습 풍토에서 교수・학습에 보다 많은 가설을 설정하여 이들 가설과 관련된 신뢰성 있는 자료를 통하여 불확실한 상황을 검증하고 평가해 나가는 수업 과정이다. 즉, 어떤 근거에서 어떤 사고의 단계를 거쳐 결론에 도달하였느냐에 대한 과정에 관심을 기울이며, 지식의 구조를 이루는 기본 개념과 그 관계를 이해하고, 미지의 세계를 탐구하고, 문제 해결을 위한 지적인 탐구 방법 및 판단력과 창의력 배양을 강조하는 수업이라고 할 수 있다. 그러므로 사회과에 있어 탐구학습은 사회적 사상을 관찰, 조사하며, 직면한 의문에 대하여 과학적으로 탐구하게 함으로써 탐구능력을 기르는 데 중점을 두고 있는 학습 지도 형태라고 할 수 있다. 따라서 탐구 논리에 따른 학습은 고등정신능력의 발달과 탐구력의 신장에 강조점을 두는 학습방법의 하나로써 다음과 같은 특징이 있다.

가. 학습자로 하여금 구체적인 경우나 예의 깊은 연구를 통해 지식의 구조를 파악하고 법칙이나 원리를 알도록 도와준다.
나. 기본 원리를 조직적으로 이해하고 직관적으로 사용되기 이전까지 그 기본 원리의 언어화를 유보하는 방법이다.
다. 정보를 처리하고 관계를 지각하는 정신적 시도의 적극적 조직 및 재조직의 과정을 학습의 과정으로 정의한다.
라. 주어진 것을 넘어서는 추리의 강조다.
마. 학습 과정에서 단편적인 지식을 지양하고 현상 속에서의 사실 및 개념들 간의 관계 파악에 의하여 각 학문 영역의 개념과 원리에 해당하는 일반화의 지식을 획득하며 일반화에 도달하기 위한 방법으로써 탐구 기능의 획득을 강조하는 학습방법이다.
바. 자유롭게 토론하고 실험하는 활동이 중시된다.
사. 가설을 중시하고 교실에서의 모든 탐구 활동은 이와 같은 가설을 입증하기 위한 방향으로 움직여진다.
아. 가설을 입증하기 위하여 사실이 기능적으로 사용된다.

3. 탐구학습의 단계

사회과 수업방법의 유형은 사회과학적 지식의 습득이나 이를 개발하는 데 필요한 사회과학적 탐구 방법을 습득하게 하는 사회탐구 수업과 가치·태도의 내면화를 목적으로 전개되는 가치 탐구 수업 과정으로 나눈다. 그러나 반드시 사회 탐구와 가치 탐구를 구분하여 지도해야 하는 것은 아니고 오히려 구분하지 않는 경우가 많다. 사회탐구학습은 사회 과학자들이 사회사상의 원리나 법칙을 발견해 내는 과정을 응용하여 학습자들에게 알맞도록 구안한 과정에 따라 학습해 가는 것을 말한다.

사회과 탐구수업에서 비교적 많이 사용하는 모형은 마샬라스(Massialas)의 사회탐구 수업모형으로 다음의 6단계 과정을 거치게 된다.

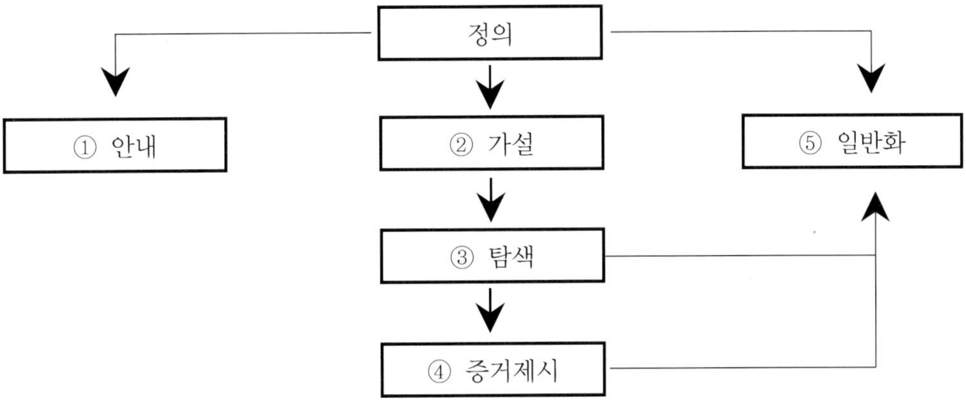

[그림 4-2] 마샬라스(Massialas)의 사회탐구 수업모형

가. 도입

학생들이 예습 과제의 내용에서, 또는 직접 현장을 답사하여 관찰한 내용을 찾아보고, 지도나 모형 등 학습 자료를 이용하여 학습할 과제를 찾아내거나 교과서, 참고서, 신문, 방송 등을 통하여 얻어진 정보를 가지고 학습 문제를 찾아내는 단계이다. 교사는 가르치려고 하는 사실이나 개념 또는 원리 법칙에 관하여 아동들이 문제를 파악하도록 다양한 자료를 제시하고 적절한 질문을 통하여 사고 활동이 활발하게 이루어질 수 있는 분위기를 만들어 문제 파악이 잘 이루어지도록 도와주어야 한다.

나. 가설

가설이란 제기된 문제에 대한 잠정적인 결론이나 해결책에 대한 언급으로써 분석, 유사 개념의 적용, 추론, 예측, 유추 등을 이용하여 학생들의 경험이나 이미 학습된 개념, 원리들에 바탕을 두어 가설을 발전시킨다. 이 단계에서는 학생들의 직접적이고 귀납적인 사고를 발전시키며 문제 해결의 방향을 제시하는 기능을 한다.

교사는 여러 사회 현상에 적용할 수 있는 인간관계, 상관관계 등을 보다 분명하게 표현하도록 도와주며, 개념과 개념 간의 관계를 통하여 가설을 세우도록 유도해 준다.

다. 정의

가설에 사용되는 용어 혹은 탐색의 어느 단계에서라도 사용되는 용어를 명확히 정의하는 것이다. 다시 말해서 학습의 통의에서 별로 사용하지 않던 용어 개념들을 명료하게 해주는 것이다. 만약, 가설의 단계에서 쓰이는 용어의 뜻이 뚜렷이 밝혀지지 않으면 그 용어는 교사와 학생들에게 다른 의미를 전달함으로써 탐구의 전개를 방해할 수도 있는 것이다.

라. 탐색

아동들이 설정된 가설을 해결해 나가려는 모든 방안을 연역적으로 추론해 나가는 과정을 말한다. 탐구 수업에서는 직관을 통해 창의적인 아이디어로 개발하는 것을 매우 중요시한다.

마. 증거제시(입증)

가설을 검증하기 위해서 자료 수집, 자료 조작 및 분석, 분류, 증거 분석 등을 통하여 아동들로 하여금 설정된 가설을 입증 혹은 부정하는 증거를 찾게 한다. 자료를 근거로 사고를 전개하여 아동들이 유사점과 차이점 찾기, 경향 및 관계 규칙들 인지하기, 가설과의 관계 찾기 등의 활동을 수행하도록 도와주어야 한다.

바. 일반화

탐구학습의 마지막 단계로 설정된 가설을 수집된 모든 정보에 입각하여 가장 조리 있는 결론을 내리는 단계이다. 사실을 요약하거나 일반적, 설명적, 상관적인 원리나 법칙을 명료화하여 증거와 가설 사이의 관계를 파악하고, 새로운 자료나 경험에 결론을 적용하고, 가설의 긍정과 부정 등의 활동이 이루어진다.

4. 탐구학습에서의 교사의 역할

탐구학습은 학습자 중심적이기 때문에 교사의 역할은 의문과 문제를 확인하도록 아동들을 돕고 아동들의 탐구를 안내함으로써 학습을 촉진하는 촉진자로서의 역할이 중요하다. 이를 위해 교사는 탐구를 촉진시키는 발문기법에 익숙해 있어야 한다. 한편, 교사는 아동들이 직면한 상황이나 장면에 따라 여러 가지 탐구 방법이 있을 수 있다는 것을 알고 탐구학습에 대한 깊은 이해와 적절한 대책을 세우는 전략이 필요하다.

가. 탐구학습의 전반적 운영에서의 교사의 역할

1) 자료준비
2) 탐구의 반려자 역할
3) 학생 질문의 방향 전환
4) 탐구의 새 방향 제시
5) 보상을 주는 역할

나. 사회과 탐구학습 진행 과정에서 교사가 해야 할 역할

1) 탐구 능력을 신장시킨다.
2) 탐구 관련 자료를 안내하고 제시한다.
3) 심리적으로 자유로운 학습 분위기를 조성한다.
4) 지적 호기심과 학습동기를 유발할 수 있는 발문을 한다.

5. 탐구학습에서의 학생의 역할

탐구학습의 주요 목적은 지적 기능을 발달시키도록 하는 것이기 때문에 아동들은 적극적으로 자신의 학습에 임하여 스스로 어떤 것을 찾아내는 데 주도적인 역할을 하도록 요구된다. 또한 아동들은 정보를 획득하기 위한 탐색에 폭넓게 참여하여야 하며, 교사에 의하여 제기된 질문에 반응하는 수준을 넘어서 스스로 문제를 제기하고 탐색을 통하여 이러한 문제에 대한 해답을 발견하여야 한다.

한국교육개발원(KEDI)에서는 탐구학습에서 학생의 역할을 다음과 같이 제시하고 있다. 탐구학습 활동에서 학습자들은 교사나 다른 사람의 모델에 의해서가 아니라 자기 자신의 모델에 의해서 가설을 설정하고 그 가설을 검증하는 보다 능동적인 역할을 한다. 탐구학습 활동에서는 가설이 먼저 제안되고 자료에 의해서 검증됨으로써 일반화를 이끌어 간다. 즉 탐구학습이 개념 수업보다 더 많은 능력을 요구한다.

탐구학습에서 능동적 참여자로서의 역할을 다하기 위해서 아동들은 교사의 탐구학습 과제를 자유로운 학습 분위기 속에서 협동하여 참여함으로써 탐구학습이 성공하도록 노력해야 할 것이다. 친구와 교사에게 항상 질문하는 태도를 가져야 하며, 모든 아동들에게 참여의 기회를 주어 이들이 탐구학습에 흥미를 느끼도록 해야 할 것이다.

그러나 탐구학습에서의 아동의 역할을 고찰해 볼 때 학습의 주체로서의 역할을 원만히 담당하려면 상당 시간의 특별한 지도와 연습이 있어야 한다. 즉 집중적인 탐구훈련, 학습방법의 학습에 역점을 두어야 하며, 소수 우수아동에 의해 탐구활동이 주도될 우려 또한 염두에 두어야 한다.

6. 탐구학습의 평가 방법

우리나라의 초・중・고교 학생들은 일련의 다양한 탐구활동에 참여하고 있다. 이를테면 문제의 발견, 문제의 구조화, 필요한 정보나 자료 등을 결정하고 수집・분석하는 일, 탐구활동의 실행, 탐구결과를 발표하는 일 등이 이에 속한다. 뿐만 아니라 학생들은 집단 내에서 다양한 활동을 전개해 왔다. 즉, 각기 다른 지각과 반응을 교환하는 일, 집단 내에서 의사결정에 참여하는 일, 다양한 과제수행의 책임을 맡는 일, 개별적 또는 집단적으로 과제를 수행하기, 집단 과정을 통해서 최종의 탐구 결과를 발표할 수 있도록 정리하는 일 등이 이에 속한다.

비록 탐구활동이 끝난 후일지라도 학생들은 탐구경험을 반성해 보는 가운데 여러 가지를 학습하게 된다. 지금까지는 '실행에 의한 학습(learning by doing)'이었다고 하면, 이제부터는 '반성적 사고에 의한(learn by doing)' 단계이다. 바꾸어 말하면, 탐구활동의 전체 과정 및 절차에 대해서 평가적인 토의를 할 단계이다. 물론 탐구활동에 대한 토의는 언제나 탐구과정에서 수행되는 것이지만, 최종의 단계에서는 탐구 수업 활동에 대한 종합적인 평가를 수행해야 한다.

결국, 탐구학습에 있어서 평가는 학습의 시작부터 학습이 끝나는 과정까지 계속 이루어져야 한다. 이때 과정을 강조하여 학습의 결과를 소홀히 해서도 안 되고, 학습의 결과를 강조하여 과정은 무시한 채 탐구의 결과만을 평가하는 것 역시 있을 수 없는 일이다. 과정과 결과 모두를 평가의 대상으로 삼아야 한다. 이때의 평가자는 교사는 물론이고 학생 개인, 동료 간, 팀 간 모두가 해당된다.

Ⅲ. 사회과 탐구학습의 적용

1. 사회과 탐구학습 모형 적용 사회과 교수·학습 과정안

교과명	사회과	학년 학기	제6학년 1학기	쪽수	사회: 110-114
단원명	3 - (1) - ② 대한독립만세, 한국광복군만세			차시	4-5/14
학습목표	3·1 운동의 발생 원인을 여러 가지 자료를 활용하여 민중 운동의 관점에서 설명할 수 있다.			학습 환경	교단선진화교실 멀티미디어실

교수·학습 단계		교수·학습 활동	ICT 활용	
			교사 활동	학생 활동
도입	동기유발	1. 3·1운동의 모습 살펴보기(교사) - 동영상 및 사진자료 제시	· 3·1운동과 관련된 동영상, 사진자료 제시	
	탐구문제 확인	2. 탐구문제 확인하기 - 3·1운동이 누구에 의해서, 언제, 어디서, 어떻게 일어났는지 알아보기 - 3·1운동의 발생 원인이 무엇인지 알아보는 것이 학습 문제임을 제시(교사)	· PPT를 이용한 발문으로 문제 파악하기	
전개		3. 학습순서 및 방법 안내하기	· PPT로 안내	
	가설설정	4. 3·1운동의 발생 원인에 대한 잠정적인 의견(가설)제시하기(학생) - 3·1운동이 발생한 원인이라고 생각하는 것을 발표하기		
	탐색	5. 탐구 계획 수립하기 - 제시된 여러 가지 의견(가설)을 증명하기 위한 자료의 종류 확인하기 - 필요한 자료를 수집하는 방법 확인하기	· PPT로 계획 수립 방법 안내	
	증거제시	6. 자료 수집하기 - 제시된 여러 가지 의견(가설) 중에서 모둠별로 의견을 정하여 과연 그것이 원인이 되어 3·1운동이 일어났는지 자료 수집하기 7. 자료 분석 및 평가하기 - 모둠별로 수집한 자료를 보고 확인되는 추측 또는 결론 검토하기 - 수집된 자료를 통하여 증명되는 의견 확인하여 발표하기	· PPT로 자료 분석 방법 안내	· 인터넷, CD-ROM, 과제로 준비해 온 자료 등을 활용하여 제시한 의견을 증명하는 자료 수집, 분석

	일반화	8. 증거를 통하여 결론 내리기 - 3·1운동은 ~하고, ~ 하였기 때문에 일어나게 되었다(학생) - 3·1운동의 원인들 간의 관계 파악하기(학생)	· PPT로 기록 방법 제시	
정리	정리/확인하기	9. 결과 정리하기 - 3·1운동이 발생한 까닭을 정리· 확인하기		· 워드프로세서나 PPT를 이용하여 보고서 작성 발표

2. 사회과 탐구학습 모형 아이디어 설계도

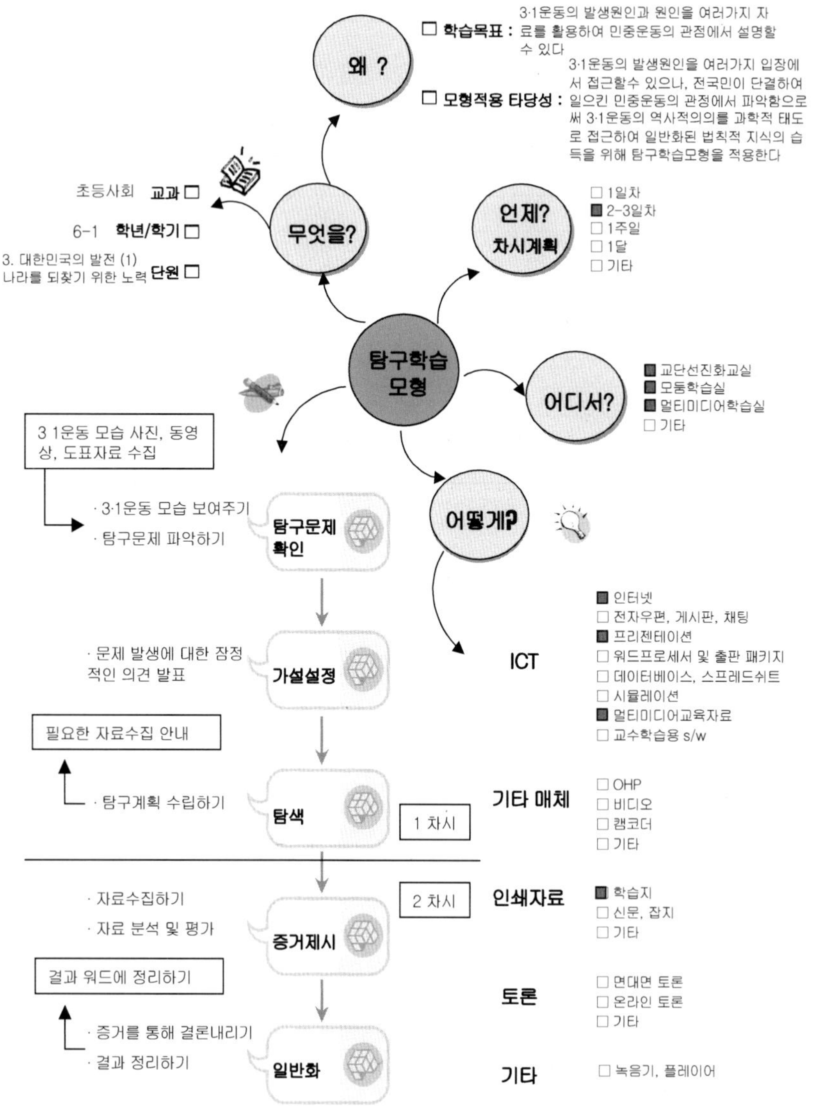

[그림 4-3] 탐구학습 모형 아이디어 설계도

3. 사회과 탐구 학습 모형 교수·학습 과정안 설계

교과명	사회과		학년 학기	제6학년 1학기	쪽수	110-114
단원명	대단원	대한민국의 발전			차시계획	4-5/14
	소단원	나라를 되찾기 위한 노력				
학습목표	3·1운동의 발생 원인을 여러 가지 자료를 활용하여 민중 운동의 관점에서 설명할 수 있다.					
적용모형	탐구학습 모형			학습환경	사회과 디지털교과교실	

가. 학습준비

1) 교사 사전 준비 사항

가) 수업자료
   (1) 3·1운동 관련 사진 자료
   (2) 3·1운동 관련 인터넷 사이트 확인
   (3) 학생들의 과제 확인
   (4) 파워포인트 자료 제작
나) 시설 및 장비
   (1) 프로젝션 TV 정상 작동 여부
   (2) PC활용 가능 여부

2) 학생 사전 준비 사항

가) 수업자료
   (1) 3·1운동 관련 사진 자료
   (2) 3·1운동 관련 인터넷 사이트 확인
   (3) 학생들의 과제 확인
   (4) 파워포인트 자료 제작
나) 시설 및 장비
   (1) 프로젝션 TV 정상 작동 여부
   (2) PC활용 가능 여부

3) ICT 활용 계획

가) 프로젝션 TV로 3·1운동과 관련된 사진 및 통계자료 제시
나) PPT를 이용한 학습 문제 제시
다) 인터넷 검색을 통한 모둠별 자료 검색
라) PPT를 이용한 학생들의 가설 기록 및 일반화 내용 정리

나. 교수·학습 활동

1) 탐구문제 확인

가) 3·1운동의 모습을 보여준다.

(1) 사진 자료를 제시한다(경무청 앞에서 만세를 부르고 있는 장면, 기미 독립 선언서 사진)

(2) 독립기념관 사이트(http://www.independence.or.kr/)에서 사이버 전시관 중 제4전시관인 3·1운동관 동영상

나) 탐구문제를 파악한다.

(1) 3·1운동이 언제 어디에서 어떻게 일어났는지 알아보도록 한다.

(2) 3·1운동의 전국 참여 인원과 일어난 곳

(3) 해외 독립 선언 모습

(4) 3·1운동의 발생 원인이 무엇인지 알아보는 것이 학습 문제임을 제시한다.

(5) 학습 순서 및 방법을 안내한다.

2) 가설 설정

가) 3·1운동의 발생 원인에 대한 잠정적인 의견(가설)을 제시하도록 한다.

나) 3·1운동의 발생 원인이라고 생각하는 것을 나름대로의 근거를 들어 발표하도록 한다.

다) 학생이 원인이라고 발표한 내용을 PPT에 기록하여 표현한다.

3) 탐색

가) 탐구 계획을 수립한다.

나) 제시된 여러 가지 의견(가설)을 증명하기 위한 자료들의 종류를 확인하도록 한다.

다) 모둠별로 제시된 여러 가지 의견을 증명하기 위한 자료들을 수집하는 방법을 의논한다.

라) 모둠별로 3·1운동의 발생 원인을 증명하는 자료를 수집하는 방법을 확인한다.

4) 증거 제시

가) 자료를 수집한다.

(1) 제시된 여러 가지 가설 중에서 모둠별로 한 가지를 정하여 과연 그것이 원인이 되어 3·1운동이 일어났는지 자료를 수집한다.

(2) 모둠별로 가설을 증명할 자료를 인터넷이나 학생들이 과제로 수집해 온 자료를 통하여 수집한다.

http://cyberuniv.unitel.co.kr:8083/class/history/lesson/8/8-01-1.html

http://www.independence.or.kr/

http://hevent.changwon.go.kr/roks821/edu/hist/il/1919.htm

나) 자료를 분석하고 평가한다.

(1) 모둠별로 수집한 자료를 보고 확인한 내용을 발표한다.

(2) 수집된 자료를 통하여 증명되는 의견(가설)을 확인한다.

(3) 원인들 간의 전후관계, 직접 또는 간접적인 경우 등을 그림으로 나타내도록 한다.

5) 일반화

가) 증거를 통하여 결론을 내리도록 한다.

나) 3 · 1운동의 발생 원인을 질문하고 학생은 ~하고 ~하였기 때문에 일어나게 되었다는 형식으로 발표하도록 한다.

다) 3 · 1운동과 같은 운동이 일어나게 되는 것은 어떨 때인지 학생들이 설명하도록 질문한다.

다. 발전학습

1) 선택 1: 역사상 3 · 1운동과 같은 원리로 발생하게 된 민중 운동에는 어떤 것이 있는지 모둠별로 이야기해 보고, 그러한 운동이 역사상 어떤 영향을 미치게 되었는지 3 · 1운동과 비교하여 설명하는 기회를 갖도록 한다.

2) 선택 2: 3 · 1운동과 무장 독립 운동을 비교해 보고, 이들 두 독립 운동의 원리의 같은 점과 다른 점을 이야기해 보는 기회를 갖도록 한다.

라. 평가 계획

1) 모둠별 탐구문제 해결 과정에 적극적으로 참여하는가?

2) ICT를 효율적으로 활용하고 학습 문제 해결에 적합한 자료를 검색하고 분석하여 해석하고 있는가?

3) 결론을 내릴 때 타당한 발생 원인을 고려하여 제안하고 있는가?

마. 대안적 활동

본 탐구학습은 기본적으로 멀티미디어 교실에서 정보 자료를 모둠별로 자유롭게 검색하는 활동을 중심으로 구성한 것이다. 그러나 멀티미디어 교실을 확보할 수 없는 경우, PC 1대와 프로젝션 TV 1대가 갖추어진 교단선진화 교실에서도 적용할 수 있다. 이를 위해서는 교사가 미리 인터넷을 통하여 수집한 수업 자료들을 인쇄하여 각 모둠별로 나누어 주도록 한다. 그리고 교사의 PC는 모둠별로 순환하여 활용할 수 있도록 시간을 배분하도록 한다.

4. 탐구학습의 장점과 단점

가. 탐구학습의 장점

1) 학생들이 스스로 자신들의 학습 방향을 찾고, 학습 성과에 대해 보다 책임감을 느끼며 사회적 의사소통능력이 향상된다.
2) 학생들이 학습에 능동적으로 참여하게 되므로 긍정적인 자아 개념을 형성하게 된다.
3) 학생들은 자기 능력으로 문제를 해결할 수 있음을 믿게 되고, 또 이를 성취할 수 있음을 깨닫게 된다.
4) 창의성과 더불어 계획하고 조직하며 판단하는 것과 같은 상위 수준의 지적 능력을 개발할 수 있다.
5) 기억과 회상에만 의존하는 것을 피하고 평생 학습하는 방법과 태도를 익히게 된다.
6) 합리적, 비판적인 사고를 할 수 있는 기회를 더 많이 가지게 된다.
7) 학습내용을 확실히 이해하는 데 효과적으로 이용될 수 있다.

나. 탐구학습의 단점

1) 탐구학습 지도를 하는 데 시간이 많이 소요된다.
2) 단순한 개념을 많이 전달하는 데는 비효율적이다.
3) 교사에게 많은 부담을 준다(자료 준비, 학습 지도, 평가 등).
4) 타당도와 신뢰도가 높은 탐구 능력 평가 방법의 개발이 어렵다.

제4장 사회과 문제해결학습 모형

Ⅰ. 문제해결학습 모형의 개관

1. 문제해결학습의 의미

가. 문제해결학습 개념

문제해결학습 모형은 일상생활에서 부딪히는 문제를 해결하는 과정에서부터 결과 자체보다는 학술적인 문제를 해결하는 과정에 이르기까지 다양한 상황에서 활용될 수 있는 모형이다. 문제해결학습 모형은 문제 해결 과정을 강조한 학습방법으로 지식이나 개념을 단순하게 수용하는 것이 아니라 자신의 관점에서 재구성할 수 있는 기회를 가질 수 있도록 교사의 개입을 최대한 줄이고 학생들의 탐구 활동을 강조하고 있다. 경험 중심 교육과정에서 중요시하는 학생들의 일상적인 생활 사태나 경험을 주로 다룬다.

나. 문제해결학습의 의미

문제해결학습이란 여러 가지 의미로 쓰이고 있다. 단어의 뜻을 가지고 이 학습을 정의한다면, 학생들이 문제를 파악하고 그것을 해결해 나가는 학습은 모두 문제해결학습이라고 말할 수 있을 것이다. 현재 이와 같은 단어풀이식의 정의로는 우리에게 아무런 도움을 주지 못한다. 학생이 문제를 파악하는 것은 비단 문제해결학습뿐만 아니라, 탐구학습이나 의사결정학습에서도 필요할 것이기 때문이다.

중요한 것은 문제해결학습의 '문제'가 무엇인지, 그것의 성격이 무엇인지 하는 것이다. 문제해결학습에서의 문제란 과학적 설명을 요하는 학문상의 문제가 아니라, 학생들이 일상생활에서 부딪치는 문제를 가리킨다. 예를 들어, 교통사고가 났을 때, 그것을 그냥 지나치는 것이 아니라, '왜 일어났는지, 다시는 안 일어나게 하려면 어떻게 해야 하는지', '나의 안전을 지키기 위하여 어떻게 행동해야 하는지' 하는 것 등에 관심을 가지고 그것을 소재로 하여 학습해 간다면, 그것은 문제해결학습이 될 것이다.

다. 적용 가능한 학습 영역

문제해결학습에서는 학생들이 일상생활에서 부딪치는 문제를 다루기 때문에, 그 내용은 학문상의 개념이 아니라 주로 학생들의 일상 사회생활이 된다. 사회생활은 다른 말로 말하면 사회 기능이라고 할 수 있다. 우리의 일상생활을 분석해 보면, 가장 기본적인 것이 생산, 분배, 소비 등의 경제생활이다. 그 위에 교통·통신생활, 그리고 문화생활, 정치생활 등이 있게 된다. 그러므로 문제해결학습은 자연히 사회의 기능을 중심으로 학습하게 된다. 예를 들어, '슬기로운 생활'의 2학년에서 우체국을 다루는데, 이것은 통신 기능을 다루고 있는 것이다. 이것이 발전하면 6학년에서 신문사 등 보도 기관을 다루게 된다.

라. 문제해결학습과 관련 모형

문제해결학습은 주로 1950~1960년대의 초기 사회과에서 많이 활용되던 수업론이다. 그리고 이것은 단원 학습과 밀접한 관련이 있다. 단원 학습에서 단원은 학생들의 경험 중 의미 있는 것을 한데 모아 놓은 것을 가리키기 때문이다. 나아가 단원 학습은 통합과 밀접한 관련이 있다. 단원 학습에서 단원이란 학생의 경험을 중심으로 한 것으로 분과가 아닌 통합을 지향한다. 결국, 문제해결학습과 단원 학습, 그리고 통합적인 지도가 서로 밀접한 관련을 맺고 있는 것이다. 여기에 프로젝트 학습도 이들과 그 성격이 가까운 사회과 교수·학습 모형이자 수업론이다.

2. 문제해결학습의 특성

가. 특징

생활·경험상의 문제에 대한 바른 답을 활동과 체험을 통해 찾아내고, 해결과정과 결과로서의 통찰을 중시한다.

나. 목표 및 내용 간의 관계

학생들에게 생활주변의 환경이나 지식을 이용하여 문제를 해결해 가는 지적인 경험을 제공하는 것이 목적이므로, 학생들이 흥미와 관심을 갖는 일상적 문제들을 주로 다룬다.

다. 학습 주제와의 관계 및 적용 사례

1) 관련 주제

일상적인 문제나 사회적 문제, 학술적 주제 등 모든 분야에 적용가능하다.

2) 적용 사례

가) 쓰레기를 어떻게 하면 줄일 수 있을까?

나) 어떻게 하면 교통사고를 줄일 수 있을까?

다) 청소년 흡연증가의 원인과 대책은 무엇인가?

라. 학습자의 특성

학년에 따라 적용 수준을 조절해야 한다.

1) 제3, 4학년(초 중): 일상생활과 관련된 주제 중 상식적 해결이 가능한 주제

2) 제5, 6학년(초 고): 비교적 원인과 대책이 잘 알려져 있는 사회문제 중 단순한 내용

3) 제7학년 이상(중・고교): 문제의 원인과 해결책이 복잡한 사회문제

마. 다른 모형과의 관계

사회과 탐구학습에서의 탐구의 과정과 유사한 절차와 논리를 따르고 있다. 하지만 모형을 적용하는 주제나 내용 영역에서 차이가 난다. 즉, 탐구학습은 학문 중심 교육과정에서 중시하는 학문이나 지식의 구조(이론, 법칙, 개념 등)를 주로 다루게 되고, 문제해결학습에서는 경험 중심 교육과정의 내용처럼 학생들의 일상적 생활 사태나 경험사례를 주로 다루게 된다.

바. 모형에 내재된 교육철학

1) 듀이의 반성적 사고 이론과 관련됨

2) 경험 중심 교육과정 사조와 관련됨

사. ICT 활용 교수・학습(수업)의 효과

학생들은 문제의 원인과 해결을 찾는 과정에서 인터넷 검색, 자료 편집 및 가공, 얻은

정보의 공유, 자기 의견 밝히기 등 다양한 기능을 ICT를 통해 구현할 수 있다. 문제 해결 과정을 도식화하거나 시각화하는 과정에서 기능의 향상도 얻을 수 있다.

Ⅱ. 문제해결학습의 과정

1. 문제해결학습 구성의 체제

사회과의 문제해결학습은 학습자가 생활에서 직면하는 문제를 해결함으로써 자신이 스스로의 경험이나 지식을 재구성하여 발전시키도록 하는 학습으로 사회과의 근본목표인 시민성 함양을 궁극적인 목표로 추구하고 있다. 이에 따라 사회과에서 문제해결학습은 객관적・사회과학적인 사회인식과 주체적이고 실천적인 사회참여와 행동과의 통일적 형성을 가능하게 하는 시민적 자질의 형성을 지향하고 있다.

2. 문제해결학습의 일반적인 수업모형

문제해결학습은 사고 과정으로서의 교수・학습 과정을 따른다. 다만 문제해결학습은 매 시간마다 일정한 패턴을 갖는 수업 형태라고는 볼 수 없다. 이는 어디까지나 학생들을 주체로 하기 위한 이론으로써 교육을 보는 입장이기 때문이다. 그러나 문제해결학습의 수업을 전개할 때 나름대로의 단계와 형태를 갖추게 된다. 문제해결학습의 일반적인 수업모형을 제시하면 다음과 같다.

가. 문제 사태 단계

문제 사태에 직면한다는 것은 학생들이 그들의 생활주변이나 사회적 사상 가운데서 어떠한 의문되는 일이나 곤란한 점에 부딪히는 일들을 사고적인 활동을 통해서 문제를 발견하는 것이라고 할 수 있다. 문제의 발견은 학생들 스스로에 의해서 이루어지기도 하지만 교사가 학생들에게 경험담이나 여러 가지 자료를 제시해 줌으로써 이루어지기도 한다.

나. 가설(假說) 설정 단계(문제 원인 확인)

가설 설정 단계는 설정된 문제에 대하여 해결의 방향이나 암시를 통하여 문제가 해결됨으로써 얻을 수 있는 결과를 예상해 보거나 또는 예상되는 결과를 잠정적으로 설정하는 과정이다. 가설은 문제와 관련된 지식이나 경험을 기저로 하는 사고활동을 통하여 이루어지는 것이기 때문에 심사숙고하여 설정하도록 해야 한다. 또한 가설의 설정요인으로써 교사가 발문을 통하여 "○○문제를 어떻게 생각하느냐?", "○○문제를 어떻게 하면 해결할 수 있느냐?"는 식으로 묻는다면 학생들은 "○○문제는 ○○이 될 것이다"라는 답을 하는데 이것이 곧 가설이 되는 것이다.

다. 가설 검증 단계(탐색 및 정보 수집)

설정된 가설을 조사, 관찰, 분석 등의 활동을 통하여 검증하는 과정이다. 하나의 가설을 검증하는 데는 여러 가지 검증감법이 있다는 것을 감안하여 한 가지 방법만을 고집해서는 안 되고 검증방법을 찾아내는 데도 학생들의 창의적인 사고능력을 동원하도록 해야 한다. 또한 검증의 과정은 과제로 부여할 수도 있으나 일반적으로 학습시간에 하고 있는 것이 대체적인 흐름이라고 하겠다. 그리고 부여되는 과제를 조사 관찰하면서 검증하는 데 있어서 해결점이 나오지 않을 때에는 다른 방법들을 재차로 모색하도록 하고, 조사하고 관찰한 내용을 발표 토의하게 한다.

라. 문제 해결 단계(일반화 단계)

문제 해결의 단계는 설정된 가설에 따라 검증 활동을 통해 얻어지는 내용들을 종합적으로 정리 요약하여 일반화하는 과정이다. 이 단계에서는 학생들의 자유스런 토론이 이루어지도록 함으로써 창의적이고 능동적인 사고능력이 배양될 수 있다.

이 단계에서 특히 유의해야 할 것은 문제 해결의 핵심이 뚜렷하게 세워져 있어서 무엇이 무엇인지를 모르게 되지 않도록 한다.

마. 발전 및 반성 단계

발전 및 반성단계는 문제 해결의 과정에서 있었던 활동들을 반성해 봄으로써 어려웠던 점이나 쉬웠던 점들을 발표 검토하게 하고 또한 해결할 문제들을 통해 유사한 다른 문제들을 해결하게 하는 과정이다.

3. 문제해결학습의 ICT 활용 과정

최근의 수업방법에서는 ICT를 활용한 수업방법을 많이 활용하고 있는데, ICT를 활용한 문제해결학습 방법을 제시하면 다음과 같이 안내할 수 있다.

수업 절차	교수 · 학습 활동(과정)
① 제1단계: 문제 사태	1. 당혹스러운 문제 상황 제시
	2. 문제에 공감하기
② 제2단계: 문제원인 확인	1. 문제의 원인에 대한 브레인스토밍
	2. 문제의 원인에 대한 잠정적 가설 수립
③ 제3단계: 정보수집	1. 자료 수집
	2. 자료를 통해 결론 얻기
④ 제4단계: 대안제시	1. 문제 해결책에 대한 브레인스토밍
	2. 문제 해결책의 평가
⑤ 제5단계: 검증	1. 행동계획수립
	2. 결과 정리 및 보고

Ⅲ. 문제해결학습 지도의 실제

1. 문제해결학습의 과정별 지도 방법

문제해결학습의 과정별 지도 방법은 ICT 활용 측면에서 설명하면 다음과 같은 방법으로 지도할 수 있다. 단계별로 구체적인 활동 방법 안내 및 사례를 제시하면 다음과 같다.

가. 문제 사태

1) 당혹스러운 문제 상황 제시

뭔가 설명이 필요한 문제 상황을 제시한다. 당혹스러운 문제 상황이란, 첫째, 학생의 인지부조화(cognitive dissonance)를 유발하는 사태, 즉 평소의 관념으로는 잘 이해가 되지 않는 사태(예: 왜 김 씨는 이 씨보다 일을 열심히 하는데 돈을 벌지 못할까?)이거나, 둘째, 당장 생활에 불편을 주는 사태(왜 교통체증이 일어날까?) 등을 말한다.

문제 상황을 보여주는 자료(사진, 동영상 등은 단순히 자극적으로 학생들의 관심을 끌어 모으는 것이 아니라 학생들에게 장차 학습하게 될 주제를 한마디로 표현할 수 있는 상징적인 것)이어야 한다.

여기에서 다루는 문제가 탐구수업의 문제와 다른 점은 개인 및 주민 생활과 관련이 되어있는 문제들이라는 점이다.

2) 문제에 공감하기

가) 문제 상황이 학생 개개인에게도 심각하게 느껴져 이를 해결할 필요성을 느끼게 해 준다.

나) 문제 사태가 함축하고 있는 심각성에 대해 토의한다.

다) 문제가 개인이나 사회에 미치는 영향에 대해 토의한다.

나. 문제 원인 확인하기

1) 문제의 본질적 원인에 대한 브레인스토밍

가) 앞에서 제기된 문제 상황이 벌어진 이유에 대해 생각해 본다.

나) 왜 그러한 문제가 발생했는지 자유롭게 말하게 한다.

문제의 본질을 어떻게 규정하느냐가 중요하다. 예를 들어 환경문제의 경우, 환경문제의 본질은 인간의 의식 문제인가, 자본주의 경제 체제의 문제인가, 아니면 환경기술의 문제인가, 혹은 김 씨 가게가 이 씨 가게보다 장사가 잘되는 이유는 부지런해서인가, 사업전략이 잘못되어서인가, 장소가 좋아서인가.

다) 교사는 학생들이 제시한 의견을 비슷한 것들끼리 정리해 준다.

2) 문제의 원인에 대한 잠정적 가설 수립

가) 학생들이 제기한 의견들을 평가한다. 이때 기준은 문제의 원인과 결과 사이의 논리적 관련성, 문제 해결책에 대한 접근 가능성 등을 고려한다.

나) 생활에서 부딪히는 문제들은 딱히 정답이 있어서 쉽게 해결될 수 있는 것들이 아니고 문제를 어떻게 바라보느냐에 따라 해결책이 달라질 수 있다는 점을 강조한다.

다. 정보 수집

1) 자료 수집

가) 문제와 관련된 자료들을 찾아서 문제의 본질 및 해결책에 대한 정보를 수집한다.

나) 자료원의 종류에 대해 모둠별 혹은 전체 토의를 통해 결정한다.

다) 수집할 자료의 종류에 대해 토의한다.

자료의 종류는 예를 들어 문제의 본질에 관한 자료 해결책에 관한 자료 기존 문제 해결 방식의 한계에 대한 자료 등으로 분류하거나, 아니면 자료의 성격에 따라 문헌자료, 인터뷰 자료, 통계자료, 사진・그래픽 자료, 동영상 자료 등으로 분류할 수 있다.

라) 모둠별로 수집된 자료를 가공한다.

2) 자료를 통해 결론 얻기

가) 모둠별로 자료를 통해 얻은 결론이 무엇인지 토의한다.

나) 문제발생의 가장 타당한 원인은 무엇인가?

다) 문제를 어떻게 규정하는 것이 문제 해결에 가장 유리한가?

라. 대안 제시

1) 문제 해결책에 대한 브레인스토밍

가) 모둠별로 문제 해결에 필요한 모든 방안에 대해 자유롭게 브레인스토밍을 한다.

나) 제시된 의견에 대해 비판하지 않고, 자유롭게 의견이 개진되도록 한다.

다) 제시된 해결책들 중 유사한 것들을 정리해 준다.

2) 문제 해결책의 평가

가) 평가 기준을 만든다(예: 문제의 본질과의 논리적 관계, 필요한 자원의 확보 여부, 경제성, 효율성, 시간, 노력 등).

나) 평가 기준을 토대로 평가척도표를 만든다.

다) 평가척도표를 통해 학생들이 제시한 각각의 해결책을 평가하고 순위를 정한다.

라) 모둠별로 발표한다.

마. 검증

1) 행동 계획 수립

가) 문제 해결책을 실천할 수 있는 계획을 세운다.

나) 문제 해결책을 실천하기 위해 필요한 자원과 노력에 대해 토의한다.

다) 필요한 자원과 노력을 효율적으로 조직하는 방안에 대해 토의한다.

라) 해결책을 통해 거둘 수 있는 성과를 예상하여 단기와 장기로 나누어 정리한다.

마) 해결책의 시행으로 인해 생길 수 있는 부작용에 대해 논의한다.

2) 결과 정리 및 보고

문제의 발생, 문제 본질의 규정, 대안 모색, 행동계획, 유사 사례와의 관계 등을 정리하여 모둠별로 발표하게 한다.

2. 교수・학습 활동 단계별 ICT 활용 전략

가. 단계별 ICT 활용 전략

<표 4-4> 문제해결학습 ICT 활용 실제 전략

수업 절차	교수・학습 활동	ICT 활용(실제 전략)
제1단계: 문제 사태	1. 당혹스러운 문제 상황 제시	○ 사진, 동영상, 통계자료, 신문기사, 인터뷰 내용 등을 보여줌 ○ 보여 주는 시간이 길지 않도록 유의
	2. 문제에 공감하기	○ 프레젠테이션 도구를 이용하여 학습 문제 및 목표를 제시
제2단계: 문제 원인 확인	1. 문제의 원인에 대한 브레인스토밍	○ 제시된 의견을 프레젠테이션으로 시각화하여 정리
	2. 문제의 원인에 대한 잠정적 가설 수립	○ 학생들의 의견을 개조식이나 도식화하여 정리
제3단계: 정보 수집	1. 자료 수집	○ 자료를 수집하고 정리, 가공하기
	2. 자료를 통해 결론 얻기	○ 토의 결과를 개조식이나 도표를 활용하여 정리
제4단계: 대안 제시	1. 문제 해결책에 대한 브레인스토밍	○ 모둠별 토의 결과를 프레젠테이션으로 정리, 발표
	2. 문제 해결책의 평가	○ 평가 기준과 토의 결과를 정리, 발표하기
제5단계: 검증	1. 행동 계획 수립	○ 행동계획을 워드프로세서나 프레젠테이션으로 정리
	2. 결과 정리 및 보고	○ 유사 사례를 보여주기

나. ICT 활용의 효과

1) 교사는 다양한 뉴스 기사, 사진, 동영상, 시사문제, 인터넷 사이트 등을 학생들에게 제공함으로써 학생들이 학습문제를 분명히 인식하게 하여 문제의 원인을 확인하고 관련 정보를 수집하는 활동으로 이끌어 낼 수 있다.
2) 학생들은 문제의 원인과 해결을 찾는 과정에서 인터넷 검색, 자료 편집 및 가공, 획득한 정보 공유, 자기 의견 밝히기 등 다양한 기능을 ICT를 통해 구현할 수 있다.

다. 지도상의 유의점

1) 문제 해결의 과정은 열린 과정이어야 한다.
2) 학생들에 의해 음미되고 비판될 수 있는 개방적인 과정이나 분위기를 보장해야 한다.
3) 문제를 도식이나 그림을 통해 시각적으로 나타낼 수 있도록 노력한다.
4) 학생 스스로도 확신이 가지 않는 애매한 질문이나 답변에 대해서는 교사가 재차 확인하는 명료화 질문을 통해 정확한 의사소통이 이루어지도록 한다.
5) 일부 앞서가는 학생들이 토의 시 발언권을 독점하지 않도록 유의하며, 학생들 개개인마다 발표가 아니더라도 그림이나 성찰노트 등을 통해 자신의 의견을 표현할 기회를 제공한다.
6) 수업의 흐름을 언제든지 확인할 수 있도록 시각적으로 보여 준다.

3. 동영상 수업 사례 관찰

문제해결학습 모형이 실제 수업에 어떻게 적용될 수 있는지 수업사례를 담은 동영상 자료를 살펴보게 된다. 수업을 관찰할 때에는 다음 사항을 유의하여 살펴본다.

가. 수업관찰 관점

1) 학습주제가 해당 교수·학습 모형을 적용하기에 적합한 것인가?
2) 교수·학습 모형의 각 단계가 어떻게 적용되고 있는가?
3) ICT는 수업의 절차에서 어떻게 활용되고 있는가?

나. 동영상 수업의 개요

교과명	사회과	학년·학기	6-2	대단원	Ⅱ. 함께 살아가는 세계
소단원	2. 지구촌 속의 우리나라			학습주제	지구촌의 여러 문제
수업 목표	지구촌 문제의 실태와 원인을 찾아 해결 방법을 제시하고 해결에 참여하려는 자세를 가질 수 있다				

다. 수업 과정 활동 개요

수업단계	주요 내용
① 문제 사태	아프리카 난민 동영상을 통한 문제 사태 제시, 지구촌 문제 공감하기
② 문제 원인 확인	지구온난화, 환경오염, 기아의 원인 발표
③ 정보수집	인터넷을 통한 자료 수집, 모둠 활동
④ 대안제시	활동 계획 토의, 검색, 해결 방법 발표
⑤ 검증	해결방법 검증(인터넷, CD-ROM) 발표, 실천 계획 세우기

제5장 사회과 협동학습 모형

Ⅰ. 협동학습 개관과 기초

1. 협동학습의 이론적 배경

협동학습이란 '학습능력이 각기 다른 학생들이 동일한 학습목표를 향하여 소집단 내에서 함께 활동하는 수업방법'이다. 여기서 '전체는 하나를 위하여, 하나는 전체를 위하여'라는 태도를 갖게 되고 집단 구성원들이 성공적인 학습을 위하여 서로 격려하고 도움으로써 학습부진을 개선할 수 있다. 즉, 협동학습이란 학습자 모두가 공동체의 일원으로써 공동의 학습목표를 함께 이루어 나가는 것이라고 할 수 있다.

협동학습은 최근에 갑자기 대두된 이론이 아니라 기존 학습이론의 반성에서 출발하였다. 개인주의에 토대를 둔 경쟁학습, 개별학습, 그리고 전통적 소집단 학습에 대한 단점을 보완하기 위해서 시작되었다. 특히, 다양한 문화와 인종으로 이루어진 미국 사회에서 개인주의에 토대를 둔 학습법은 한계가 드러났기 때문에 이에 대한 새로운 대안으로 협동학습이 대두하게 되었던 것이다.

많은 사람들이 협동학습을 전통 조별학습과 혼동하는 경우가 있는데 사실 협동학습은 전통적인 조별학습과도 다르다. 협동학습 학자들은 '구조화'되지 않은 '전통 조별학습'을 '협동학습'과 대비되는 개념으로 명확하게 구분한다. 전통적인 조별학습과 협동학습의 차이점은 곧 협동학습의 특징이면서 동시에 협동학습의 원리로 작용하기도 한다. 다음 도표는 협동학습과 전통 조별학습의 차이점을 명확하게 나타낸다.

<표 4-5> 협동학습과 전통적 조별학습의 비교

구분	협동학습	전통적 조별학습
① 긍정적인 상호 의존성	있음	없음
② 개인적 책임	있음	없음
③ 구성원의 성격	이질성	동질성
④ 리더십	공유	한 사람이 리더가 됨
⑤ 책임	서로에 대한 책임	개인적 책임
⑥ 과제와 구성원	과제와 구성원과의 관계지속성 강조	과제만 강조
⑦ 사회적 기술	직접 배움	배우지 않음
⑧ 교사 역할	교사의 관찰과 개입	교사는 집단의 기능에 무 관심함
⑨ 소집단 활동	매우 활발	활발하지 못함

2. 협동학습의 특징과 장점

가. 협동학습은 교사에게 다양한 수업 전략을 제공해 준다.

나. 협동학습은 학생이 수업 중에도 신체를 많이 움직일 수 있게 한다.

다. 협동학습은 학생에게 타인을 배려하는 태도를 길러 준다.

라. 협동학습은 문제를 해결하거나 의사결정 하는 능력을 길러 준다.

마. 협동학습은 학생에게 많은 사회적 상호작용을 경험하게 한다.

바. 협동학습은 학생에게 지적 모험을 할 수 있는 기회를 제공한다.

사. 협동학습은 학생이 구체적 사고에서 추상적 사고로 이행할 수 있는 기회를 제공한다.

아. 협동학습은 학생에게 긍정적 자아개념을 가지게 한다.

자. 협동학습은 학생에게 소속감을 심어 준다.

차. 협동학습은 동료들의 숨은 재능들을 밝혀낸다.

카. 협동학습은 학생들이 교사의 통제나 보호에서 벗어나 독립적으로 학습을 함으로써 다양한 정보원을 접하고 독립심을 기를 수 있다.

3. 협동학습의 사회적 역할

<표 4-6> 협동학습 역할자의 역할 부여

역할이름	역할 내용
세우미	모둠 활동을 꺼려하는 모두미들을 활동에 끌어들이고, 침체에 빠진 모둠에 활기를 불어넣어 주기 위해 애쓴다.
칭찬이	어떤 모두미가 이야기를 마치면 칭찬을 한다.
신나리	모두미 전원이 개인이나 모둠 전체의 성과를 다 같이 칭찬하도록 이끈다.
지키미	모두미들이 골고루 잘 참여하도록 이끈다. 너무 많은 말을 하거나, 반대로 거의 대화에 참여하지 않은 모두미들에게 이끔말로 참여하게 하고, 이미 말한 사람의 말문은 통제, 다른 사람이 참여하도록 돕는다.
이끄미	모두미들이 학습내용을 잘 이해하도록 돕는다. 그러나 문제를 대신 풀어주지는 않아야 한다.
궁금이	때때로 모두미들 중에 질문이 있는 친구가 있는지 확인해야 한다. 그래서 모둠 전체가 그 질문을 생각해서 답을 해주도록 이끈다.
꼼꼼이	모두미 전원이 필요한 학습도구를 다 가지고 있는지 확인한다.
점검이	모두미들이 주어진 과제를 잘해내도록 돕는 일을 한다.
기록이	모둠의 결정 사항들이나 문제에 대한 답을 기록해야 한다.
생각이	모두미들이 지난 활동들을 돌아보도록 이끈다. 생각이가 활동 과정을 정리해주면 모둠의 과정이 한층 발전된다.
조용이	모둠이 너무 소란해서 다른 모둠에 방해가 되지 않게 하는 역할을 한다.
나누미	학습도구들을 걷거나 나눠주고, 정리를 잘해놓도록 돕는 역할을 한다.

Ⅱ. 협동학습의 원리와 방법

1. 협동학습의 기본 원리

가. 긍정적인 상호 의존

나의 성공이 너의 성공인가?

네가 성공하면 나도 성공하게 되는가?

나. 개인적인 책임

공적(公的)으로 수행해야 할 개인적인 책임이 있는가?

누가 어떤 역할, 부분을 맡아 과제를 하고 있는지 확인, 평가할 방법이 있는가?

다. 동등한 참여

얼마나 동등하게 참여하고 있는가?

네가 참여한 횟수와 내가 참여한 횟수가 동일한가?

라. 동시다발적인 상호작용

한 번, 한 순간에 얼마나 많은 사람들이 능동적으로 활동에 참여하는가?

2. 구조중심 협동학습의 다양한 방법

<표 4-7> 구조 중심 협동학습 방법

① 암기숙달 구조	② 사고력 신장 구조
○ 번호순으로/문제보내기 ○ 짝 점검/4단계 복습 ○ 플래시카드게임 ○ 돌아가며 쓰기 ○ 하얀 거짓말 찾기 ○ 질문주사위 만들기 ○ 퍼즐 게임/빙고 게임 등	○ 짝 토론 ○ 모둠 토론 ○ 생각-짝-나누기 ○ 모둠문장 ○ 역할별 브레인스토밍 ○ 이야기 엮기 ○ 모둠 단어 짝짓기 등
③ 정보교환 구조	④ 의사소통기술 향상 구조
○ 돌아가면서 말하기 ○ 텔레폰/동심원 구조 ○ 모둠 인터뷰/모둠의견 만들기 ○ 모둠 노트와 학급 파일 만들기 ○ 칠판나누기/먹지 대고 쓰고 나누기 ○ 교실 산책/정탐보고서 ○ 전시장 관람 ○ 전문가 그룹 만들기(Jigsaw) 등	○ 발표카드/색깔 카드/실타래 ○ 칭찬카드 ○ 일방통행/쌍방통행 ○ 가치 수직선 ○ 모양 맞추기 등

가. 번호순 활동

1) 활동 방법: 번호순으로 교사의 질문에 답을 하는데 모둠토론을 거쳐 지적된 번호 학생이 답을 한다. 성취자들과 교사 간에 나누는 개인적인 대화나 마찬가지인 일제 문답식 문답 방식에 대한 대안이다

2) 활동 단계:

가) 학생들에게 고유의 번호를 붙여준다.

나) 교사는 질문을 던진 후 토론 제한 시간을 알려 준다.

교사의 질문은 명령형으로 준비한다(예를 들면, 한국의 출생률 감소로 인해 야기되

는 한 사회문제를 예상해 보라, 30초 내에 자기 모둠의 나이의 합을 계산하라 등).

다) 머리를 맞대고 답을 확실히 알아낸다.

라) 교사가 무작위로 번호를 호명하여 답을 말하게 한다.

3) 적용: 개인적으로 생각할 시간 10초의 여유 갖기

동시다발적인 번호순으로 칠판에 답하기, 엄지를 올리거나 내려서 답하기

나. 플래시카드 게임

1) 활동 방법: 어떤 사실에 대한 기억력 증진을 위해 만든 카드

2) 활동 준비: 2인 1조 플래시카드

(앞쪽에 단어, 뒤쪽에 정의 / 앞쪽에 수학공식 명칭, 뒤쪽에 수학공식 등)

3) 활동 단계:

가) 일단 카드가 만들어지면 학생들은 짝끼리 앉는다.

나) 1단계: 최대한의 힌트 주고 풀게 하기

다) 2단계: 몇 가지 힌트 주고 풀게 하기

라) 3단계: 힌트 없음

마) 단계마다 역할 바꾸기 및 과장된 칭찬으로 보상

다. 돌아가면서 쓰기

1) 활동 방법: 모둠 안에서 돌아가면서 주어진 모둠 과제나 문제 등의 해결책이나 아이디어를 돌아가면서 쓴다.

2) 활동 준비: 종이 한 장, 연필 한 자루

3) 활동 단계:

가) 교사는 답 또는 방법이 여러 개인 질문을 하거나 과제를 제시한다. 또는 쓸 주제를 준다.

나) 모둠별로 학생들은 종이를 돌리면서 자신들이 생각해 낸 답 또는 해결책을 쓴다.

라. 동시다발적으로 돌아가며 쓰기

1) 활동 방법: 모둠 내 학생들이 동시에 답을 적은 후 각자의 종이를 시계 방향으로 돌리면서 덧붙여 나간다.

2) 활동 준비: 모둠당 4장의 종이, 4개의 연필

3) 활동 단계:

가) 교사는 주제 또는 질문을 제시한다.

나) 4명의 모둠이가 동시에 가능한 답을 생각해 낸다.

다) 교사는 남은 시간을 알려주고 학생들은 생각을 정리했으면 엄지손가락을 올린다.

라) 학생들은 시계방향으로 종이를 돌린다.

마) 학생들은 계속해서 돌아가면서 쓰거나 그리면서 이미 다른 사람이 쓴 것에도 보충할 수 있다.

바) 3단계부터 시작해서 계속 반복한다.

4) 적용: 쓰거나 그리는 대신 구체물을 조작할 수도 있다.

마. 하얀 거짓말 찾기

1) 활동 방법: 학생들은 세 개의 문장 중에서 한 개의 거짓 문장 1개를 뽑는다.

2) 활동 단계:

가) 각자 두 개의 진실, 한 개의 거짓 문장을 적는다.

나) 한 명이 일어나서 자신의 문장을 모두미들에게 읽어준다.

다) 모두미들은 상의하지 않고 각자 틀렸다고 생각되는 문장이 무엇인지를 추측해서 적는다.

라) 서로 토의한 후 모둠의 가장 적절한 문장 하나를 모둠별로 결정한다.

마) 자신들이 추측한 문장을 말한다.

바) 일어난 학생이 자신의 문장 중 거짓이 무엇인지 알려준다.

사) 축하: 거짓 문장을 맞추었으면 서 있는 학생이 박수를 쳐준다. 만약 틀렸으면 서 있는 학생에게 모두미들이 박수를 쳐준다.

아) 다음 모두미가 일어나 나눈다. 과정은 2단계부터 반복된다.

바. 돌아가며 말하기

1) 활동 방법: 학생들은 모둠 내에서 단순하게 정답이나 생각을 돌아가면서 이야기한다.

2) 활동 단계:

가) 교사는 다양한 답이 있는 질문 또는 주제를 제시한다.

나) 모둠별로 학생들은 정해진 시간 안에 자신들의 생각을 돌아가면서 말로 표현한다.

3) 적용: 필기하기에 너무 나이 어린 학생이나 수업목적이 결과보다는 참여유도에 있을 때 사용한다. 수업의 예비단계나 도입부분 활동으로 사용된다.

사. 모둠 인터뷰

1) 활동 방법: 학생 각자에게 할당된 일정한 시간 동안 모두미들이 인터뷰 주인공에게 질문을 한다.

2) 활동 단계:

가) 모둠에서 돌아가면서 인터뷰 주인공이 되고 인터뷰 주인공은 자리에서 일어선 채로 답한다.

나) 각자에게 할당된 시간 동안 주인공에 대해 알고 싶은 것을 질문 한다.

3) 적용: 모둠인터뷰는 서로에 대해 알기 및 역사나 문학 등에서 한 역할을 맡아 인터뷰를 진행하여 인물의 성격을 알아내는 데 효과적이다.

개인적으로 답변하고 싶지 않은 질문에는 말하고 싶은 것으로 대신할 수 있다.

아. 3단계 인터뷰

1) 활동 방법: 4인 1조에서 가장 효과적인 정보교환방법으로 3단계를 통해 이루어진다.

2) 활동 단계:

가) 1단계에서 '어깨짝끼리' 짝을 지어 한 사람은 인터뷰를 하는 사람이 되고 다른 사람은 인터뷰를 받는 사람이 된다.

나) 서로의 역할을 바꾼다.

다) 돌아가면서 말하기를 하면서 각자 인터뷰를 통해 알게 된 것을 모둠에게 이야기한다.

3) 적용: 학습단원과 관련된 주제에 대한 개인적인 경험을 나누는 데 유용하다. 이 구조는 관심분야에 대해 더 학습할 수 있도록 의욕을 활성화 하는 데 유용하다.

자. 칠판 나누기

1) 활동 방법: 각 모둠의 대표들이 칠판이나 게시판에 나와 동시에 답을 적는다.

2) 활동 단계:

가) 교사는 모둠이 해결할 문제를 제시한다.

나) 모둠의 아이디어를 모둠의 대표가 나와서 답을 적는다.

다) 남은 모두미들은 아이디어가 칠판에 게시되는 동안에도 계속 과제를 할 수 있다.

3) 적용: 개방된 상태에서 활동을 하므로 한 모둠의 아이디어가 다른 모둠에 영향을 줄 수도 있다.

차. 하나 가고 셋 남기

1) 활동 방법: 학생들이 독립적으로 모둠에게 보고하는 경험을 가지게 하는 것이 수업의 목적이라면 모두미 한 명이 떠나고 세 명이 남도록 한다.

2) 활동 단계:

가) 교사가 제시한 과제에 대한 내용을 모둠별로 정리, 준비한다.

나) 각 모둠에서 모두미 한 사람이 떠나 다른 모둠들을 방문하고 나머지 모두미들은 자기 모둠의 과제를 설명한다.

다) 다른 모둠을 방문하고 온 학생은 자기가 보고 들은 것을 모둠에 보고한다.

라) 순환식으로 전개되어 처음 보고자는 자기 바로 앞 모둠을 방문하게 되고 다음에 차례대로 모둠을 방문하여 여러 모둠에서 돌아와 자기가 본 과제들의 차이점을 이야기하고 방문했던 모둠의 조언도 나눠 여러 정보를 공유한다.

카. 전시장 관람

1) 활동 방법: 모둠별로 다른 모둠의 작품을 보고, 토론하고, 조언해 주면서 돌아다닌다.

2) 활동 단계:

가) 교사가 제시한 작품을 개인별, 모둠별로 제작・표현한다.

나) 선생님의 신호에 따라 교실 안을 거닐며 다른 사람의 작품에서 여러 가지 아이디어와 표현을 배운다.

다) 모둠별로 돌아가며 말하기를 통해 자기가 배운 것을 나눈다.

3) 적용: 작업 초기에는 아이디어를 얻을 수 있고, 작업 중기에는 표현 방법을, 작업 후기에는 완성된 작품에 대한 평가와 감상을 할 수 있다.

3. 협동학습의 기본 과정: 순환적 기본 절차

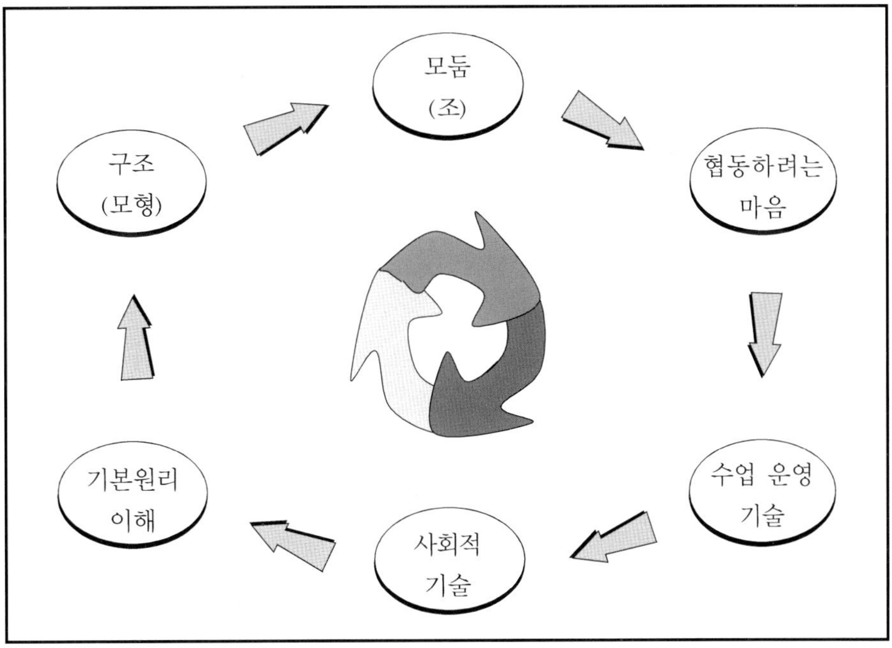

[그림 4-4] 협동학습의 기본 과정

제6장 사회과 협동학습 방법

Ⅰ. 사회과의 협동학습

2009 개정 사회과 교육과정에서는 사회과의 개념을 "사회 현상을 올바르게 인식하고, 사회 지식의 습득과 사회생활에 필요한 기능을 익혀 민주사회 구성원에게 요청되는 가치와 태도를 지님으로써 민주시민으로서의 자질을 육성하는 교과"라고 정의하였다. 이 개념의 정의에서는 사회과가 민주시민의 자질을 길러 주는 데 주도적 역할을 하는 교과라는 점과 바른 '사회 인식'을 바탕으로 지식・이해, 기능, 가치・태도를 고르게 습득해야 하는 교과임을 분명히 하였다. 특히, 개정된 사회과 교육과정은 활동 중심

의 수준별 교육과정으로 편성되어 있어 현장의 교사들이 다양한 아동의 수준에 맞추어 학습하기가 힘들다고들 말한다. 그러나 이 시점에서 우리 모두가 놓치지 말아야 할 것은 민주시민으로서 올바른 자질을 길러 주어야 하는 사회과의 궁극적 목표라고 생각한다. 사회 현상은 시간적, 공간적 영향을 많이 받는다. 그러므로 사회과교육은 시대의 변화에 부응한 자료 및 학습방법에 대한 부단한 연구를 하여야 한다. 이에 활동적이고 무한한 창의성을 지닌 아동의 눈높이를 맞추어 가며 수업 전개가 가능한 구조 중심의 협동학습 방법을 활용하여 사회과 학습을 우리 아동들에게 재미있는 수업으로 변화시키기 위한 노력을 시작하고자 한다.

1. 사회과 교수·학습 방법의 최근 동향(Trend)

사회과교육의 목적은 '바람직한 민주시민의 자질을 양성'하는 것이다. 그러나 여기에서 말하는 민주시민의 자질이 무엇이며, 어떤 방법으로 양성할 것인가에 대한 논의와 실천은 사회적 요구와 교육적 요구의 변화에 따라 계속 변화 발전되어 왔다. 특히, 사회과는 다른 교과와는 달리 민주시민의 사회생활 문제를 다루기 때문에 사회변화에 가장 민감한 교과이다. 따라서 포스트모더니즘, 세계화, 정보화 등 오늘날 사회를 규정짓는 변화에 의해 사회과 교수·학습방법은 크게 영향을 받는다.

교육에 대한 사회적 욕구와 교육 내적 요구에 의해 오늘날 사회과 교수·학습 방법에서 강조되는 측면과 사회과 교수·학습의 동향을 정리하면 다음과 같다

첫째, 포스트모더니즘의 영향, 다중지능 이론 등의 연구에 힘입어 개인에게 있어 인지적 영역뿐 아니라 감성, 사회적 기능 등의 인지적 영역 외의 다양한 개인적 능력이 발굴되고, 그러한 요구에 부합하는 수업방법을 요구하고 있다.

둘째, 행동주의 관점에서 인지주의 관점으로 전환함에 따라 통찰, 통합, 간학문적 수업 등이 강조되고 있다. 따라서 내용 전달 중심에서 활동 중심, 탐구 중심, 주제 중심의 수업이 강조되고 있다.

셋째, 그동안 주지주의 또는 학문 중심 교육과정에 대한 비판과 함께 생활 속에서 살아 있는 수업, 일상생활에 적용할 수 있는 수업이 강조되고 있다.

넷째, 세계화와 지역화의 영향으로 지역주민으로서, 국민으로서, 세계 시민으로서의 개인의 다중 역할과 더불어 살아가는 사회 구성원의 역할이 강조되면서 지역사회 중심

의 수업이 강조되고 있다.

다섯째, 교육 복지의 확대와 개인의 학습권 보장, 구성주의 학습관 등에 따라 개별화 수업과 자기주도적 학습 능력을 기르도록 하는 수업이 강조되고 있다.

여섯째, 정보화에 이어 지식 기반 사회로의 전환에 따라 정보를 수집하고, 분류하고, 분석하고, 종합하는 등의 고급 사고력이 강조되고 있다. 따라서 비판적 사고, 의사결정력, 문제해결력, 창의력, 초인지력을 신장시키는 수업이 강조되고 있다.

일곱째, 집단 사고의 시너지 효과를 얻고자 하는 토론 수업이 강조되고 있다.

여덟째, 경쟁 학습 구조와 개별 학습 구조의 한계에 따라 그 대안으로 협동학습 구조가 강조되고 있다.

아홉째, 과학 중심의 현대문화의 한계로 생태학적 세계관에 입각한 홀리스틱 교육관이 강조되고 있다.

열째, 가치상대주의의 만연에 따른 대안으로서 인성교육이 강조되고 있다.

열한 번째, 교과서 위주의 수업에서 벗어나 다양한 교수·학습 자료의 활용이 강조되고 있다. 사진, 그림, 지도, 통계, 도표, 연표, 문화재, 참고 도서, 신문, 잡지, 방송, 이야기, 노래, 실물, 표본, 모형, 괘도, 기록물, 여행기, 탐험기, 슬라이드, 필름 등 다양한 교수·학습 자료 활용이 권장되고 있다. 특히, 이러한 학습 자료를 손쉽고 실재에 가깝게 제공하고 있는 멀티미디어 자료의 활용이 권장되고 있다.

2. 사회과의 내용 선정 및 조직의 기준과 원리

사회과 교육과정의 내용 선정의 기준, 조직의 원리 및 내용 체계는 국가·사회적 여건, 개인의 발달적 상황 등을 두루 고려하여야 한다. 일반적으로 교과 내용의 선정 기준은 학생의 심리적 측면, 사회 및 국가적 측면, 학문 및 철학적 측면으로 나누어 설정한다. 초·중·고교의 사회과 내용 선정 기준은 다음과 같다.

가. 내용 선정의 기준

1) 학생의 심리적 측면

학습자의 흥미와 능력을 존중하여 학습자의 경험, 생활과 관련성이 높고 학생 자신의 의미를 구성하는 데 도움이 될 수 있는 사실, 문제, 주제를 선정하였다.

2) 사회 · 국가적 측면

사회 변화와 미래 세계에 대한 준비를 위한 정보화, 세계화, 민주화의 시대적 요구를 반영하고, 현대 사회의 문제 해결에 필요한 다양한 관점과 사실 지식 및 사회적 기능을 선정하였다.

3) 학문 · 철학적 측면

널리 합의된 역사, 지리, 사회, 과학의 기본적 아이디어와 탐구 방법을 선정하고, 사회 현상의 다면적 및 다차원적 고찰을 위해 통합적인 관점이 드러나는 내용을 선정하였다.

나. 내용 조직의 원리

첫째, 학습자의 발달, 사회적 경험, 사회 기능을 고려하는 환경 확대법의 원칙에 따라 배열하였다.

둘째, 사회과학의 기본 개념을 구체적 사례와 문제에 따라 이해할 수 있도록 구성하되, 나선형 교육과정의 원리에 따라 확대할 수 있도록 하였다.

셋째, 주제 또는 문제를 중심으로 한 내용과 방법의 통합, 생활 경험과 지식의 통합에 초점을 맞추었다.

넷째, 학년별로 내용의 핵심과 범위를 설정함으로써 학습 지도에서는 이를 중심으로 일관성을 유지할 수 있도록 배열하였다.

교육과정에 학년별 주제를 명시하지는 않았으나, 각 학년별 내용 주제의 범위는 다음과 같다.

① 제3학년: 우리 고장의 모습과 고장 사람들의 생활 모습

② 제4학년: 우리 시 · 도의 모습과 사회생활

③ 제5학년: 우리나라의 생활과 문화

④ 제6학년: 지구촌 시대의 우리

다섯째, 학년별 내용을 기본 과정과 심화 과정으로 나누어 성취 수준과 학습 활동을 결합하여 제시함으로써 학습자의 능력차에 대응하는 다양한 학습 경험을 제공할 수 있게 하였다.

다. 사회과의 내용 체계표

<표 4-8> 사회과의 내용 체계표

학년 영역	3~4학년군		5~6학년군	
지리 영역	○ 고장의 자연 환경과 인문환경과의 관계	○ 우리 시·도의 모습 ○ 시·도의 지도 그리기	○ 우리 국토의 모습 ○ 환경의 이용과 보전 ○ 도시와 촌락지역의 생활	○ 우리 겨레의 삶의 터전 ○ 우리와 관계가 깊은 나라 ○ 지구촌
역사 영역	○ 고장 생활의 변천 ○ 고장의 문화적 전통	○ 옛 도읍지와 나라들 ○ 박물관과 문화재	○ 문화 전통의 계승 ○ 경제의 성장	○ 민족 국가의 성장 ○ 민족 문화의 발달 ○ 근대 시민사회의 발달 ○ 현대의 한국
일반 사회 영역	○ 시장과 물자 이동 ○ 고장의 여러 기관과 단체 ○ 고장사람들의 노력	○ 지역의 자원과 생산 ○ 물자유통과 상호 의존 ○ 우리 시·도의 미래 ○ 다양해지는 가정생활 ○ 취미와 여가 생활 ○ 가정의 살림살이	○ 우리나라의 경제 성장 ○ 정보화 시대의 산업 활동	○ 우리나라의 민주정치 ○ 민주시민의 권리와 의무 ○ 지구촌 문제의 해결을 위한 노력

3. 사회과 수업모형의 단계별 비교

<표 4-9> 사회과 수업(학습) 모형의 단계별 비교

탐구학습 단계		개념학습 단계	
① 탐구문제 확인	1. 탐구상황 제시 2. 탐구문제 확인	① 학습문제 확인	1. 문제제기 2. 선수학습 진단
② 가설설정	3. 브레인스토밍 4. 가설 진술하기	② 속성, 원형, 상황 제시	3. 속성, 원형, 상황 제시 4. 개념 정의 내리기-제1차
③ 탐색	5. 자료 종류 결정 6. 자료 원천 찾기	③ 속성 및 사례 검토	6. 추가 사례 찾기 7. 속성 분류하기
④ 증거제시	7. 자료 수집 8. 자료 분석 및 평가	④ 개념분석	9. 관련 개념 찾기 10. 개념 간의 위계 구조 파악하기
		⑤ 적용 및 정리	11. 자신과 관련된 사례 정리 12. 개념 정의 내리기-제2차
문제해결학습 단계		**의사결정학습 단계**	
① 문제 사태	1. 문제 사태 제시 2. 문제에 공감하기	① 결정 상황 확인	1. 문제 상황 제시 2. 결정할 문제 확인
② 문제원인 확인	3. 문제 원인에 대한 브레인스토밍 4. 잠정적 가설 수립	② 대안 작성	3. 문제의 사실적 측면과 가치 측면 제시 4. 가능한 대안 개발하기

③ 정보수집	6. 자료 수집 7. 자료를 통해 결론 얻기	③ 기준 작성	6. 기준 자료 수집 7. 기준 정하기
④ 대안제시	9. 잠정적 결론 10. 해결책 제시	④ 대안평가	9. 대안별 점수 매기기 10. 장단점 파악하기
⑤ 검증	11. 관련사례 확인 12. 행동계획 수립	⑤ 최종 결정	11. 최종 결정 내리기 12. 행동 계획 수립

4. 협동학습 모둠 편성 및 운영

가. 수준별 지도를 위하여 협동학습을 실행할 수 있는 모둠 편성방법을 교사의 주도하에 의도적으로 편성·영하였다.

나. 모둠의 효율적인 운영을 위해 다양한 모둠세우기 활동을 주 1회 정도 한 후 모둠보상제도를 통한 칭찬과 격려로 아동 간의 협동심을 유도하였다.

다. 모둠원 각자에게 칭찬이, 꼼꼼이, 세우미, 나누미, 생각이, 신나리, 기록이 등의 역할을 번갈아가며 부여하여 모둠 내에서의 개인적인 책임과 동등한 참여를 할 수 있는 여건을 조성하였다.

라. 교수·학습의 틀을 협동학습의 방법으로 접근함으로써 아동들이 교과 학습 과정에서 자연스럽게 협동의 중요성을 인식할 수 있도록 하였다.

<표 4-10> 협동학습을 위한 모둠 구성원 역할 비교

역할이름	역할 내용
세우미	모둠 활동을 꺼려하는 모두미들을 활동에 끌어들이고, 침체에 빠진 모둠에 활기를 불어넣어 주기 위해 애쓴다.
칭찬이	어떤 모두미가 이야기를 마치면 칭찬을 한다.
신나리	모두미 전원이 개인이나 모둠 전체의 성과를 다 같이 칭찬하도록 이끈다.
지키미	모두미들이 골고루 잘 참여하도록 이끈다. 너무 많은 말을 하거나, 반대로 거의 대화에 참여하지 않은 모두미들에게 이끔말로 참여하게 하고, 이미 말한 사람의 말문은 통제하고 다른 사람이 참여하도록 돕는다.
이끄미	모두미들이 학습내용을 잘 이해하도록 돕는다. 그러나 문제를 대신 풀어주지는 않아야 한다.
궁금이	때때로 모두미들 중에 질문이 있는 친구가 있는지 확인해야 한다. 그래서 모둠 전체가 그 질문을 생각해서 답을 해주도록 이끈다.
꼼꼼이	모두미 전원이 필요한 학습도구를 다 가지고 있는지 확인한다.
점검이	모두미들이 주어진 과제를 잘해내도록 돕는 일을 한다.
기록이	모둠의 결정 사항들이나 문제에 대한 답을 기록해야 한다.
생각이	모두미들이 지난 활동들을 돌아보도록 이끈다. 생각이가 활동 과정을 정리해 주면 모둠의 과정이 한층 발전된다.
조용이	자기 모둠이 너무 소란해서 다른 모둠에 방해가 되지 않게 하는 역할을 한다.
나누미	학습도구들을 걷거나 나눠주고, 정리를 잘해놓도록 돕는 역할을 한다.

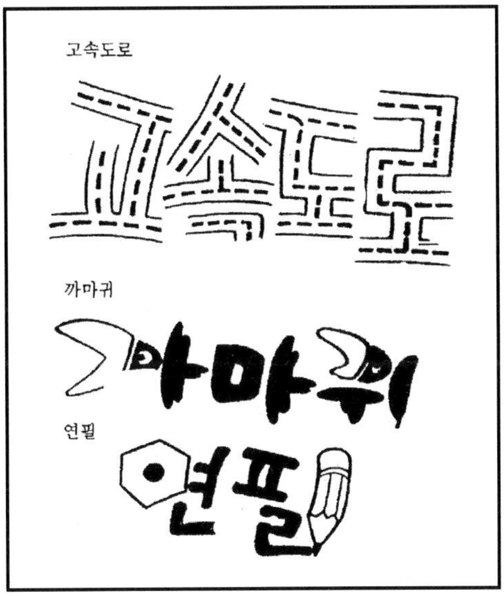

[그림 4-5] 씨앗심기 파일학습장의 일부

5. 협동학습의 의미

사회과 협동학습이란 "학습 효과를 최대로 증진시키기 위하여 학생들 서로가 함께 학습할 수 있도록 소그룹을 사용하는 수업 전략"이라고 할 수 있다. 즉, 협동학습이란 공동의 학습목표를 이루기 위하여 이질적인 학생들이 함께 학습하는 수업 전략이라고 할 수 있다. 협동학습이 학생 상호 간의 활발한 사회적 상호 작용을 강조한다는 점에서 협동학습을 '학생과 학생 사이의 활발한 사회적 상호 작용을 통하여 학습 효과를 극대화시키는 교수 전략'이라고 정의할 수 있다.

6. 협동학습의 장점

가. 협동학습은 교사에게 다양한 수업 전략을 제공해 준다.

나. 협동학습은 아동이 수업 중에도 신체를 많이 움직일 수 있게 한다.

다. 협동학습은 아동에게 타인을 배려하는 태도를 길러 준다.

라. 협동학습은 문제를 해결하거나 의사결정 하는 능력을 길러 준다.

마. 협동학습은 아동에게 많은 사회적 상호작용을 경험하게 한다.

바. 협동학습은 아동에게 지적 모험을 할 수 있는 기회를 제공한다.

사. 협동학습은 아동이 구체적 사고에서 추상적 사고로 이행할 수 있는 기회를 제공한다.

아. 협동학습은 아동에게 긍정적 자아개념을 가지게 한다.

자. 협동학습은 아동에게 소속감을 심어준다.

차. 협동학습은 동료들의 숨은 재능들을 밝혀낸다.

카. 협동학습은 학생들이 교사의 통제나 보호에서 벗어나 독립적으로 학습을 함으로써 다양한 정보원을 접하고, 독립심을 기를 수 있다.

7. 성공적인 협동학습을 위한 제언

협동학습을 성공적으로 진행하기 위해서는 다음 몇 가지를 주의 깊게 고려해야 할 것이다.

첫째, 무엇보다 교수방법에 있어서 새로운 패러다임의 인식 전환과 협동학습에 대한 신념이 필요하다.

둘째, 교사의 철저한 사전준비가 필요하다. 교사가 섣불리 협동학습을 시작했다가는 실패하기 쉽다. 그러므로 협동학습의 기본원리를 무엇보다 잘 이해하고 교사 자신의 스타일에 맞는 협동학습 방법을 찾아내고 이를 적용하는 것이 필요하다.

셋째, 교사는 협동학습으로 해결할 과제를 엄선하여 이를 주어진 수업 시간 내에 소화할 수 있도록 적절하게 과제를 재구성할 수 있어야 한다.

넷째, 교사가 학생들을 효과적으로 통제할 수 있어야 한다.

다섯째, 수업의 효과를 높이기 위해서는 적절한 경쟁 요소를 도입하여 활용하는 것이 필요하다.

여섯째, 교사가 수시로 협동하는 방법이나 의사소통기술 등 사회적 기술을 직접 가르쳐야 한다.

일곱째, 소그룹 활동에 대한 교사의 관찰과 적절한 개입이 필요하다.

여덟째, 소그룹 구성이 소그룹 활동 성패의 중요 요소임을 잊지 말아야 한다.

8. 협동학습 활동방법을 활용한 현장체험학습 프로그램 유형

대도시에 소재한 초·중·고교의 교육과정의 지역화 및 역사학습을 체험 위주로 효율적으로 실행하기 위해서 협동학습의 방법을 활용하여 다음과 같이 실행할 수 있다.

<표 4-11> 협동학습 활용 프로그램(예)

유형	협동학습을 활용한 현장학습 프로그램
학년 직소우 1 현장학습	○ 학년 전체의 어린이가 원하는 장소를 선택한 후 전문가 선생님과 새로운 학급을 만들어 한 학년 전체 선생님이 각기 다른 장소에 대해 전문적으로 학습준비를 한 후 도우미교사 2명의 도움으로 하루에 동시 다발적으로 현장 학습을 실행할 때 활용한다.
학년 직소우 2 현장학습	○ 학년 직소우1과 비슷한 방법인데 한 학년에서 학급별로 각기 다른 장소로 현장 학습을 한 후 학급에서 각 반으로 대표 한 사람을 파견하여 사후 학습을 실행한다.
물레방아 현장학습	○ 학습의 장소가 협소하거나, 교통이 불편하여 전체 어린이가 동시에 이동하는 것이 불가능한 경우에 활용한다. ○ 깊이 있는 현장 학습이 필요할 때나 여러 주제를 학습할 경우에 활용하며, 3~4명의 선생님과 도우미교사들의 도움으로 3~4학급의 아동들을 팀별로 나누어 물레방아가 돌듯이 돌며 현장을 학습한다.
학부모 직소우1 현장학습	○ 담임선생님의 안내로 학급에서 도우미교사와 여러 모둠별로 각각 다른 장소로 현장 학습을 할 때 활용한다. ○ 현장 학습 장소가 위험하거나 먼 곳일 경우 한 분의 도우미교사가 어린이들의 현장 학습을 도울 수 있도록 안내한다.
학부모 직소우 2 현장학습	○ 담임선생님의 사전 안내에 따라서 학부모님과 아동이 개별적으로 현장을 학습하는 것을 말한다. ○ 한 학급 내에서 주로 장기 과제로 제시한 후 활용한다. ○ 미리 제시된 안내서를 참고하여 효과적인 현장학습이 되도록 한다.

9. 협동학습 유형에 따른 현장체험학습의 단계별 모형

사회과에서 요구되는 현장체험학습을 교과와 연계하고 실행하면 교육적인 효과를 높일 수 있다. 다음은 협동학습 유형에 따른 현장체험학습의 단계별 모형이다.

<표 4-12> 협동학습의 단계별 모형

단계	절차	주요 학습 활동 내용	협동학습
구상 단계	현장학습 주제 제시	○ 분석하여 현장학습 요소를 추출하고 단원에 따른 체험학습 내용을 선정하여 주제를 정한다.	교사, 아동
	주제에 따른 장소 선정	○ 따른 현장학습 장소를 선정하고 주제에 따른 목표를 도달할 수 있는 수준별 교육과정을 기획한다.	교사, 아동
준비 단계	장소에 따른 사전학습	○ 주제에 의해 선정된 장소에 대한 사전조사를 한다. ○ 인터넷, 백과사전, V.T.R 시청, 안내 팸플릿 등에 의해 정보를 모으고 공유한다.	교사, 아동

준비 단계	사전답사	○ 현장학습의 효율성을 높이기 위해서 필수적이다. ○ 장소가 여러 곳일 경우에는 2명씩 나누어서 하는 것이 좋으며 적어도 2주 전에는 다녀와야 한다. ○ 도우미 교사와 미리 동행하면 학습이 효율적이 된다.	교사, 도우미교사
	현장학습 계획수립	○ 활동할 모둠을 조직한다(협동학습의 전략에 따라 각 모둠은 이질 집단으로 구성한다). ○ 준비과정에서의 역할을 분담한다(협동학습에서의 역할은 인원수 분의 일이 될 수 있도록 해야 한다). ○ 각 담당자가 하는 일을 능력에 맞게 정한다.	교사, 아동
실행 단계	모둠별 현장학습 실행	○ 현장학습 장소에 따라 학년의 사정을 고려하여 학급대표, 학급단위, 2~3학급단위, 학년단위 등 적절한 규모로 나누어 팀티칭, 직소우, 물레방아, 놀이 및 활동 중심 학습 등 다양한 협동학습의 활동방법을 활용하여 다양한 방법으로 현장학습을 실행한다.	교사, 아동, 도우미교사
사후 활동 단계	모둠별 보고회 준비	○ 협동학습의 역할을 살려 현장학습을 갔다 온 것을 모둠별로 발표할 보고회 준비를 한다. ○ 현장학습 갔다 온 것으로 학습이 끝났다고 생각하지 않도록 돕는다.	교사, 아동, 도우미교사
	모둠별 보고회	○ 조사하여 얻은 지식을 전체 아동들에게 설명하고 그 지식에 대한 내용을 사진, 문헌, 실물 등을 통해서 증거를 제시한다. ○ 다른 사람의 장점을 배우고 '나'라는 존재를 공동생활에서 발견하는 등 인성교육에도 관심을 갖는다.	교사, 아동
평가 단계	개별 및 상호 평가	○ 현장학습의 평가는 정답을 찾는 것보다 체험학습의 과정을 중시하는 수행평가여야 한다. ○ 주제에 따라 체험 수준, 정보의 수집과 처리 능력, 현장학습의 방법 면에서 자기평가 및 상호평가를 실시해서 다음의 현장학습이 발전적으로 이루어지도록 한다.	교사, 아동

[참고자료 1] 재구성 교육과정의 사회과 교수・학습 과정안(초 4-2)

단원 계획단계 사회과 교수・학습 과정안

학년 반	제4학년 1반	과목	사회	담임	○ ○ ○
단원명	3. 새로워지는 우리 시・도			학습형태	협동학습
학습목표	단원의 주요 학습내용을 다양한 방법으로 살펴보고, 학습 계획을 세울 수 있다.				
모둠 구성방법	이질 집단 구성	보상방법	모둠 및 개인 칭찬 자석, 스티커	준비물	미니북, 열매맺기, 사회사전, 활동지

단계	학습구조	교수・학습 활동	비고	시간
도입	□ 빙고게임 □ 일제식 구조	■ 게임을 통한 2단원의 학습정리로 마음 열기 - 가장 먼저 빙고를 외치는 어린이에게 칭찬스티커로 보상한다. ■ 학습문제 확인하기 ☞ 3단원의 주요 학습내용을 살펴보고, 학습 계획을 세워보자.	‣ 게임의규칙도 아동들과 정한다. (http//kid.metro.seoul.kr)	5분
전개	□ 협동식 구조 □ 마인드 맵	■ 학습 안내 - ㊅ 88~130쪽에서 앞으로 배울 내용을 살펴보기 - ㊄ 76~116쪽도 참고하여 지도와 사진 살펴보기 ■ 단원 전체 구조 파악하기 - 주제별로 제재명과 학습 문제를 살펴보기 - 모둠별로 마인드맵을 이용하여 단원명, 주제, 제재별로 단원 전체의 학습내용 살펴보기	‣ 공개수업의 시간 조절로 인하여 본시에는 결과만 공개함. ‣ 침묵신호	20분
	□ 모둠 생각나누기 □ 미니북 □ 활동지	■ 단원과 연계된 현장체험학습 장소 찾아보기 - 본 단원을 학습하려 할 때 학습에 도움이 될 현장 체험 학습 장소 알아보기 ■ 본 단원을 학습하기 위한 여러 가지 학습방법 알아보기 ■ '시청・시의회 활동지' 맛보기 - 목요일 재량활동 시간을 활용한 사전학습 예고 - 자신의 능력에 맞는 자료 구해오기	‣ 교사는 수시로 아동들의 학습 태도를 확인하며 협동의 중요성을 알도록 돕는다.	28분
정리	□ 사회・역사사전 □ 장기과제 □ 차시예고	■ 3단원과 연계된 어려운 낱말 뜻을 알아보고 발표하기 ■ 3단원 장기과제를 살펴보고 자신의 능력에 맞는 해결방법 생각하기 ■ '시청・시의회 활동지'를 이용하여 현장체험학습 사전 학습 자료 구해오기 - '아는 만큼 보인다'는 생각으로 미리 알아보기	인터넷자료 안내 (http//www.edunet4u.net, http//dev.cein.or.kr,야후/꾸러기 등)	7분

[참고자료 2] 사회과 자기주도적 학습용 장기과제

장기과제 [2학기] 안내

제4학년 (   )반 (   )번 이름 (   )

아래의 표를 참고하여 창의적인 방법으로 기본으로 정해진 것은 꼭 해옵니다. 선택 및 창의성 코너는 자율적인 결정에 의해 해결하여 선생님께 수시로 제출합니다. 평가는 창의성 및 과제의 충실도 등에 의해 교과에 반영합니다.

단원	장기 과제	제출일시	번호	평가
1. 문화재와 박물관	1.옛 도읍지에 있는 중요한 유적과 유물의 사진 및 자료 모으기 (10개 이상)-[24쪽 선택1]	9. 3	기본	
	2. 각 시대별 석탑 사진 및 자료 모으기(5개 이상)	9. 5	3	
	3. 아래의 도읍지 중 여러분이 관심이 있는 곳의 유적과 유물을 이용하여 역사 신문 꾸미기 (한양:조선)-서울, (개경:고려)-개성, (금성:신라)-경주, (국내성・평양:고구려)-지안・평양, (상경:발해)-둥징청 (웅진・사비・위례성:백제)-공주・부여・서울	9. 10	7 11	
	※ 문화재 및 박물관 관련 인터넷 사이트 주소 소개 문화 관광부(http//www.mct.or.kr) 한국 문화재 보호 재단(http//www.fpcp.or.kr) 서울특별시(http//www.metro.seoul.kr) 국립중앙박물관(http//www.museum.go.kr/mai.jsp) 국립민속박물관(http//www.nfm.go.kr) 국립경주박물관(http//www.gyeongju.museum.go.kr) 국립부여박물관(http//www.buyeo.museum.go.kr) 국립공주박물관(http//www.gongju.museum.go.kr)		심화 (선택)	
	4. 세계 문화유산으로 지정된 우리나라의 문화재에 대해 조사하여 보고서 꾸며보기	9. 22		
	5. 내가 체험한 여러 종류의 박물관의 종류와 하는 일을 다음과 같이 정리해 보기 [50쪽 선택1] - 내가 가 본 박물관의 이름, 하는 일, 주요 전시물 등	10. 8		
2.가정 생활과 여가 생활	6. 가정의 소중함을 알려주는 사진이나 신문기사 모으기(5개 이상)	10. 20		
	7. 창의적인 방법으로 가족신문 만들기	10. 22		
	8. 옛날의 가정생활과 오늘날의 가정생활의 좋은 점을 비교하기(만화나 그림 또는 창의적인 방법 등)	10. 29		
	9. 우리 가족 구성원들이 가정을 위하여 하는 일을 관찰한 후 역할에 어울리는 캐릭터를 만들어 가족 소개하기-[73쪽 선택1]	11. 3		
	10. 독특한 여가 생활을 하는 사진이나 신문기사 모으기(5개 이상)	11. 24		
3.가정의 경제 생활	11. 용돈기입장 11월 1일부터 1달 이상 쓰기(제출은 12.5)	11. 1		
	12. 은행을 견학하여 은행에서 하는 일 조사해서 보고서 꾸미기 - 예금의 종류와 필요성에 대하여 알아보기	12. 15		
	13. 은행 외에 금융 업무를 취급하는 기관 조사하기(5곳 이상)	12. 15		
창의성 코너				

☞ 해결방법: 문헌연구, 인터넷 활용, 사진자료 수집, 신문・잡지 자료 수집, 전문가 탐방, 현장 직접 취재, 자기만의 창의적인 방법을 이용하여 여러분의 문제해결능력을 마음껏 겨루어 보세요.

[참고자료 3] 장소 선택의 모둠 구성을 위한 안내문

학년 직소우 1: 현장학습 사전 안내문

○○초등(중·고등)학교 제4학년 (　)반 (　)번 이름(　　　)

어린이 여러분 안녕하세요?

제4학년 사회과 '1. 문화재와 박물관'과 연계된 다양한 현장학습 장소를 효율적으로 견학하기 위하여 사전 조사를 하려고 합니다.

아래의 설명을 잘 읽고 탐구적인 학습이 될 수 있도록 답하여 주세요.

아래 표는 제4학년 학생들이 학년 전체 직소우 1 현장학습 방법으로 견학하려고 하는 곳입니다.

[1] 내가 가보았던 곳에는 표를 하고, 가장 가고 싶은 곳부터 1, 2, 3, … 등으로 표시하세요.

장소	가 본 곳	가고 싶은 곳	비고	장소	가 본 곳	가고 싶은 곳	비고
경복궁				경희대 자연사 박물관			
종묘				고대 박물관			
창경궁				성균관대 박물관			
한국은행 화폐금융박물관				기타:			

[2] 내가 가고 싶은 곳 중에서 1, 2의 장소에 대하여 <보기>를 참고하여 사전 조사를 충분히 하여 선생님께 내일까지 제출하세요.

보기	(1) 그 곳을 가고 싶은 까닭을 자세히 쓰기 (2) 위치 및 가는 방법 알아보기 (3) 유래 알아보기 (4) 역사적 의미 조사하기 (5) 그곳에서 학습할 수 있다고 예상되는 것에 대하여 써 오기

[참고자료 4] 학년 직소우 2: 현장체험학습 사전학습 및 학생 관리용

각 반별 명단 (제 학년 반, 명)

♥ 1. 아래 명단을 쓰신 후 자르셔서 **사전학습 시 담당 반 선생님께** 제출하세요.
2. A4 용지에 반별로 붙이셔서 오늘과 토요일에 사용하세요.
3. 학년 반에 자기 반을 꼭 써서 보내시기 바랍니다.
4. 아동들에게 주의사항 및 준비물을 다시 말씀해주시기 바랍니다.

순	체험학습장소	장소 및 담당자	학년반	참가 학생 명단	명
1	경희대 자연사 박물관	○-○ ○○○	○-○		
2	고대 박물관	○-○ ○○○	○-○		
3	창경궁	○-○ ○○○	○-○		
4	경복궁	○-○ ○○○	○-○		
5	성균관대 박물관	○-○ ○○○	○-○		
6	한국은행화폐 금융박물관	○-○ ○○○	○-○		
7	종묘	○-○ ○○○	○-○		

[참고자료 5] 직소우 현장체험학습 실행 후의 발표회에 관한 개인별 평가표

현장체험학습 평가표 제(　)학년 (　)반 (　)번 이름(　　　)

	모둠명	발표자	체험학습장소	알게 된 점	본받을 점	개별 평가	전체 평가
1							
2							
3							
4							
5							
6							
7							

[부록] '꿈나무학교' 체험학습 활동지

신나게 배우면서 즐기는 체험학습

[신나게 배우면서 즐기는 체험학습]
본 활동지는 여러 학교 선생님들을 중심으로 실행한 '토요휴업일' 체험학습 활동에 참여하지 못하는 나 홀로 학생을 위한 '선생님과 함께 꿈나무학교' 프로그램을 진행하면서 제작한 활동지입니다.

본 활동지는 토요휴업일에 체험학습을 하고자 하는 어린이들이 부모님과 함께 활동하며 활용하면 체험학습의 효과를 극대화할 수 있습니다.

또한, 학교현장에서 교육과정과 연계해서 체험학습을 할 때도 활용하면 통합교육과정의 모든 영역에서 활용할 수 있습니다.

특히 권장하는 체험학습 장소는 대학문화 체험학습입니다.
서울에는 많은 대학들이 있고, 그 대학에는 박물관을 비롯한 많은 교육적 요소가 있어 아동들이 좋아하는 다양한 활동이 가능하며, 대학교 식당에서의 점심식사는 아동・학부모들 모두가 좋아하고(학생들의 식사시간을 피해서 미리 예약하면 가능함), 대학생들과의 인터뷰 등은 학생들이 선호하는 활동입니다.

▣ 주요 활동 -- 전 학년용

자료 번호	자료 제목	미리보기	자료 내용과 활용 방법의 예
1	서울대학교		· 서울대학교의 역사와 더불어 우리나라의 근현대사 함께 익히기 · 대학문화체험과 진로교육 연계활동 - 캠퍼스를 둘러보며 재학생들과의 인터뷰 활동 - 출신 인물에 대해 알아보며 다양한 직업 익히기 - 나의 미래에 대하여 진지한 글 써보기
2	고려대학교		· 고려대학교의 역사와 더불어 우리나라의 근현대사 함께 익히기 · 대학문화체험과 진로교육 연계활동 - 캠퍼스를 둘러보며 재학생들과의 인터뷰 활동 - 출신 인물에 대해 알아보며 다양한 직업 익히기 - 나의 미래에 대하여 진지한 글 써보기
3	연세대학교		· 연세대학교의 역사와 더불어 우리나라의 근현대사 함께 익히기 · 대학문화체험과 진로교육 연계활동 - 캠퍼스를 둘러보며 재학생들과의 인터뷰 활동 - 출신 인물에 대해 알아보며 다양한 직업 익히기 - 나의 미래에 대하여 진지한 글 써보기
4	국립중앙박물관		· 국립중앙박물관과 관련된 인터넷 사이트 및 관련 도서를 소개하여 학습의 흥미도 높이기 · 박물관 체험 중에 정확한 체험목표 및 학습거리를 제공하여 유의미한 활동 형성하기
5	낙성대		· 인물학습을 통해 시대상황 알아보기 · 낙성대를 통해 유적의 선정 및 관리 방법에 대해 알아보기 - 사전관련도서를 읽으면 학습효과를 극대화할 수 있음
6	서울대공원		· 동물원과 곤충관을 둘러보며 새롭게 알게 된 내용 확인하기 · 동물이나 식물들을 관리하고 보호할 수 있는 방법 알아보고 가정과 학교생활에 응용해 보기

	자료 제목	미리보기	자료 내용과 활용 방법의 예( )
7	서울랜드		· 지도에서 서울랜드 찾아보기 · 서울랜드 지도를 보고 내가 체험할 곳을 스스로 계획해보는 활동하기 · 서울랜드 곳곳에 숨어있는 마스코트를 찾아보고 역할을 알아보기
8	서울올림픽 기념관		· 기념관 체험 중에 정확한 체험목표 및 학습거리를 제공하여 유의미한 활동 형성하기 · 세계올림픽 및 88서울올림픽에 대한 다양한 정보 익히기와 익힌 정보를 함께 나눠보는 활동하기
9	N서울타워		· N서울타워 및 주변건물 및 유적지의 지리적 위치 익히기 · N서울타워를 소개하는 글을 써보기
10	세종대왕 기념관		· 인물학습을 통해 시대상황 알아보기 · 박물관 체험 중에 정확한 체험목표 및 학습거리를 제공하여 유의미한 활동 형성하기 · 세종대왕에 대한 다양한 정보 익히기와 익힌 정보를 함께 나눠보는 활동하기
11	양화진 서울 외국인 묘지공원		· 외국인 묘지공원의 조성배경과 한국에서 우리 민족과 함께 살아온 외국인의 삶의 어제와 오늘 알아보기 - 양화진 묘지공원의 묘비문 읽어보기 활동 ※ 연세대학교와의 연계체험학습이 효과적임 (예: 연세대의 설립자인 H. G. 언더우드와 그의 가족들이 양화진에 묻혀 있음을 확인하는 활동)
12	프리앙 쿠키학교		· 쿠키만들기 체험과 진로교육 연계활동 - 쿠키 만들기 활동을 통해 자신의 적성 찾아보기 - 음식과 관련된 다양한 직업 익히기
13	한강 유람선		· 한강에 대해 알아보고 다양한 방식으로 정리하기 - 한강의 중요성과 옛 이름의 유래 - 한강과 한강다리의 이용 현황과 기능 · 한강 유람선을 타고서 새롭게 알게 된 점이나 느낀 점을 다양한 활동으로 정리하기

▣ 선택 활동

> ● 선택활동 학습지:
> 1. 주요활동의 뒷부분에 첨부하여 활용하면 좋다.
> 2. 학생의 수준에 맞게 활동(활용)하면 유용하다.

	자료 제목	미리보기	자료 내용과 활용 방법의 예(활)
1	생각을 담아 그려요		· 주요활동 내용 전, 중, 후에 다양하게 활용될 수 있음 · 마인드맵 활동을 통해 자신의 생각을 주제나 소재별로 정리할 수 있도록 지도교사의 도움주기 · 개인 활동 혹은 짝 활동이 가능함
2	삼행시 재미있어요!	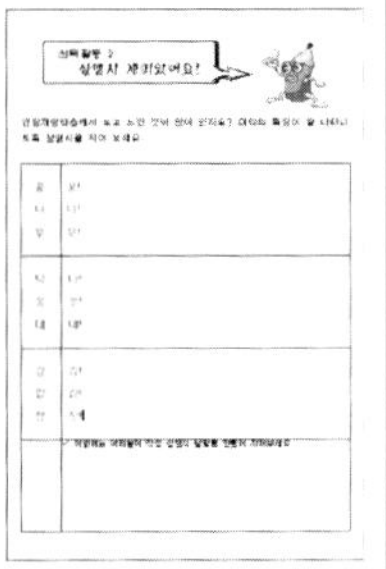	· 주요활동의 주제나 소재를 나타낼 수 있는 핵심단어를 활용하여 삼행시 놀이를 할 수 있음 · 스스로 핵심단어를 찾아 삼행시를 지어 보기
3	나는야, 만화가!	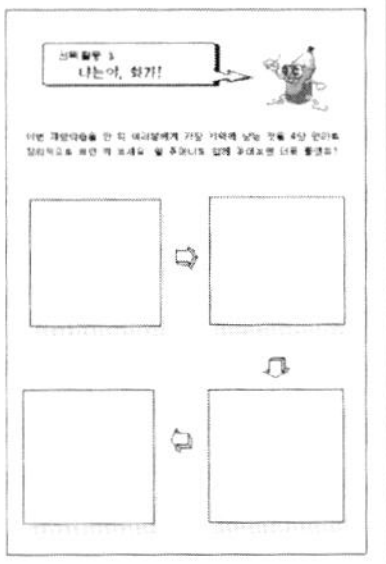	· 기억에 남는 장면이나 인상 깊었던 내용을 4칸 만화 형식의 기록으로 남기기
4	나는야, 화가!		· 기억에 남는 장면이나 인상 깊었던 내용을 다양한 도구를 활용하여 그림 그려보기

우리들 학습① | 프로그램 안내 · 자기 평가

차례

꿈나무 학교 친구

누구와	( )교육(지원)청 관내 초등(중 · 고등)학교 친구들과 함께
나는?	_____ 초등(중 · 고등)학교 제____학년 ____반 이름: __________

스스로 평가하기

나의 모습 생각해 보기			
나는 약속시간을 잘 지킵니다.			
나는 쓰레기를 바르게 처리합니다.			
나는 인터뷰를 할 때 예의바르게 행동합니다.			
나는 질서를 잘 지킵니다.			
나는 위생과 안전사고에 유의합니다.			
나는 공공장소에서 떠들지 않습니다.			

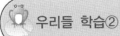

우리들 학습② 선생님과 함께 하는 꿈나무학교 체험학습 활동

'선생님과 함께 하는 꿈나무학교' 체험학습 활동

학생 여러분! 유구한 역사를 가진 나라, 세계 10대 경제 강국이며, 세계를 리드하는 IT강국이고, 교육열이 세계 최고이며, 세계 제일의 우수한 두뇌를 가지고 있는 나라를 알고 계신가요? 바로 자랑스러운 대한민국이랍니다. 우리나라는 할리우드 영화가 지배하지 못하는 유일한 나라이며 축구와 야구에서 세계 4강을 성취한 유일한 나라입니다. 이 모든 것이 우리의 선조들과 부모님들이 이룬 것이며 그분들의 땀과 피가 여러분의 몸속에서 지금도 흐르고 있습니다. 오늘의 고단함과 배고픔을 탓하지 않고 밝고 희망찬 미래를 꿈꾸었던 그분들처럼, 여러분들도 여러분의 멋진 미래를 꿈꿔 보지 않을래요? 여러분들로 인해 세계 5위의 경제 강국, 할리우드를 지배하는 문화강국이 될 수도 있지 않을까요?
미래의 꿈을 함께 키워갈 '선생님과 함께 꿈나무 학교'에 오신 여러분을 진심으로 환영합니다.

- **체험활동 일시:** 20○○**년 월 일**
- **체험활동 장소: 서울대학교**
- **출발장소:** ○○**초등(중・고등)학교 운동장**
- **지도교사:**

- **체험학습 시 지켜야 할 일**

새로운 친구들과 친해지기 위해 노력합니다.
방문하는 곳에서는 손님으로서 예의 바르게 행동합니다.
자기 물건 중 사용한 물건은 바로바로 가방에 넣어 잃어버리는 일이 없도록 합니다.
질서를 잘 지키고 안전사고에 유의합니다.
화장실에 갈 때는 선생님께 알리고 혼자 이동하지 않습니다.
도중에 일행을 놓쳤을 경우 침착하게 안내된 선생님 휴대폰으로 연락합니다.

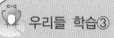

우리들 학습③ 우리 모둠 친구들: 버스 승차 안내

함께 할 친구들

반	학교	학년 반, 성명	인솔교사
1			
2			
3			
4			
5			
6			
7			
8			
9			
10			

버스 승차 안내

제1호차
1반, 2반, 3반, 4반, 5반(　　명)

기사님		통로	출입구	
		1		
		2		
		3		
		4		
		5		
		6		
		7		
		8		
		9		
		10		

제2호차
6반, 7반, 8반, 9반, 10반(　　명)

기사님		통로	출입구	
		1		
		2		
		3		
		4		
		5		
		6		
		7		
		8		
		9		
		10		

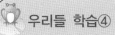

우리들 학습④ | 우리나라 최고의 명문 서울대학교

설립 목적

서울대학교는 1946년 8월 22일 민족교육의 기치 아래 민족 최고 지성의 전당이며, 민족 문화 창달과 세계문화 창조를 위한 학문적 사명을 다하기 위하여 국내 최초의 국립종합대학교로 설립되었습니다.
개교 이래 모든 분야에 걸쳐서 국내 학계의 선도적 역할을 담당하였고, 우리 사회 각계각층에서 지도적 역할을 담당할 훌륭한 인재를 배출함으로써 자타가 인정하는 민족의 대학으로 자리 잡았습니다.
2014년 개교 68주년을 넘기면서 1998년 연구 중심 대학으로의 발전을 위한 서울대학교 장기발전구상을 발표하였고, '2000년대 중장기 발전 계획'을 수립하여 추진 중에 있습니다. 또한 21세기 지식기반사회를 대비해 고등인력 양성을 목표로 하는 "두뇌한국 21" 사업을 성공적으로 완수하고 국제경쟁력 있는 정예 연구 인력을 육성하여 명실공히 "세계 수준의 종합연구중심대학"으로의 도약을 위해 매진하고 있습니다.

낱말 풀이

* 기치: 어떤 일에 대한 분명한 태도 또는 주의나 주장
* 교수: 가르침
* 진작: 북돋움
* 선도적: 앞서서 인도하는 것
* 명실: 이름과 실상, 소문과 실제
* 매진: 씩씩하게 나아감

상징: 교표

'샤'라는 글자처럼 보이는
ㄱ ㅅ ㄷ이 합쳐진 모양

ㄱ: 국 립
ㅅ: 서 울
ㄷ: 대학교

국립서울대학교

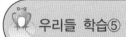

서울대학교에 가면 무엇을 공부하게 될까요?

단과대학	학과(학부)	관련교과	진로
인문대학	국어국문학과, 중어중문학과, 영어영문학과, 불어불문학과, 독어독문학과, 노어노문학과, 서어서문학과, 언어학과, 국사학과, 동양사학과, 서양사학과, 철학과, 종교학과, 미학과, 고고미술학과	읽기, 쓰기, 영어, 도덕, 사회, 미술	언론계, 문화계, 정치계
사회과학대학	정치학과, 외교학과, 경제학부, 사회학과, 인류학과, 심리학과, 지리학과, 사회복지학과, 언론정보학과	사회, 수학	정계, 학계, 시민단체
자연과학대학	수리과학부, 통계학과, 물리학부, 화학부, 생명과학부, 지리환경과학부, 의예과, 수의예과	수학, 과학	연구소, 공무원
간호대학	간호학과	수학, 과학	간호사, 교사
경영대학	경영학과	사회, 수학	기업
공과대학	기계항공, 재료공학부, 전기공학부, 지구환경시스템공학부, 컴퓨터공학부, 화학생물공학부, 건축학과, 원자핵공학과, 산업공학부, 조선해양공학부	수학, 과학, 컴퓨터	연구활동
농업생명과학대학	식물생산과학부, 산림과학부, 응용생물화학부, 식품동물생명공학부, 바이오시스템소재학부, 조경지역시스템공학부, 농경제사회학부	수학, 과학	연구, 학술
미술대학	동양학과, 서양학과, 조소과, 디자인학부	미술	예술가
법과대학	법학부	국어, 사회, 도덕	법조계, 행정부
사범대학	교육학과, 국어교육과, 영어교육과, 불어교육과, 독어교육과, 사회교육과, 역사교육과, 지리교육과, 국민윤리교육과, 수학교육과, 물리교육과, 화학교육과, 생물교육과, 지구과학교육과, 생물교육과, 체육교육과	전 교과	교사, 연구전문가
생활과학대학	소비자아동학부, 식품영양학과, 의류학과	실과	전문직업인
수의과대학	수의학과	과학, 실과	교수, 수의사
약학대학	약학과, 제약학과	과학	정부, 산업체
음악대학	성악과, 작곡과, 기악과, 국악과	음악	예술가, 교육
의과대학	의학과	수학, 과학	의사, 연구원
치과대학	치의학과	과학	의료인

서울대학교에서는 형편이 어렵지만 학업성적이 우수하여 장래가 촉망되는 학생들에게 장학금을 지급하고 있습니다.

- 학비지원 및 면제 장학금
- 성적우수장학금
- 이공계무상국가장학금
- 신입생입학우수장학금
- 근로봉사장학금
- 서울대학교발전기금장학금

우리들 학습⑥ 서울대학교 캠퍼스 여기! 저기!

서울대학교의 주요 건물을 찾아보고 무엇을 하는 곳인지 조사해 봅시다.

행정관(대학본부)	중앙도서관	학생회관
대학의 모든 주요업무를 총괄하고 있으며 특히 입학관리와 홍보 업무가 이루어지고 있다. 교무처, 학생처, 연구처, 기획실, 사무국 시설관리국 등이 위치하고 있다.	대학의 교육목표 달성을 위한 학술정보의 수집, 정리, 분석, 보전, 축적과 연구 및 학습활동에 대한 원활한 지원을 하고 있다.	학생들이 이용하기 편리하도록 총학생회와 각종 동아리의 활동 공간, 식당, 매점, 서점, 휴게실 등이 있다.

규장각	중앙박물관	포스코 스포츠센터
규장각의 역사는 1776년 조선의 22대 국왕 정조가 창덕궁 후원에 창설한 것에서 시작. 현재는 다수의 국보(6종, 7,076책)와 보물(8종, 28책)을 비롯하여 약 26만여 점에 달하는 고도서와 고문서, 책판 등을 소장하고 있다	박물관 개관일 및 시간 ◎월요일~토요일 10:00~17:00 ◎일요일 및 국정공휴일과 개교기념일(10월15일)은 휴관	수영장, 체련장, 골프장, 스쿼시/라켓볼장을 비롯하여 요가, 댄스 등을 할 수 있는 다목적 체련장이 있으며 샤워실과 사우나 시설을 갖추고 있다. 드라마와 영화 촬영장소로 활용되면서 서울대의 명물로 자리매김하고 있다.

우리들 학습⑦ | 응답하라, 너의 능력을…. 파워 인터뷰!

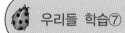

대학교 생활을 알기 위해 꼬마 기자가 되어 인터뷰해 봅시다.

(☼ 인터뷰를 할 때에는 규칙을 지키고 예의바르게 행동하는 것이 가장 중요합니다.)

알고 싶어요 ☞ 나만의 인터뷰	1. 서울대학교의 자랑거리는 무엇입니까? 2. 서울대학교 학생이 되기 위해서는 무엇을 해야 합니까? 3. 대학생이 되면 어떤 점이 좋은가요? 4. (내가 만든 질문?): 자유 인터뷰
인터뷰한 분 [ ]과 제[ ]학년 이름[ ]	1. 2. 3. 4.
인터뷰한 분 [ ]과 제[ ]학년 이름[ ]	1. 2. 3. 4.
인터뷰한 분 [ ]과 제[ ]학년 이름[ ]	1. 2. 3. 4.
인터뷰를 하고 난 후 느낀 점	1. 2. 3. 4. 5.

우리들 학습⑧ | 진로 · 직업 탐구: 나의 미래에 대하여

서울대학교 문화체험학습을 마치는 소감은 어떤가요? 미래에 나는 어떤 모습이 되어 있을지, 또 그렇게 되기 위해 지금 나는 무엇을 해야 할지 생각해서 써 봅시다.

제목:

글쓴이 : 학교 학년 반: - , 성명: ( )

선택활동 1:

생각을 담아 그려요!

여러분이 체험한 내용을 '마인드맵'으로 마음껏 표현해 보세요.
집에 돌아가서 글을 쓰고 싶을 때나 보고서를 꾸미려 할 때 도움이 된답니다. 마인드맵의 가운데 칸은 그림이나 재미난 글로 꾸며보아도 좋아요.

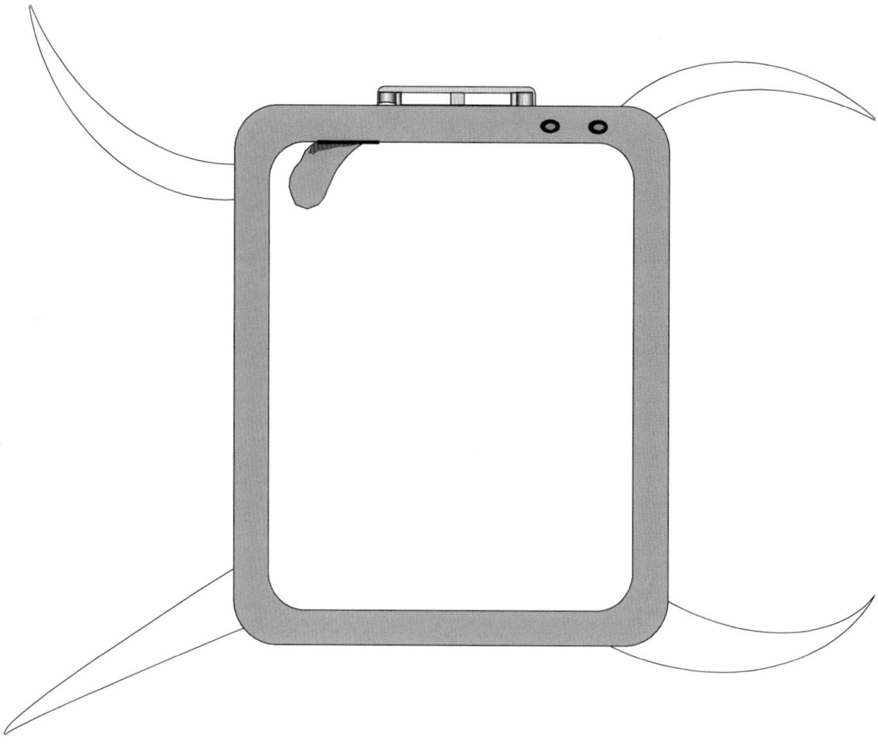

선택활동 2:

삼행시 재미있어요!

현장체험학습에서 보고 느낀 것이 많이 있지요? 대학의 특징이 잘 나타나도록 삼행시를 지어 보세요.

규 장 각	규: 장: 각:
서 울 대	서: 울: 대:
낙 성 대	낙: 성: 대:
기 타	※ 이번에는 여러분이 직접 삼행시 낱말을 만들어 지어보세요.

선택활동 3:

나는야, 꿈을 그리는 만화가!

이번 체험학습을 한 뒤 여러분에게 가장 기억에 남는 것을 4단 만화로 창의적으로 표현해 보세요. 말 주머니도 함께 꾸며보면 더욱 좋겠죠?

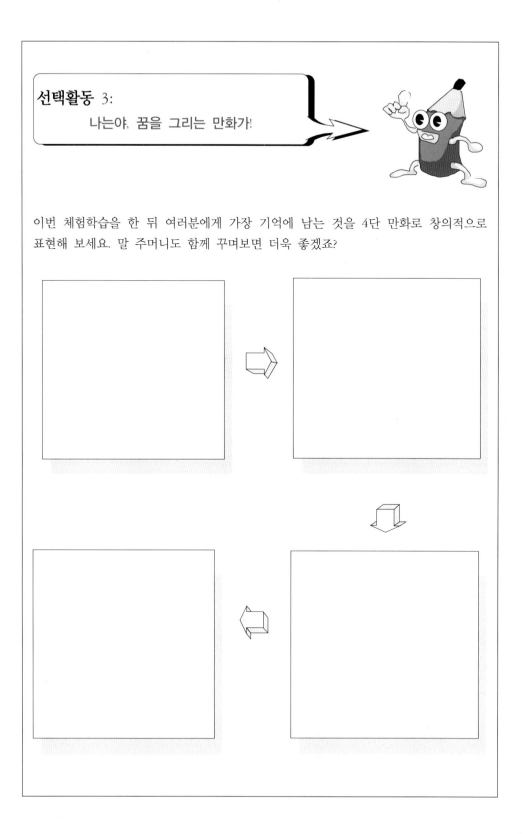

선택활동 4:

나는야, 멋진 화가!

이번 체험학습을 한 뒤 여러분에게 가장 기억에 남는 장면이나 여러분의 생각을 아름답게 그려보세요. 색연필이나 사인펜을 활용할 수 있습니다.

제7장 사회과 의사결정학습 모형

Ⅰ. 사회과와 의사결정학습

우리 모두는 날마다 사회 구성원으로서 수많은 결정을 내리면서 살아간다. 그 결정은 순수하게 개인적인 사항에 대한 것에서부터 사회 전체가 관련되는 사항에 대한 것까지 다양하다. 무엇에 대한 결정이든 그 결정은 합리적인 것이어야 할 것이다. 사회과의 목적은 학생들의 합리적인 의사결정 능력을 길러 주는 것이다.

1. 사회과에서의 의사결정학습

'2009 개정 사회과 교육과정'에서는 사회과의 개념을 "사회 현상을 올바르게 인식하고 사회 지식의 습득과 사회생활에 필요한 기능을 익히며 민주사회 구성원에게 요청되는 가치와 태도를 지님으로써 민주시민으로서의 자질을 육성하는 교과"라고 정의하였다. 이 개념의 정의에서는 사회과가 민주시민의 자질을 길러 주는 데 주도적 역할을 하는 교과라는 점과 바른 '사회 인식'을 바탕으로 지식 · 이해, 기능, 가치 · 태도를 고르게 습득해야 하는 교과임을 분명히 하였다. 즉, 사회과는 민주사회의 본질적 특성과 사회 구성원으로서 갖추어야 할 자질에 관한 요소로부터 목표를 추출하고 사회 과학과 그 밖의 분야로부터 내용을 선정, 조직하여 학생들의 경험을 바탕으로 사회현상을 학습하게 하는 교과임을 밝히고 있다.

2. 탐구학습과 경험을 중시하는 교과로서의 사회과

일반적으로 사회과는 다양한 정보를 활용하여 사회 현상에 관한 지식을 발견하고 문제를 해결하는 데 필요한 비판적 사고력, 판단 및 의사결정력 등의 신장을 강조한다. 사회과는 이러한 여러 능력들의 신장을 위하여 다양한 탐구 방법을 활용하여, 학습자 스스로 학습하는 기회를 제공하고, 흥미와 관심을 고려하여 개개인의 수준에 적합한 경험을 제공하는 효율적인 교수 · 학습 전략을 지향한다.

3. 시사성과 지역성을 강조하는 교과로서의 사회과

모든 교과가 사회적 변화를 반영할 때 그 효용성을 획득할 수 있지만 사회과는 가장 민감하게 사회적 변화를 의식하여 그 변화의 방향과 내용을 교육 내용에 반영해야 할 핵심 선도 교과이다. 또 지역성을 강조하는 사회과의 일반적 성격은 인간 개인의 구체적 활동과 경험의 현장이 바로 지역사회이기 때문에 비롯되는 것이다.

Ⅱ. 의사결정학습의 이해

1. 의사결정학습의 의미

탐구수업은 넓은 의미로 쓰면 가치까지 포함하지만 일반적인 의미로는 지식을 중심으로 한 수업이며 그것이 지향하는 인간상은 사회과학자(꼬마 사회과학자)이다. 그러나 사회과가 사회과학자를 양성하는 교과는 아니며 그것은 오히려 사회 구성원의 한 사람으로서 필요한 자질을 기르는 교과라는 반론이 제기되었다.

의사결정능력을 기르는 데에 중점을 두는 사회과의 수업모형에도 여러 가지가 있다. 그런데 그 대부분은 중등 사회과를 염두에 두고 개발된 것이어서 초등 사회과에는 적용하기 어려운 점이 있다. 일반적으로 통용되고 있는 의사결정학습의 단계는 ① 사실 이해, ② 가치 또는 쟁점 이해, ③ 여러 해결책의 제시와 각각의 해결책이 가져올 결과 예상 등의 3단계이다.

또한 의사결정학습은 주로 사회적 논쟁문제를 많이 다루게 된다. 왜냐하면, 그런 경우 의사결정을 내리기가 어렵고 그것이 문제가 되기 때문이다.

2. 의사결정학습의 이론적 기초

우리가 의사를 결정해야 하는 문제 상황은 대개 두 가지로 나누어 생각할 수 있다. 하나는 개인적 문제에 직면했을 때이고, 또 하나는 사회적 문제에 직면했을 때이다. 개인적 문제는 '나는 장차 교사가 될까, 의사가 될까?' 등의 문제와 같이 기본적으로 그것이

한 개인이나 몇몇 사람에게만 영향을 미치는 경우에 해당되는 것이다. 반면에 사회적 문제는 종교 집단, 정당, 지역사회, 국가와 같이 어떤 집단의 전체가 영향을 받는 경우이다. 대부분 우리가 직면하는 문제는 사회적 문제이다. 그리고 그 사회적 문제는 '우리 지역의 핵폐기물 처리장 건설에 찬성할 것인가, 반대할 것인가'와 같이 개인의 의사결정에 기초한 집단의 의사결정을 요구한다. 특히, 사회과는 개인적 필요와 사회적 필요의 조화를 추구하는 교과로서 개인과 사회의 조화로운 의사결정을 추구한다.

그리고 이러한 의사결정은 '합리적'일 것을 요구한다. 예를 들어, 한 학생이 학교 운동장에서 지폐를 주웠을 경우, 이 지폐를 어떻게 처리해야 할 것인지의 문제에 직면하게 될 것이다. '그냥 내가 가질까?', 또는 '선생님께 드릴까?', '친구들에게 의논해서 그들의 조언을 들을까?', '부모님이나 선생님께 말씀을 드릴까?' 등의 해결 방법을 생각할 것이다. 그러나 이 세 가지 의사결정 방식에는 그 학생 자신이 세운 대안도 없고, 선택을 위한 지적인 이성을 사용하지 않고 있다. 이는 단지 임의적이거나 다른 사람의 의견에만 의존하는 의사결정 방식이다. 이러한 방식보다는 문제의 정확한 인식(지폐를 줍게 된 동기, 상황, 장소 등의 정확한 정보에 따른) → 대안들의 구안과 선택 → 행동 → 결과의 평가에 이르는 합리적 의사결정이 보다 바람직한 방식일 것이다.

개인적 의사결정은 물론이고 집단적 의사결정도 개인적 의사결정을 기초로 한다. 허스트(Hurst), 킨네이(Kinney), 웨이스(Weiss) 등은 여러 학자들의 의사결정 모형을 종합하여 개인적 의사결정 과정을 6단계로 정리하였다.

제1단계는 해결해야 될 문제가 무엇인지를 인식한다. 제2단계는 그 문제를 정확하게 정의하는 것으로 다시 세 단계를 거친다. 첫째는 문제의 진술이다. 즉, 문제를 분명하게 부각시키고 그 한계를 정하는 것이다. 둘째는 그 문제를 해결하는 데 필요한 과학적 정보를 수집하는 것이다. 셋째는 그 문제가 안고 있는 가치의 문제를 검토하는 것이다. 그 문제에 관해 내가 가지고 있는 가치관은 무엇인가, 내 가치관의 근거는 어디에서 나왔는가, 가치갈등은 없는가, 나에게 어떤 가치가 가장 중요한가 등을 검토한다. 제3단계는 대안을 개발한다. 제4단계는 그 대안들을 평가한다. 제5단계는 대안을 선택하고 그에 따라 행동한다. 제6단계는 그 결과를 평가한다.

집단적 의사결정은 이러한 개인적 의사를 최대한 집단의 것으로 확장하려는 과정을 나타내게 되는데 마샬라스(Massialas)와 허스트(Hurst)는 집단적 의사결정을 7단계로 제시하고 있다.

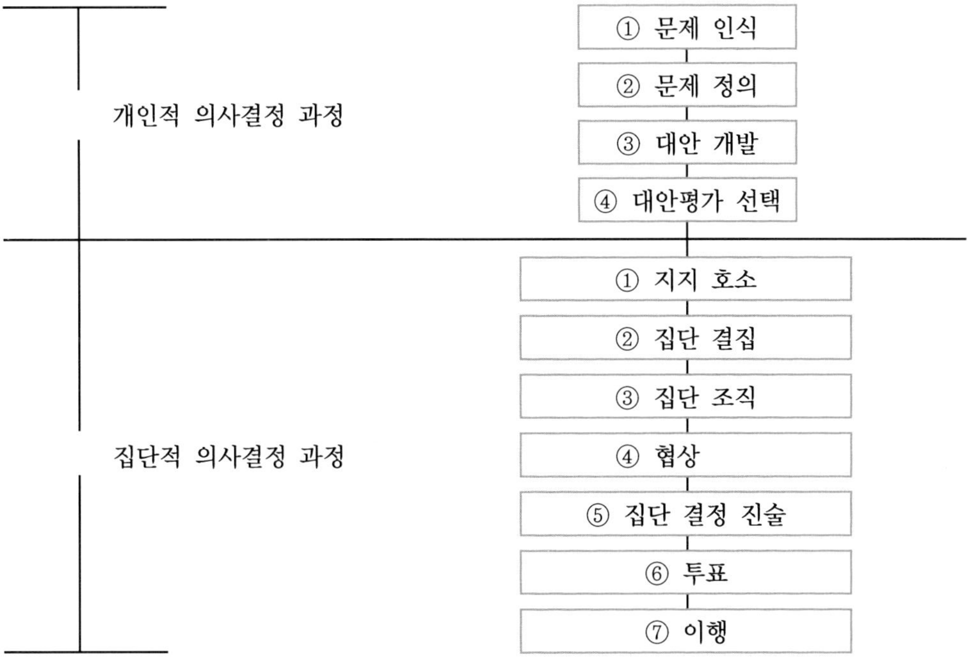

[그림 4-6] 개인적 의사결정 과정과 집단적 의사결정 과정

집단적 의사결정 과정만 살펴보면 제1단계는 자신의 의사와 가장 가까운 지지자를 찾는 단계이다. 이를 위해 자기 의사의 정당성을 말하고 지지를 호소하거나 자신의 의사와 가까운 사람을 지지하게 된다. 제2단계는 의사가 같은 사람들끼리 행동을 위해 결집하는 단계이다. 제3단계는 구체적 행동의 계획을 위해 집단을 조직하는 단계이다. 제4단계는 협상 단계로 어떤 집단의 의사가 전체 사회에서 항상 받아들여지지는 않으므로 어느 정도의 타협이나 협상이 필요하게 된다. 제5단계는 집단 결정의 진술이다. 즉, 어떤 집단 전체의 합의된 의견의 진술을 의미한다. 제6단계는 투표이다. 민주주의 사회에서 대부분의 사회 문제에 대한 결정은 다수결에 의존하므로 대개 투표를 최종적 의사결정의 도구로 사용한다. 제7단계는 투표를 통한 결정에 따르는 것이다. 제1~6단계의 과정이 공정하게 진행되었다면 제7단계는 자연스럽게 이행된다.

그러나 이러한 집단 의사결정 모형은 거시적인 관점에서 집단 의사결정의 흐름만 보여줄 뿐이며 구체적으로 집단 내에서 어떤 과정을 거쳐 집단 합의가 도출되는지에 관해서는 아무 정보도 제공해 주지 못한다. 또한 다수결에 의존한 집단 의사결정 방식은 항상 소수 집단의 불만 속에서 다수의 횡포로 잠재적 갈등이 내재되어 있는 경우가 많고 충분한 논의가 결핍될 가능성도 많다. 특히, 교육적 상황에서는 다수결에 의한 집단 의사결정과 승복 정신보다는 집단적 문제 해결을 위한 구성원 간의 활발한 의견 교환을 통한 사회적 기능과 타협 정신의 신장이 강조될 필요가 있다. 구성원 각자의 다양한 관점의 표현과 수용 경험은 창의력과 자신의 분명한 태도 설정 및 관용적 태도를 가지게 하며, 정확한 지적 표현과 판단 등은 비판적 사고력을 신장시킬 수 있다. 이를 위해서는 다수결 원리보다는 만장일치제의 집단 의사결정 과정을 통해 활발한 토론을 조장하는 방식이 권장된다.

이상의 논의에서 바람직한 의사결정 수업 전략에는 개인적 의사결정과 집단적 의사결정이 통합되는 것이 바람직하며, 구성원 간의 적극적이고 긍정적인 상호 작용을 강조하는 협동학습 구조에서의 집단적 의사결정 모형의 필요성이 요청된다.

3. 의사결정학습의 특징

스탈(Stahl) 모형은 수업을 진행하는 동안 학생이 다음과 같은 의사결정능력을 신장시킬 전략을 사용하도록 구조화해 놓은 점이 장점이다.

첫째는 서열화 능력(ranking-order decision strategy)이다. 여러 가지 선택할 수 있는 대안들이 있을 때 학습자들은 대부분 첫 번째나 두 번째 그리고 마지막 대안들에만 관심을 기울이고 그 중간에 위치해 있는 대안들은 소홀히 하는 경향이 있다. 이 중간에 있는 대안들을 그렇게 중요한 것으로 생각하지 않기 때문에 이들을 모두 서열화하려는 노력을 하지 않는다. 이는 그만큼 주어진 자료에 비해 의사결정 경험을 덜 하게 하므로 비효율적이다. 그러므로 주어진 대안들을 모두 활용할 수 있는 의사결정 전략은 이 모든 대안들을 학습자가 서열화하도록 하는 것이다. 이를 위해서는 학습자들에게 몇 개의 대안들을 제시하고 선호하는 것부터 마지막 대안이 남을 때까지 계속 선택하게 하는 전략이 유용하다. 예를 들어, 한 부부가 속리산, 수안보, 단양팔경 중 한 지역의 여행권을 얻었다고 하자. 그리고 휴가를 7월 넷째 주에 얻었다고 한다면 우선 이들은 휴가 기간에 예약이 가능한 지역을 택해야 할 것이다. 이를 위해 우선 이들은 가장 가고 싶은 장소를 선택해야 한다. 만약 선호하는 지역을 속리산>수안보>단양팔경의 순으로 결정했다고 하자. 가능하다면 속리산을 결정하겠지만 만약 그 기간에 이미 예약이 마감됐다면 차선으로 수안보를 예약할 것이다. 마찬가지로 이것마저 마감되었다면 그다음의 단양팔경을 예약할 것이다. 이처럼 이 전략은 최선의 선택이 언제라도 불가능할 수 있으며, 따라서 차선의 선택을 항상 준비해야 하는 부담을 갖게 구조화되어 있다. 그러므로 주어진 여러 개의 대안은 모두가 선택될 가능성이 있으므로 신중하게 서열화하게 된다. 그리고 각 대안은 왜 그렇게 서열화되었는지 분명한 이유를 가지게 되는 것이다.

둘째는 강제 선택 전략(forced-choice decision strategy)이다. 이는 학습자들이 일단 선택을 하고 나면 다른 대안들은 모두 포기해야 함을 의미한다. 예를 들어, 만약 한 부부가 3게임에 출전해서 속리산, 수안보, 단양팔경의 3개 여행권을 상품으로 받았다고 하자. 그러나 알고 보니 여행날짜가 모두 같은 날임을 뒤늦게 알게 되었을 때, 결국 그 부부는 하나의 여행권을 사용할 수밖에 없다. 이러한 전략은 학습자로 하여금 첫 번째의 선택을 매우 신중하게 결정하도록 유도한다. 그리고 한 번의 선택은 다른 대안들을 포기하는 것을 의미하므로 주어진 모든 대안들의 장단점을 모두 신중하게 검토하게 한다.

셋째는 협상 전략(negotiation strategy)이다. 전술한 바와 같이 여러 개의 대안을 서열화할 때 학습자들은 대부분 첫 번째나 두 번째 그리고 마지막 대안들에만 관심을 기울이고 그 중간에 위치해 있는 대안들은 소홀히 하는 경향이 있다고 했다. 이러한 경향을 방지하는 또 하나의 전략이 협상 전략이다. 이것은 여러 대안들을 3가지로 범주화하는 것이다. 첫 번째 범주는 가장 선호하는 대안, 두 번째 범주는 기꺼이 포기할 수 있거나 첫 번째 범주를 선택하기 위해서 버릴 수 있는 대안, 세 번째는 차후에 선택할 수도 있는 대안으로 분류한다. 예를 들어 한 부부가 9번의 퀴즈대회에서 9개의 상품을 받게 되었다고 하자. 그런데 이 상품을 모두 받게 되면 엄청난 세금을 물게 된다고 하자. 그래서 이 중에서 가장 갖고 싶은 3개의 상품을 선택해야 된다고 하자. 그러면 다른 어느 상품과도 바꾸기 싫은 세 개를 선택하고, 다음으로는 기꺼이 포기할 수 있는 상품을 세 개 선택한다. 그리고 나머지 세 개는 세금 문제가 해결되고 난 뒤 수지계산을 통해 상품을 선택할 수도 있는 범주로 선택된다. 이러한 전략은 학습자로 하여금 세 가지의 분명한 범주로 대안들을 나누게 한다. 그래서 각 대안들이 서로 분명한 관계를 설정할 수 있게 해 주며 타협의 능력을 향상시켜 준다.

넷째는 창안 결정 전략(invention decision strategy)이다. 학습자들에게 주어진 상황에서 가장 최선의 대안을 만들어 보게 하거나 또는 주어진 대안들을 선택하게 한다. 즉 열려 있는 의사결정 전략이다. 학습자들은 주어진 대안을 버릴 수도 있고, 결합할 수도 있으며 다른 것을 더할 수도 있다. 그리고 최후의 대안을 제시하기 전에 예상되는 결과들,

손해와 이익, 얻는 것과 잃는 것 등을 기술하여야 한다. 이는 성급한 표면적인 의사결정을 막기 위해서이다. 어차피 실제 상황에서 학습자들은 주어진 문제에 직면해서 대안을 창안해 낼 수밖에 없다.

Ⅲ. 의사결정학습의 과정

1. 의사결정 모형 학습의 과정

사회과에서 의사결정 수업 과정은 현대 사회 문제의 해결이나 미래 문제의 학습 및 기타 개인·사회 문제를 해결하는 데 적용되는 것으로 그 과정은 '실증 체계'와 '가치 체계'를 고려하여 합리적으로 구안하여야 한다. 이 과정에서 의사결정은 사실적 근거를 토대로 고차적 가치 판단에 의존하는 것이다. 실증적 체계는 경험적 관찰을 통해 진위 여부를 검증할 수 있는 사실을 전제로 하는 것이므로 가치 판단을 위한 수단이라 할 수 있다. 그러므로 가치 체계는 실증 체계를 통하여 목적의 선택을 위한 가치 판단이라 할 수 있다.

사실 전제에 의한 결정 과정(①)은 문제 인식 → 현상의 탐구 및 예측 → 대안의 검토 결정 → 행위 등의 절차에 따라 학습이 전개된다. 그리고 가치 전제에 의한 학습(②)은 문제 인식 → 가치 분석 → 대안의 검토 결정 → 행위와 같은 절차에 의해 학습이 전개된다. 그러므로 합리적 의사결정 과정(③)은 사실을 전제로 하는 의사결정 과정과 가치를 전제로 하는 의사결정 과정을 종합한 수업과정으로, 단계는 다음 그림에서와 같이 문제 인식 → 현상의 탐구 및 예측 → 가치 분석 → 대안의 검토 결정→ 행위 등의 전 과정을 거치도록 하였다.

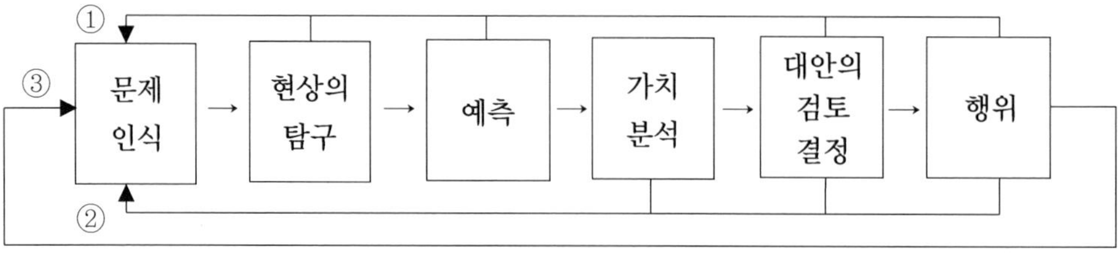

[그림 4-7] 사회과 의사결정 수업의 절차

위의 그림에서 제시한 의사결정 과정에서 각 단계별 특징을 살펴보면 다음과 같다.

가. 문제 인식

이 과정에서는 결정을 요하는 제반 학습 문제에 관심을 갖고, 그 문제의 성격과 의미를 파악한다. 생소하거나 애매한 용어의 정의, 문제의 특성 규명, 결정 대상의 목표 확인, 목표 실현의 대체적인 방법 결정 등이 이루어진다.

나. 현상의 탐구

문제의 현 상황에 관한 자료를 수집한다. 따라서 이 과정에서는 수집된 자료의 검토, 분석을 통하여 현재의 여러 상황을 이루게 된 요인이나 요인들 간의 관계를 탐구한다. 즉, 자료의 타당성을 검토하여 문제의 원인, 조건 등을 구체적으로 규명한다.

다. 예측

문제의 상황에 대한 자료의 수집과 분석을 토대로 앞으로의 전망, 해결책 등을 탐구한다. 이 과정에서는 현재 상황을 이루게 된 요인과 관계 분석을 통해 미래를 전망하는데 이때 학습형태는 미래 학습의 여러 가지 기법을 고려할 수 있다.

라. 가치 분석

가치 체계에 대한 학습 과정은 당위적 가치의 수용과 가치 갈등의 분석 과정의 입장에서 고려할 수 있다. 가치의 수용은 지금까지 유지해 온 여러 생활양식으로서의 기술, 규범 및 가치, 제도 등을 그대로 받아들이고 유지해야 할 것이 무엇인가를 살펴본다. 그리고 가치 갈등의 분석은 새로운 생활의 설계 및 문제 해결을 위하여 선택하여야 할 것이 무엇인가를 명료하게 하여야 한다.

마. 대안의 검토 결정

이 과정은 가치 체계의 연장으로써 학생들은 탐구 및 예측의 결과에서 얻어진 정보 등을 종합하여 여러 대안을 종합적으로 확인하고 평가 검토한 후에 실현 가능한 방책이나 최적의 미래상을 결정하게 되는 것이다. 이 과정이 가치화의 과정과 다른 점은 역시 만족보다는 최적화에 더 강조를 두는 것이라고 볼 수 있다.

2. ICT 활용 의사결정 모형

가. 한국교육학술정보원(KERIS)에서 개발한 ICT 활용 의사결정학습 모형의 구조

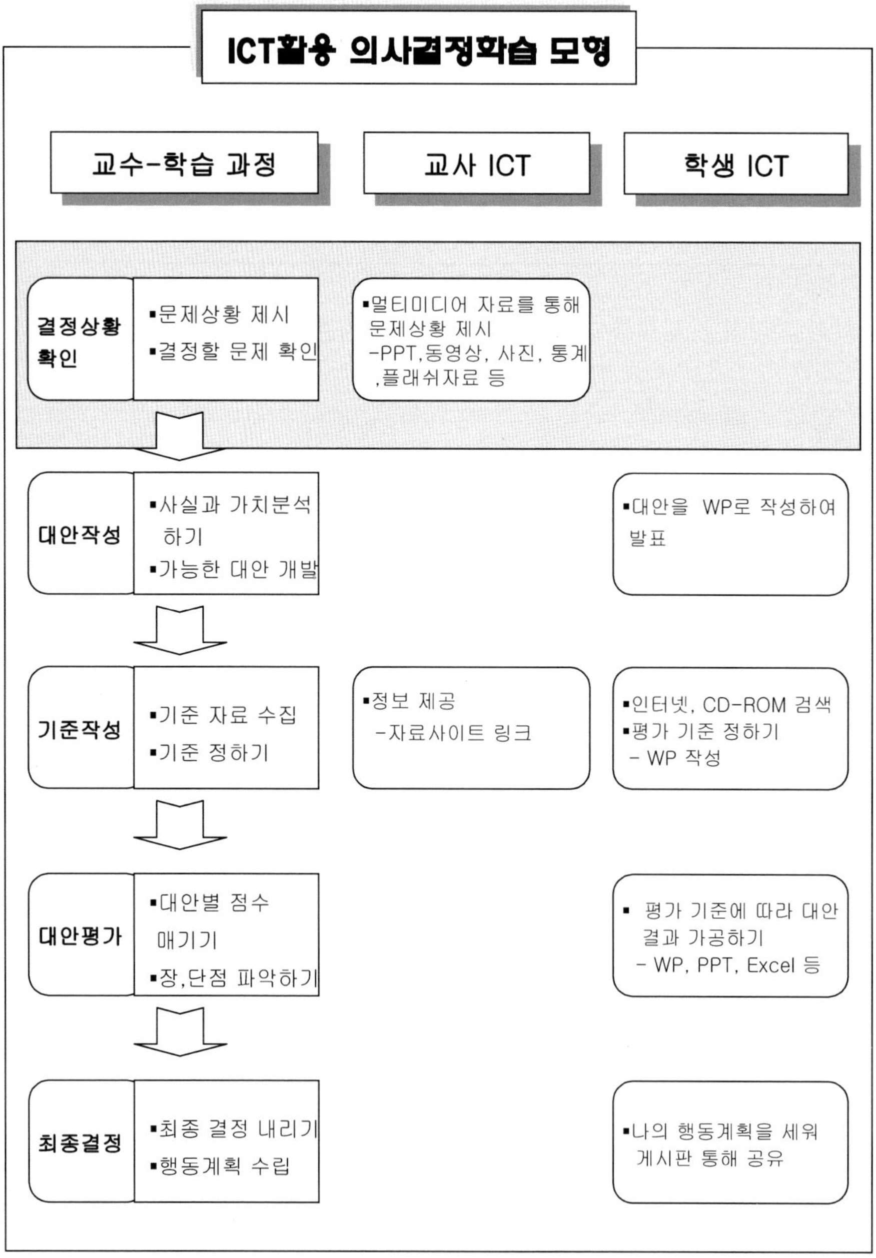

[그림 4-8] ICT 활용 의사결정학습 모형

나. 모형의 적용

학습 주제와의 관계 및 적용 사례	▷ 관련 주제 우리가 살아가면서 직면하는 선택 상황이 모두 의사결정 모형의 학습주제가 될 수 있다. 그런데, 의사결정의 대상은 개인적 문제일 수도 있고(개인적 의사결정), 사회적 문제일 수도 있다(집단적 의사결정). ▷ 적용 사례 - 장차 나의 장래 직업은 어떤 것을 택하는 것이 좋겠는가? - 우리 마을에 장애인 수용시설이 건립된다면, 어떻게 할 것인가? - 새만금 간척사업을 지속할 것인가, 중단할 것인가?
적용 수준	· 학년에 따라 적용 수준을 조절해야 한다. - 제3, 4학년: 주로 개인적 차원의 단순한 선택 문제를 적용한다. - 제5, 6학년 이상: 사회적 문제에 대한 의사결정이 가능함
유의점	· 의사결정 과정에서 요구되는 다양한 기능 중에서, ICT 활용과 관련될 수 있는 기능으로, ① 결정에 필요한 사실 정보의 수집 및 파악 능력, ② 가능한 대안의 생성 및 각 대안의 결과 예측 능력, ③ 데이터에 근거한 의사결정능력 등을 들 수 있다. 즉, ICT 활용과 동시에 이러한 활동을 수행하면 수업의 효과를 극대화할 수 있다. · 교사는 의사결정을 수행하기 위한 활동지(의사결정지)를 사전에 준비하여 활용할 수 있도록 한다(인쇄물, 홈페이지 탑재, WP 자료 등으로). · 각 대안을 비교하는 수단으로 점수를 매기거나(1~3점 또는 +1, 0. -1 등), ○, △, ×등으로 표기하여, 이를 종합하여 순위를 정할 수 있다. · 의사결정 문제는 실제적인 문제를 다루는 것이 바람직하다. 그러나 역사 영역에서 '역사적 의사결정 학습'을 전개할 경우에는 예외적이라 할 수 있다.

다. 모형의 상세화

단계 1: 의사결정 상황 확인

ICT: 살아가면서 뭔가 결정을 하지 않으면 안 되는 당혹스러운 상황을 시각적으로 제시하는 과정에서 필요하다.

교수 · 학습 활동	ICT 활용 계획		
	교단선진화교실	모둠수업실	멀티미디어실
1. 문제 상황 제시: 뭔가 의사결정이 필요한 문제 상황을 제시한다. - 일상생활이나 사회생활 속에서 겪게 되는 문제 중에서 뭐가 최선인지 알기 어려운 상황을 선정한다. ※ 가치판단이 개입된 문제일수록 사회과의 본질에 부합된다(예를 들어 국가예산을 기업 활동을 지원하는 데 사용할 것인지 아니면 사회복지에 예산을 사용할 것인지, 낙태를 허용할 것인지 금지할 것인지).	○ 사진 · 동영상 · 통계자료, 신문기사, 인터뷰 내용 등을 멀티미디어 기구를 통해 보여 준다. - 인터넷 등지에서 사진, 동영상 등을 다운로드 받아서 CD에 저장해 둔다. - 교사의 컴퓨터를 통해 저장된 내용을 빔 프로젝터로 확대하여 보여 준다. - 기타 비디오나 슬라이드, OHP 등의 자료를 이용할 수 있다. - 텍스트 자료의 경우 프레젠테이션 프로그램을 이용할 수도 있다. - 상영 시간이 길지 않도록 유의한다.		

2. 결정할 문제 확인: 문제를 해결해 가는 데 다양한 해결책이 있으며, 이들 중에 어느 것을 선택해야만 한다는 것을 확인한다. - 문제를 해결하는 데 복수의 해결책이 있을 수 있음을 확인한다. - 가능한 해결책에 대해 장단점을 조사해 볼 필요가 있음을 확인한다. - 의사결정의 결과로 얻게 될 목표가 무엇인지 뚜렷하게 확인시킨다.	○ 프레젠테이션 도구를 이용하여 학습 문제 및 목표를 제시한다. - 수업목표를 명확히 정리하여 프레젠테이션 프로그램을 통해 정리해 준다.

단계 2: 대안 작성

교수・학습 활동	ICT 활용 계획		
	교단선진화교실	모둠수업실	멀티미디어실
1. 문제의 사실적 측면과 가치적 측면 분석하기 - 문제와 관련된 사실적 정보 수집하기(예를 들어 자동차를 구입한다고 할 때, 자동차의 가격, 성능 등에 관한 기초 자료 수집) - 문제에 관련된 가치 갈등 내역 분석하기(대형차를 선호하는지 디자인을 선호하는지, 성능을 선호하는지, 경제성을 선호하는지)	○ 인터넷 검색이나 CD-ROM 검색을 통하여 문제와 관련된 자료를 검색한다. - 모둠별로 자료를 수집하는데 미리 수집해야 할 자료의 종류에 대해 토의하도록 한다. - 신문기사, 인터뷰 자료, 통계자료, 문헌자료 등 다양한 형태의 자료를 수집할 수 있도록 한다. - 자료를 문제 분석에 적합하도록 정리하여 모둠별로 WP나 PPT를 활용하여 정리하도록 한다.		
2. 가능한 대안 개발하기 - 문제 해결을 위해 선택할 수 있는 모든 종류의 대안에 대해 브레인스토밍한다. ※ 우선은 비판 없이 모든 종류의 아이디어를 모은 뒤 교사가 비슷한 종류끼리 모아서 너무 많지 않은 범위 내에서 최종 후보를 선정한다. ※ 미리 준비한 의사결정지를 활용할 수도 있다.	○ 프레젠테이션 도구를 이용하여 학습 및 토의의 순서를 구조화시킨다. - 학생들의 의견을 개조식으로 정리하거나 도식적으로 정리해 준다. - 학생들이 토의할 순서를 미리 프레젠테이션에 입력하여 학습을 안내한다.		

단계 3: 기준 작성

ICT: WP나 PPT를 통해 학습의 과정을 구조화하여 토론을 안내한다.

교수・학습 활동	ICT 활용 계획		
	교단선진화교실	모둠수업실	멀티미디어실
1. 평가 기준에 대한 브레인스토밍: - 문제가 내포하고 있는 사실적 측면과 가치 판단의 측면을 고려하여 관련 있는 평가 기준에 대해 자유롭게 브레인스토밍한다. - 비슷한 것끼리 정리하여 최종 후보를 너무 많지 않는 범위 내에서(예 10가지) 결정한다.	○ 학습자의 사고 과정을 안내할 수 있도록 토론 과정을 절차화・도식화하여 WP나 PPT를 통해 구조화된 장면을 제시한다. ※ 모둠별로 토의할 경우 각 모둠별로 별도의 의사결정지(PPT나 WP을 이용하여 작성된)에 논의 내용을 기록하도록 한다.		
2. 기준표 작성하기: - 기준표의 형식에 대해 모둠별로 토의한다. - 가로축에 최종 후보로 선정된 대안, 세로축에 사실 및 가치판단에 관련된 기준들을 제시하고 기준에 따라 각 항목을 5점 척도 내지 10점 척도로 평가한다.	○ WP나 PPT를 활용하여 모둠별로 기준표를 작성하도록 한다.		

단계 4: 대안 평가

ICT: WP나 프레젠테이션 프로그램을 통해 평가 결과를 도표나 그래프 그림 등 시각적으로 표현한다.

교수・학습 활동	ICT 활용 계획		
	교단선진화교실	모둠수업실	멀티미디어실
1. **기준에 따라 각 대안에 대한 점수매기기** - 모둠별/개인별로 각 대안에 대해 자유롭게 점수를 매긴다. - 모둠별/전체학급별로 채점 결과를 계산한다. - 선호되는 대안들의 순위를 매긴다.	○ WP나 PPT를 활용하여 기준표 작성을 돕는다. ○ 간단한 통계프로그램을 이용하여 기초통계(평균, 표준편차 등)를 실시한다.		
2. **선정된 대안들의 장점과 단점을 평가한다.** - 최종 후보가 되는 대안을 2~3개 선정한다. - 각 대안들이 미칠 수 있는 긍정적 측면과 부정적 측면을 분석한다: 필요한 경우 인터넷 검색 등을 통해 추가로 정보를 수집한다. - 결과를 정리하여 구조화시킨다(예를 들어, 각 대안의 기준별 점수, 장점 및 단점 등을 도식화하여 정리한다.	○ 대안 평가의 결과를 WP나 PPT를 활용하여 구조적・시각적으로 표현한다. ○ 인터넷 검색이나 CD검색을 통해 추가 정보를 수집한다. ○ 통계 프로그램 등을 통해 막대그래프나 꺾은선 그래프 등을 작성한다.		

단계 5: 최종 결정

ICT: 결과를 워드프로세서나 프레젠테이션 프로그램을 이용하여 정리하는 데 활용한다.

교수・학습 활동	ICT 활용 계획		
	교단선진화교실	모둠수업실	멀티미디어실
1. 최종 결론내리기: - 최종적으로 하나의 대안을 선정한다. ※ 대안을 선정하였을 경우 반드시 그 근거를 정리하여 제시하도록 한다. ※ 두 가지 이상의 대안이 최종 경합할 경우는 마지막 제안 설명 이후 투표에 회부할 수도 있다.	・ 논의 결과를 개조식 혹은 도표로 정리하여 WP나 PPT를 활용하게 정리하게 한다. ・ 결과를 학급 홈페이지나 교사의 홈페이지에 게시한다.		
2. 행동계획 수립하기: - 선정된 대안을 실행에 옮길 수 있는 행동계획을 수립한다(예를 들어 자동차를 구입할 경우 어디에서 어떻게 구입할 것인지, 구입자금은 어떻게 조달할 것인지, 구입 시 최종적으로 고려해야 할 것은 무엇인지 등에 대해 논의한다).	・ 행동계획을 개조식 혹은 도표로 정리하여 WP나 PPT를 활용하게 정리하게 한다. ・ 실천계획도 보고서에 포함시켜 학급 홈페이지나 교사의 홈페이지에 게시한다.		

Ⅳ. 의사결정학습 모형 적용 사회과 교수・학습 과정안의 실제

1. 의사결정학습 모형 적용 사회과 교수・학습 과정안 (예시안 1)

학년・학기	초등학교 5-1	단원 (주제)	3-2-[1]환경문제의 합리적 해결	차시	11/17
학습주제	지역의 환경문제 해결방법 알아보기		교 과 서	127~129쪽	
			사회과 탐구	122~124쪽	
학습목표	□ 민주적 의사결정으로 교통문제를 해결하기				
수업전략	최적 수업모형	최적 수업모형 선정 의도와 배경			
	의사결정 수업모형	◦ 본 차시는 자연환경에 대한 적응과 개발이라는 두 가지 태도에 따른 자연환경의 변화 및 그에 따른 문제점과 해결 방안을 모색해 볼 수 있도록 하는 데 목적이 있으므로 의사결정수업모형을 적용하게 되었다.			
	학습 집단 조직	◦ 전체→개별→모둠→전체→모둠			

단계	학 습 내 용	교수 · 학습 활동 교사	교수 · 학습 활동 학생	시간	자료 및 유의점
문제 인식 및 명료화	전시 학습 상기	■ 환경 기초 시설의 설치에 따른 문제점에는 어떤 것이 있었나? ■ 고장의 불편한 점에 대해 발표하기 ■ 차로 인하여 불편을 겪었던 경험 발표하기	□ 쓰레기 매립장, 소각장, 하수처리장, 분뇨처리시설 등이 있음. □ 교통, 주차, 쓰레기, 환경오염, 소음 등의 이야기하기 □ 등굣길에 차들이 노란 선을 넘어 사람들이 다니는 길로 와서 위험했어요. □ 자신의 경험 이야기	7'	□ VTR
	동기 유발	■ 차량이 많아 교통 소통이 원활하지 못해 운전자 간에 다툼이 있는 VTR 시청	□ 왜 그런 일이 생겼는지 생각하며 본다.		
	학습 문제 확인	■ 오늘의 공부할 문제를 알아봅시다. 민주적 의사결정으로 교통문제를 해결하기			
자료의 수집		■ 교통량의 증가로 일어나는 문제를 알아보자. ■ 차가 계속 늘어난다면 어떻게 될까?	□ 모둠별로 준비한 자료를 돌려보며 발표준비를 한다. □ 주차장이 부족하여 주민들 간에 다툼이 일어난다. □ 교통체증이 심해 우리 생활에 어려움을 겪는다. □ 자동차의 배기가스가 대기오염을 시키고 오존농도가 높아져서 우리 몸에 해롭다.	8'	□ 준비한 자료에 중요한 것을 표시 해와서 모둠학습
가능한 대안 제시		■ 교통문제를 해결하기 위한 방법에는 어떤 것이 있는지 가능한 방법을 의논해 보시오 ■ 모둠에서 의논한 대안을 발표해 봅시다.	□ 모둠별로 가능한 대안을 의논한다. □ 설문조사 내용도 요약한다. □ 각 모둠별 대안을 발표한다. (2부제 운행, 5부제 운행, 10부제 운행, 주차장 확보를 위한노력, 새로운 신호체계 등) □ 자동차를 2부제 운행을 해야 합니다. 그 이유는… □ 자동차를 10부제 운행을 해야 합니다. 그 이유는…	13'	□ 설문조사한 내용을 모둠별로 사전에 정리해 놓기 □ 교사는 칠판에 모둠별 대안을 적어준다.
대안의 분석		■ 각 모둠에서 대안으로 제시한 내용을 살펴봅시다. ■ 자동차를 2부제로 운행하게 하면 어떤 어려운 점이 생길까? ■ 주차장을 확보하기 위해 주차장 빌딩을 짓거나 지하 주차장	□ 모둠별 발표를 열심히 듣는다. □ 생활이 불편해집니다. □ 배달하는 사람들은 다니게 해야 합니다. □ 주차빌딩을 짓게 되면 주변에 교통이 복잡해지고, 돈이 많이 드니까…	7'	□ 들으면서 중요한 내용은 메모

대안의 평가 및 결정		■ 그럼 교통문제를 해결하기 위해 어떤 모둠의견을 받아들이는 것이 좋을까? ■ 가장 많은 의견은 어떤 것이었나? ■ 그러면 모든 모둠의 의견을 모아 알맞은 결정을 내려 봅시다.	□ 각 다른 모둠의 의견으로 발표하게 한다. □ 승용차 운행을 자제하고, 대중교통을 이용하자는… □ 설문조사로 주민들의 의견을 모은 뒤 결정하는 것이 좋겠… □ 가까운 거리는 승용차 운행을 자제하고, 대중교통을 이용하자는… 주차공간 확보를 위해…	5'	
	차시 예고	■ 다음 시간에는 우리나라의 발전된 모습에 대해 공부하겠습니다.	□ 예습과제 적기		
수행 평가 관점		□ 다른 사람의 의견에 귀를 기울이는가? □ 타당한 근거로 자신의 의견을 주장하는가? □ 전체의 의사결정에 합리적으로 따르는가?			

2. 의사결정학습 모형 적용 설문조사

교과목	단원	쪽수		학년 반 번	이름	교사도움말
사회과	3. 환경과 더불어 살아가는 길	교과서	120~122쪽	제5학년 반 번		
		사·탐	124~125쪽			

안녕하십니까?

저는 ○○초등(중·고등)학교 제 ○학년 ○반 담임교사 ○○○입니다.

우리 학급에서는 우리 지역의 교통문제를 해결하기 위한 여러 가지 방법에 대해 의사결정을 해 보려고 합니다. 지역에서 생활하시면서 교통문제에 대한 여러 가지 견해를 답해 주시면 됩니다. 협조해 주셔서 대단히 감사합니다.

내용	매우 그렇다	조금 그렇다	보통이다.	조금 그렇지 않다	전혀 그렇지 않다
우리 지역의 교통문제는 심각하다.					
우리 지역의 교통소음은 심각하다.					
우리 지역의 주차문제는 심각하다.					
우리 지역의 공기오염은 심각하다.					

교통문제에 대한 해결 방안에 대해 생각나는 대로 적어주세요	

제8장 사회과 현장체험학습 방법

I. 현장체험학습의 이해

1. 현장체험학습의 의의

현장체험학습이란 일상적인 학습 공간인 교실을 떠나 자연현상이나 사회적인 사실과 현상이 구체적으로 나타나고 있는 현장에서 답사・견학・면접・조사・관찰 등 실제적인 활동을 통한 학습방법이다.

현장체험학습은 학생들에게 바람직한 생활 태도 형성뿐만 아니라 건전하고 바른 인성과 심성을 가꾸는 데 중요한 교육적 역할을 한다. 현장체험학습의 교육적 의의나 기대효과는 다음과 같이 요약할 수 있다.

가. 다양한 교육과정 운영을 통한 폭넓은 학습경험으로 생활 주변의 문제에 대하여 관심과 흥미를 가지게 하며, 생활과 관련된 기본적인 지식을 익혀 이를 실생활에 적용할 수 있는 능력을 갖게 한다.

나. 다양한 학습 활동은 자기개발을 가능하게 한다. 학습의 공간을 확대해 줌으로써 자신의 행동이 직접・간접적으로 다른 사람에게 많은 영향을 주고 자신의 작은 노력이 남을 도울 수 있다는 사실을 깨닫게 한다.

다. 의도적으로 자연환경과 접촉할 기회를 제공해 줌으로써 보다 넓은 자연의 세계에 대한 새로운 경험과 그를 통한 환경과 인간의 관계에 대한 인식을 높일 수 있다.

라. 학생에게 공간의 확보와 다양한 활동 내용을 제공하여 줌으로써 체력 및 건강에 대한 새로운 인식과 건전한 생활을 습관화할 수 있는 계기를 마련해 주며, 이러한 경험 활동은 자신감, 성취감, 상대방에 대한 존경, 공동체 의식, 끈기, 인내, 봉사 정신 등 여러 가지 중요한 덕목을 얻을 수 있게 해 준다.

2. 현장체험학습의 목표

현장체험학습은 계획단계에서의 올바른 목표 설정이 활동의 성패를 좌우할 정도로 매우 중요한 의미를 지닌다. 목표는 목적 달성을 위해서 성취해야 할 단계적이고 체험 가능한 구체적인 내용으로 설정해야 한다. 따라서 현장체험학습의 목표를 참여 대상, 학생의 특징, 참가 동기, 시기, 장소, 내용 등에 따라 다음과 같이 정할 수 있다.

첫째, 자연과의 접촉을 통해 정신적, 신체적으로 즐거움을 느끼고, 삶의 질을 높인다.

둘째, 문화유적지 답사와 조사 활동을 통해 민족의 얼과 조상들의 슬기로운 생활 방식과 사고를 이해하고 아울러 애향심과 국토 및 민족을 사랑하고 아끼는 마음을 기른다.

셋째, 다양한 활동 과정을 통해 지도 교사와 참가 학생들 간의 인간적 접촉으로 신뢰감과 인간적 관계의 소중함을 이해하여 진정한 '나'에 대한 새로운 발견의 기회를 갖게 하고 민주적 공동생활을 실천하는 태도를 기른다.

넷째, 어려운 상황을 끝까지 견디는 경험과 다양한 문제 제기 및 그에 대한 해답을 찾으려는 노력을 통해 창의력, 탐구력, 인내력을 기른다.

3. 현장체험학습의 원리

현장체험학습 활동 내용의 선정과 조직은 목표를 달성하기 위해 무엇을 어떻게 할 것인지를 원칙에 따라 몇 개의 순서와 단계로 편성해 나가는 것이다.

즉 '활동의 내용으로 무엇을 선택할 것인가?', '그것들을 어떠한 방법으로 조직하여 전개할 것인가?', '전개할 경우 시기, 예산, 장소, 용구, 경비 등을 어떻게 할 것인가?'가 포함된다. 현장체험학습 활동의 내용 선정 시 유의해야 할 기준과 원리는 다음과 같다.

가. 활동 내용을 조직할 때에 참가자의 인지적, 정서적, 운동 기능적 발달 특징을 고려하고, 현장체험학습 활동에서의 경험 내용이 학교, 가정에서의 활동과 참가자 개개인의 경험과 연관성 및 계속성이 있어야 한다.

나. 어떠한 활동 내용을 얼마나 폭 넓고 깊게 다루느냐의 문제를 결정해야 하며, 정적인 활동과 동적인 활동, 개인 활동과 집단 활동, 기본적인 활동과 기술적인 활동 등으로 조화롭게 조직하여 참가자에게 다양한 경험을 제공할 수 있어야 한다.

다. 참가자 모두가 일정한 역할을 가지고 전원이 성취감과 만족감을 느끼면서 활동에 참여할 수 있도록 활동의 내용을 균형 있게 조직해야 할 뿐만 아니라 식사, 휴식, 활동 시간 등도 융통성 있게 편성하여 활동의 균형을 유지하도록 해야 한다.

현장체험학습의 내용 선정과 조직, 수준과 범위는 교육과정의 수준에서 결정하며, 교육과정의 수준에서 지도되고 학습되어야 한다. 특히, 교육과정의 지역화에 대한 고려와 재구성이 요구된다고 할 수 있다. 또 현장체험학습의 구체적인 활동 계획은 현장체험학습의 제반 여건 및 학교의 실정에 따라 창의적으로 프로그램을 작성하여 다양하게 전개할 수 있어야 한다.

Ⅱ. 현장체험학습 방법

현장체험학습을 안전하고 효율적으로 전개하기 위해서는 앞서 제시한 대로 교육과정을 분석하여 지도할 내용을 명료화하고 정확한 정보를 수집하여 계획을 세우며 충분한 준비가 있어야만 기대했던 성과를 올릴 수 있다. 현장체험학습 지도 계획을 수립하기 위해 고려해야 할 사항은 다음과 같다.

1. 장소 선정

현장체험학습의 활동 내용을 선정할 때에는 활동할 장소와 시설의 특징이 고려되지만 구체적인 장소가 확정된 것은 아니다. 활동 내용이 확정되고 활동 시기와 기간 등이 정해지면 활동을 하기에 적합한 장소와 시설을 확보 선정해야 한다. 특히, 공간 확대법에 의한 교육과정의 지역화와 관련을 고려하여 시설 주변의 자연환경이나 역사적 문화적 환경까지도 학습의 대상이 되도록 하는 것이 좋다.

2. 사전 답사(事前 踏査)

현장체험학습 활동 장소에 대하여 지도교사들이 얼마나 알고 있느냐에 따라 지도와 활동의 성패가 좌우된다. 답사 시기는 장소를 선정하고 난 후 충분한 시일을 두고 실시하며 답사 시에는 사진기 등을 준비하여 현장의 규모, 활동 가능한 내용, 이용 상의 유의점, 주변의 자연환경 등을 조사하여야 한다.

특히 2014년 4월 16일 발생하여 세계를 떠들썩하게 했던 소위 '세월호 사고'를 교훈 삼아 현장체험활동 전에 반드시 2-3회 사전 답사를 실행하여야 한다.

3. 현장체험학습 계획 수립

현장체험학습은 학습 계획이 보다 치밀하게 계획되어야 학습의 효과를 거둘 수 있다. 따라서 현장에 나가서 학습할 주제를 선정하는 데 있어, 교사와 학생이 공동으로 충분한 협의가 있어야 할 것은 물론, 교육과정을 준거로 수립되어야 한다. 현장체험학습 계획을 수립하는 작업은 학기 초에 학년 교육과정 수립 시 미리 세우는 것이 바람직하다. 그리고 현장에 나가서 학습 활동을 어떻게 할 것이냐 하는 요령이나 내용에 있어서는 일정, 인원, 목표, 내용, 현장 위치 파악, 현장 활동, 준비물, 경비(예산), 보고 사항, 유의점 등에 대하여 철저한 준비와 계획이 수립되어야 한다.

4. 현장 체험 활동(본 활동)

현장체험학습의 단계에서는 실제로 현장에 나가서 학생들이 구체적으로 작업이나 실연에 참가하는 활동이 이루어진다. 예컨대, 우체국에 가서 전보를 쳐보는 일, 어떤 생산 공장에 가서 실제로 작업을 해 보는 일 등이라 할 수 있다. 이와 같은 현장에서의 활동들은 계획된 프로그램이나 사전에 훈련된 방법에 따라서 질서 정연하게 진행되도록 해야 한다.

5. 사후 활동

현장에서 활동한 내용들을 정리하고 반성해 보는 과정이다. 이 과정에서는 현장에 나가기 이전에 제시하여 준 결과 처리의 요령이나 방법에 따라 보고서를 작성하여 보고회를 개최하고, 그것에 대하여 분석・검토・토의 등의 활동을 통해 잘되고 못된 점들을 반성해 봄으로써 현장체험학습에 대한 유종의 미를 거두도록 해야 한다.

현장체험학습, 현장체험활동에서 사후 평가 활동은 매우 중요한 의의를 갖는다. 학생들이 현장체험학습, 현장체험활동 등을 학습이라기보다는 학습하지 않고 노는 활동이라는 그릇된 인식을 갖고 참여할 우려를 불식하는 중요한 활동인 것이다. 특히 2009 개정 교육과정의 두 꼭지인 교과와 창의적 체험활동 중에서 창의적 체험활동은 사회과의 현장체험학습, 현장체험활동 등과 연계하여 실행하면 더욱 효과적인 것이다.

Ⅲ. 현장체험학습 자료 개발 및 절차

1. 자료 개발 방향

가. 우리 지역, 학교 실정에 알맞게 계획성 있는 현장 체험 운영 계획 수립

1) 교육과정 수준의 현장체험학습 내용 선정

2) 교과 내, 교과 간 또는 범교과적 통합(통섭, 융복합) 교육과정 구성

3) 현장체험학습 장소는 공간 확대법을 적용하여 실시

나. 학년별 교육과정 수준에 따른 현장체험학습 범위 설정

1) 교과 통합의 현장체험학습 주제 설정

2) 학급 단위로 현장체험학습 효율화 지향

3) 모둠별 현장체험학습 계획과 활동이 이루어지도록 함

다. 일선 학교의 현장체험학습 운영 과정에서 활용할 수 있도록 재구성

1) 현장체험학습의 계획, 실천, 평가 단계에서 재구성하여 사용

2) 일선 교사들의 시간적, 경제적 부담 감소

라. 학생 주도적인 학습 전개가 가능하도록 학습내용과 학습방법 선정

1) 사전 활동, 현장 활동, 사후 활동으로 구분하여 학습방법 모색

2) 모둠별 활동을 선택하여 계획, 실천과정에서 학습 전개

3) 모둠별 학습지 선택 활용으로 현장 체험의 다양화 시도

2. 자료 개발 절차

가. 교육과정을 분석하여 교과별 단원에 따른 현장 체험 요소 추출

나. 관련 교과 및 단원에 따른 현장 체험 내용 선정

다. 교과 내, 교과 간 통합교육과정에 따른 현장체험학습 주제 설정

라. 현장체험학습 주제에 따른 목표 설정

마. 현장체험학습을 위한 정보 수집

바. 현장체험학습 주제에 따른 활동안 작성

사. 모둠별 현장 체험을 위한 학습지 개발

아. 구체적이고 알기 쉬운 현장 체험 안내 자료 제작

3. 현장체험학습 평가

가. 평가의 필요성

현장체험학습 활동을 통해서 학생들이 어떠한 학습경험을 하고 또 그것을 어떻게 생각하는가를 교사가 파악하는 것은 매우 중요하다. 이를 위해 현장체험학습 과정을 관찰하고, 활동 후 학생으로부터 보고서나 감상문을 반드시 제출받아 학생들의 활동 내용과 그에 대한 학생 자신의 의견, 감상 등을 파악해 두어야 한다. 만약 이러한 평가가 없다면 그러한 경험이 단순히 체험한 것으로 끝나버릴 가능성이 크다.

나. 평가 내용

1) 개인별, 모둠별로 정리하여 발표

2) 조사보고서를 작성하여 제출

다. 평가 방법(수행평가 자료로 활용)

1) 평가 시의 유의사항

가) 모둠별로 역할분담과 함께 협동학습이 이루어지도록 한다.

나) 학생들이 충분한 준비를 할 수 있도록 사전에 안내를 한다.

다) 보고서의 분량을 미리 정해 준다.

2) 평가의 기본 방향

가) 목표, 내용, 지도 방법, 평가, 환류 등의 과정을 기초로 평가한다.

나) 결과 평가보다 과정 평가를 중시한다.

다) 지필평가 외의 다양한 평가 방법과 기법 등을 적용한다.

3) 채점 기준표 (총 30점 만점)

<표 4-13> 현장체험학습 평가 채점 기준표

구분	상	중	하
조사계획서 (5점)	○ 기한 내 제출하였다. ○ 주제에 합당하다.	○ 기한 내 제출하였다. ○ 조사 계획서가 주제에 적합하지 않다.	○ 기한 내 제출하지 못하고 교사의 지시에 의해 제출하였다. ○ 제출한 계획서가 불성실하다.
보고서 내용 및 양식 (15점)	○ 현지 조사를 통해 다양한 자료를 수집하였고 주제에 적합한 자료를 활용하였다. ○ 조사결과에 대한 해석이 정확하며 내용도 충실하다. ○ 보고서작성 요령을 완벽하게 갖추었다.	○ 다양한 자료를 수집하였으나 주제와 연결시키지 못했다. ○ 조사결과에 대한 해석이 미흡하며 내용도 다소 부실하다. ○ 보고서 작성 요령을 어느 정도 갖추었다.	○ 주제에 적합한 다양한 자료를 수집하지 못했다. ○ 보고서 내용이 매우 부실하다. ○ 보고서 작성 요령을 갖추지 못했다.
모둠별 협동학습 (10점)	○ 거의 모든 학생이 과제에 대해 책임감을 공유하며 열심히 참여했다.	○ 최소한 절반 이상이 능동적으로 참여하여 역할을 수행하였다.	○ 보고서가 거의 한두 사람에 의해 작성되었다.

4) 지역조사보고서 평가와 관련한 체크리스트

<표 4-14> 자기보고서 평가 체크리스트 (자기평가지)

지역조사보고서 작성 과정에 대한 자기평가지 (본인용)				
제 학년 반 번 이름:				
지역조사보고서를 쓰면서 생각하는 학습목표				
평가 내용	잘했음	보통임	못했음	반성할 점
자기가 맡은 부분의 내용전개				
주제에 알맞은 자료 수집				
적절한 분석과 해석				
동료들과의 협동학습				
보고서 내용의 표현력				
스스로 달성했다고 생각하는 학습목표				

5) 지역조사보고서 평가와 관련한 체크리스트

<표 4-15> 지역조사보고서 체크리스트 (동료평가지)

지역조사보고서 작성 과정에 대한 동료평가지 (동료용)						
평가 내용	김○○	이○○	박○○	최○○	강○○	특기 사항
자기가 맡은 부분의 내용 전개						
주제에 알맞은 자료 수집						
적절한 분석과 해석						
동료들과의 협동학습						
우수함: ◎ 보통임: ○ 부족함: △						

제9장 사회과 토의 · 토론학습 모형

Ⅰ. 토론과 토론학습의 개관

세계 교육계의 기본으로 회자되는 유명한 소크라테스의 산파술(産婆術)은 토의 · 토론 학습의 전형이다. 토의 · 토론은 대단히 유용한 교수 · 학습 방법 중의 하나이다. 토의 · 토론을 하는 중에 학생들은 다른 방법으로는 배우기 어려운 여러 가지 귀중한 것들을 배운다. 이러한 방법을 통해 교사들은 다른 방법으로 가르치기 어려운 내용들을 효율적으로 가르치기도 한다. 토의 · 토론 방법이 지니는 독특한 교육적 또는 사회적 효과로 인하여 이 방법은 학교 수업 현장에서 어떤 문제의 의사결정을 위한 상황에서 활발하게 사용된다.

사회과 수업 장면에서는 어떤 문제에 대한 진지한 토론을 통해서 의사결정을 할 수 있는 경험을 많이 하도록 하여야 한다. 학생들이 현재 생활하는 데 있어서뿐만 아니라 장차 국가적, 사회적인 문제에 합리적인 의사결정을 할 수 있는 훈련된 사회구성원을 만드는 데 중요한 몫을 해야 하기 때문이다.

이처럼 학생의 발달 단계상 토의 · 토론 능력을 길러주는 학습이 쉽지는 않지만 사회과 수업에서의 토의 · 토론 수업은 매우 중요하고도 필요한 방법이다. 이러한 입장에서 초 · 중 · 고교 학교 현장에서 효과적으로 지도할 수 있는 토의 · 토론학습 방안 탐구를 성찰하여야 한다.

Ⅱ. 사회과 토의 · 토론학습의 의미와 효과

1. 사회과 토의 · 토론학습의 개념과 의미

토의 · 토론 학습 방법은 학생들이 자기의 생각이나 경험을 발표하거나 남의 생각이나 경험을 받아들임으로써 다면적으로 사물을 보고 심층적으로 본질을 추구하는 역동적인 수업상황 또는 수업방법으로 강의법과 대비되는 것이기도 하다.

토의법에 대한 개념은 사회화된 학습 활동의 한 형태로 18세기경부터 학생의 자발성을 촉진시키기 위한 목적으로 주로 문답법이나 소크라테스법이 사용되어 왔다.

토의법이 쓰이는 목적은 민주적 태도를 양성하는 데 목적이 있고, 일반 학습 활동 그 자체의 수단으로 유용하게 쓰일 수 있다. 이 경우에는 태도의 습득이 문제가 아니고 학습된 지적인 내용이 문제가 된다. 다수의 의견만으로 결정되는 것이 아니고, 관찰과 조사 등의 방법이 더 효과적이다.

<표 4-16> 토론과 토의의 비교

구분	토론	토의
개념	대립된 의견을 가지는 사람들이 서로 설득하는 논의 형태	집단 사고의 과정을 거쳐 해결안 모색
목적	의견의 대립 모순으로 인한 갈등해소	문제 해결을 위한 최선의 해결안 선택
문제 해결 방법	자기주장의 근거, 논거 제시	문제에 관한 정보 지식의 교환
참가자의 목적	상대방의 반대 주장의 논파	가능한 참가자 전원의 모든 제안 검토

토론의 특징을 살펴보면 논제에 대해 대립 관계에 있다. 양방의 사상과 입장에 차이가 있으며 자기주장과 논거의 합리성을 입증한다. 상대방이 내세우는 논거의 모순이나 문제점을 지적하고 설득에 의해 말하되 지성에 의존하는 방식에 의한다.

토론이 이루어지기 위해서 토론을 듣는 청중, 토론을 이끄는 사회자, 공평한 진행을 위한 토론 규칙, 토론의 중심이 되는 한 개의 논제, 서로 다른 의견을 공유하는 토론자가 있어야 한다.

토론의 논제 진술 방법을 살펴보면 토론 주제는 원칙적으로 사실명제의 형식으로 진술되어야 한다. 논제는 그 내용이 분명하여야 하며 용어 등이 불분명한 것은 토론에 들어가기 전에 그 해석에 미리 일치를 보아야 한다. 토론 명제가 하나의 명백한 주장에 한정되어야 한다.

토론의 규칙으로 고려되어야 할 사항은 판정발언, 발언시간, 발언순서, 논박시간, 시간제한 등이다. 토론은 엄격한 규칙과 규정이 정해진 상호작용 과정이다.

토론의 진행 절차를 살펴보면 우선 자기주장을 분명히 제시하여야 한다. 그리고 자기의 토론의 요점을 명백히 되풀이하며 자신의 토론의 근거가 되는 사실이나 논거가 한층 가치 있음을 분명하고 논리적으로 말하며 자기의 토론의 근거가 되는 사실을 간결하게 말한다. 필요에 따라 상대방을 납득시켜 자기주장에 동의하도록 한다.

이러한 사회과 토의·토론학습과 관련하여 생각할 때 흔히 제기되는 문제는 ① 왜 토의·토론학습을 사용해야 하는가? ② 언제 토의·토론학습을 사용해야 하는가? ③ 어떻게 사용해야 하는가? ④ 누구에게 사용해야 하는가? 같은 것들이다.

첫째, 토의·토론학습이 왜 사용되어야 하느냐에 대한 질문에 대해서는 토의·토론학습이 중요한 교육목적을 달성하는 데 효과적이기 때문이라는 것이다. 고등 정신 기능을 신장시키고, 기본적인 태도를 형성하며 변화시키는 데 토의·토론학습은 특히 효과적이다.

둘째, 토의·토론학습이 언제 사용되어야 하느냐 하는 문제에 대해서는 밝혀진 바가 거의 없다. 그보다는 오히려 토의·토론학습이 얼마나 자주 사용되어야 하느냐와 같은 문제와 수업의 과정에서 토의는 어떤 주제를 읽은 후에 도입될 수도 있고, 먼저 토의를 하고 나중에 자료를 읽는 방식으로 사용될 수도 있으며, 읽은 후 토의하고 그 후에 다시 읽는 방식으로 사용될 수도 있다.

셋째, 토의·토론학습은 어떤 특징을 가진 학생에게 특별히 효과적인가 하는 문제가 있다. 일반적으로 토의·토론학습은 모든 학생에게 다 사용될 수 있다. 그러나 토의는 '글'이 아니라 '말'로 진행되기 때문에, 그리고 개인이 아니라 집단에서 이루어지는 활동이기 때문에 읽기 능력이 부족한 학생이나, 자율적 학습 능력이 부족한 학생에게 더 적절한 수업방법이라고 할 수 있다.

2. 사회과 토의·토론학습의 효과

토의·토론학습의 특징은 '집단학습'이라는 점도 있지만 그 목적이나 효과가 다양하다는 점에서도 찾아 볼 수 있다. 즉, 토의·토론학습은 여러 가지 상황에서 여러 가지 목적을 달성하기 위한 방법으로 사용될 수 있는데 그 효과는 다음과 같다.

첫째, 교과수업에서의 학업 성취를 위한 목적으로 사용될 수 있다. 특히, 간단한 암기나 이해가 아니라 깊이 있는 이해, 비판적 사고, 분석적 사고, 평가력이나 종합력 등 보다 높은 수준의 지적 목표를 달성하기 위한 방법으로써 토의·토론학습은 대단히 유용한 방법이다.

둘째, 학생들의 태도를 변화시키기 위한 목적으로 사용된다. 토의를 통하여 학생들로 하여금 다른 학생들의 태도를 객관적으로 바라보는 능력을 신장시킬 수 있다. 또한 자기 자신이나 타인의 태도를 지각하고 이해하는 능력을 신장시킬 수 있다. 자기 자신이나 타인의 태도를 비판적으로 평가하는 능력도 계발시킬 수 있다. 그리고 토론을 통하여 길러진 이러한 능력은 결국 자신이나 타인의 태도를 변화시키는 원동력이 되는 것이다.

셋째, 학교나 학급 생활의 문제를 해결하기 위한 목적으로 사용된다. 특히, 학급이나 학교의 많은 학생들이 실제로 참여하여 행동해야 되는 문제의 경우 토의・토론식 수업은 문제 해결의 효율적인 방법이 된다.

넷째, 학생들의 표현 욕구, 사회화 욕구 등을 만족시켜 학급의 사기를 높이기 위한 목적으로 사용될 수 있다. 학생들이 기본적으로 자기를 표현하고 싶은 욕구와 친구를 사귀고 타인과 교류하며 자기의 생각과 다른 사람의 생각을 비교하고자 하는 욕구도 지니고 있기 때문이다.

다섯째, 토의에 필요한 기술이나 태도를 갖추게 하기 위한 목적으로 사용될 수 있다. 토의・토론 수업은 학교 교육 상황 이외의 다양한 일반 사회 상황에서 사회적 갈등이나 문제를 민주적으로 해결하기 위한 효과적인 방법이기 때문에 토의를 잘 운영해 나가는 데 필요한 기술을 학생이든 일반인이든 누구에게나 가르칠 필요가 있는 것이다. 그리고 토의에 필요한 기술과 태도를 갖추게 하기 위한 가장 확실한 방법은 바로 미숙한 대상이라도 토의를 시키는 방법이다. 토의를 잘하게 하기 위해서는 토의를 시켜야 한다.

여섯째, 학생의 고차적 지적 능력을 평가하는 기회를 제공하기 위한 목적으로 사용될 수 있다. 토론의 장은 학생들의 높은 수준의 지적 능력을 배우는 기회이기도 하지만 자신의 지적 수준을 가장 적나라하게 노출시키는 장소이기도 하다. 따라서 토의가 이루어지는 곳에서 학생들을 잘 관찰하게 되면 소위 지필식 검사로는 평가할 수 없는 여러 가지 능력과 태도를 평가할 수 있게 된다. 따라서 토의는 학생들의 이러한 능력과 태도를 평가하기 위한 목적으로 사용될 수 있다.

3. 사회과 토의・토론학습 방법

가. 제1단계: 토의・토론을 잘 시작하기

1) 토의・토론 시작 전에 준비해야 할 사항

가) 토의집단의 구성원을 잘 선정하고, 각각에 대하여 잘 알고 있어야 한다.

나) 주제에 대하여 미리 준비하기를 원하는 사람들에게 미리 준비할 수 있도록 도와

야 한다. 필요한 자료를 제공하거나, 그런 자료를 구할 수 있는 방법을 제공하도록 한다.

2) 토의 · 토론이 시작되는 초기 단계에서 유의해야 할 사항

가) 가능한 한 절차나 말은 간단하게 한다.

나) 토의의 절차, 방법, 순서(일정), 규칙 등을 제시한다.

다) 토의의 주제, 주제의 중요성, 토의의 목적 등에 대하여 언급한다.

라) 토의에서 시작하는 말 자체가 참여자들의 생각을 자극할 수 있도록 한다.

나. 제2단계: 토의 · 토론에 참여시키기

1) 참여의 범위를 넓히기 위하여 할 일

가) 모든 참여자들에게 최소한 한 번씩 참여의 기회를 주도록 한다.

나) 발언한 사람보다 발언하지 않은 사람에게 우선권을 부여해야 한다.

다) 대답할 사람이 한 사람만 있는 경우를 제외하고는 질문을 개인에게 하지 말고 집단 성원 전체에게 해야 한다.

라) 침묵이 계속되어도 별로 염려하지 말고 그 사이에 구성원들 머릿속에는 생각이 흐르고 있다는 사실을 인식해야 한다.

2) 참여의 질을 높이기 위해 할 일

가) 토의를 유발시키려는 상황에서는 '예'와 '아니오'의 형식으로 대답할 수 있는 질문은 하지 않도록 한다.

나) 토의에 제시된 정보나 증거자료의 신뢰성과 타당성을 점검한다.

다) 토의를 너무 빠르게 서둘러 진행하지 말고 토의를 질서정연하게 진행하도록 한다.

라) 구성원들의 의사교환의 질을 높이도록 협조하나 토의가 한창 진행되는 중에 끼어들어 그들을 무안하게 하지 않는다.

마) 말하기 전에 규칙을 숙지하고, 토의에 참여한다. 자신의 의견을 말하기 전에 반드시 다른 사람의 의견 진술에 귀를 기울여 경청하여야 한다.

다. 제3단계: 토의 · 토론을 민주적으로 진행하기

1) 토의가 논리적이며 질서 있게 진행되도록 하기 위하여 할 일

가) 토의의 초기 단계에서 주제의 의미, 가치 등을 명료하게 지적한다.

나) 논의되는 문제나 목표를 분명하게 제시한다.

다) 모든 가능한 대안들을 제시하고 검토하도록 한다.

라) 토의과정에 제시되는 사실, 증거, 추리 등의 타당성을 점검한다.

2) 토의 · 토론이 원래의 목적(목표)에서 벗어나지 않기 위해서 할 일

가) 토의의 목적(목표)을 모든 구성원들이 바르게 이해하도록 한다.

나) 토의가 진전되고 있음을 나타내기 위하여 논의된 내용을 가끔씩 종합하고 정리하여 제시한다.

다) 토의에서 구성원들 간의 의견이 합치되고 있는 부분과 그렇지 않은 부분을 지적한다.

3) 토의 · 토론에 포함시켜야 할 것을 빠뜨리는 일이 없게 하기 위해 할 일

가) 주제와 관련된 모든 측면이 논의되도록 해야 하며 그렇지 못한 경우 논의하지 못한 부분을 명시한다.

나) 토의에서 특정 그룹이나 특정 의견에 대하여 편을 들지 말아야 하며 리더가 어느 한편을 특별히 동조하게 되면 다른 사람들은 불안을 느끼게 된다.

다) 근거가 충분하지 못한 논점에 대한 결정은 보류해야 한다.

라) 모든 구성원들이 자신의 아이디어를 최적의 수준으로 발표할 수 있도록 배려해야 한다.

라. 제4단계: 허용적 분위기를 조성하기

1) 모든 구성원들이 자기의 의견을 자유롭게 발표할 수 있도록 그들의 권리를 보호해야 한다.

2) 토의 참여자들의 의견이나 논리의 전개에 대하여 비판을 하는 것은 무방하나 그들의 성격이나 태도에 대하여 논란해서는 안 된다.

3) 개진된 발언이 틀렸을 경우, 집단 성원들로 하여금 잘못된 의견을 정정하게 할 것

이며, 사회자나 리더가 임의로 수정하지는 않는다.

마. 제5단계: 적절하게 통제하고 조정하기

1) 심리적 조정, 통제 방법

가) 운동경기에서의 '심판자(referee)'의 입장을 취하며 그룹 성원들이 리더를 '중립적 조정자'로 인식할수록 토의를 수월하게 통제, 장악해 나갈 수 있다.

나) 집단의 결정에 영향력을 행사하려고 하지 말아야 하나 그러한 결정의 결과에 대하여는 주의를 환기시킨다.

다) 집단의 결정이 민주적인 절차에 따라 모든 구성원의 의견이 반영되어 이루어지도록 토의의 절차를 준수하도록 한다.

2) 물리적 조정, 통제 방법

가) 토의의 진행 중 일부 구성원들끼리 부분적으로 논의하는 것은 금지시킨다.

나) 몇몇 사람들이 길게 발언하는 것을 금지시킨다.

다) 구성원 모두가 발언되는 내용을 잘 들을 수 있도록 노력하고 들리지 않게 말하는 사람에게는 즉시 크게 말하라고 요청해야 한다. 잘 들리지 않으면 토의는 쉽게 혼란에 빠지게 된다.

라) 토의가 시작되기 전에 절차와 방법을 주지시킨다. 그러면 토의의 도중이나 후반부에 토의 절차와 방법을 지키라는 요구를 하기가 쉬워지며 따라서 통제가 수월해진다.

바. 제6단계: 토의 · 토론을 잘 끝내기

1) 토의내용을 포괄적으로 종합하여 제시하고 토의를 통하여 이루어진 성과, 해결된 문제점, 여전히 해결되지 않은 문제점, 앞으로의 과제, 결정된 제안 등을 잘 정리하여 제시해야 한다.

2) 토의의 결과가 어떻게 정리 요약되어 참가자들에게 전달될지 알려준다.

3) 시간을 잘 지켜야 하는데 끝내자고 아우성치기 전에 토의를 끝내고 종합토의를 할 시간을 충분히 확보한 상태에서 토의를 끝내도록 한다.

4) 수행된 토의 자체를 평가해 보는 기회를 마련하도록 한다.

Ⅲ. 사회과 토의·토론학습 교수 전략

1. 사회과 토의학습의 사례

가. 토의학습의 차시별 학습과제 선정

자율적 토의학습은 학습과제의 세분화와 전문화를 통하여 집단목표의 달성을 추구하는 학습방법이기 때문이다. 학습과제의 세분화는 아동들의 학습 부담을 경감시킬 수 있으며, 과제의 분담은 집단에의 소속감과 책임감을 가지게 된다. 학습과제의 재구성은 본 학급 아동의 학습 수준이나 지역의 특성, 흥미 등을 고려할 수 있게 한다.

학습과제의 선정 및 재구성의 방법을 살펴보면 학습과제의 선정은 본시 학습에서 반드시 다루어야 할 기본적이고 필수적인 학습요소를 선정하였다.

<표 4-17> 사회과 토의학습 차시별 학습과제 추출표

단원	3. 생활을 편리하게 하는 산업 (1) 자연재해와 환경문제 [3] 환경문제	쪽수	교과서 112-120 사·탐 110-115
학습주제	황사가 우리 생활에 미치는 영향	차시	7-8/8
학습목표	황사현상이 우리 생활에 미치는 영향과 피해를 줄일 수 있는 방법을 말할 수 있다.		
학습자료	황사에 관한 신문기사, 교과서 삽화, 황사가 일어난 사진, 황사에 관한 모습을 담은 화보, 학습지, 선택학습지, 학습 참고물, 예습과제, 국어사전, 황사 모습의 VCR 자료		
학습과제	1. 황사 현상이 일어나는 원인 3. 황사가 우리나라에 끼치는 피해 5. 황사 피해를 막기 위해서 힘써야 할 일	2. 황사가 발생하는 장소 4. 황사가 우리나라에 오는 경로 6. 황사 대비를 위해서 국가, 사회, 개인이 할 일	

나. 토의학습 전개를 위한 기본 학습 훈련: 실제 적용 사례

첫째, 학생들의 적극적인 참여를 유도하기 위하여 색종이를 이용하여 발표 카드를 만들어 수업 시작 전에 5장씩을 배부한다. 아동들이 모둠 내에서 모둠 보고서를 작성하기 위하여 토론할 때 1장씩 내놓도록 규칙을 만든다. 학습 능력에 관계없이 모둠원 전부가 참여하도록 유도하기 위해서 실시한 협동학습 기술(技術)이다.

둘째, 학생들에게 사용한 토의학습 기술은 수신호이다. 사용한 목적은 사회과 토의학습 시 시끄러웠기에 이를 제지할 방안으로 제안하였다. 즉, 학생들이 수업 중 화장실을 간다든가, 발표 시 보충이 있다든가, 동의한다는 내용, 발표한 의견을 반대하거나 거부하는 표현, 교사에게 질문할 때 교사가 조용히 하라고 주의와 경고를 줄 때 수신호를 하여 학생들에게 수업에 지장을 주지 않도록 하였다.

셋째, 다음으로는 빨강, 노랑, 녹색 보상 카드를 이용하였다. 토론학습 중 지나다니면서 토론을 잘하고 협동학습을 잘하는 모둠에게는 칭찬의 보상 차원에서 녹색 카드를 놓아주고 잘 못하는 모둠에게는 책상에 빨강 카드를 놓아서 경고를 하였다.

넷째, 수시로 학생들에게 다른 모둠의 발표를 잘 듣고 요약 정리할 것을 당부하였다. 학생들은 모둠 발표 내용을 정리해 가면서 의문 사항은 질의응답을 통해서 해결하였다.

다. 단계적 지도를 위한 자율적 토의학습 프로그램 적용 방안

<표 4-18> 사회과 토의학습 프로그램 적용(예)

단계	지도 요소	학습방법의 학습(Learning of learning method) 안
① 학습 문제 탐색	학습과제 준비	○ 토의학습을 하기 1주일 전에 다음시간에 공부해야 할 학습과제를 제시하여 준다. ○ 학생들은 인터넷이라든지 백과사전, 전과, 참고도서, 학습지, 도서관 등을 참고로 하여 학습 자료를 준비한다. ○ 수업을 시작하기 전까지 모둠별로 매일 매일 각 모둠별 대봉투 속에 조사해 온 자료를 수합한다.
	단원 소개 및 학습 문제 탐색	○ 교사는 학생들에게 학습 단원에 대한 전반적인 이해를 높이고 관심과 흥미를 유발하는 발문을 한다. ○ 교사의 질문에 학생의 응답을 자유롭고 순서 없이 답하도록 허용한다. 그 과정 속에서 공부해야 할 학습과제에 대한 내용을 분명히 하기 위해서 애매하거나 답하기 곤란한 내용은 수정하거나 삭제한다. ○ 그날에 할 토의학습의 활동과 규칙에 대한 안내를 하고 협동학습에 필요한 비디오, 녹음용 카세트, 모둠 보고서, 개인별 보고서, 평가지 등을 배부한다.
② 주제 선정 및 토의학습	학습목표 제시	○ 본시의 학습 주제와 목표를 분명히 알아보게 한다. ○ 무엇을 요구하는 문제인지 명확하게 알아보게 한다.
	개인별 소주제 선정 및 학습	○ 학생들이 모둠별, 개인별로 자율적으로 협동하여 학습과제를 선정하고 보고서를 작성하는 과정이다. ○ 이 시간에 보고서를 작성할 모둠별 학습과제를 자율적으로 정하고 이에 따른 개인별 소주제를 분담하여 조사하도록 토론하여 결정한다.
	모둠 주제 선정 및 자율적 토의학습	○ 개인별 소주제를 해결한 후 모둠 토론을 통해서 보고서를 작성하기에 앞서 질서지도자, 기록자, 사회자, 보고서 수거자 등으로 역할을 나눈다. ○ 모둠별 토론이 시작되면 한 학생이 발언권을 독점하는 일을 방지하기 위해서 순서대로 일정한 시간을 정하여 발표하고 다음 사람으로 돌아가면서 발표를 하고 이를 작성자는 정리하여 모둠 보고서를 완성한다. 역할도 매 시간마다 돌아가면서 역할을 분담하도록 한다.

단계	학습지도 요소	학습방법의 학습안(Learning of learning method)
③ 문제해결	모둠별 학습내용 발표 및 질문 응답	○ 학생들이 모둠별로 학습과제를 해결한 모둠 보고서를 발표하고 다른 모둠의 학생들과 질의 응답하는 과정이다. ○ 모둠별로 작성된 모둠 보고서는 발표자가 모둠별로 나와서 모둠 내에서 토론을 통해 해결한 학습과제를 담은 모둠 보고서를 발표한다. ○ 발표자를 제외한 다른 학생들은 각 모둠의 발표자가 발표하는 것을 사회과 공책에 적으면서 의문 나는 내용은 질문하도록 한다. ○ 이때 발표자가 다른 학생들의 질의를 제대로 답하지 못할 때에는 다른 모둠원들이 보충하여 준다. ○ 모둠의 발표는 모둠 보고서를 작성해서 발표하거나 8단 만화로 만들어 발표를 한다. NIE자료를 평소에 스크랩하여 시사성 있는 모둠 보고서를 4절지에 작성하여 발표한다. ○ 모둠원들이 협동하여 질문을 해결하도록 하고 교사는 최소한의 간섭을 하기 위하여 노력하고 전체 모둠원들이 모르는 경우에만 간략하게 질의에 대한 답을 해 준다.
④ 정리	핵심 내용 정리 및 질의응답	○ 교사에 의한 협동학습을 한 내용을 정리하는 과정이다. ○ 이 과정에서 교사는 각 모둠별 발표에 대해 간략한 평을 하거나 지적 사항이 있을 경우 교정하기도 하고, 발표한 주제에 대하여 발표 자료를 중심으로 하여 내용을 정리한다. ○ 교사는 그 시간에 학생들이 꼭 알아야 할 내용이라고 여겨지는 것들을 강조하여 주거나 보충 설명을 한다. ○ 정리는 교과서의 맥락에서 이루어지며, 교과서의 범위를 벗어난 보다 확장된 주제에 대해서는 논의를 대체로 생략한다.
	형성평가 및 차시 예고	○ 형성평가 문제를 제시하여 풀도록 지도한다. ○ 다음 시간에 공부할 학습과제를 미리 부여한다. ○ 모둠별로 모둠 보고서, 평가지, 개인 보고서, 협동학습을 한 느낌 등을 보고서 수거자가 수거한다. ○ 평가는 모둠원들이 개인별 평가지를 작성하고, 모둠 발표 시 참여 횟수, 모둠 토론 시 발표 횟수, 질서 지도자의 평가 등을 합하여 학생들을 질서 지도자가 평가하고 이를 교사는 개인별 성적에 반영한다.

2. 토론학습의 사례

자기의 생각을 정리하여 공동사고의 장으로 이끌어서 보다 분석적이고 종합적인 의견으로 모을 수 있는 토의·토론학습은 매우 필요하나, 무작정 말로만 토의학습을 하라고 하면 학생들은 어려워하고 지겨워하기까지 한다. 물론 바람직한 토의 결과도 기대하기 힘들다.

따라서 토의학습 방법을 알고 익히는 훈련을 철저하게 시키고, 학생들이 토의 기술을 익혀 토의학습에 임할 수 있도록 진지한 자세를 갖도록 하는 전략적인 접근이 필요하다.

<표 4-19> 토론학습의 단계별 프로그램(예)

단계 1	단계 2	단계 3
개별사고가 중심	개별사고와 공동사고가 접하는 단계	공동사고가 중심인 단계
신문으로 생각해 봅니다.	생각하는 새 소식 이야기	우리 함께 생각해 봐요
매주 1회	매일 아침(08:30-09:30)	교과 학습 시간

가. 제1단계: 신문으로 생각해 봅니다(개별사고가 중심인 단계)

신문에 난 실생활 경험적인 '독자투고란'이나 여러 면의 기사 내용 중에서 학생에게 민주시민의식을 기르는 데 도움이 되는 무리 없는 내용이나 교과 학습과 관련된 시사 내용을 골라 자체 제작한 '신문으로 공부해요' 학습지에 붙여 활용한다.

신문 자료 내용을 읽고 찬반 의견이나 자신의 생각을 쓰고, 소집단별로 의견을 나누는 시간을 거친 다음, 전체 발표를 하고 게시판에 게시함으로써 다른 사람의 의견을 접할 수 있게 하였으며, 학습 시간에 자료로도 활용한다. 매주 재량활동 시간을 활용하여 운영할 수 있으며, 신문기사의 수집은 교사와 학생이 함께 하는 것이 학습의 효율을 높일 수 있다.

나. 제2단계: 생각하는 새 소식 이야기(개별사고와 공동사고가 접하는 단계)

학생 각자 공책을 준비하고 '생각하는 새 소식 이야기'라는 제목을 붙이도록 한다. 매일 신문, 텔레비전, 라디오, 주변의 소식에서 학생이 인상 깊다고 생각하는 기사를 한 가지씩 선정하여 공책에 정리하도록 한다. 신문일 때는 잘라서 붙이고(중요 내용에는 줄을 침), 녹화, 녹음 자료로 제작하여 올 수도 있음을 안내한다.

내용을 정리할 때는 6하 원칙에 의해서 다시 요약하고, 자기의 생각이나 느낌을 적으며, 어려운 단어가 나올 때는 마지막에 사전을 이용하여 낱말의 뜻을 찾아 적어 놓게 한다.

처음 한 달은 매일 공책을 교사에게 제출하여 평가 및 점검(척도 1~5)을 받고, 다음 달부터는 소집단별로 발표하는 시간을 갖게 하면서 교사와 소집단원에게 평가를 받게 한다.

소집단별 의견 나눔 시 사회자는 소집단원에게 들은 내용을 요약하거나 느낌과 생각을 말하도록 진행하게 하여, 자신의 의견을 말하는 데 그치지 않고 다른 사람의 의견에 대해서도 관심을 갖도록 한다.

제2학기부터는 반 전체 발표 시간과 소집단 발표를 병행하여 실시하도록 한다. 반 전체 발표 시간은 주 1회 창의적 체험활동 시간을 마련하여 집중 실시한다.

공책 한 권을 다 쓰면 학급의 우측 벽면에 게시해 놓음으로써 반 학생들이 수시로 읽어 볼 수 있도록 하는 것도 좋다. 교과 학습과 관련되는 기사는 교사와 학생이 학습 자료로 활용함으로써 교사에게는 자료의 준비를 쉽게 하고, 학생에게는 과제 학습의 부담을 줄일 수 있게 한다.

<표 4-20> 시사 문제 새 소식 발표 진행 과정안

단계	구분	발언 예시(진행자 중심)	지도 중심
시작	진행자 선정	○ 지금부터 생각하는 새 소식 이야기를 시작하겠습니다. 말씀해 주실 분은 손을 들어 주시기 바랍니다.	○ 소집단별로 돌아가면서 진행을 맡아보게 한다.
전개	새소식 발표	○ 제가 말씀드릴 새 소식은 _____입니다. ○ 네, 좋은 내용을 잘 소개해 주셨습니다. 지금 ○○가 하신 말씀을 듣고 자신의 생각이나 느낌을 말씀해 주시기 바랍니다. ○ ___는 들은 내용을 요약하거나, 이해가 안 되는 부분은 질문하여 주시기 바랍니다.	○ 6하원칙에 의해 간단하게 요약하여 내용을 말하고 자신의 느낌이나 생각을 중심으로 발표하게 한다. ○ 다른 사람의 이야기를 듣고 자신의 생각이나 느낌을 제대로 표현하는 데 미숙한 어린이는 들은 내용을 요약하여 말하게 하는 것부터 시작하게 한다.
끝	오늘의 우수 새 소식 선정	○ 수고 많으셨습니다. 오늘의 새 소식에 대한 점수를 주시기 바랍니다. 이것으로 새 소식 이야기 시간을 마치겠습니다.	○ 참여 의욕과 자료의 선별 능력을 기르기 위해 우수한 새 소식 발표를 평가한다.

다. 제3단계: 우리 함께 생각해봐요(공동사고가 중심인 단계)

창의적 체험활동 시간에 중점적으로 소집단별 토의학습을 실시하여 공동사고의 장을 다지는 시간을 마련한다. 조직은 학생 실태, 제재의 특성, 학습의 효과, 남녀 등을 고려하여 편성하여 집중적으로 토의 방법을 지도한다.

<표 4-21> 소집단 토의학습 활동 진행 과정안

단계	구분	발언 예시	지도 중심
시작	사회자	○ 지금부터 __에 대한 토의를 시작하겠습니다. 오늘 토의할 때 유의할 점은 ___입니다. 이 점에 유의하시고 잘 생각하셔서 말씀하여 주시기 바랍니다.	○ 토의시작 전사회자와 기록자, 발표자의 역할 분담을 하게 한다. 토의의 시간 및 유의할 점을 안내한다.
전개	사회자 발표자 사회자 발표자	○ ○○○는 말씀하여 주시기 바랍니다. ○ 네, 저는 __에 대하여 이렇게 생각합니다. 이런 이런 이유 때문입니다. ○ 여러분의 생각은 어떻습니까? ○○의 생각에 대해 묻고 싶은 점이나, 보충할 점, 간은 점이 있으면 말씀하여 주시기 바랍니다. ○ 감사합니다. 이것으로 오늘의 토의를 마치겠습니다.	○ 자신의 생각에 대한 이유를 말하는 방법 훈련(의도적으로 반복지도) '만약에'로 시작하기 '제 경험으로는'으로 시작하기 이야기나 속담, 격언으로 시작하기 '누구에게 들었는데'로 시작하기 '입장 바꾸어서'로 시작하기

정리	사회자 사회자 기록자 사회자	○ 시간 관계상 토의를 마치려고 하는데 더 하실 말씀이 있으면 간단하게 말씀해주시기 바랍니다. ○ 없으면 기록자는 토의 결과를 낭독하여 주시고, 다른 분은 혹시 잘못된 부분이 있는지 살펴 주시고, 발표자는 준비하여 주시기 바랍니다. ○ 감사합니다. 이것으로 오늘의 토의를 마치겠습니다.	○ 기록자는 기록만 하는 것이 아니라 토의에 적극 참여하고 들으면서 정리하도록 한다. ○ 기록은 이유를 빼고 의견만 요약하고, 전체 발표 전에 낭독함으로써 확인하게 한다. ○ 발표자는 합의된 내용을 제대로 파악하고 발표하게 한다. ○ 한 사람이 사회자와 발표자 역할을 할 수도 있다.

Ⅳ. 사회과 토의·토론학습 과제 선정 및 적용 방안

1. 학년별 학습과제 선정

현행 사회과 교육과정에 제시된 내용을 보면 "사회과의 성취 기준이 핵심 지식의 이해와 탐구 기능 및 고차적 사고력의 신장을 위해 탐구 수업 등 다양한 교수 기법을 활용한다. 특히, 사고력이 증진될 수 있도록 적절한 탐구 장면을 설정하고, 다양한 발문기법을 활용한다"라고 명시하고 있다.

교사는 단원, 주제, 제재, 차시별로 어떤 부분에서 어떠한 사고 과정을 적용할 것인지 선정, 결정하여야 한다. 이는 단원의 수업설계에서 매우 기본적이며 중요한 작업이 되는 것이다. 토의·토론 수업을 적용하기 알맞은 단원의 내용을 살펴보면 다음과 같다.

<표 4-22> 토의·토론학습 과제 선정(예)

학년	단원별 내용
3	○ 우리 고장의 모습 - 고장 사람들의 자연환경 이용 모습과 문제점 및 해결방안 ○ 고장 생활의 중심지 - 고장의 교통과 물자 유통을 발전시키는 방안 ○ 고장 생활의 변화 - 교통수단의 미래에 대한 상상, 통신 수단의 변화가 생활에 미치는 영향 ○ 살기 좋은 고장을 위한 노력 - 다른 고장 사람들의 노력을 찾아보고, 그 특징을 우리 고장과 비교하기
4	○ 우리가 사는 지역사회 - 우리 지역의 독특한 자원 이용이나 개발의 사례 ○ 주민 자치와 지역사회의 발전 - 지방 자치 단체에서 하는 일의 사례 - 우리 고장의 현안과 그것을 해결한 과정 - 각 지역의 특징에 따른 장기 발전 계획의 비교 ○ 사회 변화와 가정생활 - 용돈 수입과 지출 및 합리적, 계획적인 소비

5	○ 우리 국토의 모습 - 자원 절약과 환경 보전의 중요성 ○ 여러 지역의 생활 - 도시, 촌락의 입지 요인, 생활 모습, 문제점 해결 ○ 세계 속의 우리 경제 - 경제 발전을 위해 개인과 기업이 노력해야 할 점
6	○ 우리나라의 민주정치 - 민주시민의 권리와 준법정신 - 함께 살아가는 세계 - 외국의 영향을 크게 받아 변화된 생활 문화

2. 사회과 토의·토론학습 적용 단계

존슨과 존슨(Johnson & Johnson)은 사회과 토의·토론학습에서 사용할 수 있는 독특한 논쟁 수업을 제안하였다. 그의 pro-con 모형을 기반으로 하여 만들어진 본 모형은 사회적으로 관심이 높은 쟁점을 선정하여 서로 다른 주장을 이해하는 데 주안점이 있다.

<표 4-23> 사회과 토의·토론학습 수업모형의 단계(예)

단계	과정	학습 활동
문제 제기	모둠 구성 및 의사결정과제 파악	○ 무엇을 해야 될지 학습목표를 제시한다. ○ 논쟁문제가 제기된 학습 배경을 제시한다. ○ 학습목표에 따라 자신이 택하게 될 입장을 정하고 모둠 내 대립집단을 나눈다.
문제 추구	각 입장별 자료 정리 및 토의	○ 자신의 입장에 맞는 근거를 주어진 정보와 자료, 제한된 경험과 자신의 관점을 바탕으로 주장과 근거를 마련한다. ○ 모둠 내 대립 집단별로 토론을 실시한다.
	입장 교환을 통한 토의	○ 모둠 내 대립 집단의 입장을 바꾸어 상대가 주장하지 못했던 자료나 논리를 제시하여 집단별 토론을 실시한다.
문제 해결	모둠별 의사결정	○ 논의된 여러 관점과 주장을 바탕으로 하여 토의를 한 후 대립 집단별로 합의점을 도출하여 합의안을 만들어 낸다.
적용·발전	결과 정리	○ 모둠별로 정리한 합의안을 전체 학생들에게 발표하고 근거가 되는 사항들에 대하여 전체 토론을 통하여 내면화한다.
	평가	○ 이 시간에 공부한 내용을 개인별로 평가한다.

3. 사회과 토의·토론학습 적용 방안

가. 지역화 자료의 수집과 정선 활용

지역화 신문, 지역의 인물, 단체 등의 자료를 수집하고 정선하여 의사결정을 위한 문제 제기와 방안 제시에 활용하는 것이 바람직하다. 학생들의 생활과 관련된 생생한 자료로 문제 인식과 가치 판단에 유용하게 쓰일 수 있다. 이때 시·공간에 구애받지 말고 과거, 현재, 미래에 따른 자료를 준비하는 것이 좋다. 학습 영역에 따라 분류하여 포트폴리오(portfolio)화하고 다른 교과학습 시간이나 연계되는 사회과 학습에 활용할 수 있도록 안내하는 것이 자료 준비를 위한 시간을 줄일 수 있다.

또한 교실을 자료실화하는 것도 정보를 쉽게 접할 수 있는 자리를 마련하는 것이다. 전시회, 박물관, 문화재, 축제, 기념관 등의 팸플릿을 학생들과 함께 수집하여 교실 한편에 두었다가 수업 전개 시 활용하게 한다. 거기에 주제와 관련된 탐구 자료에 대한 안내를 하여 학생들이 선행 경험을 갖도록 유도하는 것도 바람직하다.

학생들의 일상생활과 밀접한 지역적 소재, 사실, 내용 상황, 현상을 학습 자료로 수집, 제작하여 제시한다.

지역에서 발간한 향토 자료집(서울 예: '서초구지', '향토 학습 자료집-서울교육과학연구원')과 지역 신문, 지역 뉴스, 지역 관련 소책자 등을 수집하여 활용하되 학생의 발달 단계와 학습문제에 맞게 교사가 재구성하여 활용한다.

교과별, 단원별로 지도 요소를 추출하고 지도 요소별로 내용을 뽑은 다음 지역화 자료를 수집하고 활용하여 재구성하여 자료를 만든다.

지역화 자료의 활용은 과제 학습을 제시할 때, 학습 분위기를 조성할 때, 기본 학습을 할 때, 발전 학습을 할 때 등 다양하게 활용하며, 특히 심화 학습에 활용함으로써 개인적인 실천력을 높일 수 있게 한다.

나. 뉴스(news) 등 시사 이슈 및 문제 자료 활용

1) 뉴스에 대한 토론 활동을 한다.

뉴스를 통해 알게 된 그 사건에 대한 사실을 확인시키고, 그 사건의 논쟁점을 아동들 스스로 찾게 한다. 또한, 그 문제에 대한 대안과 그 대안이 가져올 결과를 이야기하게 한다.

2) 뉴스 게시판을 활용한다.

학생들 스스로 흥미 있는 뉴스 사진과 이야기를 게시할 공간을 마련해 주고 새소식 관련 뉴스 게시판의 주제는 자주 바꾸어 주고, 아동들이 자주 지나다니는 지점에 배치한다. 게시판에 붙은 자료를 중심으로 토론하는 시간을 갖도록 한다.

3) 뉴스지도(News Map)를 활용한다.

시사뉴스 모음이나 사진을 주변에 붙일 수 있도록 큰 세계 지도를 마련하며 색깔이 있는 실 등을 이용하여 사건이 발생한 지역의 위치와 뉴스기사나 사진을 연결한다.

4) 일간신문을 활용한다.

신문을 통해 학습에 필요한 정보를 수시로 그리고 다양하게 얻을 수 있으며
학교 교육을 떠나서도 많은 정보를 전달해 주는 유용한 매개체이다.

5) 텔레비전과 비디오테이프를 이용한다.

교육적인 가치가 있는 프로그램을 활용하여 수업에 활기를 주며 정보를 폭넓고 빠르게 모으고, 분배할 수 있다는 텔레비전의 장점을 활용한다.

다. 심화, 보충 과정 학습 활동 활용

토의・토론학습 수업 모형은 인지적인 면과 정의적인 면을 종합한 수업 모형이므로, 보충과정의 학생에게는 자료 수집 등의 지식 탐구 중심으로, 심화 과정의 학생에게는 주제와 관련된 토의・토론 과정을 경험하게 하는 방법으로 수업을 이끌어 본다. 사실 토의・토론 수업은 자칫 사회과는 어렵고 피곤한 교과로 생각할 수 있다는 생각에서 학생들이 스스로 찾아 궁리하는 학습으로 정리까지 하도록 공책을 한 권 준비하여 '내가 만드는 사회책'이라는 이름을 붙이도록 한다.

학습 시간에는 학습 문제와, 교사와 학습한 기초적인 필수 학습내용만을 간단하게 기록장에 기록하면서 학습을 하도록 하고, 방과 후에 '내가 만드는 사회책'을 기록하게 한다. 날짜와 시간을 맨 위에 쓰고, 학습 문제와 학교 학습 시 기록한 중심 내용에 따른 자세한 심화학습 내용이나 관련 학습을 스스로 참고 서적, 인터넷, 도서관 이용 등을 통해 조사, 탐구하고 기록하도록 한다. 사회책 구성 역시 자율적인 방법으로, 그림, 마인드맵, 표 사진 등을 다양하게 구조화하여 본인이 학습내용을 쉽게 알아볼 수 있도록 한다.

<표 4-24> 토의·토론학습의 장점과 단점의 비교

장점	단점
① 학습자와의 사회적 기능 및 태도를 형성 ② 집단의식과 공유능력을 길러줌 ③ 선입관과 편견을 수정하게 하고 자율성을 향상 ④ 복잡한 개념을 이해하고자 할 때 혹은 문제 해결이나 사고과정을 강조하는 수업을 진행하고자 할 때 효과적	① 시간이 많이 소요 ② 예측하지 못한 상황이 발생 ③ 학습자의 이탈을 자극하고 목적한대로 토론이 이루어지지 않음 ④ 정보나 메시지의 전달 속도가 느리고 전달 정보의 범위가 좁고 정확도, 밀도가 낮아서 원래 의도했던 기대 목표에 미치지 못함

<표 4-25> 토의·토론학습의 유형

영역구분	유형	내용
학습집단 조직 측면	개별 활동	개인별로 학습 문제를 해결하거나 교사의 개별지도를 받으면서 운영
	짝 활동	어깨짝, 얼굴짝 등 2인이 1조가 되어 학습 문제를 해결
	소집단활동	학습 문제에 대하여 5~6명의 학생이 1개의 활동조가 되어 해결
	대집단활동	학습 문제에 대하여 학급 전체 학생이 1개의 활동조가 되어 해결
토의·토론 방법적 측면	버즈	워크숍(Workshop)의 소집단 형태로 4~6명씩 구성하여 자유롭게 토의를 전개해 가는 방식. 한 주제에 대해 6명씩 구성된 각 그룹이 6분씩 토론한다고 해서 6·6법이라고도 한다. 비교적 짧은 토론이 이루어지기 때문에 소란스럽기는 하나 전원이 참여한다는 장점이 있다.
	브레인 스토밍	6~8명씩 집단을 형성하여 사회자를 정하고 준비된 카드(작은 쪽지)에 집단 구성원의 새로운 아이디어를 되도록 많이 써서 모든 의견의 내용을 종합
	대좌식토론 (대립, 디베이트)	주어진 주제에 대하여 상반된 의견을 가진 두 집단으로 나누어 토론을 전개하는 방법
	배심원토론 (패널토론)	3~4명으로 구성된 찬반 토론자(패널)가 나와 각자의 의견을 발표하고 상호 토론을 진행한 후 나머지 아동(관람인)과 토론자가 상호 간의 토론을 전개하는 방법. 사회자의 진행에 의해 한 사람씩 의견을 발표하므로 비교적 학생 통제가 용이한 장점
	자유 토론	학급 전체가 관심 있는 주제를 가지고 자유롭게 토론

V. 토론학습과 사회과 교사의 역할

사회과는 교육의 목표인 민주시민의 자질을 기르게 하기 위한 과목 중에서 으뜸이라고 할 수 있다. 과거와 현재, 그리고 미래를 넘나들며 올바른 가치관을 확립하고 사고력, 문제해결력, 창의력, 자료 처리와 활용 능력까지 평가하는 데 가장 적합한 교과인 사회과 학습활동은 매우 중요하므로 학생들의 지적 호기심을 자극하고 펼칠 수 있는 학습방법의 개선이 필요하다. 이에 사회과 토의·토론학습을 실시한 결과 학생들은 토론하며 합의하는 방법을 익히게 되는 것이다. 남의 의견을 듣는 태도와 근거를 제시할 수 있게 되었다. 자신의 의견을 결정하는 방법을 익히게 되었다. 토론을 통해서 합의안을 이끌어 내는 집단 의사결정능력이 신장되었다. 학생들 스스로 서로 다른 의견과 가치가 갈등하고 대립할 때, 가치 판단에 의하여 의사결정을 내리는 과정을 학습하는 공적인 토론의 장에서 자신의 의견을 막무가내로 제시하기보다는 상대방의 의견을 잘 듣게 되었다. 또한 자신의 의견도 합당한 근거와 자료를 제시하며 신뢰성 있게 설득할 수 있는 태도를 가지게 되는 것이다.

사회과 토론학습을 전개하는 데 있어서 교사의 역할은 학생들이 토론과 토론학습의 방법을 알고 이를 학습에서 준수하면서 유의미한 학습 참여를 조장하는 것이다.

제10장 사회과 토론학습 실제 방법

Ⅰ. 토론학습에 대한 이해

1. 토론학습의 필요성

현대 사회는 이해타산에 얽혀 있는 개인이나 집단이 공존하고 있는 곳이다. 그래서 각 주체 간에는 어떤 일이나 문제에 대해 이해관계를 중심으로 갈등과 대립이 발생하게 된다. 이러한 갈등과 대립의 해결을 위해 대화를 어떻게 하느냐는 매우 중요하다. 어떤 개인・사회・국가의 현재 모습은 토론을 통한 의사결정의 모습이라고 해도 지나치지 않기 때문이다.

따라서 어릴 때부터 어떤 문제에 대한 진지한 토론을 통해 올바른 의사결정을 할 수 있는 경험을 많이 갖게 할 필요가 있다. 다시 말해, 건전한 토론문화의 정착과 원만한 갈등해결을 위한 토론학습이 요청된다.

2. 토론학습의 개념

토론학습은 어떤 주제에 대해서 서로 다른 주장을 하는 사람들, 즉 찬성과 반대의 입장을 가진 사람들이 논증이나 검증을 통해 자신의 주장을 정당화하고 다른 사람들을 설득하려는 말하기·듣기 활동이다. 그러나 토론학습의 궁극적인 목표는 자신의 의견이나 주장을 관철시키는 데 있는 것이 아니라 의견의 일치, 즉 서로 대립적인 주장에 대한 토론을 통해 바람직한 결정을 하는 데 있다.

3. 토론학습의 효과

가. 토론학습은 학업성취도를 높이는 데 효과적이다. 특히, 간단한 암기나 이해가 아니라 깊이 있는 이해, 비판적·분석적 사고, 평가력과 종합력 등 보다 높은 지적 목표를 달성하는 데 효과적이다.

나. 토론학습은 정보를 탐색하고 아이디어를 경쟁적으로 제기하는 과정에서 생산적인 지적 탐구심을 고무시킨다. 즉, 토론자 자신의 탐구심 증대는 물론 다른 사람에게 정보를 알려주고, 알려지지 않은 사실이나 해석 또는 판단을 제공해 줄 수 있다.

다. 상대의 의견과 자신의 의견을 비교해 보면서 상대를 존중하고 타인의 관점에서 조망하는 배려적 사고를 익히게 된다.

라. 스스로 문제를 찾고 해결해 가는 토론과정에서 자기주도적 학습능력이 향상된다.

마. 토론학습은 자유민주주의 사회에 효과적으로 참여할 수 있는 기본적 능력을 갖추는 데 효과적이다.

바. 학교나 학급생활에서 발생하는 문제를 해결하는 데 효과적이다.

4. 토론학습의 일반적 절차

가. 토론학습의 제1단계

토론을 위한 사전 토의 활동으로 토론 참가자들과 함께 하는 것이 좋다.

1) 토론의 목적을 세운다.

2) 토론 절차나 범위를 계획한다.

3) 좌석배치 등의 물리적인 사항을 정비한다.

4) 필요한 토론 사항들을 잘 정리해 둔다.

5) 참여자들에게 토론시간과 장소 등을 알려준다.

6) 사전토의에서 얻어진 결과를 토론 절차에 넣는다.

7) 관찰해야 할 것을 기본 규칙으로 세워놓는다.

8) 필요한 정보자료를 얻는다.

나. 토론학습의 제2단계

토론이 시작되는 도입단계로 성공적인 토론이 되기 위해서는 리더의 역할이 중요하다.

1) 토론의 논제를 명확히 제시한다.

2) 토론의 목적을 설명한다.

3) 관찰되어야 할 기본적인 규칙들을 알린다.

4) 토론될 사항들을 제시한다.

5) 참가자들로 하여금 토론 주제에 적극적인 관심을 갖도록 자극한다.

6) 세부적인 절차에 따라 토론에 참여하도록 한다.

7) 질문을 명확히 하며 토론을 촉진시킬 수 있는 질문으로 도전한다.

8) 토론에 가능한 한 많은 사람이 참여한다.

9) 토론과정에서 거론된 중요한 사항을 기록해 둔다.

다. 토론학습의 제3단계

토론이 종결되는 단계로서 토론과정에서 나온 의견들을 종합한다.

1) 토론에서 거론된 사항을 요약한다.

2) 가능하면 거론된 내용 가운데서 가장 타당성 있다고 여겨지는 결론을 도출한다.

3) 계획했던 토론목표가 어느 정도 달성되었는지를 평가한다.

4) 다음 단계에서 할 일들을 계획한다.

5) 필요한 경우 주어진 목적, 결론, 이미 다루어 온 내용들을 기록해 둔다.

라. 토론학습의 제4단계

토론 후 활동에 해당하는 단계로 토론수업의 의의를 확인해 본다.

1) 참가자에게 토론결과를 요약・정리하여 배포한다.

2) 발표자들에게 토론활동에 대한 느낌을 말할 기회를 준다.

3) 다음 활동을 결정한다.

5. 토론학습의 유형

가. 찬반 대립 토론

논제에 대해 서로 대립된 주장을 가진 두 집단으로 나눈 다음, 각 집단의 견해를 주장하도록 하는 방식이다. 이 토론에서 판단의 초점은 주제의 내용이 아니라 어느 집단이 더 토론을 잘하는가에 있다. 이 토론방법은 각 집단의 대립의식이 강하므로 사회자는 공정을 기하는 데 유의해야 한다.

나. 세미나식 토론

세미나식 토론은 원탁형태로 둘러앉아 자유로이 발언하며 청중과도 대화를 나누는 비형식적인 토론이다. 집단은 10인 이내의 구성원으로 구성하는 것이 좋다. 사회자는 개방적인 분위기를 조성하여 누구나 균등하게 발언할 수 있도록 이끌어야 한다.

다. 자유토론

학생 전체가 관심 있는 주제를 가지고 자유롭게 토론하는 형태이다. 학생들은 토론에 적극적으로 참여하며, 다양한 의문과 의견을 제시하며 쟁점을 결정한다. 교사는 학생들이 자유롭게 토론하도록 조정적 역할을 한다.

라. 버즈식 토론

구성원을 소집단 형태로 4~6명씩 구성하여 6~10분 정도로 학습주제에 대하여 집단별로 자유롭게 토론을 전개해 가는 방식이다. 이 방법은 개념 성취를 위한 도입활동으로 좋다. 또 집단별 토론 결과를 전체 앞에서 발표시킨 후 전체적인 토론을 통해서 학습내용을 정리하는 데도 좋다. 비교적 짧은 시간에 토론이 이루어지기 때문에 소란스럽기는 하나 전원이 참여한다는 장점이 있다.

Ⅱ. 사회과 토론학습의 실제

1. 사회과 토론학습 지도방법

가. 토론 장면 보여주기

학습자들은 사회과 수업에서 이루어지는 토론 장면을 본 경험이 없을 수 있다. 따라서 토론 장면을 직접 학생들에게 보여 주어 사회과 토론수업에 대한 이해도를 높일 필요가 있다.

나. 우수 학생의 시범 보이기

토론 장면을 학습자들에게 보여 준 후 바로 토론수업을 진행하기에는 무리가 따른다. 여전히 학습자에게는 토론수업이 낯설기 때문이다. 따라서 해당 학급의 우수 아동에게 토론학습에 대한 시범을 보여줄 필요가 있다. 이때 교사는 토론학습에 적합한 차시를 선정한 뒤 토론활동이 잘 나타날 수 있는 시나리오를 미리 작성하여 시범을 보이는 아동에게 제공해 주는 것이 좋다.

다. 모둠별로 토론 시합하기

교사는 각 모둠별 토론활동을 관찰하고 학습자가 항상 유념해야 할 사항(자신의 의견에 대한 근거나 이유를 들어 설명하기, 관련 참고자료 제시하기, 친구의 의견과 내 의견 비교해 보기)에 대해 안내해 주어야 한다. 이를 통해서 학습자들은 모둠 내에서의 역할(사회자, 발표자, 판정인)을 명확하게 인식할 수 있다. 또한 상담을 통해 각 모둠의 조장들에게 토론 진행 시 애로점에 대해 이야기를 듣고, 토론학습에 익숙하지 못한 아동이 있을 경우 그 원인을 파악하여 교정시켜주거나 칭찬과 격려를 해 준다.

라. 토론방법 연습하기

1) 입론(주장세우기)

이유와 근거를 들어 내 뜻을 세우기 과정으로 입론에서 밝힌 이유는 반대심문의 논의의 대상이 되므로 근거가 없거나 분명하지 않은 이유는 말하지 않는 것이 좋다.

우리들은 ○○ 논제에 대해서 찬성 측(반대 측) 입장에 서서 주장합니다.
그 이유는 (　　　)가지가 있습니다.
첫째, (　　　)이기 때문입니다. ○○에 의하면 ……
둘째, (　　　)이기 때문입니다. ○○의 가르침에 의하면 ……
셋째, (　　　)이기 때문입니다. ○○ 조사에 의하면……
이와 같은 이유로 우리들은 ○○ 논제에 대해서 찬성 측(반대 측) 입장입니다.

2) 반론(반론 펴기, 반론 꺾기)

상대의 잘못된 점이나 근거의 모순을 들추어서 자신의 주장이 타당하다는 것을 증명하는 시간이다. 따라서 상대방이 변명하지 못하도록 질문을 해야 하며, 상대방이 예(YES)나 아니오(NO)로 대답하도록 질문을 해야 한다.

- 자료의 출전(出典)은 무엇입니까?
- 데이터는 언제 것입니까?
- 어째서 그것이 당신들의 주장과 관련이 있습니까?
- 왜 그렇게 말하는 것입니까?

3) 최종변론

최종변론은 상대측 주장의 잘못된 점을 증명하고 자신들의 의견을 정당화시키는 것이다. 따라서 토론자는 입론과 반론에서 나온 의견 가운데 중요한 것을 취사선택하여 그것을 재구성하고 왜 자신들의 주장이 우수한가를 판정인과 청중에게 호소해야 한다.

2. 사회과 토론학습의 전제 조건

가. 토론 주제의 명확한 제시

토론에서 주제란 학생들에게 '의문시되는 어떤 것'으로 과거에 많이 생각해 보지 않았으므로 이해, 해결, 평가가 필요한 대상이다. 이미 해결되어 더 이상 의문시되지 않는 것은 토론 주제가 될 수 없다. 또한 토론 주제는 질문 형태로 제시되어야 한다.

토론수업 경험이 부족한 학생들을 위해 토론의 주제 제시는 ① 학생들에게 관심이 있는 부분을 포함하고, ② 쉽고 재미있는 문제를 제시하며, ③ 토론 주제를 아주 구체적이고 세밀하게 나누어 제시하는 것이 좋다.

나. 토론 자료의 준비

효과적이고 생산적인 토론학습이 이루어지기 위해서는 학생들에게 미리 과제학습을 해 오도록 하는 것이 좋다. 그러기 위해 필요한 것이 다양한 토론 자료이다. 자료의 형태는 유인물이나 도서, 시청각 자료 등으로 토론 전에 반드시 읽거나 시청하도록 함으로써 주제에 대한 이해와 사고를 촉진시키도록 한다. 자료의 분량이 많거나 복잡한 경우 또는 학생들이 토론의 경험이 부족한 경우 교사가 직접 간단하게 토론 부추기기 자료를 만들어 토론 직전에 약간의 시간을 마련하여 학생들에게 배부하여 읽힌다면 학생들은 보다 간명하게 정리된 생각으로 토론에 임할 수 있다.

다. 교사의 발문

토론 시 교사의 발문은 사고를 유도하여 비판적 사고력을 신장시키는 데 유용하다. 따라서 교사는 토론과정을 역동적으로 고무시키기 위한 발문에 대해 미리 준비해야 한다. 이러한 교사의 발문은 다음과 같은 역할을 한다. ① 답보하고 있는 토론활동에 새로운 계기를 마련하거나, 한 시점에서 다른 시점으로 의식의 변화를 유도하게 된다. ② '요컨대, 만약에'와 같은 구체적인 지시 발문으로 산만해진 토론 내용을 정리하거나, 새로운 변인과 결과를 예상함으로써 학생들에게 보다 다양한 사고의 확산이 이루어지게 한다. ③ '일반화한다면, 구체적인 사례는' 등의 발문을 통해 현실에서의 가능성과 생활주변에서 이루어지는 다양한 현상에 대한 이해를 도와준다. ④ 학생들 간의 상호작용을 증진하기 위하여 다른 학생의 논평을 언급하면, 초기에 인식되지 않았던 핵심 내용을 강조하거나, 그것이 학생들에게 간접적으로 시사되도록 해 준다.

3. 토론학습이 적용 가능한 단원 및 내용

<표 4-26> 토론학습이 적용 가능한 단원 (예)

학년-학기	단원명	쪽	주요 내용
3-1	2. 함께 해결하는 우리 시・도의 문제	110~115	지역 주민들 간 쓰레기 매립장 건설에 대한 찬반 토론
4-2	2. 자연재해의 극복	26~31	자연재해 예방시설 중의 하나인 댐을 건설하는 문제에 대한 찬반 토론

4-2	2. 즐거운 주말	82~88	컴퓨터를 이용한 여가 생활에 대한 찬반 토론
5-2	3. 우리가 만드는 미래의 산업	83~87	유전공학의 활용에 대한 찬반 토론
6-1	3. 두 차례의 전란 극복	51~56	북벌론에 대한 찬반 토론
6-2	2. 국민의 정치 참여	21	의사결정에 참여하지 않는 사람들이 결정사항에 대해 반대 권리 여부 토론

4. 토론학습 적용 사회과 교수 · 학습 과정안(예시)

<표 4-27> 토론학습을 적용한 교수 · 학습 과정안(예)

단원명	1-(3)-③ 두 차례의 전란 극복	수업모형		토론학습	
본시 주제	병자호란의 배경을 알고 북벌정책에 관한 찬반토론하기	차시	19/21	교과서	55~56
				사 · 탐	62~63
학습 목표	ㅇ병자호란 직후 대두된 북벌정책을 둘러싼 역사적 갈등 상황을 이해한다. ㅇ서로의 입장 차이를 이해하고 북벌정책에 관해 자신의 의사를 결정할 수 있다. ㅇ토론학습에 적극적으로 참여하려는 태도를 가진다.				

단계	학습 요소	교수 · 학습 활동	시간	자료 및 유의점
문제 파악	동기 유발	◉ 인터뷰 역할극을 통해 학습 동기유발하기 ○ 병자호란을 둘러싼 갈등상황에 대해 알아보기 ▸ 병자호란 이후 북벌론이 대두된 이유는 무엇인가? - 효종이 청나라에게 당한 국치를 되갚고 싶어 했기 때문 - 국가의 기강을 바로 세우기 위해 ▸ 북벌정책을 찬성한 대표적인 인물은? - 효종, 김상헌, 김집, 송시열 등의 반청척화파 ▸ 북벌정책을 반대한 대표적인 인물은? - 김자정 등의 친청세력, 허목, 김육 등 민생을 걱정한 정치인 ▸ 두 입장은 어떻게 다른가? - 한쪽은 청에게 당한 치욕을 갚는 것과 국가의 기강을 우선시하고 있고, 다른 한쪽은 일반 백성 등의 생활과 경제적, 실용적인 면을 우선시하고 있다. ◉ 학습 문제 파악하기	5	▹아동역할 - 북벌정책에 대한 입장 (각 계급대표인터뷰)
	학습 문제 파악	♣ 병자호란 직후 대두된 북벌정책을 둘러싼 역사적 갈등 상황을 이해하고 '북벌정책에 관한 나의 입장'을 주제로 찬반토론을 해 보자.		
	학습 순서 파악	◉ 학습 순서 알아보기 ▸ 학습할 순서를 정하기 토론 주제 파악 → 토론 방법과 순서 알아보기 → 모둠별로 토론하기 → 모둠 토론결과 발표하기 → 전체 토론하여 종합 결론 내리기 → 알게 된 점과 느낀 점 발표하기		
	토론 주제 정하기	◉ 토론 주제를 정하고, 토론 준비하기 ▸ 토론 주제 정하기 - 병자호란으로 입은 피해, 우리는 '북벌'해야 하는가, '북학'해야 하는가? 또는 북벌론에 찬성하는가? 반대하는가?	5	

단계	학습 요소	교수 · 학습 활동	시간	자료 및 유의점
문제 탐색	토론 준비 하기	○ 토론학습 방법을 알아보고 모둠 토론 준비하기 ▸ 토론 방법과 순서 제시하기 - 모둠 내에서 역할 분담하기(사회자, 찬성 측, 반대 측, 기록자)		▷ 가능하면 수업 전에 역할을 정하여 자신의 주장을 준비하게 한다.
문제 해결 (대립 토의)	토론 하기	◉ 북벌론에 관한 찬성 · 반대 모둠 토론 진행하기 ○ 북벌론의 배경에 대해 설명하기 - 사회자는 토론 시작을 알리면서 북벌론의 배경과 이번 토론의 의의에 대해 간략히 설명한다(북벌론의 배경: 만주지방의 여진족이 명나라를 멸망시키고 청나라를 세워 조선에게 신하의 예를 갖출 것을 요구하며 쳐들어 왔다. 이에 조선은 청의 공격을 이기지 못하고 굴욕적인 강화를 맺었으며 이에 대한 치욕을 씻기 위해 청에 볼모로 잡혀갔던 효종임금이 주축이 되어 북벌 정책이 추진되었다. 토론의 의의: 역사적 갈등 상황을 직접 겪어보고 그 입장에서 판단해 봄으로써 역사적 사건에 대한 이해를 깊게 할 수 있는 기회가 될 것이다). ○ 토론의 규칙 설명하기 - 사회자는 토론규칙을 간략히 설명한다(그럼 토론에 앞서 토론 규칙을 설명하겠습니다. 먼저 북벌론에 찬성하는 찬성 측 대표자가 1분 이내로 발언하고 북벌론에 반대하는 반대 측 대표자가 1분 이내로 발언한 다음 자유 토론에 들어가겠습니다). ○ 찬성 측과 반대 측의 토론자들 발언하기 - 찬성 측 대표 발언: 저는 북벌론을 찬성합니다. 그 이유는 ~하기 때문입니다. - 반대 측 대표 발언: 저는 북벌론을 반대합니다. 그 이유는 ~하기 때문입니다. ○ 동일한 의견에 대해 보충 발언하기 - ㅇㅇ의 의견에 보충합니다. ~가 ~하기 때문입니다. ○ 상대의 주장과 내 의견을 관련지어 발언 및 질문하기 - 상대편 주장에 대한 문제점 질문 및 자기 입장을 밝히며 응답	15 10	▷ 사회자는 토론이 주제에 벗어나지 않도록 진행한다. ▷ 교사는 토론의 방향이 빗나갈 때 바로 잡아준다.
	토론 결과 판정 하기	◉ 모둠 토론결과 발표하기 ○ 모둠 토론결과 요약 및 결과 발표 - 사회자는 양측 주장을 간단하게 요약하여 발표하고 판정인들의 의견을 종합한 결과를 찬성 ○명, 반대 ○명으로 발표한다. ◉ 전체 토론 진행하기 ○ 양측 주장 종합 정리하기 - 각 입장의 대표가 최후 주장을 한다. ○ 전체토론결과 발표 - 전체 의견을 종합한 결과를 찬성 ○명, 반대 ○명으로 발표한다.		
정리	정리 하기	◉ 학습을 통해 알게 된 점과 느낀 점 발표하기 ○ 학습을 통해 알게 된 점과 느낀 점을 정리하기 ▸ 학습한 내용을 단계에 따라 생각하게 한 후 학습내용을 정리하게 한다. · 1단계: 북벌정책과 관련된 역사적 사실 알기 · 2단계: 북벌정책으로 인해 달라졌을지 모를 우리 역사 추측해 보기 · 3단계: 당시 인물이 되어 느껴 보기 · 4단계: 1~3단계를 종합적으로 생각하여 감정을 이입하여 정리하기 - 감정을 이입하여 당시의 인물이 되어 효종에게 올리는 상소문을 써 보며 알게 된 점과 느낀 점을 정리한다(또는 효종이 되어 신하들에게 편지를 써 보아도 좋다). ▸ 알게 된 점과 느낀 점을 발표하게 한다. - 감정을 살려 발표하고, 내용을 공유한다(효종의 입장에서 보면 청나라에 대한 북벌정책이 당연할지 모르지만 백성들의 입장에서는 달랐던 것 같다. 정책을 정하는 데 있어 여러 입장을 고려해 보아야 한다는 것을 알게 되었다).	5	
	차시 예고	○ 다음 시간에 학습할 내용을 예고한다. - 조선 후기 서민들의 생활 모습에 대해 조사해오기		

제11장 사회과 역할놀이학습 방법

I. 역할놀이학습의 성격

1. 역할놀이학습의 개념

일반적으로 역할(role)이란 감정, 언어, 행동 등의 모형화된 계열로서, 다른 사람과 관계 짓는 독특하고 습관화된 태도를 의미한다. 이는 우리가 살아가는 동안 만나는 사람, 사물, 상황에 대한 우리의 반응 양식을 결정할 때, 우리가 담당하는 부분이 역할이라는 것이다. 그러므로 우리 자신과 다른 사람에 대한 분명한 이해를 위해서는 역할에 대한 인식과 자각이 절대적으로 중요한데, 이를 위해 우리 자신을 다른 사람의 위치에 두고 그 사람의 사고와 감정을 경험해 볼 필요가 있다.

역할놀이는 어떤 가상적인 역할을 수행하게 함으로써 태도와 행동을 변화시키려는 기법의 일종으로 학생들에게 규칙적인 상황을 실제로 경험해 볼 수 있는 기회를 제공하게 된다. 이렇게 함으로써 학생들에게 스스로가 지니고 있는 가치나 의견을 좀 더 분명하게 깨닫고 또 사람들이 어떻게 타인의 행동에 영향을 미치는가를 보다 잘 이해할 수 있게 해 준다.

이처럼 역할놀이는 교육에 관한 개인적, 사회적 측면에 그 뿌리를 두고 있는 경험 중심의 교수・학습 모형으로 학생들에게 하나의 상황에서 다양한 체험을 해 보도록 함으로써 개인으로 하여금 그들의 사회적 세계 안에서 개인적 의미를 발견하게 하고, 개인적 딜레마들을 사회집단의 도움을 받아 해결하는 데 도움을 준다.

이 모형은 샤프텔(Shaftel)에 의하여 개발되어 '인간의 존엄성', '정의감', '애정' 등 민주적 관념을 일상생활에서 실천할 수 있도록 가르치는 데 적용되었다. 따라서 역할놀이의 경험은 학생들의 관찰력, 영향력, 동정심, 의사결정능력을 기르는 데 도움이 되며, 특히 사회와 문학 수업에 매우 유용하게 이용되고 있다.

역할놀이학습은 인간의 삶에서 역사적인 위인이나 특정한 타인의 역할을 자신이 직접 수행해 봄으로써 역지사지(易地思之)의 입장에서 당시의 사회상과 당사자의 위치를 이해하고 교육적 동감을 하도록 하는 사회과교육에서의 유의미한 학습이다.

2. 역할놀이 수업모형의 가정(假定)

역할놀이 수업모형은 실제 생활을 가상한 상황에서 각자의 역할을 정하고, 이를 수행하는 활동을 통해 살아가면서 사회에서 부딪치게 되는 사회적 기술에 중점을 두고 있으므로 가정 또한 이에 관련된 것이 많다.

가. 학생들은 사회에서의 상호 작용에서 일어나는 문제가 무엇인지 이해하고, 문제에 직면해서 효과적으로 대처해 나갈 수 있는 능력을 기를 수 있다.

나. 학생들은 자신의 행동과 다른 사람의 행동에 영향을 미치는 개인의 가치, 충동, 두려움 등이 무엇인지 깨달을 수 있다.

다. 학생들은 역할놀이 활동을 통해 얻은 통찰력을 실생활에 적용할 수 있다.

라. 가상적으로 구성한 상황에서 학생들은 자신의 이상과 의견, 그리고 행동을 점검해 볼 수 있다.

마. 가상적으로 주어진 역할을 수행함으로써 문제나 상황의 핵심을 이해할 수 있다.

바. 역할놀이에 대한 방법을 익히게 됨으로써 인간 사회에서의 기술을 깨닫게 된다.

3. 역할놀이 수업의 기능

샤프텔(Shaftel) 부부가 제시한 역할놀이의 기능은 다음과 같다.

가. 자기중심적 사고에서 탈피할 수 있게 한다.

그러므로 자기주장만을 고집하는 편협한 자기중심적 사고에서 탈피하여 상대방의 의견도 포용할 수 있는 원만한 성격 형성에 도움이 된다.

나. 자발적인 문제해결능력을 증진시킨다.

역할놀이를 통해 생활 주변에서 야기될 수 있는 다양한 갈등을 상황에 따라 스스로 해결 방안을 모색하게 함으로써 문제를 해결할 수 있는 능력을 증진시킨다.

다. 집단의식을 제고시킨다.

상호 협동하며 역할을 수행하고 개인이 해결하기 어려운 문제를 집단적으로 생각하고 토론하는 과정에서 최선의 해결 방안을 도출해 낼 수 있다는 사실을 깨닫게 되어 집단 의식을 증진시킨다.

라. 언어 능력과 도덕관념을 발전시킨다.

역할에 적합한 언어를 구사하기 위해 노력하고 자기주장의 타당성을 설득하기 위해 언어 능력이 증진되고 역할을 수행하는 과정에서 상의하고 타협할 때 민주시민으로서의 도덕관념이 발전하게 된다.

마. 새로운 행동이나 기술을 습득하게 된다.

타인의 역할을 해 보게 됨으로써 새로운 행동을 익히게 되며 역할 수행을 통해 새로운 기술도 습득하게 된다.

Ⅱ. 역할놀이학습의 과정

1. 역할놀이학습의 적용 조건

역할놀이 수업은 여러 가지 교육목적, 특히 타인의 감정을 인식할 수 있는 능력을 길러 주거나 새로운 행동을 획득하거나 문제 해결 기능을 향상시키는 데 적용할 수 있다.

역할놀이 상황은 여러 가지 자료, 즉 교실에서 일어나는 학생 상호 간의 문제, 신문에 실린 최근의 관심사, 문학 작품이나 역사적 상황 등에서 얻어질 수 있으며 상황을 설정하는 데 있어 다양한 여건과 상황을 고려해야 한다.

가. 자료

1) 역할놀이에 적합한 문제나 상황을 선정하는 것이다.
2) 자료 수집은 학생들을 관찰하거나 다른 교사에게서 이야기를 듣거나 문학 작품을 통해서 아이디어를 얻을 수 있다.
3) 역할놀이 상황이 학생에게 친숙한 것이 아닐 때에는 그림을 사용하거나 박물관에 견학을 가는 것이 바람직하다.

나. 학급 구성

1) 활동에 따라서 학급 구성에 변화를 두어야 할 때가 있다.
2) 모든 학생을 역할놀이에 참여시키지 않고 소집단별로 따로 역할놀이를 할 수 있다.
3) 각 집단은 역할놀이 활동에 필요한 정보를 수집하고 문제를 토론하여 해결 방법을 모색해야 한다.

다. 집단 조직

1) 역할놀이는 대개 한 사람의 교사에 의해서 활동을 진행한다.
2) 소집단으로 나누거나 방해가 되는 학생들이 있을 경우에는 보조 교사나 고학년 학생의 도움으로 소집단을 맡아서 활동할 수 있다.

라. 시간 계획

1) 역할놀이 활동은 매우 융통성 있게 계획할 수 있다.
2) 학생들의 감성을 개발할 필요가 있거나 아이디어를 좀 더 탐구해야 할 필요가 있거나 여러 가지 대안과 해결 방법을 탐구해야 할 경우에는 토론과 재연을 위하여 수업 시간을 더 연장할 수 있다.

2. 적용 절차

역할놀이 수업모형의 적용절차를 샤프텔 부부는 8단계로 구성하였고, Banks 등은 6단계로 제시하고 있으며, 교사용 지도서를 보면 4단계로 제시되고 있는데, 단계별 내용은 <표 4-28>과 같다.

즉 샤프텔(G. Shaftel) 부부의 역할놀이 8단계는 ① 역할놀이 준비, ② 역할놀이 참가자 선정, ③ 역할놀이 바탕 조성, ④ 청중의 준비, ⑤ 역할놀이 시연, ⑥ 논의와 평가(토의 및 평가), ⑦ 재연, ⑧ 경험의 공유와 일반화 등이다.

뱅크스(J. A. Banks) 등의 역할놀이 6단계는 역할놀이 상황 설정, 역할놀이 준비(상황 설명, 장면 설정), 역할놀이 참가자 선정, 청중의 자세 준비, 역할놀이 실연, 역할놀이의 토론과 평가(통의와 평가, 재연) 등이다.

한편, 우리나라 현행 2009 개정 사회과 교육과정과 사회과 교사용 지도서에 제시된 역할놀이 4단계는 ① 역할놀이 상황의 설정과 준비, ② 역할놀이 참가자 선정 및 청중의 준비 자세 확인, ③ 역할놀이 시연, ④ 역할놀이에 대한 토론 및 평가 등이다.

<표 4-28> 역할놀이학습의 적용 절차 비교

구분	샤프텔 부부의 8단계	뱅크스 등의 6단계	사회과 교사용 지도서의 4단계
절차 (단계)	1. 역할놀이 준비 2. 역할놀이 참가자 선정 3. 역할놀이 바탕 조성 4. 청중의 준비 5. 역할놀이 시연 6. 논의와 평가 7. 재연 8. 경험의 공유와 일반화	1. 역할놀이 상황 설정 2. 역할놀이 준비 1) 상황 설명 2) 장면 설정 3. 역할놀이 참가자 선정 4. 청중의 자세 준비 5. 역할놀이의 실연 6. 역할놀이의 토론과 평가 1) 토의와 평가 2) 재연	1. 역할놀이 상황의 설정과 준비 2. 역할놀이 참가자 선정 및 청중의 준비 자세 확인 3. 역할놀이 시연 4. 역할놀이에 대한 토론 및 평가

3. 적용 방법

역할놀이의 수업단계는 기본적인 절차일 뿐이므로 반드시 순서를 지킬 필요는 없다. 교수·학습의 내용과 양에 따라 어떤 단계는 생략할 수도 있으며, 또한 여러 번 반복할 수도 있다. 그러므로 교사는 각 단계마다 적절한 질문과 통제로 학습목표에 도달하도록 노력해야 할 것이다.

뱅크 등의 단계별 절차에 따른 방법을 좀 더 자세히 살펴보면 다음과 같다.

가. 역할놀이의 상황 설정

1) 상호 간의 문제와 관심사 확인
2) 다양한 상황 제시
3) 친숙한 상황 제시

역할놀이의 상황은 여러 가지의 주제, 즉 학급에서 자주 관찰되는 학생 상호 간의 문제 또는 신문이나 잡지에 자주 오르내리는 최근의 관심사들, 그리고 대화 중에 겪게 되는 각종 갈등 상황으로부터 추출할 수 있다.

역할놀이 상황의 설정 시에 고려해야 할 원칙은 다음과 같다.

1) 상황은 해석의 방향이 다양하고 결론이나 해결책 또한 다양한 것이어야 한다. 상황이 너무 단순하거나 결론이 너무 쉽게 도출되어 버리는 상황에서는 학생들의 갈등 사태를 통한 사고나 행동을 자극할 수 없게 된다.
2) 어떤 상황도 그것이 사생활을 침해하는 것이어서는 안 된다. 민주사회에서는 개인의 사생활을 최대한 보장하기 때문에 사생활을 침해할 수 있는 상황을 활용하게 되면 부정적인 사회성을 갖게 될 수 있다.
3) 상황은 학생들에게 어느 정도는 친숙하거나 흥미를 줄 수 있는 것이어야 한다. 특히, 저학년 학생들에게는 비교적 친숙한 상황을 제시할 필요성이 고학년에 비해 더 크다. 초등학생들은 입장을 바꿔놓고 생각하는 것에 어려움을 겪기 때문에 자기가 맡은 역할이나 자기와 관련되는 역할을 수행하는 학생의 입장에서만 전체 상황을 파악하려고 하기 쉽다.

나. 역할놀이 준비

1) 교사의 상황(장면) 설명 2) 배역들의 행동 방향 결정 3) 배역들의 역할 제고 4) 역할놀이 분위기 조성

1) 상황의 설명

학생들이 특별한 상황 속에 있기 위해서는 우선 문제되는 이야기나 사진, 대화에 흥미를 가지고 참여해야 하며, 역할놀이를 하게 될 상황에서 어떤 일이 벌어지고 있는가를 이해해야 한다. 즉, 학생들은 이야기 속의 인물의 이미지와 상황을 둘러싸고 있는 환경을 제대로 이해할 수 있도록 교사의 친절한 설명이 뒤따라야 한다.

2) 장면의 설정

역할놀이의 상황을 제대로 설명했다고 하더라도 학생들은 역할을 하는 데 쑥스러워할 수도 있다. 이런 문제를 해소하기 위해서는 상황과 적합한 장면을 꾸밀 필요가 있다. 특히, 저학년에서 활용하는 경우에는 각종 소품들을 활용하는 것도 도움을 준다.

다. 역할놀이 실연자 선정

1) 역할 분석 2) 역할놀이 배역 선정 3) 학생의 참여 기회 제공

1) 참가자를 선정할 때, 교사는 관련 인물과 동일한 말을 하거나 수행할 역할에 비슷한 모습을 지닌 학생들을 선정하도록 한다. 처음 시행할 때는 지나치게 성인 지향적이거나 사회적으로 용납될 수 있는 해결을 내리는 학생은 피하는 것이 좋다.
2) 역할은 개인이 맡고자 하는 역을 최우선으로 해야 한다. 비록 교사가 학생의 선호를 고려한다 할지라도 교사는 상황에 대하여 통제를 가해야만 한다. 또한 역할을 맡길 때는 일상생활에서 흔히 볼 수 있는 일정한 형태의 역할을 지시할 수도 있다.
3) 학생들의 자원 여부를 확인하여 선정하는 것도 좋으나 내성적인 학생의 경우에는 자원을 하지 않는 경우가 많으므로 전 학급의 학생을 고루 참여시키기 위한 고려도 해야 한다. 그러나 싫어하는 학생에게는 참여를 격려할 수는 있어도 강요해서는 안 된다.

라. 청중의 준비

1) 청중의 관람 태도 지도 2) 살펴볼 것 결정 3) 자신의 기준에 의한 평가 준비

1) 역할 수행자가 정해지고 역할놀이가 시작되기 전에 교사는 나머지 학생들이 능동적이고 훌륭한 관람자가 되도록 교육시켜야 한다. 결국 역할놀이에 참가하는 학생과 청중 모두가 역할놀이의 경험으로부터 함께 배워야 하기 때문이다.
2) 교사는 학생들이 주의 깊고, 예의 바르고, 반응적이고, 방심하지 않는 관객이 되도록 가르쳐야 한다. 역할 수행자와 청중(관객)이 함께 학습하는 과정이다.
3) 청중의 입장에 있는 학생들은 보고 들은 것을 해석하고, 자신이 설정한 준거에 의하여 검토하고 평가할 수 있어야 한다.

마. 역할놀이의 실연

1) 자연스런 분위기 조성 2) 관찰의 초점 확인 3) 문제의 다양한 해결 방안 탐색

학생들은 역할을 수행하는 데 있어서 서로 자연스럽게 행동하고 실제 상황에서 사람들이 행동하는 것과 같은 방법으로 행동하여 역할놀이의 상황을 생생하게 하도록 해야 한다. 역할 수행자가 역할을 해 내는 것은 꼭 자신의 느낌이라기보다 한 어떤 인물의 역할을 시행해 본다는 것을 이해해야 한다.

역할놀이를 진행하는 중에는 다음과 같은 점에 주의해야 한다.

1) 자연스런 역할을 하도록 하기 위해 역할 수행자들에게 안정감을 준다. 역할놀이에 참가 하지 않는 학생들에게도 자신이 놀이를 하고 있는 것처럼 생각하면서 역할놀이를 고무하고 격려하게 해야 한다.

2) 역할놀이의 요점에서 벗어나지 않도록 주의해야 한다. 역할을 수행하는 데만 신경을 쓰다보면 그 시간에 하고자 하는 진정한 것이 무엇인지를 망각할 수도 있다. 역할놀이를 하는 중요한 이유는 아동들로 하여금 주어진 문제 상황에서 여러 가지 가능한 해결 방법이 가져 올 결과가 어떠하리라는 것을 이해하게 하려는 것이므로 학생들의 연기력에만 신경을 쓰다 보면 핵심에서 벗어날 수 있다.

3) 문제점의 해결

가) 역할을 맡은 학생이 당황하여 다른 학생들이 소란스럽게 웃게 되면 놀이를 중단하고 주의를 환기시킨 후 다시 시작한다.

나) 학생들이 서로 자신의 역할에만 몰두해서 상대방의 역할을 막고 상대방이 의견을 제시할 수 있는 기회를 막는 일이 잦아지면 잠시 놀이를 멈추고, 모든 사람이 다 자기에게 주어진 고유의 역할이 있음을 상기시켜 준다.

다) 자기가 맡은 역할을 망각하고 동떨어진 연기를 하게 되면 계획상의 상황과 인물의 배경, 느낌 등을 상기시켜 준다.

라) 관람하고 있는 학생 중에서 연기를 하고 있는 학생에게 이렇게 해야 한다, 저렇게 해야 한다는 등의 지시를 하게 되면 놀이가 끝난 후에 관람자에게도 의견을 발표

할 시간을 줄 것임을 알려 준다.

마) 특정한 학생이 노력하는 빛은 역력하더라도 기대하는 만큼의 역할을 못하면 수고했음을 격려해 주고 다른 학생으로 대치한다.

바) 학급 전체가 흥미를 느끼지 못하고 소란스러워지면 전체의 역할놀이를 중지시키고 그 이유를 알아본다.

사) 역할을 하던 학생들이 더 이상 의견을 제시할 수 없는 막다른 상태에 다다르게 되면 전체적으로 역할을 바꾸게 한다.

바. 역할놀이의 토론과 평가

1) 경험의 공유와 일반화
2) 재연을 통한 토론
3) 새로운 아이디어 창출, 개인의 발표력 신장

역할놀이가 끝나면 토의를 하고, 거기에서 얻은 통찰력을 다음 역할놀이에 활용하도록 한다. 이와 같이 토의와 재연하는 과정을 통하여 역할놀이의 실제가 더욱 강조된다. 시행착오의 과정을 거치고 먼저 나온 아이디어를 시도함으로써 학급 전체가 바람직한 해결 방법에 도달할 수 있게 된다.

1) 여러 연구에 의하면 역할수행은 태도의 변화에 큰 영향을 미치며, 토의 과정을 통해서 역할수행자처럼 감정적으로 어떤 상황에 몰두한 것이 아니기 때문에 제시된 해결 방법의 결과나 대안에 대한 판단을 내릴 수 있다. 뿐만 아니라 토의를 통하여 학생들은 서로 배우게 되어 동료에 의한 바람직한 행동이 강화되고 학습될 수 있다.
2) 학생들은 역할 수행의 연기력이나 극적 효과 등을 평가해선 안 된다. 토의를 할 때에는 아이디어에 중점을 두고, 아이디어 묘사가 사실적인지 평가해야 한다.
3) 재연할 때는 새로운 아이디어가 시도되고, 새로운 역할 수행자에 의해 상황이 재해석되며, 첫 번째 주어졌던 것과는 다른 각도에서 수행될 수 있도록 학생들에게 역할 기회를 주어야 한다. 재연이라고 해서 되는 대로 수행해서는 안 되며, 교사가 토의를 이끌고, 역할 수행자를 선정하며, 끝마칠 시기를 결정하고 바람직한 아이디어를 선택해야 한다. 몇 차례 재연과 토의가 끝나면 생각을 정리하도록 도와준다.

사회과 역할놀이학습에서 역할놀이는 구체적으로 개인적 가치와 행동의 분석, 개인 간 및 개인의 문제 해결을 위한 전략의 개발, 타인에 대한 감정의 개발 등을 촉진시키기 위하여 설계되었다. 또한 간접적으로 사회문제와 가치에 관한 정보의 획득과 자기의 의견을 표현하는 데 있어 어려움을 감소시켜 주기도 한다.

Ⅲ. 역할놀이 수업의 실제

1. 역할놀이 수업의 관점

가. 교육과정의 분석을 통하여 역할놀이의 활용에 알맞은 내용을 선정하여 활용한다.
나. 역할놀이의 활용은 도입 단계에서의 활용, 전개 단계에서의 활용, 정리 단계에서의 활용, 전 차시 활용으로 나누어 활용한다.
다. 역할놀이의 배역은 가능한 학생이 중심이 되어 정한다.
라. 역할놀이 시나리오는 학생들의 생각과 아이디어로 작성하며, 교사는 설정과 대본 수정 등의 소극적인 범위에 국한하도록 한다.
마. 교사는 허용적인 분위기를 조성하여 학생들의 학습 활동이 활발하도록 한다.
바. 도입 단계에서는 분위기 조성 및 학습목표의 도출을 위해서, 전개 단계에서는 학습과제의 해결을 위해서, 그리고 정리 단계에서는 학습내용의 정리 및 내면화를 위해서 역할놀이의 내용에 대해 서로 토의하여 정리한다.

2. 역할놀이를 위한 행동 원칙

가. 교사는 비평가적인 자세로 학생의 반응과 사사 특히 그들의 감정과 견해를 수용해야 한다.
나. 교사들은 대안적인 관점을 인지하고 대조하면서 문제 상황의 다양한 측면을 학생들이 탐색하도록 한다.
다. 학생들의 반응을 반영하고, 알기 쉽게 말하고 요약함으로써 교사는 학생들 자신의 관점과 감정에 대한 자각을 증가시킨다.

라. 교사는 동일한 역할을 나타내는 데는 다양한 방법이 있고, 이들을 탐색함에 따라 다양한 결과가 나올 수 있다는 것을 강조하여야 한다.

마. 문제를 해결하는 데는 대안적 방법이 있으며, 정확한 방법이란 없다.

연구문제

1. 사회과교육에서의 '개념'의 의미를 들고, 개념학습의 중요성에 대해서 논하시오.

2. 사회과교육의 개념학습 중 속성모형과 원형(전형)모형에 대해서 비교, 설명해 보시오.

3. 마샬라스(Massialas) 사회탐구 과정(단계)을 제시하고 각 단계별 특징을 설명해 보시오.

4. 사회과교육에서 적용하는 탐구학습의 장점과 단점에 대해서 비교하여 설명해 보시오.

5. 사회과교육의 지식의 위계인 사실(Fact), 개념(Concept), 일반화(Generation)를 비교하여 설명하시오.

6. 사회과 탐구학습을 전개할 때 교사의 역할과 소임에 대해서 구체적으로 설명해 보시오.

7. 문제해결학습 모형의 단계를 제시하고 각 단계별 특징과 강조점에 대해서 설명하시오.

8. 현장체험학습을 수행할 때 특히 학생들이 유념해야 할 점에 대해서 설명하시오.

9. 사회과교육의 협동학습과 전통적 조별학습을 상호 비교·설명해 보시오.

10. 뱅크스(Banks)의 의사결정학습 모형을 제시하고, 사회 탐구와 가치 탐구를 비교하여 설명해 보시오.

참고문헌

1. 단행본(국내 문헌)

강우철(1992). 『달라져야 할 사회과교육』. 서울: 교학사.

강선주 · 설규주(2008). 『좋은 사회과 수업을 위한 컨설팅 내용과 방법』. 파주: 교육과학사.

강신택(2007). 『사회과학 연구의 논리』. 서울: 박영사.

강우철(1991). 『달라져야 할 사회과교육』. 서울: 교학사.

강우철 외(1978). 『사회과교육』. 서울: 한국능력개발사.

강환국(1985). 『사회과교육학』. 서울: 학연사.

강환국(2009). 『사회과교육과 사회과 교사 교육』. 서울: 학연사.

강현석 외 공역(2008). 『교육과정 개발과 설계』(Murray Print 저). 서울: 교육과학사.

강현석 외 공역(2008). 『통합 교육과정의 이론과 실제』(Donna M. Wolfinger · James W. Stockard Jr 공저). 파주: 양서원.

경상대학교 중등교육연구센터 · 한국사회과교육학회(2006). 『제7차 교육과정과 교과서(일반사회)』. 서울: 교육과학사.

고형일 외(1990). 『학교 학습의 탐구』. 서울: 교육과학사.

공주교육대학교 교육대학원(2008). 『초등 수업 개선 어떻게 하여야 하나』. 공주: 합동인쇄출판사.

공주교육대학교 초등교육연구소(2003). 『제7차 교육과정 탐구』. 대전: 대교출판사.

곽병선(1986). 『한국의 교육과정』. 서울: 민족문화문고간행회.

곽병선 · 김재복(1989). 『교육과정 운영론』. 서울: 배영사.

교육과정 · 교과서연구회(2000a). 『한국 교과교육과정의 변천(초등학교)』. 서울: 대한교과서주식회사.

교육과정 · 교과서연구회(2000b). 『한국 교과교육과정의 변천(중학교)』. 서울: 대한교과서주식회사.

교육과정 · 교과서연구회(2000c). 『한국 교과교육과정의 변천(고등학교)』. 서울: 대한교과서주식회사.

교육과학기술부(2008). 『초등학교 교육과정 해설(Ⅲ)』. 광주: 한솔사.

교육과학기술부(2008). 『중학교 교육과정 해설(Ⅲ)』. 광주: 한솔사.

교육과학기술부(2008). 『고등학교 교육과정 해설(Ⅲ)』. 광주: 한솔사.

교육법전편찬회(2007). 『교육법전』. 서울: 교학사.

교육부(1986a). 『초 · 중 · 고등학교 교육과정(1946~1981)』. 총론. 서울: 대한교과서주식회사.

교육부(1986b). 『초 · 중 · 고등학교 교육과정(1946~1981)』. 사회과 · 국사과. 서울: 대한교과서주식회사.

교육부(1992a). 『중학교 사회과 교육과정 해설』. 서울: 대한교과서주식회사.

교육부(1992b). 『고등학교 사회과 교육과정 해설』. 서울: 대한교과서주식회사.

교육부(1993a). 『국민학교 교육과정 해설(Ⅰ)』. 서울: 대한교과서주식회사.

교육부(1993b). 『국민학교 교육과정 해설(Ⅱ)』. 서울: 대한교과서주식회사.

교육부(1993c). 『국민학교 교육과정 해설(Ⅲ)』. 서울: 대한교과서주식회사.

교육부(1997a). 『사회과 교육과정』. 교육부 고시 제1997-15호(별책 7). 서울: 대한교과서주식회사.
교육부(1997b). 『초등학교 교육과정 해설(사회)』. 교육부 고시 1997-15(별책). 서울: 대한교과서주식회사.
교육부(1997c). 『중학교 교육과정 해설(사회)』. 교육부 고시 1997-15(별책). 서울: 대한교과서주식회사.
교육부(1997d). 『고등학교 교육과정 해설(사회)』. 교육부 고시 1997-15(별책). 서울: 대한교과서주식회사.
교육부(1998). 『교육 50년사: 1948～1998』. 서울: 교육50년사편찬위원회.
교육부(1999a). 『교육발전 5개년 계획』. 서울: 교육부.
교육부(1999b). 『초・중・고등학교 국가 수준 교육과정 기준』. 서울: 교육부.
교육부(2000). 『제7차 교육과정의 개요』. 서울: 교육부.
교육부(1997a). 『초등학교 교육과정(교육부 고시 1997-15. 별책 2)』. 서울: 대한교과서주식회사.
교육부(1997b). 『초・중등학교 교육과정(교육부 고시 1997-15. 별책 1)』. 서울: 대한교과서주식회사.
교육부(1997c). 『초・중등학교 교육과정 해설』. 서울: 대한교과서주식회사.
교육부(2013). 『초등 3-4학년군 교과용 도서 연수교재(2009 개정 교육과정: 사회과』. 서울: (사)시각장애인연합회.
교육위원회(2002). 『한국의 학교제도와 평가 방법 개선 연구』. 교육위원회 정책연구개발과제 연구 2002-05.
교육인적자원부(1998). 『교육 50년사』. 서울: 교육인적자원부.
교육인적자원부(2001). 『제7차 교육과정과 학교교육의 발전 전망』. 교육과정 자료 제74호. 교육인적자원부.
교육인적자원부(2006a). 『고등학교 사회 교사용 지도서』. 서울: 대한교과서주식회사.
교육인적자원부(2006b). 『중학교 사회 교사용 지도서』. 서울: 대한교과서주식회사.
교육인적자원부(2006c). 『초등학교 사회 교사용 지도서』. 서울: 대한교과서주식회사.
교육인적자원부(2007a). 『2007년 개정 교육과정(사회과)』. 교육인적자원부 고시. 2007-79. 교육인적자원부.
교육인적자원부(2007b). 『2007년 개정 교육과정(총론)』. 교육인적자원부 고시 2007-79. 교육인적자원부.
국립사범대학장협의회(2000). 『국립 사범대학 표준 교육과정』. 국립사범대학장협의회 정책팀.
권낙원(1997). 『교육과정 총론』. 한국교원대학교 대학원 보고서.
권낙원(1998). 『수업의 원리와 실제』. 서울: 성원사.
권낙원(2008). 『학교교육과정 개발론』. 파주: 학지사.
권오정 외(1992). 『통일시대의 민주시민 교육론』. 서울: 탐구당.
권오정・김영석(2006). 『사회과교육학의 구조와 쟁점』. 서울: 교육과학사.
권오정・김영석(2008). 『사회과교육학의 구조와 쟁점(증보판)』. 파주: 교육과학사.
권효숙 외(2007). 『사회과교육의 논리』. 서울: 교육과학사.
김경배(2008). 『교과교육론』. 서울: 학지사.
김동원(2012). 『학교교육과정 길라잡이』. 서울: 도서출판 신정.
김두정(2006). 『한국 학교교육과정의 탐구』. 서울: 학지사.
김만곤 외(1999). 『초등 사회과교육』. 서울: 도서출판 두산동아.
김만곤 외(2002). 『사회과교육의 실제』. 서울: 대한교과서주식회사.
김병무(2006). 『현대 사회학의 이해』. 서울: 청목출판사.
김석우(2008). 『사회과학 연구를 위한 SPSS WIN 12.0 활용의 실제』. 파주: 교육과학사.
김성훈(2008). 『교육과정 강의』. 서울: 동문사.
김연옥・이혜은(1991). 『사회과 지리교육연구』. 서울: 교육과학사.
김용만 외(1998). 『사회과 교육과정 해설』. 서울: 교육과학사.

김용신(2000).『사회과 현장학습론』. 서울: 문음사.
김용신 역(2010).『다문화 시민교육론』. 파주: 교육과학사.
김운삼(2008).『교육학 개론』. 서울: 창지사.
김일남・이광성(2007).『사회과 의사결정 수업모형 탐구』. 파주: 양서원.
김재복(1988).『교육과정의 통합적 접근』. 서울: 교육과학사.
김재복(1999).『초등학교 교육과정 해설』. 서울: 교육과학사.
김재복(2000).『통합 교육과정』. 서울: 교육과학사.
김재복 외 공역(1997).『수업모형』. 서울: 형설출판사.
김재형 외 공역(1999).『사회과 탐구 논리』. 서울: 교육과학사.
김정호(2007).『사회과교육학 신론』. 서울: 문음사.
김종서 외(1990).『교육과정과 교육평가』. 서울: 교육과학사.
김현석(2006).『사회과 통합교과교육론』. 서울: 형설출판사.
김현석・한관종(2008).『사회과 통합교과교육론』. 서울: 형설출판사.
김형수(2008).『사회과 내용학의 이해』. 서울: 형설출판사.
김형수(2008).『전공 일반사회』. 서울: 형설출판사.
김호권(1982).『학교 학습의 탐구』. 서울: 교육과학사.
김호권(1986).『교육과 교육과정』. 서울: 배영사.
김호권 외(1980).『현대 교육과정론』. 서울: 교육출판사.
남경희 외 역. DAVID W VAN CLEAF 저.『사회과 교수 학습론』. 서울: 교육과학사.
남상준(2000).『환경교육의 원리와 실제』. 서울: 원미사.
남상준(2005).『지리교육 탐구』. 서울: 교육과학사.
노경주 외(2001).『논쟁문제 교육의 이론과 실제』. 서울: 원미사.
노정식 외(2000).『사회과교육』. 서울: 형설출판사.
문교부(1975).『국민학교 교사용 교과용 도서(사회 4)』. 서울: 교학도서주식회사.
문교부(1982a).『국민학교 새 교육과정 개요(연수 자료)』. 서울: 대한교과서주식회사.
문교부(1982b).『중학교 새 교육과정 개요(연수 자료)』. 서울: 대한교과서주식회사.
문교부(1982c).『고등학교 새 교육과정 개요(연수 자료)』. 서울: 대한교과서주식회사.
문교부(1986).『초・중・고등학교 교육과정 해설[사회과・국사과](1946~1981)』. 서울: 대한교과서 주식회사.
문교부(1988a).『국민학교 교육과정』. 서울: 문교부.
문교부(1988b).『국민학교 교육과정 해설』. 서울: 문교부.
문교부(1988c).『중학교 교육과정 해설』. 서울: 서울인쇄공업협동조합.
문교부(1988d).『문교 40년사』. 서울: 문교부.
문교부(1992a).『국민학교 교육과정』. 서울: 문교부.
문교부(1992b).『중학교 교육과정』. 서울: 문교부.
문교부(1992c).『고등학교 교육과정』. 서울: 문교부.
박기범(2010).『사회과 디지털 교육론』. 파주: 교육과학사.
박병기・추병완(1996).『윤리학과 도덕교육』. 서울: 인간사랑.
박상준(2007).『사회과교육의 이론과 실제』. 서울: 교육과학사.
박성익(2006a).『교수 학습 방법의 이론과 실제(Ⅰ)』. 서울: 교육과학사.
박성익(2006b).『교수 학습 방법의 이론과 실제(Ⅱ)』. 서울: 교육과학사.
박용헌(1996).『민주화・세계화와 교육 과제』. 서울: 서울대학교 출판부.

박은종(2006). 『사회과교육학과 교육평가』. 공주대학교 사범대학 사회과교육 강의 교재.
박은종(2008). 『한국 사회과 교육과정 탐구: 분석 및 모형 개발 탐색』. 파주: 한국학술정보(주).
박은종(2009). 『사회과교육학 핸드북: Key Point』. 파주: 한국학술정보(주)
박은종(2009). 『현대 사회과교육학 · 사회과교육론 신강』. 파주: 한국학술정보(주).
박은종(2010). 『으뜸 수업탐구의 정석』. 파주: 한국학술정보(주).
박은종(2010). 『으뜸 학급경영 핸드북』. 파주: 한국학술정보(주).
박은종(2012). 『정석 신강 교육학 개론』. 파주: 한국학술정보(주).
박은종(2012). 『창의적 체험활동 교육과정의 실행: 이론과 실제』. 파주: 한국학술정보(주).
박은종(2013). 『사회과교육론의 이해와 탐구』. 파주: 한국학술정보(주).
박은종(2014). 『한국 교육의 동향과 미래 비전』. 파주: 한국학술정보(주).
박인현(2006). 『초등 사회과교육』. 서울: 교육과학사.
박인현(2008). 『정보사회의 시민 생활과 법』. 파주: 교육과학사.
박현주(2007). 『교육과정 개발의 모형과 실제』. 서울: 교육과학사.
배광호(2010) · 백순근 · 박선미(1998). 『수행평가의 이론과 실제』. 서울: 원미사.
백승대 외(2007). 『사회과교육의 실천과 대안』. 서울: 교육과학사.
변영계 · 김경현(2005). 『수업장학과 수업분석』. 서울: 학지사.
변홍규(1994). 『질문 제시의 기법』. 서울: 교육과학사.
사회교사 모임 연구부(1992). 『사회과 교육과정과 교과서 변천사』. 서울: 우리교육출판사.
서울중학교사회교과연구팀(1999). 『현장학습, 함께 즐겨요!』. 서울: 유광사.
서재천(1996). 『사회과 수업방법』. 서울: 도서출판 유천.
서재천(2011). 『초등 사회과 시민교육』. 파주: 학지사.
성병창(2000). 『교육과정 개발과 지도성』. 서울: 양서원.
성태제(2004). 『문항 제작 및 분석의 이론과 실제』. 서울: 학지사.
성태제(2008). 『현대 교육 평가』. 파주: 학지사.
소경희(2006). 『교육과정 개발』. 서울: 교육과학사.
손인수(1992). 『미군정과 교육 정책』. 서울: 민영사.
손인수(1998a). 『한국 교육사 연구(상)』. 서울: 문음사.
손인수(1998b). 『한국 교육사 연구(하)』. 서울: 문음사.
손인수(1994). 『한국교육운동사』. 서울: 문음사.
손충기(2007). 『교육과정과 교육평가』. 서울: 태영출판사.
손충기(2007). 『교육연구 방법론』. 서울: 태영출판사.
송대영((1991). 『윤리교육』. 서울: 한국방송통신대학교출판부.
송대영(2000). 『사회생활교육』. 서울: 한국방송통신대학교출판부.
송민영(2006). 『홀리스틱 교육사상』. 서울: 학지사.
송용의 역. Jack R. Fraenkel 저(1986). 『가치 탐구 수업 어떻게 할 것인가?』. 서울: 교육과학사.
송창석(2001). 『새로운 민주시민 교육방법』. 서울: 백산서당.
신세호 외(1980). 『초 · 중등학교 교육과정 개선을 위한 기초 연구』. 서울: 한국교육개발원.
심광택(2008). 『사회과 지리 교실수업과 지역학습』. 서울: 교육과학사.
안천(2006). 『생활화 사회과교육론』. 서울: 교육과학사.
안천(2006). 『신사고 사회과교육론』. 서울: 교육과학사.
양미경(2010). 『교육과정 및 교수방법(증보판)』. 파주: 교육과학사.
양호환 외(1997). 『역사교육의 이론과 방법』. 서울: 도서출판 삼지완.

오영태(1996). 『사회과교육론』. 서울: 갑을출판사.
오영태(2000). 『사회과교육론』. 서울: 형설출판사.
오택섭 외(2008). 『사회과학 데이터 분석법』. 서울: 도서출판 나남.
유명철(2008). 『민주시민 교육론』. 파주: 교육과학사.
유봉호(2002). 『한국 교육과정사 연구』. 서울: 교학연구사.
유봉호(2000). 『현대 교육과정』. 서울: 서울: 교학연구사.
유제천 역. 밥 파이크 저(2006). 『창의적인 교수법』. 서울: 김영사.
윤광보(2008). 『교육방법과 교육공학의 이해』. 파주: 양서원.
윤기옥 외(2001). 『수업모형의 이론과 실제』. 서울: 학문출판.
윤덕중 역(2000). STANLEY P. WRONSKI 외 저. 『사회과교육과 사회과학』. 서울: 교육과학사.
이간용(2008). 『사회과교육의 참평가론』. 서울: 도서출판 한울.
이경섭(1997). 『현대 교육과정사 연구(상)』. 서울: 교육과학사.
이경섭(1997). 『교육과정 쟁점 연구』. 서울: 교육과학사.
이경한(2008). 『사회과 지리 수업과 평가』. 서울: 교육과학사.
이경환(1994). 『학교 교육과정의 편성과 운영』. 교육과정연수자료. 서울: 대한교과서주식회사.
이경환 외(2002). 『한국 교육과정의 변천』. 서울: 대한교과서주식회사.
이동원 외(2008). 『초등 사회과 좋은 수업안 쓰기 follow up』. 파주: 교육과학사.
이석주 외(1997). 『사회과 열린 교육』. 서울: 교육과학사.
이성은(1999). 『학교 변화와 열린 행정』. 서울: 교육과학사.
이성호(1982). 『교육과정 개발 전략과 절차』. 서울: 문음사.
이성호(2006). 『교육과정 개발의 원리』. 서울: 학지사.
이성호(2008). 『교수방법의 탐구』. 파주: 양서원.
이영기 외(1984). 『사회과교육(Ⅰ)』. 서울: 한국방송통신대학교출판부.
이영기 외(1990). 『사회과교육(Ⅱ)』. 서울: 한국방송통신대학교출판부.
이원순(1991). 『역사교육론』. 서울: 삼영사.
이원희 외(2008). 『교육과정과 수업』. 파주: 교육과학사.
이원희 외(2010). 『교육과정』. 파주: 교육과학사.
이윤식(2001). 『교육과정』. 서울: 교육과학사.
이윤식(2006). 『장학론』. 파주: 교육과학사.
이종국(2006). 『한국의 교과서 출판 변천 연구』. 서울: 일진사.
이종일 외(2008). 『교육적 질문하기』. 파주: 교육과학사.
이종일(2008). 『사회과 탐구와 교사 자질』. 파주: 교육과학사.
이칭찬(2007). 『교육방법 및 교육공학』. 서울: 태영출판사.
이태근 외(1987). 『경제교육론』. 서울: 교육과학사.
이해명 외(2010). 『현대 교육과정과 평가』. 서울: 교육아카데미.
이혁규(2008). 『교과교육 현상의 질적 연구: 사회 교과를 중심으로』. 서울: 학지사.
인천광역시사회과교육연구회(2007). 『사회과 교수・학습』. 인천: 인천광역시교육연구정보원.
임채식 외(2007). 『교과교육론』. 서울: 태영출판사.
임청환 외 공역(2008). 『교사를 위한 수업전략』(Paul D. Eggen・Donald P. Kauchak 공저). 서울: 시그마프레스.
전국역사교사모임(2002). 『우리 아이들에게 역사를 어떻게 가르칠 것인가』. 서울: 휴머니스트.
전정태(2007). 『현대사회와 정보윤리』. 서울: 도서출판 학이당.

정문성(1998). 『사회과 창의적 학습법』. 서울: 교육과학사.
정문성(2001). 『사회과 수행중심 평가』. 서울: 학문출판(주).
정문성(2002). 『협동학습의 이해와 실천』. 서울: 교육과학사.
정문성 외(2010). 『사회과 교수 · 학습법(개정판)』. 파주: 교육과학사.
정문성 · 김동일(1998). 『열린교육을 위한 협동학습의 이론과 실제』. 서울: 형설출판사.
정범모(1972). 『가치관과 교육』. 서울: 배영사.
정범모(1980). 『초등 사회과교육의 이론과 실제』. 서울: 교육출판사.
정병기(2002). 『초등 사회과교육의 이론과 실제』. 서울: 교육출판사.
정병기 외(1997). 『사회과 교육과정 영역별 수업 기법 · 수업모형 및 평가』. 서울: 배영사.
정병기 외(2000). 『사회과교육론』. 서울: 교육출판사.
정병기 · 홍기룡(2000). 『사회과 교수법』. 서울: 형설출판사.
정선영 외(2002). 『역사교육의 이해』. 서울: 삼지원.
정세구(1985). 『사회과 탐구수업』. 서울: 교육과학사.
정세구(1990). 『사회과교육의 과제』. 서울: 배영사.
정세구 역(1991). Shirley H. Engle · Anna S. Ochoa 공저. 『민주시민교육』. 서울: 교육과학사.
정태범(1999). 『교육정책 분석론』. 서울: 원미사.
정태범(1998). 『학교교육의 구조적 개혁』. 서울: 양서원.
정태범(2002). 『교육정책과 교육제도의 발전』. 교육경영총서(1). 서울: 양서원.
조광준(2006). 『인간형성의 사회과교육』. 서울: 집문당.
조병철(2000). 『글로벌 시민성과 경제교육(Ⅰ)』. 대구: 문창사.
조병철(2001a). 『글로벌 시민성과 경제교육(Ⅱ)』. 대구: 문창사.
조병철(2001b). 『사회과 경제교육연구(Ⅰ)』. 대구: 문창사.
조병철(2003a). 『사회과교육학 신론』. 서울: 문음사.
조병철(2003b). 『경제학적 사고방식의 이해』. 대구: 문창사.
조병철(2004). 『사회과교육의 이해』. 대구: 문창사.
조병철 역(1998). 『국제적 시각의 경제교육』. 대구: 문창사.
조병철 역(1999). 『새로운 사회과 교육과정』. 대구: 문창사.
조병철 역(2002). 『경제교육의 이론과 실천』. 대구: 문창사.
조병철 역(2003). 『사회과와 연계된 경제교육』. 대구: 문창사.
조병철 역(2005). 『효율적인 학교 경제교육』. 대구: 문창사.
조승제(2008). 『교과교육과 교수 · 학습 방법론』. 파주: 양서원.
조승제(2013). 『교육과정과 삶의 쟁점: 인간관계론』. 파주: 교육과학사.
조영달(1999). 『한국 교실수업의 이해』. 서울: 교육과학사.
조영달 · 김영수(1992). 『사회과교육에서의 컴퓨터 활용』. 서울: 교육과학사.
조영복(2008). 『초등 사회과 교과서 삽화 오류의 대안적 고찰』. 파주: 한국학술정보(주).
주삼환(1997). 『변화하는 시대의 장학』. 서울: 원미사.
주삼환(2005), 『수업분석과 수업연구』. 파주: 한국학술정보(주).
진영은(2010). 『교육과정: 이론과 실제』. 파주: 학지사.
진영은 · 조인진 · 김봉석(2006). 『교육과정과 교육평가의 탐구』. 서울: 학지사.
차경수(2006a). 『현대의 사회과교육』. 서울: 학문사.
차경수(2006b). 『사회과 교수법과 교재 연구』. 서울: 학문사.
차경수 · 모경환(2008). 『사회과교육』. 서울: 동문사.

차배근(1998). 『사회과학의 연구방법』. 서울: 세영사.
차석기 외(1985). 『한국 교육사 연구』. 서울: 재동문화사.
차조일(2008). 『사회과교육과 합리성』. 파주: 한국학술정보(주).
최병모 외(2005). 『세계화 · 지식기반사회와 경제교육』. 대구: 문창사.
최병모 외 공역(1993). James A. Banks 저. 『사회과 교수법과 교재 연구』. 서울: 교육과학사.
최병모 외 공역(1999). Catherine Cornbleth 저. 『사회과교육 연구에의 초대』. 서울: 원미사.
최상희(2003). 『NIE의 이해와 실천』. 서울: 커뮤니케이션북스.
최용규 외(2007). 『사회과, 교육과정에서 수업까지』. 파주: 교육과학사.
최용규 외(2008). 『사회과, 교육과정에서 수업까지(개정판)』. 파주: 교육과학사.
최용규 외 공역(2006). George W. Maxim 저. 『살아있는 사회과교육』. 서울: 학지사.
최충옥 외 공역(2006). 『사회과교육의 이해』. 파주: 도서출판 서원.
최호성(2008). 『교육과정 및 평가: 이해와 응용』. 파주: 교육과학사.
최호성 외 공역(2008). 『교육과정 설계의 이론과 실제』(George J. Posner · Alan N. Rudnitsky 공저). 서울: 시그마프레스.
추정훈(2010). 『교과교육론』. 서울: 청목출판사.
충청남도교육청(2000). 『초등학교 교육과정 핸드북』. 대전: 용해출판사.
충청남도교육청(2008). 『학교 자율화 추진계획』. 학교장 회의 자료. 충청남도교육청 장학자료.
탁영진(2006a). 『탐구 교육학(상)』. 서울: 도서출판 박문각.
탁영진(2006b). 『탐구 교육학(하)』. 서울: 도서출판 박문각.
한국교원대학교(2004). 『학교교육 50년 반성과 전망』. 한국교원대학교 개교 20주년 기념 심포지엄 자료집. 청원: 한국교원대학교 종합교육연수원.
한국교원대학교(2005). 『한국 교육 50년: 그 반성과 전망』. 한국교원대학교 개교 20주년 기념 논집. 청원: 한국교원대학교출판부.
한국교원대학교 · 서울대학교 사범대학(2008). 『교실친화적 교사 양성의 실천적 방향 모색』. 합동 세미나 자료집. 청원: 한국교원대학교 교육연구원.
한국교원대학교 교육연구원(2005). 『전국 초 · 중등교사 우수 연구결과발표대회 및 전시회 자료집』. 교과교육연구자료집. 한국교원대학교 교육연구원.
한국교원대학교 교육연구원(2006a). 『교육과정 개정 시안에 대한 전국 현장 교사 대토론회』. 교육과정 학술 세미나 자료집. 한국교원대학교 교육연구원.
한국교원대학교 교육연구원(2006b). 『전국 초 · 중등 교사 우수 연구 결과 발표 대회 및 전시회 자료집』. 교과교육연구자료집. 한국교원대학교 교육연구원.
한국교원대학교 교육연구원(2007). 『전국 초 · 중등 교사 우수 연구 결과 발표 대회 및 전시회 자료집』. 교과교육연구자료집. 한국교원대학교 교육연구원.
한국교원대학교 부설교과교육공동연구소(2005). 『차기 초 · 중등 교육과정 개선과 교과용 도서의 개발 방향』. 교과교육공동연구 학술 세미나 자료집.
한국교원대학교 사회과 교육과정개정연구위원회(1997). 『제7차 교육과정 개정 시안 연구 · 개발』. 1997 교육부 위탁과제 답신보고서. 한국교원대학교 사회과 교육과정개정위원회.
한국교원대학교 사회과교육연구회(1994). 『사회과교육연구』. 창간호. 청원: 협신사.
한국교원대학교 제6차 사회과 교육과정개발연구위원회(1992). 『제6차 사회과 교육과정 개발 연구』. 청원: 협신사.
한국교원대학교 통일교육연구소(2004). 『오늘의 북한: 현실인식과 교육』. 청원: 한국교원대학교 통일교육연구소.

한국교원대학교 통일교육연구소(2005). 『동북아시대의 국토통일과 국제협력』. 청원: 한국교원대학교 통일교육연구소.
한국교원대학교 통일교육연구소(2006). 『북한연구와 통일교육을 위한 한·중 협력방안』. 청원: 한국교원대학교 통일교육연구소.
한국교원대학교 통일교육연구소(2007). 『남·북한 교육제도 비교 및 통일 후의 전망과 방안』. 청원: 한국교원대학교출판부.
한국교육개발원 사회과교육연구실 편(1983). 『사회과 탐구수업』. 서울: 교육과학사.
한국교육과정·교과서연구회 (1999). 『인물로 본 편수사』. 대한교과서 주식회사.
한국교육30년사편찬위원회(1980). 『한국 교육 30년』. 서울: 삼화서적주식회사.
한국사회과교과교육학회·한국교원대학교 사회과학교육연구소(2005). 『한국 사회과교육 60년: 회고와 전망』. 제12회 연차학습대회 발표 자료집. 청주: 도서출판 한알.
한국사회과교육연구학회(2008). 『초등 지도 학습 33선: Map skill』. 파주: 교육과학사.
한국사회과교육연구회(2011). 『다문화 교육의 이론과 실제』. 파주: 한국학술정보(주).
한국사회과교육연구회(2012). 『학교 교육과정 실행과 사회과교육의 탐구』. 파주: 한국학술정보(주).
한국사회과교육연구회(2012). 『초·중·고교 인권교육 탐구』. 파주: 교육과학사.
한국사회과교육연구회(1990). 『한국 사회과교육학 개론』. 서울: 교육과학사.
한국사회과교육연구회 역. H. D. Mehlinger & O. L. Davis 편(1986). 『사회과교육』. 서울: 교육과학사.
한국사회과교육학회(2007). 『사회과 교과서 쓰기와 읽기(Ⅱ)』. 제17회 연차 학술대회 발표자료집. 한국사회교과교육학회.
한국사회과교육학회(2005). 『한국 사회과교육 60년: 회고와 전망』. 제12회 연차 학술대회 발표자료집. 한국사회교과교육학회.
한기언(2006). 『초등 사회과교육』. 파주: 한국학술정보(주).
한면희(2006). 『새로운 패러다임에 기초한 사회과교육』. 서울: 교육과학사.
한면희 외(2004). 『사회과교육론』. 서울: 갑을출판사.
한면희(2000). 『사회과교육의 과정 탐색』. 서울: 배영사.
한면희 외 공역(1998). JAMES A. SMITH 저. 『사회과 창의적 교수법』. 서울: 교육과학사.
한진숙 외(2004). 『NIE를 어떻게 가르칠 것인가』. 서울: 커뮤니케이션북스.
함수곤(2007). 『교육과정과 교과서』. 서울: 대한교과서주식회사.
함종규(2006). 『한국교육과정변천사 연구』. 서울: 교육과학사.
허영식(1997). 『민주시민 교육의 방법』. 서울: 학문사.
허영식(2006). 『민주시민 교육』. 서울: 배영사.
허영식(2007). 『세계화·정보화 시대의 민주시민 교육 어떻게 할 것인가?』. 서울: 원미사.
허혜경(2008). 『현대 교육과정 요론』. 서울: 창지사.
홍성윤 외 역(2000). 『교육과정 개발론』. 서울: 교육과학사.
황정규(1986). 『학교학습과 교육평가』. 서울: 교육과학사.
황정규(1990). 『학교학습과 교육평가』. 서울: 교육과학사.
황홍섭(2006). 『초등 사회과 교수법』. 서울: 세종출판사.
홍영기 외(2008). 『초등 교육과정의 통합적 운영』. 파주: 양서원.

2. 논문(국내 문헌)

경상대학교 중등교육연구센터 한국사회과교육학회 편(2003). 「제7차 사회과 교육과정 개정에 대한 문화 기술적 연구」. 제7차 교육과정과교과서 연구보고서.

곽병선(1984). 「소련의 교육개혁 동향」. 『교육학 연구』. 22(3). 한국교육학회.

곽병선(1987). 「교과에 대한 한 설명적 모형의 탐색」. 『한국교육』. 14(1). 한국교육개발원.

곽병선(1993). 「학교 교육의 적합성과 교사의 문제」. 『교육과정 연구』. 제11집. 한국교육학회 교육과정연구회.

곽병선(1997). 「정보화 시대의 교과교육의 과제」. 『사회과교육』. 제30호. 한국사회과교육연구회.

곽병선(2002). 「제7차 교육과정의 반성적 회고와 전망」. 『교육과학연구』. 33(2). 이화여자대학교.

교육인적자원부(2002). 「지식사회의 도래와 한국교육의 대응」. 『교육마당』 21 특별호.

교육인적자원부(2005). 「사회과 교육과정 개정방안연구」. 연구보고서.

교육인적자원부(2007). 「중등교원자격 양성 보도자료(2007.03.30)」. 교육인적자원부 교원양성과.

구정화(1995). 「사회과 동위개념의 효과적인 학습방법연구」. 서울대학교 대학원 박사학위 논문.

구정화(1996). 「사회과 논쟁문제 수업에 관한 연구」. 『시민교육연구』. 제28호. 한국사회과교육학회.

구정화(1999). 「사회과 학업수준별 논쟁문제 인식 및 수업에 관한 연구」. 『시민교육연구』. 제29집. 한국사회과교육학회.

권낙원(1987). 「우리나라 교육과정의 변천(총론)」. 『교원교육』. 제3권 제1호. 한국교원대학교.

권낙원(1996). 「토의수업의 이론과 실제」. 서울: 현대교육출판사.

권낙원(2005). 「제7차 교육과정 운영 실태 및 요구 조사 분석」. 제7차 교육과정의 진단과 새 교육과정 개정의 기본방향 탐색(학술 세미나 자료집). 2005.01. 한국교원대학교 교육과정연구소.

권오정 외(1992). 「제6차 사회과 교육과정 개발 연구」. 한국교원대학교 사회과 교육과정개정위원회.

김경모(1993). 「한국학생의 소득분배개념 이해에 관한 연구」. 서울대학교 대학원 박사학위 논문.

김경완(1995). 「시민성 교육과 반성적 사고: J. Dewey의 사상을 중심으로」. 서울대학교 대학원 석사학위 논문.

김만곤(1996). 「사회과 교과서의 개편 및 활용 방안」. 『사회과교육』. 제29호. 한국사회과교육연구회.

김만곤(2000). 「교과서관에 따른 사회과 교과서의 변화」. 『사회과교육』. 제33호. 한국사회과교육연구회.

김안중(1995). 「학교의 본질: 오늘날 학교의 기능은 그 본질에 충실한가?」. 『교육학연구』. 33(4). 한국교육학회.

김영석(2003). 『사회과에서 지역화 교육의 유형과 지역교재 활용의 방식』. 『사회과교육』. 제42권. 제1호. 한국사회과교육연구회.

김성열(2008). 「좋은 학교 만들기 전략」. 교육복지연구포럼 2008-5. 공주대학교 스타프로젝트 교육복지연구포럼.

김영희(1996). 「초등 사회과 교과서 삽화 자료에 대한 분석」. 성균관대학교 교육대학원 석사학위 논문.

김왕근(1995). 「시민성의 내용과 형식으로서의 덕목과 합리성의 관계에 관한 연구」. 서울대학교 박사학위 논문.

김용(2003). 「교육과정 정책 과정에 대한 신제도주의적 분석」. 서울대학교 대학원 박사학위 논문.

김용만(1975). 「교육과정 지역화의 접근 방향」. 『새 교육』. 통권 제391호. 대한교육연합회.

김용만(1987). 「사회과교육의 변천과 전망」. 『사회과교육』. 제20호. 한국사회과교육연구회.

김용민(1992). 「중학교 사회생활과 교육과정 모형에 대한 개발 연구」. 충북대학교 교육대학원 석사학위 논문. 1992.
김유통(1991). 「교육과정 지역화를 위한 교육과정 개발 체제 연구」. 한국교원대학교 대학원 석사학위 논문.
김인식(1990). 「한국 초・중등학교 사회과 교육과정의 변천사」. 경남대학교 교육대학원 석사학위 논문.
김인회(1999). 「21세기 한국 교육과 홍익인간의 교육 이념」. 한국정신문화연구원 연구처(편). 홍익인간 연구. 성남: 한국정신문화연구원.
김일기 외(1997). 「제7차 사회과 교육과정 개정시안 연구 개발」. 교육부 위탁연구 과제답신보고서. 한국교원대학교 사회과 교육과정개정연구위원회.
김재복(1983). 「교육과정의 통합적 접근에 관한 연구」. 동국대학교 대학원 박사학위 논문.
김재춘(2002). 「국가 교육과정 연구개발체제의 문제점과 개선방향(제7차 교육과정 연구 개발 체제를 중심으로)」. 『교육과정 연구』. 20(3). 한국교육과정학회.
김재춘・소경희(2003). 「수행평가 정착을 위한 교육과정 운영 방안」. 서울: 한국교육과정평가원.
김재형(1999). 「제7차 사회과 교육과정의 교과교육론적 탐구」. 『사회과교육』. 제32호. 한국사회과교육연구회.
김정원(1997). 「초등학교 수업에 관한 참여 관찰 연구」. 서울대학교 대학원 박사학위 논문.
김정호(2005). 「사회과 교육과정 개정의 쟁점과 영역별 대안. 국가 수준 교육과정 무엇을, 어떻게 개정할 것인가?」. 『한국교육과정평가원 개원 7주년 기념 세미나 자료집』. 한국교육과정평가원.
김정호 외(2005). 「사회과 교육과정 개정 방안 연구」. 『연구보고서』. 2005-5. 한국교육과정평가원.
김종건(1999). 「교육과정학의 역사」. 『교육과정 연구』. 제17권 제2호. 한국교원대학교.
김준택(1988). 「우리나라 국민학교 사회과 교육과정 변천에 관한 연구」. 인하대학교 교육대학원 석사학위 논문.
김현진(1994). 「비판적 사고력을 향상시키기 위한 사회과 수업의 효과적인 토의 유형 연구」. 서울대학교 대학원 석사학위 논문.
나미숙(1994). 「사회과 교육과정의 변천 및 개선방안에 대한 연구」. 공주대학교 교육대학원 석사학위 논문.
나흥하(1996). 「교육과정 개발 접근 방식별 교육 내용 선정 준거 고찰」. 한국교원대학교 대학원 석사학위 논문.
남상준(1996). 「사회과에서의 창의적 사회과교육」. 『사회과교육』. 제33호. 한국사회과교육연구회.
남명호・김성숙・지은림(2000). 「수행평가: 이해와 적용」. 서울: 문음사.
남제희(1993). 「한국 국민학교 사회과 교육과정의 변천 과정에 대한 역사적 연구」. 충북대학교 교육대학원 석사학위 논문.
노경주(2000). 「초등 사회과에서의 쟁점 중심 교육」. 『시민교육연구』. 제31집. 한국사회과교육학회.
대전일보(2007.03.22). 「2008학년도 전국 대학 입시 전형계획」. 대전일보 제17705호. 제5면.
모경환・이정우(2004). 「좋은 시민에 대한 학생들의 인식 조사 연구」. 『시민교육연구』. 제36권. 제1호. 한국사회과교육학회.
박광희(1965). 「한국 사회과의 성립 과정과 그 과정 변천에 관한 연구」. 서울대학교 교육대학원 석사학위 논문.
박남수(2000). 「다문화 사회에 있어 시민적 자질의 육성: 사회과교육을 통한 다문화 교육의 모색」. 『사회과교육』. 제33권. 제1호. 한국사회과교육연구회.
박미영(2008). 「재미있는 NIE」. 서울: 조선일보사.
박미진(2004). 「1950년대 전반기 교육과정 개조운동과 사회과교육」. 한국교원대학교 대학원 석사학위 논문.

박상흠(1998). 「사회과 수행평가의 이론적 배경과 적용 방안」. 『사회과교육』. 제31호. 한국사회과교육연구회.
박선미(1998). 「초·중·고 학업 성취도 비교 연구」. 서울: 한국교육과정평가원.
박수용 외(2001). 「우리나라 연구자의 2000년도 SCI 인용지수 분석」. 교육인적자원부 정책연구.
박순경(2001). 「포스트모더니즘과 교과서」. 『교과서 연구』. 제37호. 한국교과서연구재단.
박은종(2006a). 「사회과교육의 트렌드와 구성주의적 접근」. 중등학교 사회과 1급 정교사 자격연수 교재. 공주대학교 중등교원연수원.
박은종(2006b). 「새로운 사회과의 평가 방법과 실제」. 『교육연구』. 제26권 제3호. 2006.3. 한국교육생산성연구소.
박은종(2007a). 「세계화·정보화시대의 바람직한 민주시민 교육의 방향」. 『교육연구』. 제21집 제1호. 2007.2. 공주대학교 교육연구소.
박은종(2007b). 「세계화 시대 한국 민주시민 교육의 접근 방법 모색」. 『인문학 연구』. 제34권 제1호. 2007.4. 충남대학교 인문과학연구소.
박은종(2008). 「교과교육 차원에서의 사회과 통합교육의 방향 모색」. 『교육연구』. 제22집. 공주대학교 교육연구소.
박치현(1990). 「교육과정 개발의 이론과 개발 실제의 비교」. 한국교원대학교 대학원 석사학위 논문.
배원자(1992). 「개념학습에 관한 전형모형, 고전모형 및 사례모형을 사회과에 적용한 학습효과」. 중앙대학교 대학원 박사학위 논문.
서재천(1986). 「일본 사회과 교육과정의 변천」. 『사회과교육』. 제19호. 서울: 한국사회과교육회.
서재천(1987). 「제2차 세계대전 후 일본의 중학교 사회과 공민 교육과정의 변천 고찰」. 『사회와 교육』. 제11집. 서울: 한국사회과교육학회.
서재천(1996). 「의사결정능력신장을 위한 사회과 수업」. 『사회과교육』. 제28집. 한국사회과교육연구회.
서재천(1997). 「정보화 시대에 있어서의 사회과 교육 내용 구성」. 『사회과교육』. 제30호. 한국사회과교육연구회.
서재천(1998). 「사회과 시뮬레이션 학습에 관한 일 고찰」. 『사회과교육』. 제31호. 한국사회과교육연구회.
서태열(1998). 「구성주의와 학습자 중심 사회과 교수·학습」. 『사회과교육』. 제31호. 한국사회과교육연구회.
설규주(2000). 「세계화·지방화 시대의 시민교육」. 서울대학교 대학원 석사학위 논문.
설규주(2004). 「제7차 교육과정의 현장운영실태 분석(Ⅱ)-중등학교 사회과」. 서울: 한국교육과정평가원.
성경희 외(2004). 「제7차 교육과정 현장운영실태 분석(Ⅱ)-중등학교 국민공통기본교과를 중심으로(총론)」. 서울: 한국교육과정평가원.
손병노(1996). 「사회과 협동학습의 의의와 이론적 토대」. 『사회과교육』. 제29집. 한국사회과교육연구회.
손병노(1998). 「사회과 교사의 전문성: 교수내용 지식의 관점」. 『사회과교육학 연구』. 제2호. 한국사회과교육연구회.
손병노·권오정(1996). 「교원 양성 대학의 초등학교 사회과교육학 교재 개발 연구」. 한국교원대학교 부설 교과교육공동연구소.
송현정(2001). 「시민사회의 개념 변화와 현대시민교육의 방향 모색」. 『시민교육연구』. 제32집 제2호. 한국사회과교육학회.
신득렬(2000). 「학교교육의 철학」. 『교육철학』 제22집. 한국교육철학회.
신현순(2004). 「사회과 지역화 자료의 외적 구성 분석과 개선 방안」. 『교육과정학연구』. 제4권.

2004.12. 한국교원대학교 교육과정연구소.
안재경(1997). 「비판적 사고력 함양을 위한 시사만화 활용 방안」. 한국교원대학교 대학원 석사학위 논문.
양미경(2000). 「정보화 시대 도래에 따른 교과서의 성격과 기능의 재조명」. 『교과서연구』. 제34호. 한국교과서연구재단.
오천석(1975). 「민주주의 교육의 건설・민주 교육을 지향하여」. 『오천석 교육사상 문집』. 제1호. 서울: 광명출판사.
유위준(2002). 「초・중등학교 교육과정 정책 형성과정에 관한 연구」. 한국교원대학교 대학원 박사학위 논문.
은지용(1999). 「반성적 사고력 함양을 위한 사회과 통합 교육과정 모형에 관한 연구」. 서울대학교 대학원 석사학위 논문.
이경진(2006). 「교육과정 실행에 나타난 교육과정 변화의 내용과 요인에 대한 연구」. 이화여자대학교 대학원 박사학위 논문.
이광성(1997). 「고급 수준 질문의 활용 정도가 사회과 고급 사고력과 학업성취에 미치는 효과」. 서울대학교 대학원 박사학위 논문.
이명희(2001). 「일본의 사회과 교육과정」. 『사회과교육학연구』. 제6호. 한국사회과교육학회.
이미영(1987). 「한국 사회과교육의 변천 과정에 관한 연구」. 경상대학교 교육대학원 석사학위논문.
이상주(1980). 「의사결정 과정에서 본 교육과정」. 『교육과정 연구의 과제 보고서』. 한국교육과정연구회.
이성수(1968). 「교과서론」. 『교과서회지』. 제1집. 한국검인정교과서발행인협회.
이승종(1997). 「지방화・세계화 시대의 시민의식」. 『사회과교육』. 제24집. 한국사회과교육학회.
이연복(2003). 「제6차, 제7차 교육과정의 사회과 교과서 비교 연구」. 서울교육대학교 교육대학원 석사학위 논문.
이영호 외(1980). 「교육혁신 보급에 관한 이론적 기초」. 『교육혁신보고서』. 한국교육개발원.
이종일(1997). 「사회과 간학문적 단원구성의 이론과 실제」. 『초등 사회과교육』. 제7집. 한국초등사회과교육연구회.
이종일(1998). 「주제 중심 토의학습과 학습자료 개발」. 『초등 사회과교육』. 제8집. 한국초등사회과교육연구회.
이종호(1996). 「한국 사회과 교육과정 이념의 시대성 변천 연구」. 한국교원대학교 대학원 박사학위 논문.
이진석(1992). 「해방 후 한국 사회과의 성립 과정과 그 성격에 관한 연구」. 서울대학교 대학원 박사학위 논문.
이찬(1977). 「고등학교 사회과 교육과정의 변천」. 『사회과교육』. 제10호. 한국사회과교육회.
이태언(1999). 「사회과 교육 내용 및 과정의 변천에 관한 연구」. 『교육연구』. 제11집. 부산외국어대학.
이혁규(2001). 「사회과 교실수업 연구의 동향과 과제」. 『사회과학교육연구』. 제4집. 한국교원대학교 사회과학연구소.
이혁규(2003a). 「사회과 교육과정의 개발과 실제」. 『청주교대 논문집』. 제13집. 청주교육대학교.
이혁규(2003b). 「사회과 교육과정의 개발체제의 문제점과 대안에 대한 논의」. 『초등교육 논문집』. 제40집. 청주교육대학교 초등교육연구소.
임명자(1989). 「국민학교 교육과정 편제에 관한 분석적 연구」. 이화여자대학교 교육대학원 석사학위 논문.
장언효 외(1979). 「교육과정 국제비교연구」. 서울: 한국교육개발원.
장원순(2003). 「한국 사회과교육에서 시민의 실천문제와 과제」. 『시민교육연구』. 제35권. 제2호. 한국사회과교육학회.

전영천(1988). 「한국 국민학교 사회과 교육과정 변천에 관한 연구」. 동아대학교 교육대학원 석사학위 논문.
정만근(1983). 「교육과정의 변천과 배경에 관한 일 연구」. 연세대학교 교육대학원 석사학위 논문.
정문성(1996). 「사회과 협동학습에서의 논쟁 교수모형」. 『교육논총』. 제13집. 인천교육대학교.
정문성(1997). 「사회과 협동학습에서의 집단탐구모형」. 『사회과교육학연구』. 제1호. 한국사회과교육학연구회.
정문성(2005). 「사회과 교수·학습 방법의 동향과 과제」. 『교원교육』 제21권 제3호. 2005.12. 한국교원대학교 교육연구원.
정세구(1989). 「한국 사회과교육학 정립의 방향」. 『사회과교육』. 제22호. 한국사회과교육연구회.
정태범(1994). 「제3공화국 교육개혁의 허상과 실상」. 『하계 학술 세미나 자료집』. 한국행정학회.
정태범(2001). 「총체적 질 관리를 위한 학교경영체제 확립 방안」. 2001년 제2차 교육개혁 대토론회 주제 발표 자료. 한국교원대학교 종합교육연수원.
정호범(1997). 「초등 사회과에서의 가치 교육」. 한국교원대학교 대학원 박사학위 논문.
조경자(1999). 「교과서 정책의 비교와 변화에 관한 연구」. 원광대학교 교육대학원 석사학위 논문.
조도근(1983). 「사회과 탐구수업 및 평가 방법」. 인천직할시교육위원회. 중등교사 교과별 연수 교재(사회과).
조도근(1986). 「개화기 사회 교육과정에 관한 연구」. 『인하대학교 인문과학연구소 논문집』. 제12집.
조도근(2000). 「학교교육과 민주시민 교육」. 『심수 윤덕중 박사 정년퇴임 기념 논문집』(사회발전과 교육). 한국교원대학교 일반사회교육과·윤덕중 박사 정년퇴임 기념 논문집 발간위원회.
조영달(1990). 「미국 사회과의 경향과 교육목표의 변화」. 『사회과 평가 연구 세미나 자료집』. 서울: 한국교육개발원.
조효형(1992). 「한국 일반계 고등학교 사회과 교육과정 개정의 배경과 원인의 변천 과정에 대한 연구」. 충북대학교 교육대학원 석사학위 논문.
주은옥(1995). 「사회과 수업에서의 교사의 질문 유형이 학생의 사고력 신장에 미치는 효과에 관한 연구」. 서울대학교 대학원 석사학위 논문.
주태원(1989). 「우리나라 중등학교 사회과 교육과정 변천에 관한 연구」. 인하대학교 교육대학원 석사학위 논문.
진재관(2006). 「고등학교 사회과 교과서의 변천과 전망」. 『교과서연구』. 제47호. 2006.4. 한국교과서연구재단.
진시원·이종미(2007). 「2007년 개정 사회과 교육과정에 대한 비판적 평가와 통합사회과의 미래」. 『시민교육연구』. 제40권. 제2호. 한국사회과교육학회.
차조일(1989). 「사회과 통합 교육과정 모형에 관한 연구」. 『시민교육연구』. 제27집. 한국사회과교육학회.
차조일(1999). 「사회과 개념수업모형의 이론적 문제점과 해결 방안」. 『시민교육연구』. 제29집. 한국사회과교육학회.
최병모(1985). 「사회과 탐구수업의 특징과 그의 적용을 위한 과제」. 『사회과교육』. 제9집. 한국사회과교육학회.
최병모(1992). 「사회과 교육과정 개발의 체제적 접근」. 한국교원대학교 대학원 박사학위 논문.
최병모(2006). 「중학교 사회과 교과서의 변천과 전망」. 『교과서연구』. 제47호. 2006.4. 한국교과서연구재단.
최병모(1991). 「중학교 사회과 교육과정의 변천」. 『교과교육연구』. 제11호. 교과교육연구회.
최병모·김화자(2004). 「제7차 교육과정에 따른 중학교 사회과 교과서 분석」. 『교원교육』. 제19권. 제2호. 2004.2. 한국교원대학교 교육연구원.

최용규(1998). 「제7차 사회과 교육과정과 창의성 교육」. 『초등 사회과교육』. 제10집. 한국초등사회과교육연구회.
최용규(2006). 「초등학교 사회과 교과서의 변천과 전망」. 『교과서연구』. 제47호. 2006.4. 한국교과서연구재단.
추정훈(2004). 「민주시민성 교육과정 속에서의 민주주의 교육 」. 『시민교육연구』. 제36권. 제2호. 한국사회과교육학회.
하윤수(2000). 「합의형성능력 신장을 위한 초등 사회과 수업방안 연구」. 『초등 사회과교육교원』. 제12집. 한국초등사회과교육학회.
한국교원대학교 교육연구원(2006). 「e-learning을 활용한 각 교과 수업방안 연구」. 『교원교육』. 제22권 제1호. 2006.7. 한국교원대학교 교육연구원.
한국교원대학교 부설 교과교육공동연구소(2001a). 「통합 교과로서의 사회과 운영 방안」. 연구보고서 99-1.
한국교원대학교 부설 교과교육공동연구소(2001b). 「통합 사회교과 교육학의 교재 개발 연구」. 연구보고서 99-3.
한국교육개발원(1981). 「교육과정 개정안의 연구・개발 답신 보고서」.
한국교육개발원(1986). 「제5차 교육과정 총론 개정시안의 연구・개발 답신 보고서」.
한국교육개발원(1987). 「제5차 고등학교(일반계) 교육과정 총론 시안의 개발 연구」.
한국교육개발원(1996). 「초・중등학교 교육과정 재구조안. 교육과정 연구 개발 보고서」. 한국교육개발원(1999). 새 학교 문화 방향 정립과 창조 가능성 탐색 연구. 연구보고서 99-2.
한국교육과정・교과서연구회(1988). 「한국 교육과정 변천에 관한 연구」.
한국교육과정학회(2004). 「학교교육과정의 개발과 운영: 학제적 관점」. 한국교육과정학회 추계 학술대회 발표 논문집.
한국사회과교과교육학회(2005). 「한국 사회과교육 60년: 회고와 전망」. 제12회 연차학술대회 발표 자료집.
한국사회과교과교육학회(2006). 「한국 사회과교육의 미래 전망」. 제13회 연차학술대회 발표 자료집.
한명희(1992). 「교육과정 결정 과정의 이론과 실제 -제6차 교육과정 개정을 중심으로」. 교육과정연구회 92년도 연차학술대회 발표 논문・토론집.
함수곤(1997). 「제6차와 제7차 교육과정의 관계」. 『교육진흥』, 9(4). 중앙교육진흥연구소.
허강 외(2000). 「한국 편수사 연구(I)」. 한국교과서연구재단.
허경철(1996). 「제7차 교육과정 개정의 기본 방향과 내용」. 『교육과정 연구』 제3호 제1집. 1996.1. 한국교원대학교 대학원 교육과정학회.
허경철(2001). 「제7차 교육과정, 그 성공을 위한 전제적 이해」. 한국교육과정평가원 창립 3주년 기념 세미나 자료집.
허경철 외(2003). 「국가 수준 교육과정 개정 방식 개선에 관한 연구」. 한국교육과정평가원 연구보고서.
홍미화(2006). 「교사의 실천적 지식으로 읽는 초등 사회과 수업」. 한국교원대학교 대학원 박사학위 논문.
홍선표(1987). 「사회과 교육과정 변천에 관한 연구」. 단국대학교 교육대학원 석사학위 논문.
홍영환・빈선옥(1998). 「사회과 인터넷 학습 프로그램 설계」. 『중등교육연구』 제10집 제1호. 경상대학교 사범대학 중등교육연구소.
홍웅선(1982). 「한국의 교과서 변천사」. 한국교육개발원.
홍후조(1999). 「국가 수준 교육과정 개발 패러다임의 전환(I)-전면 개정형에서 점진 개선형으로」. 한국교육과정학회. 『교육과정연구』. 17(2).
홍후조(2000). 「국가교육과정 개정의 정치학-제7차 교육과정 개정을 중심으로」. 『교육정치학연구』. 7(1). 한국교육정치학회.

홍후조(2001). 「제7차 교육과정에 따른 일반계 고등학교 선택중심 교육과정의 편성과 운영의 이해와 오해」. 『교육과정 연구』 제19집 제1호. 한국교육과정학회.
홍후조(2002). 「국가 수준 교육과정 개발 패러다임의 전환(Ⅱ)-국가교육과정 기준 변화 관련 기본 개념 정립을 중심으로」. 『교육과정연구』. 제20집 제2호. 한국교육과정학회.
황보효석(1997). 「사회과 토의학습이 지적 기능 발달과 학습태도에 미치는 영향」. 한국교원대학교 대학원 석사학위 논문.

3. 외국 문헌

社會認識教育學會編(1981). 初等社會科教育學. 東京: 學術圖書出版社.
鈴木英(1983). 日本占領と教育改革. 郵草書房.
日本教科書硏究會(1973). 教科書の 公教育. 東京: 第一法規社.
日本教育新聞(1987). 教科審 特輯號. 東京.
日本文部省(1974). '民主主義'(上) 上田薰緝. "社會科 教育史料2". 東京法令出版株式會社.
日本文部省(1978). '我が國の教育水準'. 東京: 大藏省印刷局.
日本文部省(1980). 中學校 指導書. 東京: 大藏省印刷局.
日本文部省(1982). 最新 國民學校 教育課程. 東京: 大藏省印刷局.
日本文部省(2000). 教科書 制度の 概要. 東京: 文部省初中等教育局.
日本文部省 編(1989). '我が國の文教施策'. 大藏省印刷局.
日本民主黨教科書問題特別委員會(1974). 'うれうべき教科書の問題'. 上田薰編. "社會科教育史料3". 東京法令 出版株式會社.
日本社會科教育學會編(1984). 初等社會科教育學概論. 東洋館出版社.
日本社會科教育學會編(1986). 中等社會科教育學概論. 東洋館出版社.
日本ネイチャ-ゲ-ム協會(1997). 學校で役立ネイチャ-ゲ-ム20選. 明治圖書.
田中史郞(1989.6). 社會科教育史硏究の課題. 全國社會科教育學會. 社會科教育 論叢. 第36輯. 第一法規出版株式會社. '教育の情報'.
中野目直明外編著(1983). "現代社會の理論と實踐". 酒井書店.
片上宗二(1974). "敗戰直後の公民教育構成". 教育史料出版會.
片上宗二(1984). '戰後の公民教育'. 日本社會科教育學會編. "社會科における公民的 資質の形成". 東洋館出版社.
Apple. M. W.(1986). Teachers and text. London: Routledge & Kegan Paul.
Barth. James L. et. al.(1984). *Principle of Social Studies*. Univ. Press of America. Inc.
Beauchamp. G. A.(1968). Curriculum Theory. 2nd ed. Wilmett: The Kagg Press.
Beauchamp. G. A.(1981). Curriculum Theory. 4th ed. Itasca: Peacock Publisher.
Bobbit. J. F.(1918). The Curriculum. Boston: houghton-Mifflin.
Bobbit. J. F.(1972). The Curriculum. New York: Arno Press.
Brady. L.(1983). *Curriculum Development in Australia.* Prentice Hall of Australia. Sydney.
Egglestone. J.(1997). *The Sociology of the School Curriculum.* London: Routledge & Kegan Paul.
Eisner. E. W.(1979). *The Educational Imagination: On the Design and Evaluation of school programs.* Collier macmillan canada. Inc.
Eisner Elliot & Vallence Elizabeth (eds.)(1974). *Confoicting Conceptions of Curriculum.* Berkeley. Calif: McCutchen Publishing Corportation.
Elmore. R. F. and McLaughin. M. W.(1988). Steady Work: Policy. *Practice, and the Reform of American*

Education. Santa Monica. CA: The RAND Co.
Fuhrman. S. H. (ed.)(1993). *Designing Coherent Education Policy: Improving the System.* San Francisco: Jossey-Bass Publishers.
Gibson. R.(1984). Structure and education. London: Hodder and Stoughton.
Giroux. H.(1988). *Teachers as Intellectuals: Toward a Critical Pedagogy of Learning.* South Hadley. MA: Bergin & Garvey.
Giroux. H. & McLaren. P.(1992). *America 2000 and the Politics of Erasure: Democracy and Cultural Difference under Siege.* International Journal of Educational Reform. 1(2).
Goodlad. J. I.(1984). A Place Called School. New York: McGraw-Hill.
Goodman. J.(1986). *Teaching Preservice Teachers a Critical Approach to Curriculum Design, A Descriptive Account.* Curriculum Inquiry.
Gowin. D. B.(1981). Educating. Ithaca. New York: Cornell Univ. Press.
Gross. N. Giacquinta. J. & Bernstein. M.(1971). *Implementing Organizational Innovation: A Sociological Analysis of Planned Educational Change.* New York: Basic books.
Grant. C. & Sleeter. C.(1985). *After The School Bell Rings.* Philadelphia. PA: Falmer.
Gudmundsdottir. S.(1990). *Values in Pedagogical Content Knowledge.* Journal of Teacher Education. 41(3).
Handel. G. & Lauvas. P.(1987). *Promoting Reflective Teaching: Supervision in Practice.* Philadelphia: Open University press.
Handler. B. S.(1982). *Coming of Age in Curriculum: Reflections on 'Thinking About the Curriculum'.* Journal of Curriculum Studies. 14(2).
Holmes. B. & M. Mclean(1989). *The Curriculum: A Comparative Perspective.* Boston: Unwin Hyman.
http://inca.org.uk (국가별 교육과정 자료)
Jarolimek. J.(1990). Social Studies in Elementary Education(8th). Macmillan Pub.
John P. Miller(1990). Holistic Learning: A Teacher`s Guide to Integrated Studies. OISE Press: Toronto Ontario.
Kaufman. R. A(1972). *Educational System Planning. Englewood Cliffs.* New Jersey.
Kelly. A. V.(1982). *The Implications of a Centralized Curriculum for Curriculum Development.* The Curriculum Theory and Practice. London: Harper & Row ltd.
Kerr. Donna. H(1976). *Educational Policy: Analysis, Structure, and Justification.* New York: David Mcakay Company. Inc.
Klein. M. Frances. ed(1991). *The Politics of Curriculum Decision-Making: Issues in Centralizing the Curriculum.* New York: State University of New York Press.
Knight. P.(1985). *The Practice of School-based Curriculum Development.* Journal of Curriculum Studies. Vol.17. No.1.
Massialas. Byron. G.(ed.)(1996). *Critical Issues in Teaching Social Studies K-12.* Wardworth Publishing Co.
McNiff. J.(1993). Teaching and learning. London: Routledge.
NCSS.(1994a). *Curriculum standards for Social Studies.* Washington. NCSS.
NCSS.(1994b). *Expectation of Excellence: Curriculum Standard for Social Studies.* Washington. NCSS.
Parker. Walter C. & Jarolimek. John.(1993). *Social Studies in Elementary Education.* Prentice-Hall, Inc.
Phenix. P. H.(1964a). Realms of Meaning. New York: McGraw-Hill.
Phenix. P. H.(1964b). The Architectronics of Knowledge. In s. Elam(ed). Education and the structure of Knowledge. Chicago: Rand McNally.

Posner. G. J.(1998). Models of Curriculum Planning In L.E. Beyer, & M.W. Apple.

Popkewitz. T. S(1987). *The Formation of School Subjects: the Struggle for Creating an American Institution.* New York: The Falmer Press.

Powell. W. W. and DiMaggio, P. J.(eds.)(1991). *The New Institutionalism in Organizational Analysis.* The University of Chicago Press.

Pressman. J. L. and Wildavsky. A(1984). Implementation.(3rd ed.). Univ. of California Press.

Ravitch. D(1995). *National Standards in American Education: A Citizen's Guide.* Washington. D.C.: The Brookings Institution.

Ravitch. D.(1995). *Debating the Future of American Education: Do We Need National Standards and Assessments?.* Washington, D. C.: The Brookings Institution.

Reich. R. B.(ed.)(1988). The Power of Public Ideas. Cambridge: Balliger Publishing Co.

Reid. W. A.(1999). *Curriculum as Institution and Practice.* Manhwa, N. J. & London: Lawrence Erlbaum Associaties Publishers.

Ron Miller(1990). What Are School for?; Holistic Education in American Culture. Holistic Education Press.

Saylor. J. G & Alexander. W. M.(1974). *Planning Curriculum for School,* New York: Jolt, Rivehart & Winston.

Schwab(1962). *The Concept of the Structure of a Discipline.* The Educational Record. 43(197).

Short. E. C.(1983). *The Form and Use of Alternative Curriculum Development*, rev. ed. New York: Jarcourt Brace. Jovanovich. Inc.

Short. E. C(1993). *Three levels of questions addressed in the field of curriculum research and practice.* Journal of curriculum supervision. 9(1).

Strike. K. A(1988). The Ethics of school Administration. New York: Columbia University Press.

Taba. H.(1962). *Curriculum Development: Theory and Practice.* New York: Harcourt. Brace, Hovanovich.

Tanner. D. & Tanner. I. N.(1975). *Curriculum Development: theory into Practice.* New York: MacMillan Publishing Co.

Tanner. D. & Tanner I. N.(1980). *Curriculum Development: theory into Practice*(2nd. ed.). New York: MacMillan Publishing Co.

Tyack. D.(1993). *School govermance in the United States: Historical Puzzles and Anomalies.* In J. Hannaway & M. Carnoy(eds.) Decentralization and school improvement: Can we fulfill the promise? (1-32). Sanfrancisco. CA: Jossey-Bass Publishers.

Tyler. R. W.(1949). *Basic Principles of Curriculum and Instruction.* Chicago: University of Chicago Press.

Walker. D. F(1971). *A Naturalistic Model for Curriculum Develope.* School Review. 80(1).

Walker. D. F(1979). *Approach to Curriculum Development in Schaffarzick,* J. & Sykes. G(eds.). Value Conflicts and Curriculum Issues, Berkeley: McCutchan Publishing Co.

Walton. J.(1978). *School-based curriculum development in Australia.* In Walton, J. & Morgan. R.(eds.). *Some Prespectives on School-based Curriculum Development.* Armidale: university of New England Press.

Willis. G.(1998). *The Human Problems and Possibilities of Curriculum Evaluation.* In I. E. Beyer. & M. W. Apple(eds.), The Curriculum(2nd ed). New York: SUNY Press.

Zais. R. S(1976). Curriculum: Principles and Foundations. New York: Thomas Y. Crowell.

찾아보기

(ㅇ)

(ㅈ)

박은종(朴殷鍾)

진주교육대학교 사회과교육학과, 충남대학교 대학원 사회교육학과(석사) 및 교육학과(교육과정 및 교육심리학 전공・박사), 한국교원대학교 대학원 사회과교육학과, 공주대학교 대학원 사회교육학과(박사) 등을 졸업한 사회교육학 박사이다.

충남대학교 교육연구소 객원연구원, 충남대학교 인문과학연구소 객원연구원, 한국교총 교육정책연구소 객원연구원 등으로 사회과교육학과 사회과교육론에 대한 연구에 종사하여 왔다. 또한 한국산업연수원 청주능력개발원 첨삭 교수, 공주대학교 사범대학 강사, 공주교육대학교 사회과교육과 강사, 동신대학교 교양교직학부 외래 교수, 홍익대학교 교양학부 외래 교수, 광주여자대학교 교양학부 외래 교수, 성신여자대학교 교직학부 외래 교수 등을 역임하면서 인간관계론, 교육학개론, 교육과정과 교육심리학, 사회과교육학과 사회과교육론, 사회과 교재 연구 및 교수법 등의 교과목을 강의하였다.

아울러 교육부 중앙교육연수원 강사, 충남교육연수원 강사, 전북교육연수원 강사, 한국교총 교육연수원 강사, 진주교육대학교 초등교육연수원 강사, 공주대학교 중등교육연수원 강사 등을 역임하면서 교육과정, 수업분석과 수업장학, 교수・학습법, 사회과교육학 등에 관한 강의를 수행하여 왔다. 또 충청남도교육청 장학사, 충남교육연수원 교수부 교육연구사 등을 역임하면서 사회과교육학(론) 관련 교육행정과 교육연구를 수행하기도 하였다. 그리고 교육부 교육정책자문위원, 한국교총 교육정책전문위원, 통일부 통일교육위원 등을 역임하였다. 현재 공주대학교 겸임 교수로 재직하고 있으며, 전국 단위 연구학회인 한국사회과교육연구회 회장으로 재임하고 있다.

현재 전국의 대학교, 지방자치단체와 지방의회, 교육청(교육지원청), 기업체, 학부모 연수 등에 특강 강사로 리더와 리더십, 인간관계론, 인간관계와 직장생활, 자녀교육 등에 관한 주제로 강의를 하고 있다.

한국사회과교육학회, 한국사회과교육연구회 회원이며, 연구의 주 관심 영역은 교육학 일반, 교육과정 탐구, 사회과 교육과정과 교수법, 사회과교육학, 사회과 교재 연구 및 교수・학습 방법 등이다. 최근에는 사회과 통합교육, 사회과 세계 시민교육, 사회과교육 국제비교연구, 다문화 이해 교육 등에도 깊은 관심을 갖고 연구하고 있다.

학회지인 『교육연구』, 『교육연구논총』, 『교육과정논총』, 『사회과학연구』, 『충남교육』, 『교육평론』, 『학교운영위원회』지 등에 논문을 게재하고 있으며, 주요 저서로는 『정석 신강 교육학 개론』, 『창의적 체험활동 교육과정의 실행』, 『으뜸 수업 탐구의 정석』, 『으뜸 학급 경영 핸드북』, 『한국 사회과 교육과정 탐구: 분석 및 모형 개발 탐색』, 『사회과교육학 핸드북: Key Point』, 『현대 사회과교육학・사회과교육론 신강』 등 여러 권이 있으며, 주요 논문으로는 학회지에 발표한 「세계화・정보화 시대의 바람직한 세계 시민교육 방향 모색에 관한 연구」, 「최근 사회과교육의 트렌드(Trend) 연구」, 「2009 개정 사회과 교육과정 적용에 따른 사범대학 사회과교육학과 교육과정 분석 및 개선 방안 연구」 등 여러 편이 있다.

한편, 『새 교실』지(誌)와 『교육자료』지(誌)에 사회과 수업안을 다년간 집필한 바 있으며, ≪대전일보≫, ≪중도일보≫, ≪한국교육신문≫ 등의 교육칼럼위원, ≪백제신문≫, ≪공주신문≫ 등의 논설위원도 역임하였다.

※e-mail: ejpark7@kongju.ac.kr

사회과
교육과정과 수업의 탐구
Inquiry of Social Studies Curriculum and Teaching & Learning

초판인쇄 2014년 8월 1일
초판발행 2014년 8월 1일

지은이 박은종
펴낸이 채종준
펴낸곳 한국학술정보(주)
주소 경기도 파주시 회동길 230(문발동)
전화 031) 908-3181(대표)
팩스 031) 908-3189
홈페이지 http://ebook.kstudy.com
전자우편 출판사업부 publish@kstudy.com
등록 제일산-115호(2000. 6. 19)

ISBN 978-89-268-6467-8 93370